大数据时代的课程教学

▌王鑫 著▌

Big Data

Curriculum

Teaching

SPM 南方出版传媒

全国优秀出版社　全国百佳图书出版单位　⑥ 广东教育出版社

广州

图书在版编目（CIP）数据

大数据时代的课程教学／王鑫著. —广州：广东教育出版社，2019.10（2020.6 重印）

ISBN 978 - 7 - 5548 - 2607 - 2

Ⅰ.①大… Ⅱ.①王… Ⅲ.①网络教学—教学研究 Ⅳ.①G434

中国版本图书馆 CIP 数据核字（2018）第 258998 号

责任编辑：靳淑敏
封面设计：邓君豪
责任技编：姚健燕

DASHUJU SHIDAI DE KECHENG JIAOXUE

广 东 教 育 出 版 社 出 版
（广州市环市东路472号12 – 15楼）
邮政编码：510075
网址：http://www.gjs.cn
广东新华发行集团股份有限公司经销
佛山市浩文彩色印刷有限公司印刷
（佛山市南海区狮山科技工业园 A 区）
787 毫米×1092 毫米　16 开本　29.5 印张　590 000 字
2019 年 10 月第 1 版　2020 年 6 月第 2 次印刷
ISBN 978 - 7 - 5548 - 2607 - 2
定价：80.00 元

质量监督电话：020 – 87613102　邮箱：gjs – quality@ nfcb. com. cn
购书咨询电话：020 – 87772438

序

PREFACE

　　以信息化带动现代化是我国发展的成功经验。党中央国务院高度重视信息化建设，习近平总书记多次强调互联网、大数据、人工智能等新一代信息技术对教育的影响。2015 年 5 月 23 日，习近平总书记在致国际教育信息化大会的贺信中指出："因应信息技术的发展，推动教育变革和创新，构建网络化、数字化、个性化、终身化的教育体系，建设'人人皆学、处处能学、时时可学'的学习型社会，培养大批创新人才，是人类共同面临的重大课题。"2015 年 8 月 31 日，国务院发布《促进大数据发展行动纲要》，对大数据的教育领域应用进行了顶层设计与规划，在实施的公共服务大数据工程中，明确指出："探索发挥大数据对变革教育方式、促进教育公平、提升教育质量的支撑作用。"2017 年 10 月 18 日，习近平总书记在十九大报告中八次提到互联网，特别指出："推动互联网、大数据、人工智能和实体经济深度融合……"2017 年 12 月 8 日，习近平总书记在主持中共中央政治局第二次集体学习时强调："大数据发展日新月异，我们应该审时度势、精心谋划、超前布局、力争主动，深入了解大数据发展现状和趋势及其对经济社会发展的影响，分析我国大数据发展取得的成绩和存在的问题，推动实施国家大数据战略，加快完善数字基础设施，推进数据资源整合和开放共享，保障数据安全，加快建设数字中国，更好服务我国经济社会发展和人民生活改善。"2018 年 4 月 13 日，为深入贯彻落实党的十九大精神，教育部发布《教育信息化 2.0 行动计划》指出："利用大数据技术采集、汇聚互联网上丰富的教学、科研、文化资源""积极探索基于区块链、大数据等新技术的智能学习效果记录、转移、交换、认证等有效方式，形成泛在化、智能化学习体系，推进信息技术和智能技术深度融入教育教学全过程，打造教育发展国际竞争新增长极。"伴随着现代信息技术的创新与发展，教育改革开始步入大数据时代。

大数据正在成为课程教学变革的强大驱动力。大数据与课程教学怎样深度融合？既要从理论上回答，又要从实践上解决，《大数据时代的课程教学》的出版适应了这一需要。

作者王鑫是位年轻有为且躬行实践的学者，他潜心于教学技术研究19年，成功地进行了仿真实验的研究，包括等离子体诊断仿真实验、超声多普勒效应仿真实验、激光多普勒效应仿真实验等；进行了远程控制实验教学的探索，成功地研究了等离子体参数测量远程控制实验教学和综合开放实验教学系统的建构。近十年来王鑫在中国教育科学研究院的多个教育综合改革实验区，深入课堂教学一线，致力于基于大数据的课程教学研究。在其指导下，宁波市北仑中学构建了"五能五会"课程体系；成都市棕北中学实施了以学生核心素养为统领的"三·三·六"课程体系和基于平板电脑的"五卡联动"课堂教学等，为大数据与课程教学的深度融合进行了有益的探索。

王鑫精耕细作、几经易稿、十年磨一剑的《大数据时代的课程教学》内容充实，观点新颖，案例丰富，可读性强，是整体、全面、细致、深度解读大数据时代如何进行课程教学改革的一部精品力作。《大数据时代的课程教学》是中国教育科学研究院教育综合改革实验区教育改革研究的又一项优秀成果，是研究大数据与课程教学深度融合的一部理论性和实践性相统一的佳作。

研究大数据与课程教学的深度融合，提升课程教学的有效性并促进价值最大化是课程教学发展的现实需求和未来趋势。我衷心期望，该书的出版能够为教育工作者带来有益的思索与启示，为大数据与课程教学的深度融合和教学改革的深化，为加快建设教育强国、办好人民满意的教育，起到更大的促进作用。

2019 年 3 月

（曾天山系教育部职业技术教育中心研究所副所长、研究员）

前言

FOREWORD

随着大数据时代的到来，各种新的教与学模式如潮水般涌现，使课程教学受到了前所未有的冲击。同时，大数据技术对教育发展具有革命性影响，必须予以高度重视。国家教育事业发展"十三五"规划强调了要"综合利用互联网、大数据、人工智能和虚拟现实技术探索未来教育教学新模式""加快教育大数据建设与开放共享"等。

本书的写作缘起有二：一是笔者研究教学技术 19 年，成功地进行了仿真实验、远程控制实验教学的探索；二是在中国教育科学研究院教育综合改革实验区多年的学校实践工作的指导，积累了丰富的原创素材，需要通过一个载体进行总结、提炼和展示。本书是在积累了丰富的大数据时代的课程教学理论研究和实践经验的基础上，吸收国内外有关的先进研究成果，"聚义""集智"撰写而成。

本书在更新课程教学理念的基础上，在写作上进行了独到的设计。传统的课程教学的理论范畴局限于教师与学生的课程教学，而《大数据时代的课程教学》从大数据时代出发，将课程体系、课堂教学、教学环境、微课、慕课、翻转课堂、电子书包、自适应学习、实验教学新技术等线上与线下一并纳入课程教学，打破了传统课程教学的观念，提供了当代课程教学的一种新的理论构架。传统的课程教学强调"传道、授业、解惑"，教师占据了绝对的教学空间。《大数据时代的课程教学》强调课程教学模式的变革，给学生留下了个性发展的空间。

体例是理论本质的一种表现。《大数据时代的课程教学》的内容拓展了同类书籍研究领域，是一本兼具基础性和应用性的专著，是教师必读的一本重要的专业书。本书分为上编"背景与挑战"与下编"机遇与应答"两部分。

上编，背景与挑战：课程教学走进大数据时代。各章的设计内容如下：

第一章，读懂大数据。包括大数据的概念、大数据的特征、大数据思维的基础、大数据产生的背景和大数据时代的挑战，让读者对大数据逐渐熟悉起来，积极投入大数据学习。

第二章，大数据与教育。包括解读教育大数据的概念、教育大数据的特点、教育大数据的提取技术和教育大数据对教育的挑战，让读者理性认识大数据，促进大数据与教育深度融合。

第三章，大数据与课程教学。归纳总结与分析了当下最热门的大数据与课程教学融合的研究路向和大数据与课程教学融合的实施路径，阐述了"互联网＋"背景下的教育及对我国的影响。

下编为机遇与应答：课程教学的变革。各章的设计内容如下：

第四章，大数据时代的课程改革。包括学校课程体系建设、课程教学资源的构建和课程实施模式的探索。学校课程体系建设为作者亲历亲为的研究。"三·三·六"课程体系建设和"五能五会"课程体系建设，分别介绍了成都市棕北中学和宁波市北仑中学课程体系建设的探索。课程教学资源的构建，解读电子书包、国内外电子书包的发展、电子书包在教学中的应用以及基于电子书包的成都市玉林小学的"双自"课堂教学。课程实施模式探索，解读自适应学习系统、自适应学习系统的建构和自适应学习系统的发展。

第五章，大数据时代的教学改革。包括课程教学新模式、大数据时代的实验教学和大数据时代的课堂观察。大数据时代课程教学新模式，介绍微课、慕课和翻转课堂等在线课程资源。大数据时代的实验教学，介绍实验教学新技术，包括仿真实验教学、远程控制实验和综合开放实验。从实验教学新技术内涵、发展、应用，到优势及局限，全方位地进行解读，使读者对实验教学新技术逐步熟悉起来。大数据时代的课堂观察，解读大数据时代课堂观察的意义、要求和步骤，详细阐述定性课堂观察、定量课堂观察和大数据时代课堂观察的实施，使读者了解如何运用定性与定量相结合的方法实施课堂观察并进行课堂教学质量评价。

大数据时代的课程教学改革不能一蹴而就，任何学校都要有长期作战的准备。不但要求学校如此，教育科研工作者指导学校实践时，也应始终抱持这种信念和心态。写作《大数据时代的课程教学》一书的确是一种初步尝试，呈现给大家的文本尚稚嫩而粗糙，仍需斧正和打磨，故仅以此书抛砖引玉，形成共襄大数据时代的课程教学之举，争鸣大数据时代的课程教学之态，推进大数据时代的课程教学之势。

在写作此书的过程中，参考和引用了国内外有关大数据理论与实践方面的文献资料，吸收了很多国内外专家、学者的真知灼见，谨向这些研究成果的作者表示衷心的感谢！

《大数据时代的课程教学》的出版得到各方面的支持和帮助，要特别感谢教育部职业技术教育中心研究所副所长曾天山研究员专门为本书作序，给予高度评价，感谢广东教育出版社的相关工作人员，他们以极为敬业的精神和专业水准编校书稿，使得《大数据时代的课程教学》得以更好地呈现，在此一并致以深深的敬意。

由于主客观条件限制，作者视野有限，本书的体例、选材等诸多方面还存在着一定的不足，衷心希望广大读者提出宝贵意见，对不妥之处进行批评指正，进而更好地呈现与分享研究成果。

本书终于付梓面世，但大数据时代的课程教学仍在路上。

王鑫

2019 年 3 月

目录
CONTENTS

上编　背景与挑战：课程教学走进大数据时代

下编　机遇与应答：课程教学的变革

上编

背景与挑战：课程教学走进大数据时代

第一章 读懂大数据

《走向 2030 的教育》指出："我们一只脚踩在现在，一只脚已经跨进未来。人类进入网络时代到现在才 20 余年。20 多年来，人类从 IT（信息）时代进入了 DT（数据）时代，又从 DT 时代进入了 AI（人工智能）时代。世界发展的速度超过了人们的想象力，日新月异的科学技术把我们带进了不熟悉的、未来的世界里。"2012 年以来，"大数据"（Big Data）一词越来越多地被提及，人们用它来描述和定义信息爆炸时代产生的海量数据，并命名与之相关的技术发展与创新。大数据上了《纽约时报》《华尔街日报》的专栏、封面，成为美国白宫官网的新闻，《纽约时报》2012 年 2 月的一篇专栏中宣称，大数据时代已经降临，在商业、经济及其他领域中，决策将基于数据和分析而做出，而并非基于经验和直觉。哈佛大学社会学教授加里·金说：这是一场革命，庞大的数据资源使得各个领域开始了量化进程，无论学术界、商界，还是政府，所有领域都将开始这种进程。当前，不仅是美国，我国及其他一些国家也把大数据提升到国家战略层面，认为未来国家层面的竞争力将部分体现为一国拥有数据的规模及运用数据的能力。有学者把大数据形象地比喻为推动人类社会发展的"新石油"。大数据正在全球掀起新一波技术和理念革新的浪潮。纵观这种发展态势，未来的教育和学习将进入大数据驱动的新时代。大数据时代，教育将从"用经验说话"转到"用数据说话、用数据决策、用数据管理、用数据创新"。到底什么是大数据？大数据有哪些特征？大数据是在什么背景下产生的……总之，大数据看似简单，实质上却具有颠覆传统数据的革命性，需要弄清楚其演进的来龙去脉。

第一节　大数据和大数据思维

在信息时代，几乎什么都可以用数据来表示。数据（Data），一般而言，是指通过科学实验、检验、统计等方式所获得的，用于科学研究、技术设计、查证、决策等目的的数值。有些可以用小数据表示，有些则要用大数据表示。"大数据"是一个跨学科、多领域的研究主题，它的诞生与发展，引起了整个科技界的关注和研究。

一、大数据的概念

大数据不是在某个时间节点横空出世的概念。今天，人类社会、学习和生活等发生如此多的变革，就是长期探索和使用数据的结果。早在远古时期，就产生了作为记录符号的数据，但大数据则是最近 20 年才被提出的。美国是最早进行大数据理论研究、最早推动大数据技术发展和行业应用、最早提出大数据战略的国家之一。

到底什么是大数据？至今尚未达成共识。许多学者、专业人员和机构从不同视角出发对大数据进行了界定。目前，关于大数据的定义主要有以下五种观点：

观点一：从字面来看，大数据之"大"，指的是数据量大到难以应用当前的信息技术进行有效地处理。大数据到底有多大？一组名为"互联网上一天"的数据告诉人们，一天之中，互联网产生的全部内容可以刻满 1.68 亿张 DVD 光盘；发出的邮件有 2940 亿封之多（相当于美国两年纸质信件数量）；发出的社区帖子达 200 万个（相当于《时代》杂志 770 年所刊发的总文字量）……

观点二："大数据"是互联网行业的一个技术术语，被定义为数据集，指的是互联网公司在日常运营中生成、累积的用户网络行为数据，其规模大到不能用 G 或 T 来衡量，起始计量单位至少是 P（1000 个 T）、E（100 万个 T）或 Z（10 亿个 T）。

观点三：维基百科将大数据定义为巨量资料，或称其为海量资料，是指所涉及的资料量规模巨大，无法通过目前主流软件工具，在合理时间内进行撷取、管理、处理，并整理成为帮助企业经营决策更积极目的的资讯。

观点四：大数据是符合 4V 或者多 V 特征的数据集。比较有代表性的 4V 定义是国际数据公司（IDC）提出的，认为大数据是符合 4V 特征的数据集，即规模性（Volume）、多样性（Variety）、高速性（Velocity）和价值性（Value）。还有的研究认为，4V 定义是指海量的数据规模（Volume）、快速的数据流转和动态的数据体系（Velocity）、多样的数据类型（Variety）和巨大的数据价值（Value）。之后，有研究者在原有 4V 定义的基础上，新增了真实性（Veracity）、黏度（Viscosity）、易变性（Variability）以及易失性（Volatility）。

观点五：麦肯锡全球研究院对大数据做出如下定义：大数据指的是规模已经超过了传统数据库软件所能获取、存储、管理和分析能力的数据集，并不是大于一个特定数据量的数据才能被定义为大数据，因为随着技术的不断发展，符合大数据标准的数据集规模也会增长，并且在不同的行业中也会有变化，这种增长和变化依赖于一个特定行业中常用的软件和数据集的规模。

总的来说，大数据是指大量、动态、能持续的数据，即通过运用新系统、新工具、新模型的挖掘，从而获得具有洞察力和新价值的数据。信息技术领域原先已经有"海量数据""大规模数据"等概念，但这些概念只着眼于数据规模本身，未能充分反映数据数量和规模爆发背景下的数据处理与应用需求；而"大数据"这一新概念不仅指规模庞大的数据对象，也包含对这些数据对象的处理和应用活动，是数据对象、技术与应用三者的统一。大数据对象既可能是实际的、有限的数据集合，如某个政府部门或企业掌握的数据库，也可能是虚拟的、无限的数据集合，如微博、微信、社交网络上的全部信息。大数据技术则是指从各种类型的大数据中，快速获得有价值信息的技术，包括数据采集、存储、管理、分析挖掘、可视化等技术及其集成。

二、大数据特征

1. 数量巨大

大数据，也称为巨量资料，其所涉及的资料量规模巨大。据国际数据公司（IDC）的研究结果表明，2006 年，个人用户刚刚迈进 TB（万亿字节）时代，全球一共新产生了 1.8 亿 TB 的数据。2008 年全球产生的数据量为 0.49 ZB，已经从 TB（1024 GB ＝ 1 TB）级别跃升到 PB（1024 TB ＝ 1 PB）、EB（1024 PB ＝ 1 EB）乃至 ZB（1024 EB ＝ 1 ZB）级别。2009 年的数据量为 0.8 ZB；2010 年增长为 1.2 ZB；2011 年的数据量高达 1.82 ZB，相当于全球人均产生 200 GB 以上的数据；2012 年数据量已经增长到 2.8 ZB（十万亿亿字节）……预计到 2020 年这个数字将超过 40 ZB，约是地球所有海滩的沙粒数量的 57 倍。

2. 速度快

大数据输入和处理速度之快，号称遵循"一秒定律"，可从各种类型的数据中快速获得高价值的信息。仅以视频为例，在连续不间断监控过程中，可能有用的数据仅仅为一两秒，即使在此类数据量非常庞大的情况下，也能够做到数据的实时处理。这一点和传统的数据挖掘技术有着本质的不同。

3. 多样性

大数据来自多种数据源，且已经渗透到多个行业和业务职能领域，成为重要的生产因素。人们对于海量数据的挖掘和运用，预示着新一波生产率增长和消费者盈余浪潮的到来。大数据的种类和格式的日渐丰富，已冲破了以前所限定的结构化数据范畴，囊括了半结构化和非结构化数据。大数据类型繁多，如网络日志、视频、图片、地理位置信息等，都属于大数据的范畴。比如，某导航公司将上海公开的两万多条地理位置信息用于地图编制与更新，服务了上亿用户。北京某部门结合政务数据，联合社会力量，开发出"游北京"和"爱健康"两个 APP 程序，提供餐饮旅游和卫生保健指南。

4. 具有价值

大数据是数字化生存时代的新型战略资源，正在改变着人们的生产和生活方式，对国家和社会发展具有巨大的作用。近年来，大数据引起多个国家科技界、产业界和政府部门的高度关注，这是因为大数据技术几乎在所有领域都拥有非常广阔的应用前景，并将成为多数组织运行的基本要素，其战略意义甚至可能超过土地、人力、技术和资本。通过对海量数据进行模型构建，有利于挖掘事物的变化规律，准确预测事物的发展趋势，并进行及时有效的干预。据 IDC 统计和预测，信息膨胀的速度和原子弹爆炸的速度是一样的，不仅仅是一个瞬间，而且还是一个持久的过程。如果说以前大多数据是孤立的，那么随着互联网的兴起，如今这些数据呈现出关联形态的变化，产生"1＋1＞2"的价值。

5. 具有真实性

只有真实准确的数据才能实现真正有意义的数据管控和治理。从大数据的角度来看，那些沉睡在档案袋、文件夹中的数据，只有其真实，才会有着无比巨大的价值，因此，必须通过有效信息治理以确保数据本身的可靠性和真实性。政府部门在数据占有方面，具有天然的优势，但无论是人口普查、经济普查一类的信息资料，还是日常工作中积累的大量与社会经济生活息息相关的数据，都必须真实可靠，才能产生最大的效用。

三、大数据思维基础

国外大数据研究的先河之作《大数据时代》[①]，是拥有在哈佛大学、

---

① 舍恩伯格，库克耶. 大数据时代［M］. 盛杨燕，周涛，译. 杭州：浙江人民出版社，2012：12.

牛津大学、耶鲁大学和新加坡国立大学等多个互联网研究重镇任教经历的数据科学家维克托·迈尔－舍恩伯格，联合《经济学人》数据编辑肯尼思·库克耶编写的。该书的第一部分提出了大数据时代在处理数据理念上的三大转变，这也是大数据思维的基础，具体内容如下：

1. 不是随机样本，而是全体数据

当数据处理技术已经发生了翻天覆地的变化时，在大数据时代进行抽样分析就像在汽车时代骑马一样，不合时宜。一切都改变了，我们需要的是所有的数据，"样本＝总体"。小数据时代采用随机采样，用最少的数据获得最多的信息，而大数据是指不用随机分析法这样的所谓捷径，而是采用所有数据的方法。

2. 不是精确性，而是混杂性

执迷于精确性是信息缺乏时代和模拟时代的产物。大数据时代，大约只有5%的数据是结构化且能适用于传统数据库的，如果不接受混乱，剩下的95%的非结构化数据都无法被利用。只有接受不精确性，我们才能打开一扇能够观望从未涉足世界的窗户。大数据时代通常用概率说话，而不是板着"确凿无疑"的面孔，但大数据的简单算法甚至比小数据的复杂算法更有效。

3. 不是因果关系，而是相关关系

在大数据时代，知道是什么就够了，没必要知道为什么，即我们不必非得知道现象背后的原因，而是要让数据自己"发声"。大数据的相关关系分析法更精确、更快速，而且不易受人为偏见的影响。建立在相关关系分析法基础上的预测是大数据的核心。

以上三点思维上的转变是大数据思维的基础，也是大数据的重要理念，只有接受并理解了这种大数据理念，才能合理利用大数据。

第二节 大数据时代的挑战

大数据早已存在于物理学、生物学、环境生态学等学科，以及军事、金融、通信等行业。近年来随着互联网和信息行业的发展，大数据已引起人们广泛关注。顺应大数据发展趋势，挖掘、运用好大数据，迎接大数据时代的挑战，是教育工作者的必然选择。

一、大数据产生的背景

1. 信息技术的发展奠定了大数据的物质基础

信息技术的进步是世界万物持续数字化的过程。信息科技发展离不开三个最核心的也是最基础的能力，即信息处理能力、信息存储能力和信息传递能力。几十年来这三个能力的飞速发展进步，是人类科技史上的创举，也为大数据的发展奠定了基础。

1946 年 2 月 14 日，世界上第一台电子计算机——电子数字积分计算机在美国宾夕法尼亚大学问世。其"电子计算机"的称谓名副其实，因为研制它的最初目的就是为了更迅速地进行大量数学运算，以满足美国军方计算弹道的需要。

数学一直是计算机学科的基础，尤其是离散数学，更是奠定了计算机学科的理论基础。英国数学家艾伦·麦席森·图灵和生于匈牙利的美籍犹太人数学家约翰·冯·诺依曼是世界公认的计算机之父。为纪念图灵，美国计算机协会（Association for Computer Machinery，ACM）于 1966 年设立图灵奖，专门奖励那些对计算机科学研究与计算机技术发展有卓越贡献的杰出科学家。此奖被公认为计算机界的"诺贝尔"奖。以"图灵"命名的图灵机是一个二进制计算的抽象理论模型，并不是计算机的工程设计。迄今为止，人们还把它作为现代智能类工具的鼻祖。冯·诺依曼则被公认为是现代计算机（工程实现）的鼻祖，他领导的小组提出了完善的计算机设计报告。

1965 年，戈登·摩尔（Gordon Moore）——英特尔公司的创始人之一，撰写了一份关于计算机存储器发展趋势的报告。在报告中，他提出了一个关于芯片发展的惊人趋势，即摩尔定律：每个新芯片大体上是上一代芯片两倍的容量，且每个芯片都产生在前一个芯片产生后的 18 ~ 24 个月内。如果这个趋势继续下去的话，计算机的计算能力相对于时间周期将呈指数式上升。简而言之，芯片上可容纳的晶体管数目，每隔 18 个月左右便会增加一倍，性能也将提升一倍。后来人们发现摩尔定律不仅适用于对存储器芯片的描述，也精确地描述了计算能力和磁盘存储容量的发展趋势，于是，摩尔定律成为许多工业领域对于性能预测的基础。

在摩尔定律的指引下，信息产业周期性地推出新的计算机，操作系统和计算能力均在不断提高。工业界和个人都在不断地升级计算机设备，从而推动信息产业的巨大进步。每当英特尔公司开发出计算能力更强的芯片，微软公司就会适时地推出功能更强大、操作更方便的操作系统。当人们采用了微软的新操作系统后，就会发现系统变慢，不得不升级硬件设备。每当计算机产业发展放缓，硬件生产商就会翘首企盼微软新的操作系统，带动客户新一轮的升级换机热潮。这种循环持续不间断地上演了四十余年。这段波澜壮阔的历史，使信息处理和储存能力获得了成千上万倍的提升。

1977 年，世界上第一条光纤通信线路在美国芝加哥市投入商用，速率为 45 Mbit/s，自此，信息传输能力大幅跃升的序幕被拉开。有人甚至将光纤传输带宽的增长规律称为超摩尔定律，认为带宽的增长速度比芯片性能提升的速度还要快。比如，在线实时观看高清电影，在几年前还是难以想象的，现在却习以为常了。网络的接入方式也从有线连接向高速无线连接的方式转变。毫无疑问，网络带宽和大规模存储技术、传递技术的高速持续发展，为大数据时代提供了廉价的存储和传输服务，从而奠定大数据的物质基础。

2．"互联网＋"推动大数据开发呈井喷式发展

大数据应用起源于互联网，且正在向以数据生产、流通和利用为核心的各个产业渗透。随着信息通信技术的发展，互联网、移动互联网、社交网络、物联网、云计算等逐步进入人们的日常工作和生活中，人们越来越多的学习行为在网络中发生，这导致互联网中与人类行为相关的数据大大增长，人类在不知不觉中进入了一个大数据时代。大数据时代对人类的数据驾驭能力提出了新的挑战，也为人们获得更为深刻全面的洞察能力提供了前所未有的空间与潜力。

社交网站 Facebook 的创始人兼首席执行官马克·扎克伯格认为，历史上我们从未有过如此巨大的机会，一个人、一间房，创造一种服务，可以让数亿人甚至数十亿人受益。这是令人惊叹的，在此之前不曾有过创造这类业务的能力，而现在很多人在做这件事。这是一个激发创造，专注爱好的最好时代。互联网领域的公司是最早意识到数据资产的价值的，他们认为随着信息基础设施持续完善，包括网络带宽的持续增加、存储设备性价比不断提升，数据将犹如高速公路上的物流，为互联网领域的公司提供了前所未有的商机。他们重视数据价值，开始从大数据中淘金，并且引领了大数据的发展趋势。

3．云计算与大数据的融合引领着大数据发展

20 世纪 90 年代，云计算就已经作为一种新型技术模型而被提出。从技术上看，大数据与云计算的关系就像一枚硬币的正反两面，浑然一体，密不可分。大数据的挖掘和处理，必须用到云计算，因为海量数据的挖掘和处理，无法用单台的计算机进行处理，必须依托云计算的分布式处理、分布式数据库、云存储和虚拟化技术。

未来云计算将与大数据深度融合，云计算为大数据提供弹性可扩展的基础设施、支撑环境以及数据服务的高效模式，大数据则为云计算提供新的商业价值；云计算为大数据的集中管理和分布式访问提供必要的场所和分享的渠道，大数据则成为云计算的灵魂和必然的升级方向。近

年来，大数据技术与云计算技术已经进入比较完美的结合期。

二、大数据时代的挑战

1. 大数据将提升政府的治理能力

世界趋势日益明显，无论是政府制定公共政策，还是企业分析市场行情，都离不开信息和数据的采集。

利用大数据，为推动政府治理理念和模式的变化带来机遇。在政府治理领域，可以通过让海量、动态、多样的数据有效集成为有价值的信息资源，从而推动政府转变管理理念和治理模式，进而加快治理体系和治理能力现代化。如：将大数据和社会治理紧密结合起来，有助于改进网络舆情源头治理；将大数据和网上政务信息公开紧密结合起来，有助于提升政府公信力；将大数据和日常舆情管理紧密结合起来，有助于提高网络舆情整体掌控能力；将大数据和突发事件应对紧密结合起来，有助于提高网络舆情应急处置能力；将大数据和舆论引导紧密结合起来，有助于提高感染力和说服力。

利用大数据，为推动政府治理决策精细化和科学化带来机遇。从政府层面来说，大数据可以将原本分散存储在不同部门、行业、主体的数据作为整体加以利用，实现统一管理，为信息分析、利用、开放提供基础。同时，大数据的信息平台，使数据资料更加全面，政府部门间的数据信息调用将更加方便快捷，可以有效地提高工作效率。大数据处理模式和大数据技术的应用，可以使政府决策更具科学性、权威性；帮助政府在第一时间内获得市场数据，强化对市场的监管；提升公共管理和服务能力，有利于定制个性化服务。

因此，利用大数据的手段和方法进行管理，是实现管理现代化的有效路径，也是大数据时代的必然要求。

2. 大数据将带动各行各业的创新

大数据带来工业生产的创新模式。工业 4.0 的基础即是传感器、物联网、数据互联互通等大数据技术。未来，当企业数据被全息收集与建模之时，现在看来非常复杂的产业供应链将不再复杂。产业供应链或可像组装电路板一样把最合适的企业敏捷有效地按需集成与组装在一起，形成最优化的供应链。

大数据带动企业和科研的创新。新加坡驻上海总领事馆领事庄庆维介绍，从 2012 年至今，新加坡政府已开放了超过 8800 个政府的数据集。数据覆盖了各个领域，包括经济、地理、环境、教育、卫生、交通等，并以电脑可读取的格式对企业和市民全面开放。这些数据的开放，亦带动了企业和科研的创新。以往政府需要投钱来开发很多市民服务应用，现在企业甚至学生，可以利用这些公开数据来开发更富有创意的应用，并开发新的商业模式。

大数据在社科领域被广泛应用。电子科技大学互联网科学中心主任周涛谈道，以前做一次调研，比如说探讨宗教问题，看到最大规模的调研，无非是几百上千人通过问卷的形式表明自己的宗教取向。但是现在已经找到有 8000 多人是有宗教标签的，在微博上也有 70 多万人，他们分属于不同的教派。通过分析，可以了解宗教的不同教派之间是不是有非常紧密的联系，历史上一些彼此不大对头的教派当下是不是连接比较稀松，他们之间说话、用语到底是用褒义词多还是贬义词多，用有暴力倾向的词多还是比较友善的词多，等等。

大数据在互联网经济领域被创新性使用。如百度打造的"大数据引擎"，支付宝生成的"十年账单"等，处处都让人们感受到了数据的力量。大数据引领中国经济步入新常态。海峡经济研究院副院长邱宝军在福建平潭出席一论坛时指出，大数据将成为 33 万亿美元新兴产业的基础工具。中国拥有全世界最庞大的消费数据，在可预见的未来十多年内，数据的互联互通和挖掘将推动几乎涵盖所有领域的产品创新、产业创新、商业模式创新。他认为，大数据已经促进了众多产业的创新。他举例说，德国足球队在训练中使用可穿戴设备和大数据分析技术，协助教练优化球队的训练方法和战术，德国队在世界杯的胜利被誉为大数据的胜利。

　　大数据开启打假的新时代。近年来关于网上售假的争议不断，线下制假线上售假、知假买假，成为中国电子商务市场难以回避的问题。阿里巴巴集团在15年的摸索中，逐渐探索出一套基于互联网的大数据打假，开启了打假新时代。通过智能图像识别、数据抓取与交叉分析、智能追踪、大数据建模系统等技术，将假货从10亿量级的在线商品中捞取出来，支持多达60个维度的组合条件筛选，每天消息处理量2亿条以上。网购平台可以基于大数据建立各种模型，对商家和交易行为进行实时监控。售假的商家和正常商家在定价、图片使用、商品上架时间等方面都有不同，经过复杂的大数据运算，发现异常交易，再进行人工判定。而对于开店人的身份验证也在从"实名认证"向"实人认证"迈进。开发出人脸和声纹特征数据库——网店注册者打个电话进来验证，后台能鉴别你是不是过去开店卖过假货的某个人。根据阿里巴巴披露的数据，仅2014年前三季度，阿里巴巴平台上发现有问题并下架的侵犯知识产权商品约9000万件，其中600多万件是来自消费者和权利人投诉，90%是基于这套大数据体系和进一步的人工排查发现的。2014年以来，包括阿里巴巴在内的电商平台与公安、质监等部门建立了协作机制，线上线下联动打假。例如，公安部门会把线下打假的情况反馈给阿里巴巴，进行线上核查；阿里巴巴把线上的打假信息汇聚起来，作为线索和情况反馈移交公安机关。2015年5月，微信宣布启动新一轮"雷霆行动"打击假货，专门针对微信公众账号和朋友圈中的假冒商品、假冒海外代购，进行大规模清理。10月底，京东宣布与供应商和卖家代表签署联合承诺书，做出"杜绝假冒伪劣，真实让利回馈消费者，全程优质服务"的承诺。利用大数据开启打假新时代，引入社会共治的理念，在保护商业秘密和消费者隐私基础上进行信息公开与共享，同时，利用大数据保护知识产权。

3. 大数据将给社会带来深刻变化

　　2012年至今，大数据经过铺垫、酝酿、炒作、质疑，如今已经走下神坛，真正深入各行各业，将巨大变革之力发挥出来了。从这个意义而言，中国的大数据时代才刚刚开启。大数据这一波浪潮，将给社会带来深刻的变化，诸如多维度的思考、更深刻的洞见，为分析社情民意提供了决策参考。SAS 中国研发中心总经理刘政认为，大数据是继互联网之后，又一次 IT 产业革命。最近二十年，先后出现了三个推动经济的引擎，第一个是信息高速公路，第二个是互联网，第三个就是大数据。毫无疑问，能令任何商业模式瞬间"高大上"的"大数据"，正成为炙手可热的概念。有学者预言，"大数据"已经成功取代"云计算"，成为下一个"最忽悠"的词。大数据到底是不是"大忽悠"？它正在给我们带来什么改变？打个比方，数据犹如沙子，单个来看，也许毫无价值可言。没有技术辨别、提纯的时候，它们就是一盘散沙，但是当数据量足够大的时候，如果有技术能够把它们利用起来，就可以将沙子变成金子。当然，最重要的就是要找到淘金的方法，即大数据在各行各业的应用方法。如今，无论是面向企业还是面向个人的市场，都在考虑怎样把沉默的数据变成有价值的源泉。

2013 年 11 月，国家统计局与百度、阿里巴巴等十一家与大数据相关联的互联网企业成立一个国家统计局的大数据平台，应用之一即为分析社情民意提供决策参考。在清华大数据产业联合会中，各家企业也都在各自的领域，探索大数据的方向。2014 年，曾在华尔街最顶尖的对冲基金 D．E．Shaw 工作多年的李凌博士，开始实施中国的 Kensho——用大数据和人工智能技术，建立全新的量化投资模式，还可以让计算机回答诸如"央行降息对房地产行业有何影响"之类的复杂问题，向人们展示了现代智能的神奇魔力。在李凌博士看来，除传统的市场行情数据之外，新型的文本数据（包括互联网新闻和专业的分析师报告）和社交媒体数据也可用于指导投资行为。他领导的团队使用最先进的机器学习算法，不仅能把蕴含在海量数据中的市场信号迅速、准确地抽取出来呈现在投资者面前，还能基于所有信息建立庞大的知识图谱，建立起行业、公司、产品、人、地域、行业指标等之间复杂的关联关系。

2014 年，上海市政府数据服务网，包括房地产开发企业信息、社保卡受理网点、派出所基本情况等在内的共六大领域数据可以供下载使用。同年 5 月，上海在此前九家单位试点的基础上，要求当地所有政府部门都要在年内向公众提供数据产品浏览、查询和下载等服务。

美国 LinkedIn 公司通过大数据分析全球三亿多用户的行为，预测他们下一个想跳槽的职位，并供企业挖掘人才时使用。《经济学人》认为，这将引发全球劳动市场革命。谷歌利用用户搜索记录，判断美国流感疫情的现状，比疾控中心还要快一两周。微软利用大数据，成功预测了第 86 届奥斯卡金像奖 24 个奖项中的 21 个。

人们逐渐认识到，大数据不仅仅是一种技术，也是一种能力，即从海量复杂的数据中寻找有意义的关联、挖掘事物变化规律、准确预测事物发展趋势的能力。此外，大数据还是一种思维方式，就是让数据开口说话，让数据成为人类思考问题、决策行为的基本出发点。例如，资深媒体人、姓名研究专家张禣心致力于大数据在文化领域的研究和现实生活中的落地。2012 年，她领导的团队基于覆盖我国超过 90% 人口的姓名数据，研发出了中国第一个"姓名指数"。如今她正在向人工智能起名领域进一步探索。她认为，如果从前有一个人走过来说，给我起一个名字，必须让我一看就喜欢，人们肯定会认为这是天方夜谭，只有神仙才能猜中他的心思，而通过大数据，将可以让智能起名成为可能。

实际上，大数据正在演变为一种社会文化，即人人生产数据、人人共享数据、人人热爱数据、人人管理数据的文化——这种文化正在潜移默化地影响着各个行业。教育领域虽然长期"保守"，但在大数据文化力量的冲击下，也在加速走向开放，拥抱大数据。

第三节　大数据的发展

在技术快速发展的背景之下，教育作为人类发展的基石正在发生深刻变革。新媒体联盟发布的年度《地平线报告》，对教育信息化发展进行了很好的概括和预测。近年来，围绕国家大数据战略实施要求，我国的大数据在政策、技术、产业、教育等方面均获得了长足的发展。

一、大数据发展趋势指向

《地平线报告》是国际新媒体联盟（New Media Consortium，NMC）发布的关于"地平线计划"进展情况的年度报告，已成为全球教育信息化发展的风向标，从历年《地平线报告》（基础教育版和高等教育版）的内容可看出大数据的发展趋势。

大数据研究者预测 2013 年大数据的十大发展趋势，包括：①数据资源化。数据的资源化是指大数据在企业、社会和国家层面成为重要的战略资源。大数据将不断成为机构的资产，成为提升机构和公司竞争力的有力武器。②大数据隐私问题。大数据对于隐私将是一个重大挑战，现有的隐私保护法规和技术手段难以适应大数据环境。③大数据与云计算等深度融合。近年来，大数据技术与云计算技术已经进入更完美的结合期。④基于海量数据（知识）的智能。现已有更多基于海量数据（知识）的智能成果出现，未来甚至有可能产生人工大脑。⑤大数据分析的革命性方法。基于大数据的数据挖掘、机器学习和人工智能可能会改变小数据小世界里的很多算法和基础理论，这方面很可能会产生理论级别的突破。⑥大数据安全。大数据的不断增加，对数据存储的物理安全性要求会越来越高。⑦数据科学兴起。2014 年数据科学作为一个与大数据相关的新兴学科出现，有专门针对数据科学的专业形成，有博士、硕士甚至本科生出现。⑧数据共享联盟。2014 年，数据共享联盟逐渐壮大成为产业的核心一环。⑨大数据新职业。大数据已催生一批新的就业岗位，如数据分析师、数据科学家等。具有丰富经验的数据分析人才成为稀缺资源，数据驱动型工作机会将呈现出爆炸式的增长。⑩更大的数据。未来体现大数据特征的海量的数据规模、快速的数据流转和动态的数据体系、多样的数据类型等特性将变得更加极致。

大数据研究者预测 2014 年大数据的十大发展趋势，包括：①大数据从"概念"走向价值。②大数据架构的多样化模式并存。③大数据安全与隐私。④大数据分析与可视化。⑤大数据产业成为战略型产业。⑥数据商品化与数据共享联盟化。⑦基于大数据的推荐与预测流行。

⑧深度学习与大数据智能成为支撑。⑨数据科学的兴起。⑩大数据生态环境逐步完善。

纵观 2013 年至 2014 年大数据发展趋势，可看出大数据从"概念"走向"价值"。

大数据研究者预测 2015 年大数据的十大发展趋势，包括：①大数据分析成为数据价值化的热点。②数据科学带动学科融合，但自身尚未成体系。③与各行业融合，跨领域应用。④"物云移社"融合，产生综合价值。⑤平台架构与基础设施。⑥大数据的安全与隐私保护。⑦计算模式：深度学习，众包计算。⑧可视化分析与可视化呈现。⑨大数据人才与教育。⑩开源系统将成为主流选择。

纵观 2014 年至 2015 年大数据发展趋势，可看出大数据特点转向跨界、融合、基础、突破。

大数据研究者预测 2016 年大数据的十大发展趋势，包括：①可视化推动大数据平民化。②多学科融合与数据科学的兴起。③大数据安全与隐私令人忧虑。④新热点融入大数据多样化处理模式。⑤大数据提升社会治理与民生领域应用。⑥《促进大数据发展行动纲要》驱动产业生态。⑦深度分析推动大数据智能应用。⑧数据权属与数据主权备受关注。⑨互联网、金融、健康保持热度，智慧城市、企业数据化、工业大数据是新增长点。⑩开源、测评、大赛催生良性人才与技术生态。

纵观 2015 年至 2016 年大数据发展趋势，可看出大数据特点转向民生、多样聚焦、生态。

大数据研究者预测 2017 年大数据的十大发展趋势，包括：①机器学习继续成为智能分析核心技术。②人工智能和脑科学相结合，成为大数据分析领域的重点。③大数据的安全和隐私持续令人担忧。④多学科融合与数据科学兴起。⑤大数据处理多样化模式并存融合，流计算成主流模式之一。⑥数据的语义化和知识化是数据价值的基础问题。⑦开源成大数据技术生态主流。⑧政府大数据发展迅速。⑨推动数据立法，重视个人数据隐私。⑩可视化技术和工具提升大数据分析工具的易用性。

纵观 2016 年至 2017 年大数据发展趋势，可看出大数据特点转向寄望技术突破，希冀政策法规。

大数据研究者、CCF 大数据专家委员会副秘书长、北京永信至诚科技股份有限公司高级副总裁潘柱廷预测 2018 年大数据的十大发展趋势，包括：①机器学习继续成为大数据智能分析的核心技术。②人工智能和脑科学相结合，成为大数据分析领域的热点。③数据科学带动多学科融合。④数据学科虽然兴起，但是学科突破进展缓慢。⑤推动数据立法，重视个人数据隐私。⑥大数据预测和决策支持仍然是应用的主要形式。⑦数据的语义化和知识化是数据价值的基础问题。⑧基于海量知识的智能是主流智能模式。⑨大数据的安全持续令人担忧。⑩基于知识图谱的大数据应用成为热门应用场景。

纵观 2017 年至 2018 年大数据发展趋势，可看出大数据特点将转向希冀学科突破，依靠人工智能。

二、技术促进教育的发展

教育大数据的发展趋势除了具有历年大数据发展趋势的特点外，还有其教育大数据的特殊性。《地平线报告》每年从七大类主题中选出六种代表性技术来概括技术促进教育的重大趋势。这些主题包括消费者技术（Consumer Technologies）、数字化策略（Digital Strategies）、使能技术（Enabling Technologies）、互联网技术（Internet Technologies）、学习技术（Learning Technologies）、社交媒体技术（Social Media Technologies）和可视化技术（Visualization Technologies）。各类主题从不同的角度涵盖了能够对教育产生推动作用的多数领域和范畴，研究者将这些主题进一步分为三个层次，即底层支持层、消费应用层和教学应用层。其中，底层支持层是教育应用的技术基础，包括已经较为成熟、在其他领域得到应用的基础性技术（如物联网、区块链和 3D 打印等），以及正在发展中、可能会出现重大创新突破的技术（如人工智能、自然用户界面等）。这一层次包括六类技术中的互联网技术、可视化技术和使能技术。消费应用层是贴近消费领域，并非针对教育专门设计，但在教育中能够得到有效应用，且发挥巨大作用的技术（如无人机、机器人、可穿戴技术等）。这一层次包括六类技术中的消费者技术和社交媒体技术。教学应用层是直接应用在教与学过程中，能够对教育教学起到直接帮助的技术和策略，具体包括学习技术类和数字化策略类。这一层次包含直接用于教学的技术（如自适应学习、虚拟实验室等），也包括教学应用的策略和模式（如自带设备、翻转课堂等）。

上述六种代表性技术依次划分为短期（1 年以内）、中期（2～3年）和长期（4～5 年）趋势。例如，在《地平线报告》（2017 年高教版）中，短期趋势表现为：更多应用混合式学习设计、开放教育资源快速增加、STEAM 学习的兴起；中期趋势表现为：重设学习空间、跨机构协同日益增加、反思高校运作模式；长期趋势表现为：程序编码素养的兴起、推进变革和创新文化、转向深度学习方法。再如，《地平线报告》（2018 年预览版）之"高等教育发展"，预测短期（1～2 年）技术采用的主要趋势是：①越来越重视测量学习。②重新设计学习空间。中期（3～5 年）的主要趋势是：①开放教育资源的扩散。②新形式的跨学科研究兴起。长期（5 年或更长时间）的主要趋势是：①推进创新文化。②跨机构和跨部门合作。可以看出，《地平线报告》较为全面综合地将近年来发展迅速，且对教育领域产生了重大影响的技术收入囊中，起到了较为理想的趋势研制作用。

随着历年《地平线报告》（基础教育版和高等教育版）的发布，从挑战、趋势和技术三个角度分析了在教育领域未来技术应用发展的趋势，引领了教育大数据的理论研究与应用向纵深方向发展。

三、政府领跑大数据时代

数据是国家基础性战略资源，是 21 世纪的"钻石矿"。在大数据时代，"三分技术，七分数据，得数据者得天下"①。党中央、国务院高度重视大数据在社会发展中的作用，提出政府要领跑大数据时代。

---

① 一木. 三分技术，七分数据，得数据者得天下：《大数据时代》读后感 [EB/OL].
[2017 - 11 - 05]. http:www.sohu.com a 214544659_466950.

2014 年 4 月 23 日，在世界读书日这一天，维克托·迈尔 - 舍恩伯格和肯尼思·库克耶的《大数据时代》被中央电视台推荐为最值得看的十本书之一。这表明大数据不仅是技术变革，更是一场社会变革，必然伴随公共管理与公共服务领域的变革。很大程度上，大数据就是政府治理现代化的一条技术路径，具有催生管理革命的效果，也必将给政府职能转变和机构改革带来新的气象。

2015 年 3 月 5 日，李克强总理在第十二届全国人大三次会议上的《政府工作报告》中首次提出"互联网＋"行动计划，以推动移动互联网、云计算、大数据、物联网等与现代制造业结合，促进电子商务、工业互联网和互联网金融健康发展，引导互联网企业拓展国际市场。

2015 年 10 月，党的十八届五中全会提出"实施国家大数据战略"，国务院印发《促进大数据发展行动纲要》，全面推进大数据发展，加快建设数据强国。全球新一代信息产业处于加速变革期，大数据技术和应用处于创新突破期，国内市场需求处于爆发期，我国大数据产业面临重要的发展机遇。

2016 年 3 月 5 日，李克强总理在第十二届全国人大四次会议上的《政府工作报告》中指出"持续推动大众创业、万众创新。促进大数据、云计算、物联网广泛应用"。

2016 年 11 月 19 日，由国家发改委、教育部、工信部、科技部、商务部、农业部、国家知识产权局、中科院、工程院、深圳市政府共同主办，国家信息中心、腾讯公司联合承办的中国国际高新技术成果交易会——"互联网＋教育"高峰论坛在深圳举行。国家信息中心党委书记、常务副主任杜平在论坛上发表了《大数据推动教育创新发展》的主题演讲。

2017 年 6 月 6—7 日，"耀升级——2017 全国未来教育大会暨'互联网＋教育'高峰论坛"在太原山西国际会议中心举行。论坛围绕"耀升级——未来教育"主题，聚焦处在"互联网＋教育"时代背景下改革与升级中的中国教育，对教育的本质再审视。

2017 年 10 月 18 日，中国共产党第十九次全国代表大会在人民大会堂开幕。习近平总书记所作的十九大报告中，八次提到互联网，报告中特别提出："推动互联网、大数据、人工智能和实体经济融合……"

2017 年 12 月 6 日，国务院总理李克强主持召开国务院常务会议，部署加快推进政务信息系统整合共享，以高效便捷的政务服务增进群众获得感。确定推进公共资源配置领域政府信息公开的措施，推动规范化、透明化。一要明确提供公共数据是政府公共服务的重要内容；二要在网络通基础上加快实现数据通、业务通；三要在信息共享方面推进体制机制和技术创新；四要加快对涉及信息共享亟须的相关法规规章的"立改废"；五要确保信息安全。年底前初步实现国务院部门 40 个垂直系统向各级政务部门开放共享数据，打通数据查询互认通道。

2017 年 12 月 8 日，中共中央政治局就实施国家大数据战略进行第二次集体学习。中共中央总书记习近平在主持学习时强调，要运用大数据提升国家治理现代化水平。要建立健全大数据辅助科学决策和社会治理的机制，推进政府管理和社会治理模式创新，实现政府决策科学化、社会治理精准化、公共服务高效化。要以推行电子政务、建设智慧城市等为抓手，以数据集中和共享为途径，推动技术融合、业务融合、数据融合，打通信息壁垒，形成覆盖全国、统筹利用、统一接入的数据共享大平台，构建全国信息资源共享体系，实现跨层级、跨地域、跨系统、跨部门、跨业务的协同管理和服务。

2018 年 4 月 26 日，中国工业大数据大会钱塘峰会暨浙江省工业互联网推进大会在浙江杭州举行。大会聚焦"互联引领创新　数据决胜未来"主题，由中国信息通信研究院与工业互联网产业联盟、浙江省经济和信息化委员会、萧山区人民政府共同举办，来自企业、协会、媒体等1500 余人参加了大会。工业互联网平台是建设现代化产业体系的重要支撑，是建设制造强国和网络强国的焊接点，是经济实现高质量发展的重要举措，也是全球新一轮产业竞争的制高点。

2018 年 5 月 26 日，中国国际大数据产业博览会在贵州省贵阳市开幕，国家主席习近平向会议致贺信。习近平指出，当前，以互联网、大数据、人工智能为代表的新一代信息技术日新月异，给各国经济社会发展、国家管理、社会治理、人民生活带来重大而深远的影响。把握好大数据发展的重要机遇，促进大数据产业健康发展，处理好数据安全、网络空间治理等方面的挑战，需要各国加强交流互鉴、深化沟通合作。

2018 年 6 月 2 日，数字政府与政务大数据建设高层研讨会在北京国际展览中心召开，论坛由国脉数据研究院主办，北京国脉互联信息顾问有限公司、浙江蟠桃会网络技术有限公司承办，国脉海洋信息发展有限公司支持，来自国内政务大数据领域的管理者、研究者、实践者等数百人到场参会。

2018 年 6 月 19 日，由国家商务部主办、贵州科学院承办的云环境下政府大数据的管理及应用研修班结业典礼在贵阳召开。研修班 34 名来自巴基斯坦、斯里兰卡、加纳、巴拿马等 11 个国家的外国官员出席了结业典礼。

综观党和国家领导人的指示以及政府和民间的高峰论坛，均聚焦实施国家大数据战略加快建设数字中国，同时也指明了中国教育的发展方向，共话大数据时代的未来中国教育的升级之路。

政府要领跑大数据时代，公开数据是第一步。迄今为止，一些政府部门，很多数据还在沉睡。究其原因，或是缺乏深一层的眼界，没有大数据思维，把自己掌握的丰富信息锁在柜中、束之高阁；或是缺乏迈开步子的勇气，摆脱不了"数据小农意识"，动辄以保密和隐私说事；还有少数人把政务数据当作秘而不宣的资源，甚至出现倒卖个人数据的案例。这些都极大妨碍了政府在大数据时代保障公众知情权、提高自身服务能力的步伐。

政府要领跑大数据时代，广泛采集数据、综合处理数据，实现政府公共服务的技术创新、管理创新和服务模式创新，这是第二步，也是大数据时代的必然选择。在新加坡，智能交通综合信息管理平台通过准确预测交通流速和流量，显著提升了高峰时段车辆的通行效率。比如，购买一套住房需要填报十几张表格，一些表格 1/3 以上的内容是重复的，完全可以利用政府拥有的基础数据自动生成；又如，"北漂"小伙子为办护照返乡 6 次补开 5 张证明的个案并不少见，如果实现了综合数据联网，完全可以由政府部门内部调取，不必让老百姓往返奔波。

政府要领跑大数据时代，要率先领跑大型互联网公司和政府机构。因为我国大数据发展的主要推动者来自大型互联网公司和政府机构。围绕"大数据与智能"主题，专业人士认为：当前从医疗健康、金融、零售、广告，到交通、教育、农业等领域，"大数据"与"智能化"已经渗透到几乎每一个行业及业务职能，大数据从"概念"走向了"价值"。2018年取得应用和技术突破的数据类型是：城市数据、视频数据、语音数据、互联网公开数据、图形图像数据，等等。金融、互联网电子商务、健康医疗、城镇化智慧城市领域的应用令人瞩目，人们的生活将更加方便舒适。党的十八届三中全会提出推进国家治理体系和治理能力现代化，如何实现？不断拓宽治理资源、创新治理手段，无疑是重要内容。大数据时代到来，就该把握住这一时代潮流，将大数据运用到经济、社会运行的方方面面，在领跑中彰显以人为本的执政理念、与时俱进的执政风格和改革创新的执政品质。

政府要领跑大数据时代，要率先打造全国"数字政府"先行示范区。贵州省、上海市已经做出表率。如贵州打造的"4S"政务服务，2017"互联网＋智慧"中国年会中，贵州省网上办事大厅入选第三届（2017）中国"互联网＋政务"优秀实践案例50强。这是自2016年获第二届（2016）中国"互联网＋政务"优秀实践案例50强后，贵州省网上办事大厅再次入选。上海作为特大型国际大都市，一直强调以创新和转型来解决城市发展中面临的诸多问题。而大数据恰恰能帮助上海实现这样一个复杂的系统工程。基于上海的市场竞争格局、辐射力、市民消费习惯、收入水平、地理空间等，这些数据的总和构成上海发展可资利用的大数据。相比其他城市，大数据平台的整合和建立对于上海的意义更大。从上海的经济发展来看，第三产业超过60%，全年用于研究与试验发展经费支出占GDP比重超过3%，这些指标数据与全球同类城市如新加坡、中国香港等相比并不落后，为大数据的推广和应用奠定了基础。

四、构建统一的大数据平台

大数据的多样性、快速增长性、海量以及真假混杂等特征，让大数据的应用变得异常复杂，尤其是大数据应用中常常涉及金融信息，所以其公信力也变得极其重要。因各行业对大数据的利用开发的程度不一致，对大数据的理解也不一致，所以需要制定统一的数据规范和共享标准，连通各行业数据平台，在政府和市场双方协调和作用下，形成"具备公信力的整合统一的大数据平台"。当医疗、教育、食品、交通等各类信息能够实现互通互联的时候，大数据的效用将得到爆发，各类企业的创新活力也将被激发，整个产业链的创新能力将得到提升，成本被大幅降低。企业创新能力的激发最终将更好服务于城市的转型发展，提升城市的综合竞争实力。

构建统一的大数据平台方面，浙江省已经成为全国的表率。浙江省作为全国信息化建设最发达的地区之一，2013年9月，在浙江省经信委指导下，"浙江省大数据应用技术产业联盟"正式成立。该联盟以中国数字营销委员会理事单位、领先的"互联网＋"解决方案提供商——杭州泰一指尚科技有限公司（AdTime）为依托单位。浙江省信息基础设施条件好，电子商务和信息化建设发达，具有客观存在的"大数据"以及大数据应用的现实需求，并且很多企事业单位在多年业务发展中已积累了海量的数据以及实际的开发经验。如浙江大学与相关企业合作在城市交通管理、数字医疗等领域都进行了基于大数据产品研发；以及联盟依托单位AdTime将大数据技术运用在信息消费领域上具有技术、专利等领先优势，成为国内首个专业从事大数据营销的联盟，联盟的成立最终要为产业服务。依托浙江省的实际情况，联盟的六大成员单位即杭州华三通信技术、中国电信浙江分公司、浙商证券、浙江大学、杭州银行等，覆盖了技术、资源、资金等方面的优势，形成了联盟强大的基础性支持力量。在这个基础上，2014年联盟制定了诸多实际工作计划，其中在产业布局方面主要包括组建大数据产业研究院达成数据共享事宜；整合政府机构相关数据，助力"智慧城市"建设；促进浙江省外贸行业的发展等。通过具体工作的实施，逐步形成围绕大数据应用技术的良性产业链，明确与清晰盈利模式和服务方式，发展培植一系列具有较大规模、能够带动数据产业发展的行业龙头企业，形成产业链各环节明显的上下游协作发展模式。最终让大数据技术转化为促进浙江省发展的巨大推动力，加快浙江省的大数据研究及产业化的布局。

构建统一的大数据平台方面，温州市在全国率先建立综合治理"网格化"管理信息系统，形成全市协调联动的良好局面。2014 年以来，温州市通过运用信息系统，共化解矛盾纠纷 12.7 万件，消除治安隐患8.5 万个，服务民生事项 74.8 万件。信息流转联动处置四年来，温州市不断完善机制，落实责任，实施出台了《关于在全市开展社会治安综合治理"网格化管理"工作的实施意见》《综治网格化管理工作规程》《关于推进基层社会治理信息化工作的实施意见》等文件，真正做到"网格化管理服务"和"基层社会管理综合信息系统"的"两网合一"。通过部门资源的要素整合、数据共享，温州市信息平台已辐射 54 个市级部门、716 个县级部门、4125 个乡级基层站所，构建了具备公信力的整合统一的大数据平台。温州市综合治理办公室相关负责人表示，大数据真正的价值不是海量数据的简单录入和集合，而是通过数据的收集、整理、归类、分析、预测，发现数据背后的规律，给政府决策提供有价值的参考。当前，温州市每月入库数据近 20 万条，数据容量达 1.2TB，初步具备了大数据分析功能，提高了政策措施制定的前瞻性、预见性，实现了信息化应用从"数字化"到"智能化"的转变。

五、信息安全引起高度重视

大数据时代，数据安全管理问题，是我国应用大数据面临的最大风险。大数据时代，线上与线下、虚拟与现实、软件与硬件重叠交错、跨界影响，尤其是核心的大数据不可避免地成为各种利益诉求的集散地、国与国之间进行渗透的重要渠道。数据安全既影响商业、金融等经济安全，也可能涉及文化意识形态等精神领域，甚至可能会激发社会动荡、改变战争形态、影响国家安全。因此，筑牢我国大数据安全管理的"三道防线"势在必行。要强化大数据安全立法工作，明确大数据采集和使用所涉及的包括数据隐私、准确性、可获取性、归档和保存等问题在内的应用规则，厘定信息使用权限和职责，确保数据依照规则规范使用，防止"大而无序"。要重视大数据安全体系建设，尽快实现对关键装备、核心领域与人才的自主自控，防止"大而无力"。要构建全新的管理模式，加强大数据的安全防护，不仅要重视对大数据本身的安全保障，还要注重大数据平台的安全建设，防止"大而无安"。总之，要以国家核心安全需要为牵引，多措并举保障大数据安全。

大数据时代，也给个人信息的保护带来前所未有的挑战。近年来，由于经济利益的驱使、行业生态的混乱、法律法规的缺失，以及公民自身对个人信息保护意识的欠缺等原因，围绕个人信息的采集、加工、开发和销售正悄然变为一条"数据产业链"。由于信息泄露造成的"精准营销"和金融诈骗活动，给人们的隐私和财产造成了难以估量的损失。诸如用户的位置信息、行为信息、消费信息、社交信息等，都变成了可被存储、分析的数据，如果将这些数据汇总起来，可以准确还原和预测个人在日常生活中的真实活动轨迹。如果安全管理不当，造成大数据被滥用，势必加剧个人信息风险。从网上疯传的各种"查开房软件"，到频繁发生的客户信息被倒卖事件，都表明信息安全已成为全社会共同面对的系统性风险。用户信息不仅涉及个人隐私，更是一种重要的"数据资产"，特别是互联网经济的崛起，使"大数据"带来的商业价值日益凸显。正因为如此，相关行业的数据和信息作为核心资源被广泛争夺。然而，一方面缺少监管，另一方面又有利可图，使非法获取个人信息的行为获得了很大的操作空间。例如，2016年6月，一则"130万考研用户信息网上叫卖"的消息引发社会关注。据报道，上百万考生的报名信息被人以1.5万元的价格出售，一些考生因此遭遇各种电话和短信"精准营销"。中国研究生招生网工作人员表示，已就此事件向公安机关报案，但该事件暴露出的信息安全问题不容忽视。

在大数据时代的信息安全风险面前，既不能熟视无睹，也不能因噎废食。如何让个人信息的保存、使用和流动保持在安全可控的范围内，在合法、合理利用数据资源增进社会福祉的同时，筑牢个人信息安全的"防火墙"，已经成为政府和企业都无法回避的问题。捍卫大数据时代的个人信息安全，亟待建立健全系统化的防护体系。

在法律层面，迫切需要制定保护公民个人信息的专门性法规，明确规定个人信息的保护范围，并对个人信息的采集、使用、处理予以特别规定；在行业层面，要建立互联网、电信、金融等重点领域的行业自律机制，完善客户信息的管理规范，使客户信息的采集更加透明，并切实做好保密工作；在技术层面，要加快建立规范的网络认证标准体系，加快大数据安全保障关键技术的推广，降低信息泄露的潜在风险。唯有如此，才能有效遏制大数据时代个人信息安全的系统性风险，使大数据真正成为促进信息消费的新动力。

第二章　大数据与教育

伴随着信息技术的创新与发展，教育逐渐被认为是大数据大有作为的一个重要领域。国务院《促进大数据发展行动纲要》提出"探索发挥大数据对变革教育方式、促进教育公平、提升教育质量的支撑作用"。《教育信息化"十三五"规划》强调积极发挥教育大数据在教育管理平台建设和学习空间应用等方面的重要作用。"十三五"期间，大数据与教育的深度融合已成为必然趋势，我国的教育改革开始步入大数据时代。

第一节　教育大数据

教育大数据是大数据在教育领域的具体表现形式，可以理解为教育领域的大数据，也可以理解为大数据在教育领域的应用。随着大数据时代的到来，教育大数据必将走进教育教学工作中。

一、教育大数据的概念

教育领域中的大数据有广义和狭义之分，广义的教育大数据泛指所有来源于日常教育活动中人类的行为数据，它具有层级性、时序性和情境性的特征；而狭义的教育大数据是指学习者的行为数据，即通过大规模且长期地测量、记录、存储、统计、分析所获得的海量教育数据，它主要来源于学生管理系统、在线学习平台和课程管理平台等。

本书研究的是狭义的教育大数据，而其中的"教育"却是"大教育"的概念，具有全员、全程、全方位的特点。全员是指面向所有的学习者（在校的和不在校的）；全程是指从学前教育到终身教育，服务各个教育阶段；全方位是指家庭、学校、社会"三位一体"的教育，无处不在的教育，虚实融合的教育。

教育大数据有四大来源：一是在教学活动过程中直接产生的数据，比如课程教学、考试测评和网络互动等；二是在教育管理活动中采集到的数据，比如学生的家庭信息、学生的健康体检信息、教职工基础信息、学校基本信息、财物信息和设备资产信息等；三是在科学研究活动中采集到的数据，比如论文发表、科研设备运行、科研材料采购与消耗等记录信息；四是在校园生活中产生的数据，比如餐饮消费、上机上网、复印资料和健身洗浴等记录信息。

二、教育大数据的特点

教育大数据之所以能够促进课程教学的变革，是因为它本身所具有的一些特点。教育大数据除了具有大数据的共性特征，即海量的数据规模、快速的数据流转、动态的数据体系、多样的数据类型、巨大的数据价值、真实性、黏度、易变性以及易失性以外，与其他领域中的大数据相比，教育大数据还有一些自身的特点。

1. 分层性

美国教育部教育技术办公室在《通过教育数据挖掘和学习分析增进教与学（公共评论草案)》中写道："教育数据是分层的，有键击层（Keystroke Level)、回答层（Answer Level)、学期层（Session Level)、学生层（Student Level)、教室层（Classroom Level)、教师层（Teacher Level）和学校层（School Level)。数据就在这些不同的层级之中。"

2. 规模性

教育大数据包括结构化的数据（Structured Data）和非结构化数据

（Unstructured Data）。结构化的数据是教育部门多年积累的数据，特别是从考试成绩和出勤记录中收集来的数据。非结构化数据是通过智力辅导系统、刺激与激励机制以及教育性的游戏产生的数据，也包括互动性学习的新方法产生的越来越多的数据。这些数据因数量之大均已形成规模。面对教育大数据的规模性，可以采取多种方式处理：对于结构化的数据，可以运用分布式文件的系统进行并行运算；对于半结构化或非结构化的数据；可以采用自然语言理解和信息抽取等方式将其转化为结构化数据。对于杂质较多的数据，可以在数据挖掘时进行数据清洗；对于实时产生的数据可以使用自动获取效率优先的方式来采集。

3. 阶段性

美国发展心理学家爱利克·埃里克森（Erik H. Erikson）指出，一个人从出生到死亡，共经历八个心智成长的阶段。最初的五个阶段应该在 21 岁前完成。第一个阶段：1 岁以前，信任与不信任；第二个阶段：2～3 岁，自主与羞愧；第三个阶段：4～5 岁，主动与内疚；第四个阶段：6～11 岁，勤勉与自卑；第五个阶段：12～21 岁，对身份与角色的困惑。从小学到大学，学生的成长处于第四、第五个阶段。仅以这两个阶段为例，学生的成长是有阶段性的，教育大数据也应与此相适应，也必然是要分阶段的，才能有助于学生的健康成长。

4. 周期性

随着数字化校园建设的持续性推进，教与学有关的数据均可以从数字学习平台、认知工具、智能穿戴设备、移动学习终端等多个渠道获得。学生从入学之初到毕业之前的连续数据都可以进行搜集；教师、家长、社会导师、同学伙伴等都可以成为学习者状态的描述人；最终由大数据记录和分析工具结合不同的目的，呈现可以解决特定问题的结果或结论。研究表明，各级各类学生从入学、毕业到就业，其间产生的数据不仅十分丰富，而且还有明显的周期性——前几届学生在某一阶段呈现出的共同特征，很有可能在下几届学生身上重复出现，形成周期性的规律。例如上一届学生遇到的学习难点、学习偏好、入学初期的迷茫、考试前的焦虑等典型问题，这些数据都有可能呈现出明显的周期性，在下一届学生身上也可能再次出现。而在规律性的变化过程中，又会出现某种特征的加强或减弱，成为递进性的周期性变化。

5. 直观性

大数据时代，教育数据的采集渠道明显增加，方法也更加多样，所采集的数据具有直观性。所谓教育大数据的直观性，既指数据本身是直观的，又指根据一定的模型与规律，绘制的图表等也是直观的。例如，可汗学院的数学课程把学生要学的知识切割为上百个知识点，并可视化为由 549 个小格组成的任务进度图，其中每个小格代表并链接一个知识点要完成的学习任务。任务进度图中颜色深浅则表示学习者对知识点的掌握程度，颜色越深说明掌握程度越好，反之则表示掌握得不好，或没掌握。通过图表，学习者、教师、分析者均能够直观地了解学习者的学习进度和知识掌握的精准情况。

6. 预测性

教育大数据具有预测性，是指依据数据描述趋势，加以预测，并用数据驱动教育决策和教学干预。教育大数据演化为预言性数据后，教师既能够通过了解、观测学生的学习过程，找到合适的教学方法和教学顺序，还可及时发现学习问题，并进行有效干预。例如，美国普渡大学的"课程信号"（Course Signals）项目，通过采集学生课程学习中的表现、努力程度、前期学业历史、学习者特征等数据进行计算，实现了对课程的实时预测。其预测结果以红、黄、绿三种颜色的信号灯的形式呈现在学生的学习页面和教师的课程控制页面中——红灯表示课程学习存在极有可能失败；黄灯表示在课程学习中存在一定的问题，有可能失败；绿灯表示学习的成功概率很高。得出学生课程学习成功的概率后，教师进行有针对性的交流反馈、推荐学习资源，最终提高学生的学习成功率。

7. 采集和分析的难度大

与其他行业数据相比，教育大数据的采集呈现出高度的复杂性，这是因为教育活动是人类社会中一种特殊的实践活动，主客体关系复杂、不稳定，教育过程中教的活动与学的活动并存，呈现出一种复合结构的特征。教育大数据采集的又是整个教育教学过程中静态和动态的所有数据，既要不影响师生教学活动，又要实时、连续记录整个教学活动中的所有数据，对数据采集者而言就是一种挑战。

与传统教育数据相比，教育大数据的采集具有实时性、连贯性、全面性、自然性和复杂性等特点。为使教育大数据应用更加多元、深入和个性化，原本复杂和多样的数据分析处理显得更加复杂和多样。尽管教育大数据采集分析难，但必须通过对教育大数据有选择性地采集、存储与精准的分析，才可以实施基于全数据和真实数据的建模和预测。

随着移动互联网、数据挖掘、人工智能、机器学习等技术的发展，教育大数据的处理与应用正逐步迈向成熟，为新时代的课程教学的变革提供了新的思路和方法。

三、教育大数据提取技术

教育大数据从技术层面让体验者的感受得以量化和显现，为教育教学活动提供更为鲜活的素材，从而实现教育思维从经验式向数据挖掘方式转变，因此唯有坚持"对象、技术、应用"三位一体同步发展，才能充分实现教育大数据的价值。研究者将采集到的海量教育元数据，经过抽取、转换、加载，以及联机分析处理和统计分析等过程，转换为教育信息，又经过数据可视化将教育数据呈现出来，最后形成教育决策来指导教育教学。在这个过程中数据完成了从数据到信息、知识和智慧的演变。要完成数据的这一华丽的变身，需要依靠在线教育平台的大数据利用和分析。首先要明确分析平台的设计目标，构建出相应的分析体系；然后是数据挖掘，并从数量和质量两个方面去做各项评估；最后得出优质方案。其中，教育大数据的提取技术是关键。依照提取顺序，主要涉及的提取技术如下：

预测（Prediction）：觉知预料中的事实的可能性。例如，要具备知道一个学生在什么情况下尽管事实上有能力但却有意回答错误的能力。

聚类（Clustering）：发现自然集中起来的数据点。这对于把有相同学习兴趣的学生分在一组很有用。

相关性挖掘（Relationship Mining）：发现各种变量之间的关系，并对其进行解码以便今后使用它们。使用数据相关性挖掘提高机构效率，促进学生的学习过程，这对探知学生在寻求帮助后是否能够正确回答问题的可靠性很有帮助。

升华判断（Distillation for Human Judgment）：建立可视的机器学习的模式。

用模式进行发现（Discovery with Models）：通过使用大数据分析开发出的模式进行"元学习"（Meta – Study）。

第二节　教育大数据对教育的挑战

人类社会开始步入大数据时代，大数据带给教育多方面的挑战，教育工作者迎来的不仅仅是一场来势迅猛的技术风暴，更是一场史无前例的多元化的变革。

一、更新观念，理性认识大数据

面对教育大数据对教育的挑战，教育工作者应更新教育观念，理性认识大数据。从信息技术角度来看，信息技术领域不同时期的进步的交互作用促成了大数据的产生和发展；从哲学角度来看，大数据是帮助人们把握脱离具体映像的数与结构的关系、理性认识世界的一种工具；从统计学的角度来看，大数据时代的教育数据与传统教育数据相比，具备实时性高、颗粒度细、真实性和决策性强等新的特点；从管理学的角度来看，大数据时代在商业领域中的个性化服务，在教育领域中也存在相似的应用环境和业务需求；从思维方式来看，大数据时代思维方式更具前瞻性特点，为教学中的个性化预测、真正实现因材施教提供了思路。这就要求广大教育工作者更新教育观念，不断提升对大数据及其应用的认识和理解。

教育工作者要理性认识大数据，就必须明确大数据与传统数据的区别。大数据所带来的并非仅仅是基于电脑硬盘变大了，CPU 处理速度更快了，我们可以处理更大规模的数据了，而是人们对于数据的理解更为深入了，许多曾经并没有重视的，或者缺乏技术与方法去收集的信息，现在都可以作为数据进行记录与分析。例如，在传统数据时代，一个学生读完九年制义务教育产生的可供分析的量化数据基本不会超过 10KB，数据类型包括个人与家庭基本信息、学校与教师相关信息、各门各科的考试成绩、身高体重等生理数据、图书馆与体育馆的使用记录、医疗信息与保险信息等。这样的数据量，一台较高配置的普通家庭电脑，初级的 EXCEL 或 SPSS 软件就能进行 5000 名以下学生的统计分析工作。操作者也只需要中级水平的教育与心理统计知识，一套可供按部就班进行对照处理的数据分析模板，经过两三个月的操作培训就能基本胜任。

大数据的分析则完全是另一种层面的技术。根据荷兰行为观察软件商 NOLDUS 公司的研究，在一节 40 分钟的普通中学课堂中，一个学生所产生的全息数据有 5 ~ 6 GB，而其中可归类、标签、并进行分析的量化数据有 50 ~ 60MB，这相当于他在传统数据领域中积累五万年的数据量总和。而要处理这些数据，需要运用云计算技术，并且需要采用 Matlab、Mathematica、Maple 等软件进行处理，并进行数据可视化。而能够处理这些数据的专业人才一般来自数学或计算机工程领域，需要极强的专业知识与培训，而更为难能可贵的是，大数据挖掘并没有一些固定的方法，更多的是需要依靠挖掘者的天赋与灵感。

大数据与传统数据最本质的区别体现在采集来源以及应用方向上。传统数据的整理方式更能够凸显群体的水平——学生整体的学业水平、身体发育与体质状况、社会性情绪及适应性的发展、对学校的满意度等。这些数据不可能也没有必要进行实时地采集，而应在周期性、阶段性的评估中获得。这些数据，完全是在学生知情的情况下获得的，带有很强的刻意性和压迫性（主要通过考试或量表调查等形式进行），因而也会给学生带来很大的压力。

大数据有能力去关注每一个学生个体的微观表现——他在什么时候翻开书，在听到什么话的时候微笑点头，在一道题上逗留了多久，在不同学科课堂上开小差的次数分别为多少，会向多少同班同学发起主动交流，等等。这些数据对其他个体都没有意义，是高度个性化表现特征的体现。同时，这些数据的产生完全是过程性的：课堂的过程、作业的过程、师生或生生的互动过程之中……在每时每刻发生的动作与现象中产生。这些数据的整合能够解答课程是否吸引学生，怎样的师生互动方式受到欢迎……而最有价值的是，这些数据完全是在学生不自知的情况下被观察和收集的，只需要一定的观测技术与设备的辅助，而不影响学生任何的日常学习与生活，因此，也非常的自然与真实。

教育工作者要理性认识大数据。不难发现，在教育领域中，传统数据与大数据呈现出以下区别：传统数据诠释宏观、整体的教育状况，用于影响教育政策和决策；大数据可以分析微观、个体的学生与课堂状况，用于调整教育行为与实现个体化教育。传统数据挖掘方式、采集方法、内容分类、采信标准等都已存在既有规则，方法完整；大数据挖掘新鲜事物，还没有形成清晰的方法、路径以及评判标准。传统数据来源于阶段性的、针对性的评估，其采样过程可能有系统误差；大数据则来源于过程性的、即时性的行为与现象记录，第三方、技术型的观察采样的方式误差较小。传统教育分析所需要的人才、专业技能以及设施设备都较为普通，易获得；大数据挖掘对设施设备要求较高，并且对从业者的专业技能、创新意识与挖掘数据的能力要求较高，这样的人才十分稀缺。

二、充分发挥大数据资源的价值

人类世界的自然资源极其丰富，诸如土地、能源等。但与土地、能源等易消耗的传统资源不同的是，随着大数据时代的来临，使数据从原本的记录符号转变为具有巨大延伸价值的资源，数据成为一种新的财富。大数据可以交叉重复使用，取之不尽，用之不竭，正在成为促进组织创新、产业升级和经济发展的强大驱动力，在现代社会的诸多行业领域中有着旺盛的应用需求和广阔的应用前景。因此，大数据是真正的可持续利用的资源。

大数据时代使人们能够感知和记录更大规模和更多种类的数据，并且通过对这些数据的分析和处理，深度挖掘蕴含其中的内在信息及核心价值。作为人类世界的下一个自然资源，在国家教育发展层面，大数据将促进教育政策科学化及教育资源配置合理化，使教育政策显现出更高的准确性、科学性和更强的说服力和公信力；在区域教育发展层面，大数据推动区域教育均衡发展，完善区域教育体系；在学校教育发展层面，大数据优化教师招聘体制，提升高校招生效率。

总之，对大数据这一基础性战略资源的应用，可提高通过数据分析解决问题的能力，推动大数据在教学、学习、评价、管理、科研、服务等教育重点领域中的应用。

三、积极探寻大数据的内在规律

数据科学家维克托·迈尔－舍恩伯格曾指出，大数据和教育的结合，将超越过去那些力量甚微的创新，真正颠覆传统的教育模式，引领教育转型和变革。科学技术及互联网的发展，推动着大数据时代的来临。在现代信息技术与专业技术的支撑下，各行各业每天都在产生数量巨大的数据碎片，数据计量单位已从 B、KB、MB、GB、TB 发展到 PB、EB、ZB、YB，甚至 BB、NB、DB 来衡量。数据采集和问题解决分析是大数据应用实施的核心环节，不同存储系统中的数据编码和格式上的差异，可能引发数据兼容性方面的挑战。目前大数据应用面临的技术性困难与挑战体现在数据挖掘的四个环节，即数据采集、数据存储、数据处理及处理结果的可视化呈现。

肯尼思·丘基尔认为，大数据的价值在于存储后的再使用。不过，其中关键的一个问题是，收集、保存一切信息与隐私保护政策是有冲突的，保存一切信息是必要的，但是在这么做之前，有必要思考一个问题，即现行的隐私保护政策是不是妨碍了正在迈入的大数据时代？丘基尔认为，社会有必要就此进行大辩论，以便为大数据时代的隐私保护划定新的界限。

由于人类对大数据的探索尚未进入成熟发展阶段，大数据时代教育数据的采集不再是技术问题，只是面对如此众多的数据，需要研究者探寻、解密大数据的内在规律。而鉴于利用大量公共数据集可以推断很多信息，这使师生个人隐私成为人们日益严重担忧的问题，因为高度个人化的教育大数据集将成为黑客或泄露者觊觎的主要目标。

在描绘教育大数据美好图景的同时，也必须正确认识教育大数据可能带来的分析结果错误、师生个人隐私披露等潜在风险。通过深入探寻解密大数据的内在规律，解决不同存储系统中的数据编码和格式上的差异，实现不同系统间的数据共享，可以减少这些风险，且通过对这些数据的统计、分析、挖掘和共享，将会创造意想不到的价值和财富。

四、正确认识大数据及其局限性

目前大数据的社会价值未能完全成为现实，因此需要加快教育领域中的大数据研究、开发与利用。凯特·克劳福德认为：数字无法自己说话，而数据集——不管它们具有什么样的规模——仍然是人类设计的产物。数据在生成或采集的过程并不都是平等的，大数据集存在"信号问题"，即某些民众和社区被忽略或未得到充分代表，这被称为数据黑暗地带或阴影区域。因此大数据在应用中很大程度上取决于决策者对数据及其局限性的了解。

由于大数据能够作出有关群体不同行为方式的论断，它们的使用通常恰恰就是为了实现一个目的，即把不同的个体归入不同的群体中。大数据有可能被用来搞价格歧视，从而引发严重的民权担忧。这种做法在历史上曾被称为"划红线"。研究者必须认识到并着手解决大数据在反映人类生活方面的某些内在不足，否则可能会依据错误的成见作出重大的公共政策和商业决定。

数据绝不是中立的，也很难保持匿名。考虑到每天有大量关于人们的信息［包括脸谱网点击情况、全球定位系统（GPS）数据、医疗处方和 Netflix 预订列表］被收集起来，就必须思考把这样的信息托付给什么人，以及用信息来实现什么样的目的。

为了解决上述问题，数据科学家要与社会科学家协作，利用跨越不同领域的专业知识，从而更好地辨别偏见、缺陷和成见，正视隐私和公正将面临的新挑战。随着时间的推移，这将意味着找到把大数据策略和小数据研究相结合的新途径。

五、促进大数据与教育深度融合

在现代信息技术与专业技术的支撑下，每个行业或领域都会产生大量的数据，有关部门将收集到的庞大数据进行分析整理，实现资讯的有效利用。大数据价值能否实现的关键，在于大数据的应用。大数据应用需要在大数据相关技术支撑下实现，在于大数据与行业领域紧密融合。教育作为大数据的重要应用领域，教育与大数据的紧密融合是我国教育发展的现实需求和未来趋势。研究大数据，旨在促进大数据与教育的深度融合，有效实现教育数据的应用价值，以推动教育的发展和变革。例如，应用大数据，教育弱势地区和弱势群体及其需求将得到精确定位，通过精准的教育资源配置模型，彻底改变当前教育资源分配模式的缺陷。减弱不同区域在教育机会、教育质量方面的差异，有效促进区域教育均衡发展。再如，应用大数据建立制度化区域教育发展数据采集机制，客观评价区域教育质量，实现区域教育体系的动态调整，将进一步推动区域教育体系的完善。

六、追赶大数据应用的先进国家

我国在大数据研究领域起步较晚，在大数据软件平台方面，也落后于世界先进国家多年，作为大数据应用发展前提的云计算技术在我国尚属新兴产物。大数据海量信息，无法用人脑来推算、估测，或者用单台的计算机进行处理，必须采用分布式计算架构，依托云计算的分布式处理、分布式数据库、云存储和虚拟化技术，大数据的挖掘和处理也必须用到云技术。在大数据的应用方面，全球多个国家和地区已经将教育领域中的大数据应用视为未来教育发展的重大战略，一些学校开始利用所掌握的大量数据和信息资源，在教育和研究工作中发挥更大的作用。无论在大数据的理论研究还是应用研究领域，我国都需要走追赶型的道路。

早在 1968 年，美国教育部就成立全美教育数据统计中心。通过 34 年的长期摸索与反复试错，终于形成了一套完整的教育数据处理方法的方法论，并在 2002 年通过了《教育科学改革法》，明确了数据在教育决策中的决定性地位：所有教育政策的制定都必须由实证数据进行支持。同年，美国教育研究所与全美教育数据中心合并重组后成立了教育科学研究院（Institute of Educational Science，IES）它也是全美最重要的教育决策咨询机构。

大数据到底是如何颠覆传统的？比如，2002 年，诺贝尔经济学奖授予普林斯顿大学心理学教授丹尼尔·卡尼曼。他获得此奖是因为和阿莫斯·特韦斯基一起发现了"前景理论"（特韦斯基于 1996 年因病去世，与大奖有缘无分）。前景理论是描述和预测人们在面临风险决策过程中表现与传统期望值理论和期望效用理论不一致的行为的理论。10 年之后发生了一件更具影响力的大事，奥巴马连任美国总统，而这次胜利被世界媒体与科技界总结为一场"大数据"的胜利。奥巴马的数据团队对数以千万计的选民邮件进行大数据挖掘，精确地预测出了更可能拥护奥巴马的选民类型，并进行有针对性的宣传，从而帮助奥巴马成为美国历史上唯一一位在竞选经费处于劣势情况下，实现连任的总统。奥巴马的例子告诉我们，只要数据量够大、够及时，挖掘够深刻，完全可以洞悉每个选民的投票概率。此例有助于帮助教育工作者正确认识千差万别的学生。大数据在教育中的应用，其最重大的意义，就是能够让教师走近每一个学生的真实。

2012 年 3 月，美国奥巴马政府在其公布的《大数据研发计划》

（*Big Data Research and Development Initiative*）中提出："人们能够通过对庞大而复杂的数据信息的收集和处理，从中获得知识和洞见，加快科学和工程领域的创新步伐，转变教育和学习模式。"

2012 年 10 月，美国教育部发布了针对大数据教育领域应用发展和推广的重要报告，在这篇名为《通过教育数据挖掘和学习分析促进教与学》（*Enhancing Teaching and Learning Through Educational Data Mining and Learning Analytics*）的报告中，对个性化学习、教育数据挖掘和学习分析以及学习系统中的大数据应用、教育数据挖掘和学习分析相关案例、大数据教育领域应用面临的挑战和实施建议等多方面的内容进行了详细的阐释，为美国高等院校和 K—12 学校提供大数据应用的有效指导。在此之后，美国教育领域中涌现了众多大数据应用的研究者与实践者，他们将数据挖掘、学习分析、人工智能、数据可视化等先进技术与现代教育现实问题相结合，探索大数据驱动的教育优化和变革，如教育管理科学化、教育个性化、教育评价体系重构、科学研究范式转型、教育服务人性化的实现等。大数据应用被实施于美国的诸多教育实践之中，并且正在产生一定的规模效应，这标志着大数据在美国教育领域的应用，已经率先进入了快速发展阶段。

2014 年，新媒体联盟发布的《地平线报告》中对学习分析作出如下阐述："学习分析对教育工作者而言，意味着基于教育数据的潜在信息，建构更好的教学方法、定位学习困难人群；对研究人员而言，可用于揭示和剖析学习者与在线资源之间的互动状态和相关关系；对学习者而言，移动互联网和在线平台能通过学习行为数据的分析，为其创设更具互动性和个性化的学习体验。"全球其他一些国家也把大数据提升到国家战略层面，认为未来国家层面的竞争力将部分体现为一国拥有数据的规模及运用数据的能力。英国、法国、德国、意大利等欧盟主要国家在其签订的八国集团《数据开放宪章》（*G8 Open Data Charter*）中承诺，为了推进数字经济发展和科技创新、创造更便捷的公共服务，将向公众开放大量优质数据，教育领域在该宪章中被划定为鼓励应用发展的重点领域，学校名单、学校表现和数字技能等教育数据被归属于优先开放的数据类别。

我国教育部在《教育信息化十年发展规划（2011—2020 年）》中提出，要"推进信息技术与教育教学的深度融合，实现教育思想、理念、方法和手段的全方位创新，提高教育质量、促进教育公平、构建学习型社会和人力资源强国"的战略指导意见。于 2015 年 8 月 31 日，国务院发布了《促进大数据发展行动纲要》，对大数据的教育领域应用进行了顶层设计与规划，在即将实施的公共服务大数据工程中，确定建设教育文化大数据的重要地位，并将加强专业人才培养作为我国将要建设的大数据重大政策机制之一。

2016 年 1 月 28 日，中国教育大数据研究院在北京举办主题为"大数据驱动教育改革"的全国研讨会，发布首次基于大数据研究的中国高校声誉指数研究报告。国家统计信息服务中心主任严建辉在会上指出，教育关乎国计民生，教育问题又异常复杂，大数据在重塑教育方面具有无限的潜能。在当前形势下，教育大数据从战略角度应定义为推动教育变革的创新战略资产，推进教育领域综合改革的科学理念以及发展智库教育的基石。

2017 年，教育部部长陈宝生提出，2013—2017 年是教育现代化加速推进的五年，教育投入得到充分保障，国家财政性教育经费支出占GDP 的比例连续五年超过 4%，全国中小学互联网接入率显著提升……

在数据爆发式增长的大数据时代，全球多个国家和地区已经将教育领域中的大数据应用视为未来教育发展的重大战略，先后制定并出台相应的规划和政策。无论在大数据的理论研究，还是应用研究领域，我国必须要尽快赶上大数据应用的先进国家。

第三章　大数据与课程教学

　　课程教学是人类文明得以传承、传播的核心方式，是教育价值最大化的实现过程。教育终极价值的实现，关键在于课程内部教育行为和教学实践的与时俱进与不断科学化，让教师真正读懂学生，让课程教学更具智慧。当前，大数据理念及技术正在快速融入课程教学，呈现出不同的研究路向和不同的实施路径，成为课程教学变革的强大驱动力。

第一节　大数据与课程教学融合的研究路向

　　大数据与课程教学的融合已是时代发展的必然要求。研究大数据与课程教学的深度融合的研究路向，提升课程教学的有效性并促进价值最大化是课程教学发展的现实需求和未来趋势。

一、运用教育大数据研究教学现象

　　教学现象是指在教学活动过程中表现出来的有关教学的比较表面的、零散的和多变的外部联系，包括可以观察得到的、看得见和摸得着的各个方面，是人们认识和把握教学规律时必须研究的对象。尽管教学现象是教育工作者最常见的现象，但是对于它的了解不能说已经很深入。因为教学现象具有高度的实践性、复杂性，因情境的变化而变化，从而又具有多元性、同时性、即时性、不确定性和历时性等显著特点，况且因为教师的教学风格不同，它还具有丰富性、多样性、差异性等特点，因此这诸多特性给教学现象的研究带来了巨大的挑战。

研究教学现象需要拥有对其多变性进行客观描述的研究手段，同时也需要在零散的、具体的教学现象中发现规律，寻找出具有普遍意义的特殊的研究方法。对于具体的课程教学来说，数据应该是能说明教学效果的。比如，学生识字准确率、作业正确率、多方面发展的表现——积极参与课堂的举手次数、回答问题的次数、时长与正确率，以及师生互动的频率与时长等。具体来说，比如每个学生回答一个问题所用的时间是多长，不同学生在同一问题上所用时长的差异有多大，整体回答的正确率是多少，这些具体的数据经过专门的收集、分类、整理、统计和分析等就成为大数据。

运用教育大数据研究教学现象，是基于课程教学大数据的大容量、多样性和多维价值等特征，具备了能够对课程教学现象的特点与类型进行较为客观而全面描述的功能。课程教学大数据也改变着教师发现问题、解决问题的方式，从而可以支持研究者利用大数据，从教学现象的观察和描述中研究课程教学的规律。

二、运用教育大数据研究学习行为

课程教学是教师与学生、学生与教材、教师与教学方法、学生与学习方式、教师与教学目标、学生与教学评价、教师与环境、学生与学习条件等因素错综复杂的关系中的活动方式。大数据时代，通过多维度收集学生行为的数据，可以进行模型建构，有助于研究学习行为。

近年来，教育研究者关注学生的学习行为，其背后的原因是学习观的转变。学生行为数据被认为是可以反映学生在学习过程这一情境化的动态变化进程中的情况。海量、多层次、连续的行为数据在收集后被拟合成模型，实现预测，如学习管理系统（LMS）的运用。由于建模和预测依赖的基本原理为数理统计，其预判对象主要是学生的群体行为。美国圣路易斯华盛顿大学的心理学和教育学教授、学习科学家科斯·索耶认为：越来越多的学习将经过计算机中介发生，并产生越来越多的数据，我们有必要运用这些数据分析什么时候有效的学习正在发生。所以数据挖掘可以用于探究行为与学习之间的关系，如学习者的个体差异与学习行为之间有何关系，不同行为又会导致何种不同的学习效果等。

运用教育大数据研究学习行为，缘于在学习过程中，学生往往不能准确地把握自己当前的学习状态，制订适合自己的学习计划，以致后续的学习盲目、被动。要避免出现以上的问题，关键在于学生能否随时掌握自己的学习情况，从而适时地调整学习计划和进度。美国"数学大联盟杯赛"在线智能学习系统中的系统分析功能恰好解决了这个问题，它通过智能引擎分析并获得学生的成长记录，指出学习中的薄弱环节，使得学习重点突出，并更加有针对性，进而高效地提高学生的数学成绩。学生在输入有效的时间段后，系统将会精确地分析出该时间段内学生的学习情况，并提供科学、全面的分析报告，最后生成有针对性的复习作业。

运用教育大数据研究学习行为，已经成为教学改革的重要力量。美国教育部发布的《通过教育数据挖掘和学习分析促进教与学》提出大数据时代教育数据的特点有：层级性、时序性和情境性。数据的层级性，是指既收集教师层面的数据也收集学生层面的数据，既收集课堂数据也收集活动数据，从而为后期模型的建立提供了多维度的资源；数据的时序性，是指数据是实时的、连续的，为材料的前沿性提供了保障；数据的情境性，是指数据是基于真实情境的，保证了模型的信度。教育工作者运用教育数据层级性、时序性和情境性的特点，建构的模型可以比较准确地了解学生的学习行为。

运用教育大数据研究学习行为，美国教育部门主要是创造了学习分析系统——一个数据挖掘、模型化和案例运用的联合框架。学习分析系统旨在向教育工作者提供了解学生到底是怎样的学习能够学到更多、更好、更精确的信息。举例来说，一个学生成绩不好是由于他周围环境而分心了吗？期末考试不及格是否意味着该学生并没有完全掌握这一学期的学习内容，还是因为他请了很多病假？利用大数据的教育分析能够向教师提供有用的信息，从而解决这些现实问题。

三、运用教育大数据真正了解学生

大数据时代运用数据促进课程教学变革的关键在于收集和分析处理数据，并进行预测。大数据的收集和分析对教育产生了巨大的影响：大数据量化了学生在课堂上的体验。传统的教育研究往往是经验型的，比如，教师认为哪些因素对学生很重要，对课堂很重要，就在教学中充分显现。再如，在大多数教研活动中，评判一节课的好坏，多是经验型的——教学目的是否正确并且准确；教学环节设计是否层层递进；教师提出的问题是否有效；等等。而学生在这节课中的体验，大部分时间是被忽略的，即使获得了关注，也往往是被代表的——听课者会根据自己的经验来假设学生的体验，而学生真正的体验如何，却没有强大的技术与数据源可提供分析与实证。正如卡耐基·梅隆大学（Carnegie Mellon University）教育学院在介绍学校时所说："不得不承认，对于学生，我们知道得太少。"这也同样是美国十大教育类年会中出镜率最高的核心议题。

运用教育大数据怎样真正了解学生？不妨借鉴苹果公司下面这个经典案例。作为一个笔记本电脑销售门店的主管，可以借助哪些方法提高销售额呢？有许多专家、专业人士会给出建议，比如提高库存管理的能力，提供员工更多专业培训，做更新更炫的广告，或者搞一些促销活动。这些方式当然都会很有效，分别能够提高2%～9%左右的销售额。但是，历来讲求创新的苹果公司将门店中所有能够收集到的数据，不管看上去是不是有关联，全都纳入数据库。通过这些数据竟然发现了一个惊人的现象，电脑屏幕和桌子呈70度角的电脑销售量比其他电脑高出15%。这比其他任何经验式的建议更有效。这是为什么呢？因为当客户走到一台70度角的电脑前，会觉得屏幕反射的光线非常不舒服，自然而然地会伸手去扳动屏幕。心理学理论提示，一旦潜在客户与货物发生了肢体接触，他购买这个商品的可能性就上升了15%。这则案例给予我们的启迪是：许多对学生真正起作用的影响因素，未必是教师经验中认为重要的因素；而教师内心认定的重要因素，也未必真有如此重要。

运用教育大数据使真正了解学生成为可能。在大数据的思维方式下，真正重要的因素来自数据挖掘而非想当然的经验。大数据从技术层面量化了学生在课堂上的体验，学生在一节课中的需求与态度，经由大数据的处理变得可视，教师有了了解学生的途径与方法。通过学习过程行为数据的分析，教师能够全面地了解每一个学生的学习进度和质量，了解每一个学生的真实学习水平以及在学习中出现的问题。比如，针对学习积极性和参与度降低等主客观问题，教师就可以及时调整教学策略，提供极富针对性的学习材料，以及最佳学习方法和建议，以避免在学生最后考核不及格时才被发现。

大数据时代通过对所有学生的学习行为过程和学习结果的数据分析，教师就能够及时发现学生知识点掌握情况，哪些已经精通，哪些还存在困难以及正确率如何等问题，便于识别出教学设计中存在的问题并加以改善。

运用教育大数据了解学生比传统的方式方法更有效。传统的教师了解学生的方法之一是问卷调查法，即教师以学生为研究对象，通过发放问卷的方法让学生回答问题，并对问卷中收集到的大量资料进行分析、综合、比较、归纳，从而形成科学认识学生的方法。尽管教师在编制问卷设计问题时，注意了语义清楚、语句简洁；设计问题时，考虑到对象，规避了敏感问题；设计问题时，价值要中立，避免社会认可效应等。而且在大范围正式使用问卷之前，先在小范围内对问卷进行试用及试答，当面派发，确保回收率……但教师在运用问卷调查法时，是否能够获悉学生的真实情况？对于问卷调研的结果，教师又有多少信心呢？斯坦福大学的教育评估权威哈代教授曾经做过这样一个有趣的小实验，他关注的内容是不同国家的师生在做量表与问卷时的 F 值。F 值指的是被试者填写问卷时出现的掩饰倾向。结果发现，中国学生的 F 值比美国与以色列学生分别高 23.4%、27.6%；而中国教师的这一倾向则更为明显，比美国与以色列教师分别高 36.5%、41.4%。在中国文化环境下，师生更容易认为一个量表和问卷是用来评判自己的，从而更倾向于掩饰自己的真实想法。所以如果想获悉学生真实情况，问卷不一定是个好办法。有时即使学生想提供真实的信息，但也无能为力。比如调查学生"本学期平均每周参加课外运动的时间：A. 1 小时以下；B. 1~1.5 小时；C. 1.5~2 小时；D. 2 小时以上"，且不论选项的设计是否能体现区分度，学生能否比较准确地估算出自己一个学期里平均每周参加多少课外运动的时间吗？SOHO 中国的总裁潘石屹就能够做到。他每天早上都会发微博"今天早上我跑了几点几公里"。他的数据是可信的，因为他随身携带的手机上有这样一个 APP，能够记录他跑了多少公里，花了多少时间，甚至跑步的路线也能记载下来。有了这样的方法，那么要计算他每周跑步的时间与路程就变得可行了。

不言而喻，通过大数据，教师就能获得学生真实、客观的数据，使真正了解学生成为现实。

四、运用教育大数据实现个性化教学

大数据技术能够促进以学生为本的学习，故利用大数据促进个性化学习已成为教育发展的趋势。基于大数据学习分析技术，借助数据分析学习者特征（如学习习惯、选择偏好），收集和分析学习者在网络学习活动中进行交互的大量信息，形成模型，准确诊断学生的学习需求，预测学生的下一个行为，以便提出更好的教学方法，提供更加个性化、有效的支持，让学生更加主动地学习。

运用教育大数据实现个性化教学，可以借助数据分析，还能在固有模型的基础上，通过诊断学生在课堂中的行为表现，对固有模型进行调整，使课程内容更加适合学生的个人需求，实现个性化教学。例如，当某个学生回答一个问题时，一些变量就需要进行分析了。学生回答正确率高的问题就是好问题吗？此时，时间也是重要的因素。如，一个学生在考试的第一部分耗时太多，是否意味着其接下来就会飞速或者凌乱地答题。一道题的答题顺序、结果、具体情况，都会给研究者提供大量数据。再如，小张数学考试得了 95 分，透过 95 分可以得到许多充满想象力的数据：除了每一大题得了多少分？每一小题得了多少分外？每一题选择了什么选项？每一题花了多少时间？是否修改过选项？做题的顺序有没有跳跃？什么时候翻卷子？有没有时间进行检查？检查了哪些题目？涂改了哪些题目？……这些信息，远远比一个 95 分有价值得多。无论是考试，还是课堂、课程、师生互动等各个环节都渗透了这些大数据。运用这些数据，就能揭示学生的学习模式，就能获悉到底是什么因素构成了最好的学习环境，所以这些数据有助于教育工作者给学生创造个性化的学习模式，促进学生学习。

运用教育大数据实现个性化教学，便于教师因材施教、因人施教。有专家指出，教育就像医生看病，每个人病情是不同的，要诊断发现的问题才能对症下药。例如，在个性化英语教育领域，传统上教师需要花费大量时间分析单个学生的学情动态，逐一制订相应的教学解决方案，因此备课时间和教学成本居高不下。但是，大数据让这一切变得更简单了。以培生集团出版的全球少儿美语旗舰课程 Big English 为例，这套课程引入了首款应用于少儿英语学习领域的 My English Lab 在线学习辅导系统（以下简称 MEL），应用大数据技术全程实时分析学生个体和班级整体的学习进度、学情反馈和阶段性成果，从而及时找到问题所在并对症下药，实现对学习过程和结果的动态管理。从定量分析角度来看，MEL 为 Big English 全六级中的每一个级别配备了入门水平测试、单元测试、阶段性测试和期末测试等各种教学评估。这些评估的效能为：第一，可以看到个体学生在学习期间的测试结果，从而得出针对他们学习结果的个性化报告。第二，可以看到所有的学生，他们的总体水平在哪里、他们的困难在哪里、哪些此前已经出现过的问题学生答对或答错了、哪些问题的线索让学生获益了，从而帮助教师达到知情教学（Informed Teaching）。教学评估示意图如图 3-1-1 所示。

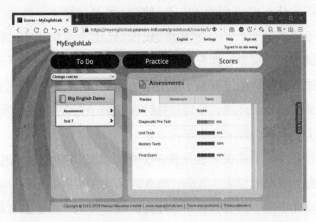

图 3-1-1 教学评估示意图（来自培生英语学习服务）

从定性分析角度来看，教师可以通过 MEL 提供的各种报告工具（见图 3-1-2）了解学生的具体数据：他们在每道题上花费了多少时间？最长的是多少？最短的是多少？平均又是多少？他们的听力和阅读水平是不是一样？他们是做了几次以后才达到现在的水平的？这些数据不仅可以让教师更细致地了解学生的学习状态，更可以让教师根据学生实际情况对 MEL 进行如下个性化的设置：这些学生的听力需要加强，所以多给他们一些听力的练习作业；那些学生的词汇没有掌握好，所以给他们一些词汇练习。

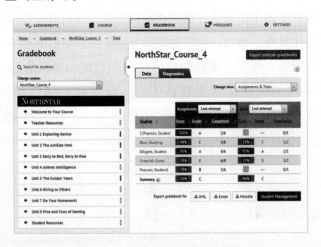

图 3-1-2 MEL 提供的各种报告工具

除此之外，教师还可以根据自己的教学需要来调整任务性质：如果希望学生能够集中精力、不拖拉地完成作业，那么可以规定作业完成的时间，系统自动计时的情况下，学生一般会打起十二分的精神；如果不希望学生在做错题目后感到茫然找不到帮助，就要把"提示"这个功能设置在"on"的状态，这样学生就可以在教师不在身边的情况下知道问题错在哪里了。如果学生总是不分大小写，写完句子总是记不住加句号的话，就可以将"大写"和"标点检查"的功能打开，这样他们就慢慢地会养成规范使用书面语言的良好习惯了。

不久的将来，个性化学习终端将会更多地融入学习资源云平台，根据每个学生的不同兴趣、爱好和特长，推送相关领域的前沿技术、资讯乃至未来发展方向等，并贯穿于每个人终身学习的全过程。

运用大数据真正实现个性化教学，才能使每个学生在原有基础上都得到长足发展。与传统的个别教育相比较，班级授课制具有多（将同龄的学生聚在一起，培养学生多）、快（按照统一标准培养学生，速度快）、省（节省教育成本），但是班级授课制注重的是群体教育，忽视了学生的个体差异。传统课堂上，要了解学生是否对教师讲授的知识点全部掌握，教师往往要让学生举手表示。基于大数据的课堂，若要了解学生对于每个知识点的掌握情况，教师可以通过大数据分析随时掌握，一目了然。传统的教学方式，需要教师用一辈子的时间来积累教学经验，知道哪个知识点学生更不容易掌握，了解哪个学生更容易在类似问题上出现错误等，然后凭借教学经验开展教学工作。这种经验，其实是一种数据的积累。通过运用大数据分析，年轻的教师也可以在短时间内获得类似经验，从而高质量地开展教学活动。

例如，School of One（SO1）是美国纽约市教育部门的一项初中数学教改项目，其特点是以学生为中心，采用大数据分析和适应性技术预测每个学生的学习进度和问题，并根据个性化需求提供学习服务。SO1学习分析算法每天需要分析的数据包括：学生的学习历史和背景，前一天的评估数据，以及可用的内容、教室、人员和技术；确定哪些课时内容在统计学上最适合哪种类型的学生。然后，它会为每个学生和每名教师生成一个独特的每日时间表，且每份每日时间表和教学计划都是自动调整的，以适应每个学生的学习节奏、能力，并提供最有效的学习方式。在 SO1 项目中，教师可以修改系统生成的时间表，所以技术并没有完全替代教师，而只是由技术提供分析，由教师最终做出决策，即教师和技术共同为学生服务，根据每个学生的不同情况有针对性地制订学习方案，从而提升学习效率和效果，实现因材施教。

利用大数据进行个性化学习的产品越来越趋于丰富。美国的梦盒学习（Dream Box Learning）公司研发了利用大数据的适应性学习（Adaptive Learning）系统。世界最大的教育出版公司培生集团（Pearson）与适应性学习领域里的先行者纽顿公司共同研发了适应性学习产品——我的实验室/高手掌握（MyLab/Mastering），这款产品向全球数百万名学生提供个性化的学习服务，向他们提供真实可信的学习数据，让学校通过这些数据提高学生的学习效果并降低教学成本。我的实验室/高手掌握（MyLab/Mastering），这款产品将向数百万名学生提供个性化学习服务，通过提供真实可靠的学习数据来使学校降低教学成本并提升学习效果。首款产品已在美国数十万名学生中使用，使用范围包括数学、英语，以及写作等技能开发课。在讨论高等教育的未来时，培生高等教育分公司的总裁格雷格·托宾认为，个性化学习是未来教育的一个关键点。他们把纽顿的技术整合到"我的实验室/高手掌握"这个产品中，这是整个教育行业进入个性化教育新时代的引领风气之举。纽顿的创办人、首席执行官何塞·费雷拉认为，培生的课程材料将在纽顿技术的支持下，开始适应性地满足每个学生个性化的学习需求。纽顿通过收集有关学生的大量有价值的数据，并分析这些数据，以此确保学生以最有效、最高效的方式学习。

五、运用教育大数据考试变得更科学

监测学生如何考试能够帮助研究者有效评价学生的学习行为。大数据时代要求教育工作者必须超越传统，不能只追求正确的答案，认识到学生朝着正确答案努力的过程也同样重要。在一次考试中，学生个人和整体在每道题上花费了多少时间？最长的是多少？最短的是多少？平均又是多少？此前已经出现过的问题学生哪些答对或答错了？哪些问题的线索让学生获益了？通过监测这些信息，形成数据档案，能够帮助教育工作者理解学生为了掌握学习内容而进行学习的全过程，并有助于向他们提供个性化的帮助。

运用教育大数据考试将变得更科学，需要凭借这些学生学习的行为档案创造适应性的学习系统，提高学生的学习效果。利用学生是如何学习的这样的重要信息，考试的命题者就能为学生量身定制出合适的个性化问题，并设计出有效促进记忆的路径。通过分析大数据，研究者发现从教育的效果上来看，当被问到一系列难度逐渐增加且互相关联的问题时，学生的表现要好于围绕一个共同的知识点随机挑选的问题。美国标准化的研究生入学考试（GRE）中的这种适应性考试已经显示出朝这一方向努力的趋势。

六、运用教育大数据提高学生的成绩

课程教学中的大数据分析的最终目的是提高学生的学习成绩，学生成绩优异对学校、对社会以及对国家来说都是好事。通常来说，学生作业和考试中的一系列重要的信息往往被常规研究所忽视，而通过分析大数据，就能发现这些重要信息，并利用其为预测和提高学生的成绩提供个性化的服务。同时，它还能提高学生平时的出勤率，降低辍学率和提高升学率。

运用教育大数据提高学生的成绩，在美国高中和大学课堂教学上效果显著。美国高中生退学率高达30%（平均每26秒就有一个高中生退学），33%的大学生需要重修课程，46%的大学生无法正常毕业。这些问题让美国教育部门忧心忡忡的同时，也让教育科技公司找到了淘金的机会。近年来，许多教育科技公司纷纷开始抢滩大数据学习分析的市场，竞争极为激烈。例如，美国希维塔斯学习（Civitas Learning）研发出运用机器学习、预测分析等，来提高学生的学习成绩。通过数据库中的海量数据，可以预测学生成绩、出勤率、辍学率及保留率的主要变化趋势。通过分析 100 多万名学生的相关记录以及 700 多万条课程信息记录，希维塔斯学习公司利用软件帮助用户探测到导致学生辍学和学习成绩不良的预警性信号。此外，美国纽约的麦格劳·希尔教育出版集团、培生集团及其他出版公司合作共同开发了"课程精灵"系统，虽然该系统还不具备学习预测的功能，但是学生使用电子教科书学习时，它允许教师对学生的学习进展进行跟踪，并显示学生的学习参与度和学习成绩等相关信息。

运用教育大数据提高学生的成绩，有助于人才的选拔。以往教师测量学生的水平，多通过传统的考试，由于没有考虑题目的难度、质量和区分度，需要多次测试，取平均分，才能测量出学生的真实水平。现在国内外一些重大的考试，如托福考试会采用标准分数，即表示一个分数在团体中所处的位置，这有助于成绩的区分和人才的选拔。在传统考试的命题时，很难知道题目到底有多难，往往是由命题专家凭经验自己去猜测、看看一道题目到底有多难。现在运用大数据，就可以精确地分析出这道题目难度到底有多大，把难度考虑进去之后，每做对一道难题，学生对一个知识点的掌握就会高一些。作为全球最大的信息技术与业务解决方案公司 IBM 的调查结果显示，大数据对教学工作有着非常重要的作用。在 IBM 公司与该学区合作之初，大多数学生的学习成绩都不好，全区的辍学率已经高达 48%。美国联邦政府的《不让一个学生掉队法》（*No Child Left Behind*，*NCLB*）规定，若学生成绩糟糕，将惩罚地方政府。为了改善现状，该学区此前就建立了一个以学生数据为基础的辍学指示工具，并把它应用于全学区层面的决策。不过 IBM 公司却不认为这个措施能有多大成效，他们认为该学区可以借助 IBM 的技术建立新的大数据，并利用大数据分析技术来改变全学区学生学习成绩糟糕的现状。IBM 公司成功地将教育大数据进行商业化运作，与该公共学区进行了大数据合作，提高了全学区学生学习成绩。

运用教育大数据提高学生的成绩，许多科技公司已经开发出相关的产品。例如，加拿大安大略省沃特卢的渴望学习（Desire to Learn）教育科技公司推出了名为"学生成功系统"（Student Success System）的新产品，这是一项面向高校学生，并基于他们自己过去的学习成绩数据预测，以改善其未来学习成绩的大数据服务项目。"渴望学习"声称加拿大和美国的1000多万名高校学生正在使用其学习管理系统技术。渴望学习公司的产品通过监控学生阅读电子化的课程材料、提交电子版的作业、通过在线与同学交流、完成考试与测验，就能让其计算程序持续、系统地分析每个学生的数据。教师得到的不再是过去那种只展示学生分数与作业的信息，而是得到阅读材料的时间长短等这样更为详细的重要信息，这样教师就能及时诊断问题的所在，提出改进的建议，并预测学生的期末考试成绩。例如，美国希维塔斯学习公司专门聚焦于运用预测性分析、机器学习来提高学生成绩。该公司在高等教育领域建立起最大的跨校学习数据库。通过这些海量数据，能够看到学生的分数、出勤率、辍学率和保留率的主要趋势。通过使用100多万名学生的相关记录和700万个课程记录，这家公司的软件能够让教师获悉导致学生辍学和学习成绩不良的警告性信号，发现那些导致无谓消耗的特定课程，并且看出哪些资源和干预是最有效的。依据这些大数据，教师能够有效改进课程教学。

总之，在大数据时代，教师应积极应对教育技术带来的种种冲击，思考如何更好地利用新技术，将技术手段深度运用于课程、教学领域，实现对传统课堂教学的突破，以谋求更深层次、更核心领域的变革。

第二节　大数据与课程教学融合的实施路径

在教育发展历史中，技术一直是支撑和促进教育模式演进的重要因素。在大数据时代，只要技术触及的地方，都会产生大量的数据。教育大数据的应用，其战略意义不在于掌握庞大的数据信息，而在于对这些数据进行专业化处理，拓宽大数据与课程教学融合的实施路径。

一、在课程教学中对学生精准关注

教学过程中的数据无处不在。诸如课堂教学中某个知识点的教学及在线习题反馈，课后作业中每个学生对每道题目的作答信息，一次考试后形成的试题分析报告和成绩统计信息等，都蕴含着大量有价值的鲜活数据，但却往往容易被忽略。如何收集这些常态化的教学数据，并应用数学统计、数据挖掘等技术手段，进行深入有效地分析、挖掘，发现规律，找到问题，既形成一些共性的教学策略，又提出一些个性化的学习建议，让数据为教学服务，就显得很有意义。这种有目的、有意识的教学数据收集与分析，可以帮助教师找准最近发展区，进行精准化教学，从而提高整个课堂教学的有效性。

在课程教学中如何对学生精准关注？一要真实全面地采集数据；二要精准科学地分析数据；三要精准高效的教学活动。三个方面层层递进、环环相扣，形成一个基于大数据分析的精准化课堂教学模型。在教学活动中教师对学生的关注是非常重要的，这是改善教学效果的一种有效方式。当前的课堂教学通常是一位教师面对几十名学生开展教学活动，对所有学生同时做到精准关注有一定难度。随着大数据时代的到来，借助数字媒体技术，通过提取人脸表情和体态特征，再进行数据解读和分析，就能有效、精准地关注学生的学习状态。如观察学生注意力、听讲、发言、思考、课堂练习、情绪、身体等的状况，使高效教学成为可能。国内研究者郑怡文、陈红星和白云晖设计了一种学生学习活动状态的识别与跟踪系统，通过对学生坐姿、眼部和声音等状态数据的采集和处理，从而能够较准确地解读和判断出学生的学习情况，实验表明该方案是可行及有效的。[①]

在课程教学中对学生精准关注，已有相关产品问世。2015 年，国内大数据的领军专家、电子科技大学周涛等人研发的"学生画脸"系

---

① 郑怡文，陈红星，白云晖. 基于大数据在课堂教学中对学生精准关注的实验研究[J]. 现代教育科学，2016 (2).

统，通过数据整合、分析，挖掘出每个学生的学习、生活状态，预测出学生的挂科危险和可能出现的特殊状况，这个系统覆盖了电子科技大学两万余名本科生。在大学里如何成为"学霸"？通过大数据研究，成为"学霸"也是有规律可循的。数据显示：去图书馆和教学楼次数越多，成绩越好；生活、学习有规律的学生，成绩更好；身边朋友成绩较好，自身成绩也相对较好。基于以上研究成果，该校大数据研究所给出新生以下建议：生活习惯很重要，请注意保持生活的规律性。早上6点起床跑步读书吃早餐，或者8点起床飞奔去上课，两种情况造成你这一天的感觉会完全不一样。一定要抽时间锻炼身体，不要天天待在宿舍，睡懒觉和打游戏不如出去跑跑步，打打球；不要迷恋网络游戏；入学就打好学习基础；多去教室图书馆学习。除了引导学生如何成为"学霸"外，"学生画脸"还可以帮助学生预测学习成绩，发出挂科预警。挂科预警主要通过三个方面的数据分析获得：一是刻画学生学习生活的规律性；二是分析学科的相关性；三是计算学生在该学科付出的精力。依据这些分析，系统便实现了对学生精准关注，计算出挂科的可能性。

二、依据学生的学情进行动态分析

大数据时代，学生学情动态分析主要是通过计算机信息化手段收集、记录学生个人维度、班级维度乃至学校维度的知识点掌握情况的信息，并对此信息进行诊断分析，从而为学生学习、教师授课、教学管理提供参考。在传统教学中，要对学生进行学情动态分析，实现个性化教育，教师需要逐一了解学生学习态度、学习方法、原有的学习基础等，并在此基础上制订相应的教学方案。大数据改变了上述这种情况，通过将学情动态分析应用到课前、课中和课后教学场景，教师可以更好地了解教学对象的特点、优势、偏差和缺陷，为教师因材施教提供依据。这是因为大数据的学习平台上积累了每个学生的学习数据，教师在平台上掌握到学生的学习数据，分析了每个学生的学习路径，追踪到课堂上每个学生的学习情况，获得了学生详尽的学习报告。这些数据不仅简化了对学生学情动态的分析，成为教师设计课程、布置课外作业、考核学生的一项依据，而且由于数据资源具有共享性，可以为每个学生和教师提供即时准确的反馈，以便让教师有更多的时间专注于教育教学研究，为学生提供各种个性化的学习路径。

依据学生的学情进行动态的了解，也涵盖学生正确认识自己，了解自己对知识的掌握情况，并制订相关的主动学习计划。通过及时的学情诊断，教师可以对教学活动做出及时调整，更好地促进学生的学习。比如，美国的麦格劳－希尔教育出版集团就开发出了一种预测评估工具，帮助学生评估他们已有的知识和测验达标所需程度的差距，进而指出学生有待提高的地方。评估工具可以帮助教师有效跟踪学生学习情况，从而找到适合学生的学习特点的教学方法。

依据学生的学情进行动态的分析，应用范围很宽泛。包括运用大数据技术全程实时分析学生个体和班级整体的学习进度、学情反馈和阶段性成果；及时找到问题所在，对症下药，有针对性地调整课程教学方案，实现对学习过程和结果的动态管理。例如，2015 年 2 月，北京市初中生英语写作比赛活动中，批改网共收到学生英语作文 30 087 篇，覆盖北京市 16 个区（县）的 457 所学校。通过在线作文批改，收集学生英语作文，生成针对北京地区初三学生英语写作的常用句式、单词频度、常见的语法错误、搭配错误、某一话题下高频词等数据集，用准确的数据分析报告反映出北京初三学生群体及个人的英语学习状况和对事物的看法等。教师可以通过自己班级学生 ID 获取班级诊断报告，学生也能够获取自己的个人诊断报告。这种专业数据分析为教师们提供了平等服务的机会，使教师在不用付出额外时间和精力的前提下，就能轻松获得基于大数据分析的精准学情报告，并据此改进教学。传统时代的教师获得相应的洞察力和预测能力往往需要数年甚至数十年的时间，而大数据的应用极大地缩短了年轻教师获得这些能力的时间。

三、对学生的发展进行过程性评估

教学评估应该是过程性的，而非单一的终结性的。教师使用大数据技术，拥有一个课堂观察的终端，可以随时记录学生的发言质量、作业完成情况、课堂纪律等，了解学生的学习过程，进一步改进课程教学。

对学生的发展进行过程性评估，有助于发现学业成绩背后的原因。两个学生的数学成绩都是 A，从表面上看他们的学习能力似乎是一样的。通过过程性的评估会发现，第一个学生可能是依靠比较出色的逻辑思维能力进行学习的；而第二个学生的逻辑思维能力可能并不理想，是凭借比较出色的记忆力获得好成绩的。单凭记忆力进行学习的方式在低年级时比较有效，但对于长期发展，仅依靠记忆能力是不行的。暂时的好成绩有可能掩盖他在全面发展过程中的缺陷。这一情况的发现有助于教师尽早提出针对性的策略，帮助学生弥补能力上的不足。对学生的发展进行过程性评估，教师在期末时可以将数据汇总起来，撰写评语时有了更加丰富的素材与数据依据，能对学生进行比较客观公正的评价。同时，这些数据也可以促使教师反思，认识到自己在哪些方面需要改进。

对学生的发展进行过程性评估，教师必然注重课程的全过程。假设在一节拥有六个环节的课堂上，课堂观察终端记录了每一个学生在课堂中每一个环节的表现。查看记录，倘若教师发现，大部分时间内学生的节奏都是紧密跟随教师的，但是在第三环节中，大部分学生停留的时间远远超过了教师的预期。这就提醒教师，这个环节需要着重研究，需要调整，也许这个环节的内容非常吸引学生，也有可能这部分内容难度较高，学生需要更多的时间来学习与消化。对学生的发展进行过程性评估，还需创建一个早期预警系统，以便发现成绩滑坡甚至学生厌学等潜在的风险，为每一位学生创设量身定做的学习环境和个性化的课程，为学生的多年学习提供一个富有挑战性而非令人日益厌倦的学习计划。

总之，大数据通过对学生在课堂中点滴微观行为的捕捉，帮助教师了解学生对知识的掌握程度以及感兴趣程度，进而反思课程教学是否满足学生的需求。

四、根据教学需要来调整教学任务

大数据学习平台的数据资源共享功能，有助于教师真正读懂学生，根据教学需要来调整教学任务。一般情况下，教师布置作业的方式多是诸如"所有人完成第 1 题到第 8 题"等，给学生推荐书目的时候也是给出同样的推荐清单，这本是无可厚非的。当大数据技术能够帮助教师了解每一个学生的需求之后，承继了两千多年的因材施教的理想，才有望实现。因为大数据技术已经能够通过数据的归类与分析，预测出现某种行为的人还很有可能出现另一种行为。例如，在网上购物时，会不经意地发现许多网站正在变得越来越了解你，比如淘宝网，它会根据你买过一些什么，浏览过一些什么商品，来判断你还有可能购买哪些商品。新浪微博，它会根据你关注了哪些人来判断你还可能对哪些人感兴趣。如果这种技术应用在作业上，会怎样呢？比如 A 同学做对了第 3 题，系统马上可以告诉他，他可以跳过第 4 题，这是因为，做对第 3 题的学生几乎不可能做错第 4 题，如果做第 4 题是简单重复浪费时间；如果 B 同学做错了第 5 题，那么系统也会提示他继续练习第 6 题和第 7 题，这是因为数据显示，做错第 5 题的人很可能会做错后两题，这个知识点是该学生需要反复进行练习与巩固的。这样的应用，有助于教师根据教学需要来调整教学任务，实现个性化教学。

根据教学需要来调整教学任务，成为教学改革的重要趋势。为了顺应并推动这一趋势，2012 年，美国联邦政府教育部参与了一项耗资 2 亿美元的公共教育中的大数据计划。2012 年 4 月 10 日，美国教育部教育技术办公室发布的《通过教育数据挖掘和学习分析增进教与学（公共评论草案）》明确表示：公共教育中的大数据计划旨在通过运用和分析大数据来改善教育，并将该计划的数据和案例公之于众。联邦教育部从财政预算中支出 2500 万美元，用于了解学生在个性化层面是怎样学习的。

总之，根据教学需要来调整教学任务，能够为每一位学生创设个性化的学习环境和个性化的课程，还能创建一个早期预警系统以便发现成绩滑坡甚至学生厌学等潜在的风险。

五、运用大数据选择学校与遴选教师

1. 运用大数据选择学校

大多数中学生对将来的职业都只有模糊的想法，在填报高考志愿时，在选择就读哪所大学、选择哪个专业时存在着盲目性。高校领英（Linkedln）作为全球职业社交网站，是一个致力为全球职场人士提供沟通的平台，协助择业者发挥所长，选择到满意的工作，其全球会员人数已超过 3 亿。起初中学生会员并不多。2011 年，领英开始考虑如何与 18 岁以下的中学生交流了。高校领英开辟了"大学页面"（University Pages），可以让中学生了解各所高校的毕业生都去哪里工作了，这就等于是给了这些中学生一块分析仪表盘，帮助他们根据自己的兴趣爱好，确定中学的努力方向，以期实现对未来的一些期许，以有效地提高了中学的课程教学质量。以美国的著名高校卡内基·梅隆大学和普渡大学为例：在这两所高校内，高校领英收集了六万多名毕业生的职业生涯数据。数据量之庞大，足以分析出清晰的规律。如在该网站上输入"MIT"，就会看到这两所高校的毕业生一般会在谷歌、IBM 和甲骨文公司找到了工作。

加州库比蒂诺的大学咨询师普维·穆迪（Purvi Modi）指出，这类信息对于中学高年级和低年级学生来说都是财富，因为大多数中学生对将来的职业都只有模糊的想法。运用领英的这个工具，对太阳能、编剧、医疗器械或者其他工作感兴趣的学生，就可以在课堂上努力学好相关的知识，并挑选那些毕业生最容易进入该领域就职的大学报考了。穆迪每年都要给大约 300 名学生提供咨询。他表示，现在有 40% 左右的学生都在浏览领英数据库的这个"大学页面"，希望能从中获得一些启发。领英没有因为该项服务向学生或者大学收取费用，不过免费的服务同样有助于达成商业目标。领英的数据主管吉姆·拜尔（Jim Baer）指出，最明显的回报就是新的会员资料。领英的会员人数正以每年 38% 的速度递增，其中增长最快的正是在校学生和刚刚进入社会的毕业生。

2. 运用大数据遴选教师

教育大数据不仅可以帮助教师在课堂上改善教学，还可以分析学生缺课与成绩的关系，而且能够研判出教师的高考成绩与课程教学质量的关系及与所教学生的成绩的关系等，从而为遴选教师提供了依据。

教师的高考成绩与课程教学质量及所教学生的成绩相关吗？美国某州公立中小学的数据分析显示，在数学成绩上，教师高考分数和学生成绩呈现显著的正相关。也就是说，教师的高考成绩与他们现在所教数学课上的学生学习成绩有很明显的关系，教师的高考成绩越好，课程教学质量越高，学生的数学成绩也越好。关于这种正相关关系，教师进一步探讨了其背后真正的原因。其实，教师高考成绩的高低某种程度上是教师的兴趣及学习方法等在起作用，教师高考成绩高的学科往往是教师最感兴趣且掌握了科学的学习方法的学科。在教学中，教师会千方百计地调动学生的学习兴趣，教会学生用最佳的学习方法学会学习。高考成绩中数学成绩高的教师，在教学中，会充分发挥错题本作用，让学生懂得，理解吃透一道自己的错题，比做正确十道新题效果还好。基于这一原因，所以说教师的高考分数可以作为挑选教师的一个指标。如果有了充分的数据，便可以发掘更多的教师特征与教学效果及学生成绩之间的关系，从而为遴选教师提供更好的参考。

六、未来课程教学中大数据的应用

1. 大数据的应用趋势

一是大数据时代虚拟课程教学的构建。大数据时代的虚拟课程教学呈现出关联性更强的社会网络结构，这就使得教师在虚拟课程教学的构建和运行等方面面临机遇和挑战。二是基于大数据挖掘和分析的学习资源推送机制研究。大数据时代数字化的学习资源将呈现爆炸式的增长，面对海量的学习资源，学生如何选择，以及如何向学生推送合适的学习资源将成为未来教师面临的主要问题。三是基于大数据挖掘和分析的学习路径优化研究。大数据时代为教师提供的海量数据和先进的数据分析技术，使得教师有机会更加细致地认识每一位学生，通过对学生相关数据的挖掘和分析，绘制学生学习路径图。在前期预测模型研究的基础上，优化学生的学习路径，促进学习反思，与之相关的技术和方法值得教师在未来展开研究。

2. 利用大数据实现家校共育

大数据时代的到来，让所有社会科学领域前沿技术的发展从宏观群体走向微观个体，让跟踪每一个人的数据成为可能。对于教师来说，他将比任何时候都更有可能接近了解真正的学生；对于家长来说，将比任何时候都更有可能接近读懂自己的孩子。大数据技术实现了学生课内外学习轨迹的积累，有助于实现家校共育，培养全面发展的学生。家长通过手机就能获得学校的通知与公告，快速地进行各种调研，记录孩子每天课余作业时间，包括孩子看过哪些书，去了哪里游玩……根据这些有价值的数据，教师可以有针对性地帮助家长发现许多现象，如孩子花在作业上的时间是否远远超过了同班同学，教师也会向家长提出帮助孩子轻负高质完成作业的建议。对于研究者，可以通过后台数据库统计一所学校、一个区域的整体情况，获得有价值的数据报告。大数据能够让教师和家长更加了解学生课内外学习的轨迹，从而真正实现家校共育。

在个性化英语教育领域，从图 3-2-1 可以看出，全球少儿英语旗舰课程 Big Englis 的大数据分析系统以学生为中心，按照教、学、测三个环节组织线上学习内容与学习过程，将学生、教师、家长和机构四类用户群有机整合在 MEL 学习管理系统中，各司其职，相互作用，实现了个性化的课程教学、家庭辅导和自主学习管理环境。

未来的学习将进入大数据驱动的新时代。教师和家长最好的选择就是积极迎接这个新时代，通过大数据来分析学生学习进程和结果，进一步改善教学的方式与方法，从而真正实现家校共育，培养全面发展的学生。

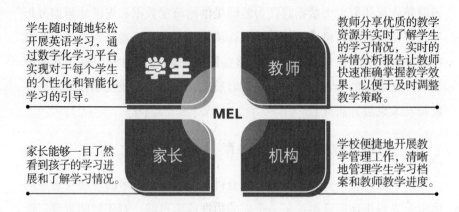

学生随时随地轻松开展英语学习，通过数字化学习平台实现对于每个学生的个性化和智能化学习的引导。

教师分享优质的教学资源并实时了解学生的学习情况，实时的学情分析报告让教师快速准确掌握教学效果，以便于及时调整教学策略。

家长能够一目了然看到孩子的学习进展和了解学习情况。

学校便捷地开展教学管理工作，清晰地管理学生学习档案和教师教学进度。

图3-2-1　Big English 的大数据分析系统（来自培生英语学习服务）

3. 多种途径采集学习行为的信息

未来的学习将进入大数据驱动的新时代。在基于教育大数据的课程教学中，教师可以采集以下学习行为的信息。

（1）学习页面访问情况

学生访问学习页面是学习的一个重要环节，从大数据平台后台收集的数据显示的结果可以表明学生学习的积极性，并且可以体现相互差异性。

（2）学生视频观看情况

学生学习的主要活动是观看教学视频。教学视频可通过视频的形式真实记录完整的课程教学情境，特别是可以捕捉课堂上发生的师生言语、手势等交互行为事件。通过对教学视频的分析可促进教师对课程教学过程的反思，进而提高其教学实践水平，同时也为其他教师提供了互相学习和借鉴的机会。通过运用一定的技术分析方法，将课程教学视频记录的教学情境转化为量化的分析数据来直观反映课程教学活动，以便进行更深入的比较、分析和评价，从而促进教师教学能力水平的提升。

（3）学生课堂讨论情况

课堂讨论是指在教师的指导下，学生通过互相合作，主动参与学习，探究知识，实现教学目标的一种方法。组织学生讨论，既能发挥集体智慧，又有效促进了合作学习，它是学生自主学习、探求知识的好形式。课堂讨论能调动学生的积极性，使学生较大程度地参与其中，变被动接受为主动探索，对激发他们的兴趣、发展他们的思维有着不可忽视的作用。例如，研讨主题"如何使学生的课堂讨论不流于形式"，学生讨论主要有三种情况，即主动发言、回复讨论、置顶讨论。由数据可以分析得出，如果回帖的次数多于发帖的次数，在一定程度上说明了学生的学习主动性还有待提高。因此，让学生在学习中畅所欲言，展开讨论是体现学生主动性的重要方面。但是目前情况下，很多教师都是为了讨论而进行讨论，忽略了课堂讨论的实用性和目的性。因此，有必要借助远程继续教育培训的平台，集思广益，共同探讨，以期指导教师的教学实践。

（4）学生任务完成情况

在课程学习中，完成全部任务者所占总人数的比例，以及完成一半或以上任务者所占总人数的比例，这两组数据可以反映出在学习过程中学生是否只注册账号，从未完成学习的任务，以及学习积极性高的与学习积极性不高的学生之间存在的差别。未来个性化学习终端将会更多地融入学习资源云平台，根据每个学生的不同兴趣、爱好和特长，推送相关领域的前沿技术、资讯、资源乃至未来职业发展方向等，将贯穿每个人终身学习的全过程。

下编

机遇与应答：课程教学的变革

第四章　大数据时代的课程改革

当前，基础教育课程改革处于瓶颈期，技术无疑是一个强大的推动力。大数据技术推动课程改革已经不是理念问题，而是必须付诸行动的现实需求。新的中考、高考改革带来的最大变化是"一人一课表""走班选课制"。如何实现课程管理最优化？如何获得学生不同认知基础上的学习效能的评价？如何使教师基于学生的不同需求，提供适应其个性化发展路径的指导建议？这些问题的解决都需要大数据技术。

第一节　学校课程体系建设

为适应我国教育改革发展的新情况、新特点、新要求，根据教育部工作的整体部署，中国教育科学研究院在全国建立了 20 个教育综合改革实验区，并与各个实验区通力合作，共同萃取和提炼区域教育改革的理论，探索区域教育发展的新模式。本节介绍的成都市棕北中学实施的以学生核心素养为统领的"三·三·六"课程体系和宁波市北仑中学构建的"五能五会"课程体系就是教育综合改革实验区的课程体系建设的典范。

一、学校课程体系建设的意义

1. 落实立德树人的根本任务

大数据时代课程体系建设是顺应国际基础教育课程改革潮流、落实立德树人根本任务、全面推进素质教育的重大改革。党的十八大首次提出"把立德树人作为教育的根本任务"。2014 年，教育部下发的《深化课程改革推进立德树人根本任务的指导意见》中首次提出"核心素养"这一概念，"育人"这一教育的终极目标被凸显。党的十九大再次提出"落实立德树人根本任务，发展素质教育，推进公平教育"。课程是育人的关键，转变育人模式，体现先进教育理念的课程体系建设必须先行。学校课程体系建设是落实立德树人根本任务和培养学生发展核心素养的重要途径。

2. 以培养学生核心素养为统领

2016 年 9 月 13 日，教育部正式发布了"中国学生发展核心素养"。由此，核心素养不仅是一种新的课程观，也成为新的课程目标。它的发布，正式开启了新一轮基础教育改革序幕。一是深化以核心素养目标为统领的学校课程体系改革。按照中国学生核心素养目标要求和国际化趋势，在"关注学生发展，培养学生核心素养"教育改革趋势的影响下，各国落实学生核心素养的一个重要方式就是按照核心素养目标进行课程体系改革，建立以培养学生核心素养为统领的课程体系，将学习内容要求和质量要求有机结合在一起，完善现行课程标准，明确学生完成不同学段、不同年级、不同学科学习内容后应该达到的具体水平和程度要求，并进一步丰富质量评估内容和手段，以指导教师准确把握教学的深度和广度，使考试评价更加准确反映新时期对人才培养的要求。二是探索"互联网＋"及大数据背景下教学内容、方式和路径的创新策略。把握现代课堂教学的走向和趋势，开展课堂观察、教学行为分析，提出精准教学建议，推进现代信息技术与教学的深度整合。三是加强现代信息技术条件下学生学习规律和学习能力的深化研究，着力优化学生的学习方式。

3. 以大数据直接服务课程体系建设

学校课程体系建设是指在确保三级课程管理体制（国家课程、地方课程和校本课程）、国家课程设置、学生发展目标的前提下，对现行国家、地方课程进行适当整合重组，构建富有时代精神、体现多元开放、充满生机活力的多层次、可选择的学校课程，推动育人模式的转变，扩大学校教育、教师教学和学生学习的自主权，引导学生自主选择、自主学习、自主发展，实现学生全面且有个性地发展。

大数据时代的课程体系建设不仅仅是将计算机等现代教学媒体作为课程体系建设的辅助性工具，更要比较全面地运用以计算机、多媒体和网络通信为基础的现代信息技术，在现代信息技术与课程、教学整合的视野中，在信息网络的多维情景中，多层次、多角度地探索、开发、审视和构建一种以师生交互的方式呈现信息的有效课程体系范式。基于大数据的课程体系建设是基础教育改革的重点，近年来，中国教育科学研究院在教育综合改革实验区进行了基于大数据技术的课程体系建设的实证研究，为一线学校的课程体系建设提供了高水平的科研服务和智力支持。成都市棕北中学和宁波市北仑中学在课程体系建设中，除了充分发挥传统教学的优势外，大数据、云平台、微课、翻转课堂、创客、未来教室等都在服务着学校课程体系建设，创生了信息技术视阈下的基于平板电脑的"五卡联动"和"五能五会"课程体系建设新模式。

大数据时代的课程体系建设有助于激发学生学习兴趣。激发学生的学习兴趣，必须利用现代化教学手段，优化教学过程。学习兴趣可以划分为直接兴趣与间接兴趣，个体兴趣与情境兴趣。学生学习兴趣的发生、发展的过程一般是有趣、兴趣和志趣。教师培养、提升学生学习兴趣的最直接的方法就是改革传统的课堂教学模式，实现教学手段现代化。实现教学手段现代化，有助于创设信息情境，开阔视野，使每个学生真正感受到学习的乐趣；实现教学手段现代化，有助于创设生活情境，使教学从抽象、枯燥的形式中解放出来，走向生活；实现教学手段现代化，有助于创设求异情境，使每个学生享受创造性思维活动的乐趣；实现教学手段现代化，有助于切实关注学生的个体经验，尊重学生的个人学习习惯；实现教学手段现代化，有助于淡化作业的功利性取向，以作业激发学生的学习热情，提高学生综合素质。

二、"三·三·六"课程体系建设

"三·三·六"初中课程体系建设，是成都市棕北中学构建并实施的大数据时代基于核心素养的学校课程体系，旨在把学生培养成为具备人文底蕴、科学精神、学会学习、健康生活、责任担当和实践创新精神的全面发展而富有个性的人，实现育人模式由知识传授向培养学生核心素养转变。

1. "三·三·六"课程体系建设目标

（1）培养学生核心素养既是课程观，也是课程目标

核心素养是指学生应具备的、能够适应终身发展和社会发展需要的必备品格和关键能力。中国学生发展核心素养，以科学性、时代性和民族性为基本原则，以培养"全面发展的人"为核心，分为文化基础、自主发展、社会参与三个方面。综合表现为人文底蕴、科学精神、学会学习、健康生活、责任担当、实践创新六大素养，具体细化为国家认同等十八个基本要点。培养学生核心素养不仅是一种新的课程观，也是课程的目标。

（2）核心素养融入课程体系的机制

核心素养融入课程体系的机制，要有助于融入"知""行""信"。

"知"，指认知的有机融入。课程体系的建设，要有助于学生对核心素养具有直接性、表面性与片面性的感性认识，深化为具有间接性、深刻性与全面系统性的理性认同。这就需要：第一，学生发展核心素养的教育要实事求是、以理服人；第二，目标明确，贴近学生生活实际；第三，形式多样，灵活采用多种方式增强内容的感染力和说服力；第

四，方法灵活，设计问题情境、采用典型示范和对比鉴别，坚持"硬内核"与"软包装"。

"行"，指行为的有机融入。课程体系的建设，要有助于学生通过学习中的人际互动逐步体验、接受、认同，并内化为学生的核心素养，这是一个从他律到自律的过程。学生发展核心素养是人与人交往的行动准则，课堂学习中的互动交流是学生体验和接受学生发展核心素养的重要方式，是学生在实践参与和实践体验中将核心素养内化为个人行动的过程。

"信"，指感情的有机融入。课程体系的建设，要有助于学生通过积极课堂文化的体验，在情感上对发展核心素养产生满意、喜爱及肯定的态度。对学生而言，情感的熏陶来自课堂文化潜移默化的影响，课堂文化的陶冶、教师人格感化是学生发展核心素养的主要方式。

（3）核心素养融入课程体系的要素

在课程体系建设中，核心素养融入课程体系有四个基本要素，即教师、课程、课堂文化和学生。

要素一，教师。在课程体系建设中，一是教师要正确把握学生发展核心素养的基本要义、精神实质和重大意义，并切合实际转化为教学目标、内容和方式方法。就是把核心素养融入教材建设的全过程。二是遵循教育教学规律和学生身心发展规律，渗透人文情怀。人文情怀是学生发展核心素养的重要内容，也是教师应该具有的素养。这意味着，有机融入学生发展核心素养的课程体系，符合新课标的要求，有助于实现知识与技能、过程与方法、情感态度与价值观三维一体的教学目标。三是教师的人格魅力对学生形成一定的感染，从情感上引导学生认同核心素养。

要素二，课程。在课程体系建设中，一是知识本身应能体现学生发展核心素养的要求；二是课程应注重学生对学生发展核心素养的认知。

要素三，课堂文化。在课程体系建设中，体现学生发展核心素养的内在要求，进行正向的激励和引导，对学生进行潜移默化的熏陶。

要素四，学生。在课程体系建设中，有助于培养学生的"知"

"行""信"。一是"知",通过学习系统而理性地认识学生发展核心素养内涵;二是"行",在从外在规范逐步向自觉行为转化的过程中,与他人的互动体验内化为学生发展的核心素养;三是"信",通过情感熏陶,逐渐形成对学生发展核心素养的情感认同。

（4）**核心素养,是新课程体系建设的基础**

核心素养不是一个抽象的、理论性的框架,它是关于学生知识、技能、情感、态度、价值观等多方面的综合表现;核心素养不是天生的,是需要通过教育去形成与发展的,这些素养既表现出发展的连续性,也具有发展的阶段性。为了把核心素养的培育落到实处,落到不同的学段,就需要把核心素养细化为不同教育阶段的培养目标,落实到课程体系建设中。成都市棕北中学正是基于这一认识,探索出基于学生发展核心素养的"三·三·六"课程体系。

2. "三·三·六"课程体系的内涵

棕北中学在课程改革中坚信:评价学校课程体系的首要标准不是课程的数量,而是考虑课程建设是否基于学生的核心素养,是否将核心素养与课程进行有机融合。棕北中学依据中国学生发展核心素养,在原有的国家课程、地方课程和校本课程三级课程基础上,经统筹、整合、拓展和创新,形成了包括基础课程、拓展课程和特色课程的学校课程体系,促进了学生全面且有特长地发展,实现了学校内涵发展的系统性突破。

"三·三·六"课程体系中的第一个"三"是指国家课程、地方课程和校本课程三级课程;第二个"三"是指基础课程、拓展课程和特色课程三大类的学校课程;"六"是指人文底蕴、科学精神、学会学习、健康生活、责任担当和实践创新六大核心素养。"三·三·六"课程体系详见图4-1-1。

棕北中学在课程体系建设中,坚持"三做",即做强基础课程,做实拓展课程,做优特色课程。

基础课程主要培养学生可持续发展所需的必备品格和关键能力。基

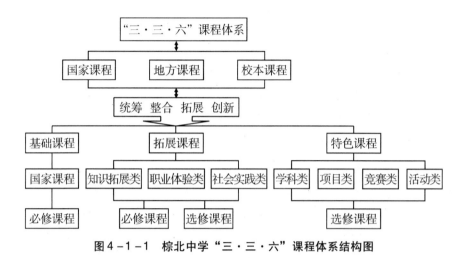

图4-1-1 棕北中学"三·三·六"课程体系结构图

础课程为后续的拓展课程、特色课程服务。譬如数学能够培养学生熟练的计算能力、空间想象能力和逻辑思维能力，常被比喻为锻炼人的思维的保健操；语文能够培养学生书写能力、阅读能力、语言表达能力和思维能力等。这些基础课程均为必修课，旨在激励、引导学生夯实基础，养成良好的习惯，形成正确的价值观、人生观、世界观。

拓展课程主要满足学生的个性化学习需求，它分为知识拓展、职业体验、社会实践三类。根据学生需求的层次性，拓展课程分成普及型和提高型。普及型拓展课程是必修课程，重在激发学生学习兴趣，教会学生学习方法，是每个学生必须修习的课程，如理科学习方法解读、文科学习方法解读等，强调全员参与。提高型拓展课程是选修课程，不仅需要学生有兴趣，而且要有一定学习基础，譬如模拟联合国课程、张景中院士数学实验课等。课程与学生可双向选择，当选修人数超出规定时，需要组织入选资格考试确定学习者名单。

特色课程主要开发和培育学生的潜能和特长，根据综合程度，分成学科类、项目类、竞赛类、活动类等课程，譬如机器人、科技制作、学科竞赛、体艺特长、学校的社团活动、兴趣小组活动等，学生自愿参加。凡是学生感兴趣的，学校均开设相应的课程供学生选择，以满足不同类型学生的发展需要。在一定意义上讲，选修课程对于学生的个性发展，对于分流的实现，有着更重要的作用。

3. "三·三·六"课程体系建设内容

棕北中学构建的"三·三·六"学校课程体系以培养学生核心素养为统领，尊重个人选择，鼓励个性发展，课程内容如图 4－1－2 所示。

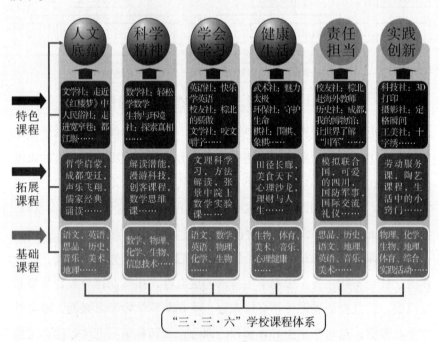

图 4－1－2　"三·三·六"课程体系内容

棕北中学构建的"三·三·六"课程体系中，基础课程以国家课程为主，面向全体学生开设，占初中总课时数的 70%；拓展课程是国家课程的延伸和深化，主要服务学生能力提升，以综合性课程为主，占初中总课时数的 20%；特色课程由学校自主开发，主要服务学生个性化发展，占初中总课时数的 10%。

棕北中学构建的基于学生核心素养、尊重个人选择、鼓励个性发展的"三·三·六"学校课程体系，推动了育人模式的转变，扩大了学校教育、教师教学和学生学习的自主权，引导学生实现全面且有个性地发展。

4. "三·三·六"课程体系建设原则

棕北中学的"三·三·六"课程体系建设,按照"系统规划、全面开发、注重层次、逐步实施、突出精品、注重实效"的思路展开,基础课程(国家必修课)、拓展课程(知识拓展、职业体验及社会实践)和特色课程(兴趣特长、潜能开发)互通互融,并遵循多元化、互补性、同理心、可选择的原则。

(1)多元化原则

多元化原则是指课程内容多元化和课程开发主体多元化。

课程内容多元化。棕北中学"三·三·六"课程体系的开发遵循了多元智能理论,即每个学生不同程度地具有语言、音乐、数理逻辑、空间、身体运动、人际交往、自我认识、自然观察等多种智能,课程的内容涵盖面广。在基础课程层面上,拓展课程、特色课程再分层开发,如拓展课程"用智力多元论解读潜能"再对应青少年的八种潜能开发出相应的特色课程。如依据拓展课程"成都的变迁"开发出特色课程:知成都、爱成都,感受传统文化;成都,我的博物馆,我的家等。如在拓展课程"中国古典小说鉴赏"基础上开发出特色课程:走近《红楼梦》中人、品读《世说新语》《西游记》与中国传统文化等。这样多元分层地开发课程,使内容更加符合棕北中学学生实际,尽最大可能为学生提供较多的科目和课程,以全面提高学生核心素养和提升学校教学质量服务。

课程开发主体多元化。棕北中学"三·三·六"课程遵循"自主开发为主,合作开发为辅"的原则,充分挖掘和培育校内师生课程开发力量,适度借助中国教育科学研究院、中国科学院、社会团体和家长导师团的力量开展课程建设。

(2)互补性原则

互补性原则是指课程开发依据党的教育方针,以及国家、地方的课程要求,对国家、地方课程缺少灵活性、强调统一性的课程现状进行一定的弥补。

棕北中学在原有的国家课程、地方课程和校本课程这三级课程基础上，经统筹、整合、拓展和创新，形成集基础课程、拓展课程和特色课程于一体的"三·三·六"课程体系，课程内容较好地弥补了国家课程、地方课程的缺陷和不足，充分发挥出学校课程整体的育人功能。如学校拓展课程开设了儒家经典诵读、中国古代文化系列讲座和中国古典小说鉴赏等课程，解决了中学生人文底蕴不足的问题；拓展课程开设了数学思维培训等课程，有助于中学生理性思维、批判质疑、勇于探究的科学精神的提升。

（3）同理心原则

同理心原则是指在课程建设中师生心理同步，教师站在学生的角度，走进学生的心灵世界，理解学生的内心感受，且把这种理解传达给学生，根据不同学生的不同兴趣而施教。

棕北中学"三·三·六"课程设计将知识为本转化为以人为本，注重基础知识、基本技能和核心价值观，为全体学生终身学习和可持续发展奠定坚实基础。课程实施尊重学生主体地位，充分考虑到学生的需要和兴趣的差异性，给予学生创造、想象的空间，激发学生强烈的学习欲望。如该校的拓展课程开设了理科学习方法解读、文科学习方法解读、初一学习能力培养、初二学习能力训练和初三学习能力提升，这有助于中学生勤于反思、乐学善学，从而学会学习。

（4）可选择原则

"让学生学会选择"是课改的重要目标。可选择原则是指课程设置多层次、选修科目多样化，可供学生个性化选择的机会多、空间大，促进学生多样性和个性化发展的概率大。

棕北中学"三·三·六"体系的特色课程从学生实际出发，既满足优生的求知欲望，又兼顾后进生的接受能力。课程设计多梯级分层实施，即在一个大项目下设计若干小项目，让学生根据情况选择，为学生自主学习、个性发展创造了条件。在学生萌发理想时，不失时机地启发学生从自身实际出发制订学习计划，培养人生规划能力，从而实现学生学习的个性化和学校课程的特色化。如该校拓展课程开设了"走进抗日战争纪念馆——了解抗战历史",激发学生爱国热情,培育和践行学生发展核心素养,做好少年;还开设了"让英国了解中国——蒋环霞老师在英国教汉语""让印度了解中国——郭阳萌老师在印度教汉语""让世界了解成都——走进大熊猫繁育研究基地""成都名胜古迹概览"等课程。学生有机会参与到自己感兴趣的科目和领域中学习,及早了解自身的特长和潜能,为将来选择合适的高中和进入高中后的选课学习打下基础。

棕北中学按照学科和学生的兴趣爱好成立社团,如文学社、历史博览社、陶艺社、工美社、旅游社等。社团开设了可供学生选择的特色课程,文学社开设了"走进杜甫草堂,了解诗圣""再学杜甫'三吏''三别'";历史博览社开设了"成都,我的博物馆,我的家乡""走进抗日战争纪念馆,让世界了解川军";旅游社开设了"熊猫亦艺术,保护无国界"等,把课程的选择权交给学生,学生在选择中体味生活、规划人生,实现了特色课程学科化,特色课程兴趣化。

5."三·三·六"课程体系建设特征

棕北中学构建的"三·三·六"课程体系,除了具备新课程改革的基本特征,即注重课程的发展功能、实现课程设置的整合性、关注实施过程与科学评价,以及进一步加大课程管理的弹性化外,更充分地体现了联系生活、内容趣味、形式多样和师生家长互动等四大特征。

(1)联系生活

"三·三·六"特色课程设计贴近生活,紧密联系实际,突出实用性,通过不断实践来培养学生的实践能力。课程设计注重引导学生关注社会生活中的时事,使其理解和运用能力与时俱进。

棕北中学校外成立多个学生实践基地,在空间上拓宽了授课的形式,做到了"社会即课堂"。如学校成立文艺类的实践基地,学校在成都市广电集团建立了实践基地,让学生走进电视台的演播室,去亲身体验节目的录播与制作;成立环保类的实践基地,学校与市环卫处合作,带学生去实地感受当下环境面临的突出问题以及垃圾分类的现状与前景；成立医务类的实践基地，让学生走进医院的急诊室，去当"一小时护士"，体验医务工作者的荣耀、责任与艰辛。

"纸上得来终觉浅，绝知此事要躬行。"实践基地的设立除了在课堂形式上让学生有新鲜感外，也让学生更直观地了解多种职业，从而让学生思考：这与我想象中的职业区别在哪里？这是我喜欢的吗？如果从事这项工作我需要做哪些准备？

（2）内容趣味

"三·三·六"特色课程的呈现方式可以是言语的、图片的、模型的，也可以是实物的、观察的、操作的和体验的。"三·三·六"特色课程内容设计趣味强，既符合学科的特点，又符合中学生心理特点。因此，课程设计特别注意贴近学生，创设各种情境，激发学生强烈的求知欲。

棕北中学遵循满足学生现实与理想的需要，拓展类课程开设了知识拓展、职业体验和社会实践三大类共七十余门课程，特长类课程围绕着初中生的兴趣爱好开设了八十余门课程，尽可能地给学生提供适合并可选择的课程。拓展类课程主要由各科教师或聘请业内专家开设，拓宽或延展本门学科知识领域，内容涵盖广泛，包括学习方法解读、用智力多元论解读潜能、阅读与写作、影视欣赏、数学与科学创新、信息技术、科技创新与发明、成都地理历史等。特长类课程在教师的引导和家长导师团的配合下，由学生社团开设，课程形式丰富多样，如工美社开设手工制作纸藤花、学做十字绣等；绿茵社开设感受春天、快乐种植、花盆张大嘴、吐绿爱校园等；实验社开设程序设计、机器人；养殖社开设蚕宝宝成长盒；法律社开设模拟法庭、国际时政和法制夏令营等；旅游社开设熊猫亦艺术、保护无国界。这些课程深受学生欢迎，并发展了学生的特长，培养了学生的爱好，提高了学生的综合素质。

（3）形式多样

"三·三·六"特色课程的内容、形式和解答方式的多样化有助于克服传统课程中的单调乏味现象，提高教学的有效性。设计课程时充分发挥学生的主动性和创造性，让学生动手、动脑、动口，符合他们好奇、爱动、形象思维占优势的特点，把技能的培养贯穿在活动中，调动学生多种感官参与活动、参与学习。

棕北中学拓展课程、特色课程主要满足学生的个性化学习需求，譬如文学社课程、陶艺社课程、民俗社课程等，形式多种多样。陶艺社开设的"陶艺制作大比拼"，培养学生设计的理念和动手制作的能力；民俗社开设的"走进宽窄巷"，在穿行中了解与宽窄巷相关的历史与人文知识，提升学生获取、收集、处理、运用信息的能力。这些课程既夯实了学生的人文积淀，又培养了人文情怀，还提高了审美情趣，在动手制作和实地考察中发现美、感受美，提升艺术表达和欣赏的兴趣与意识。

（4）师生家长互动

棕北中学"三·三·六"课程体系由单纯强调教师独立完成走向鼓励师生互动，鼓励家长共同参与。如语文学科的"文本研读学习通道的探寻"、数学学科的"课堂互动"学习模式研究、化学学科的"再发现、再认识"学习法、生物学科的"问题探究式"学习方法、英语学科的"以写促读""以写促听""以写促写"实践探究等，实现了教师主导与学生主体的最佳结合。

棕北中学不仅充分发挥学校师资的作用，还在学生家长中聘请一批有专业特长的家长作为家长导师团。如职业体验课程选定了七个职业大类，包括医务、公安、金融、环保、企业、文艺、农林，每个大类再根据常见职业进行细分，例如分为医生、护士、交警、记者等。职业体验课由不同职业的家长来实施。为了避免授课内容重复、碎片化，学校将相同大类职业的家长导师组成导师团，定好负责人，由他们相互协商授课内容及授课方式，尽量形成序列化、可持续的课程内容。授课时间为每月最后一周的周五下午。这一举措解决了拓展课程和特色课程开发师资不足的问题，因为家长本身就是从事该职业，也避免了"隔行如隔山"的尴尬。

6. "五卡联动"的课程体系实施流程

(1) 基于平板电脑的"五卡联动"教学模式

成都市棕北中学在"三·三·六"初中课程体系建设中，在基础课程和普及型拓展课程等必修课程中，尝试探索基于平板电脑的"五卡联动"课堂教学模式。这种教学模式的三大支撑是基于学生人手一台平板电脑、学习支持服务系统和云资源服务等。为了打造良好的硬件环境，学校创建校园无线网络环境，集中采购平板设备，实现课堂上学生人手一机的教学互动模式。

基于平板电脑的"五卡联动"教学模式中的"五卡"是指：导学卡，课前预习；课堂反馈卡，总结预习中的问题；挑战卡，鼓励一题多解；错题卡，摘录错题、分类整理、反思原因、制定策略；减压卡，奖励和"减负"措施，激励学生自主学习。

基于平板电脑的"五卡联动"教学模式是一种素质教育思想，是利用移动平板技术，通过智慧校园平台让学生直接网上选课、在线学习与课堂教学、课后反馈相结合。

(2) 基于平板电脑的"五卡联动"的实施流程

基于平板电脑的"五卡联动"教学模式的实施包括以下四个阶段：

一是课前自学阶段。以导学卡为指南预习新课。教师在授课的前一天通过服务软件向每个学生发送导学卡，包括导学案、课件、测试题、微课等，学生事先进行预习自学。学生根据导学卡自主学习，利用平板电脑在学校的云资源中寻找和本堂课相关的资料，同时对照教材进行预习。实测显示，通过导学卡，学生一般能理解课本上 70% 左右的内容，学习程度达到最近发展区。

以浙教版《科学》七年级上册《观察蜗牛》一课为例，设计的导学卡如下：

1. 查阅云资源：用放大镜观察物体时，放大镜与观察物体间的距离正确的是_____。

A.　贴着观察物体

B.　靠近观察物体

C.　远离观察物体

D.　随便怎样都可以

2.　读图，填写下列空格：

蜗牛体外有一个_____的外壳，它具有_____作用。有____对触角，前一对较长，后一对较短，具有____觉和____觉。生在长的一对触角的顶端的眼，具有____觉作用。腹部有较肥大的足，是____器官，足内有足腺，能分泌黏液，所以蜗牛爬行过的地方会留下痕迹。

二是课上导学阶段。以课堂反馈卡为指南教授新课。上课第一个环节是学生自测预习的情况，用平板电脑展示反馈学习效果。

《观察蜗牛》一节设计的课堂反馈卡如下：

观察蜗牛的外形图，回答下列四个问题：

1.　对蜗牛起保护作用的是_____。

2.　蜗牛的运动器官是_____，其爬过的地方会留下痕迹的原因是_____。

3.　蜗牛的视觉器官是_____，它长在_____。

4.　蜗牛最敏感的部位是_____。

平板电脑上的课堂教学软件可以自动批改学生作业，收录学生错题，还可以快速准确地记录下每一个学生对知识点的掌握情况。借助该软件，教师可以有的放矢，对每个学生的薄弱点进行指导。学生做题的同时，教师的平板电脑里可以随时统计出每道题的正确率，实时显示出每个知识点全班学生的掌握情况。完成题目后，由学生讲解出现错误的题目。

在使用平板电脑教学过程中，学生可以随时在校园云资源上查阅资料，且做题的同时，以前的错题直接会进入"错题库"，便于随时查阅。教师总结预习中的问题，提炼出课堂反馈卡。学生带着还剩下的30%的疑惑进入课堂，有强烈的求知欲，能发现问题，会提出问题，能够畅所欲言。教师上课的重点就是解决学生先学后剩下的30%左右的问题，因此具有较强的针对性，并有足够的时间和空间拓宽最近发展区，课堂效率大大提高。

三是巩固练习阶段。以挑战卡、错题卡、减压卡为指南巩固练习评价。

挑战卡，就是鼓励学生一题多解，多种形式寻求答案。课堂练习是丰富多彩、形式多样的，有标准答案的练习不是唯一形态。课堂练习要恰当地采用书面练习、口头练习和实践性练习等多种形式，充分发挥各种练习的独特作用。课堂练习可以由个人完成，也可以由小组合作或全班合作完成。练习不都是书面的，可以直接网上提交，并通过系统自动统计成绩。

错题卡，就是教师利用错题引导学生分析错误的原因，使学生理解、吃透一道自己做错的题，比解十道正确的新题效果还好，制定策略并积极开展有效的训练，从而改善学生的学习方式、改进教师的教学方式，最终达到减负增效和人本回归的目的。

减压卡，是把学生参加某项活动作为当天或近期的作业，既是一种作业的减负，也是一种对学生参加竞赛、活动的支持。比如：张健同学要参加区运动会比赛，每天下午都要进行专项训练，语文老师以训练作为他近期的语文作业，以保证他全身心地投入训练中。比赛结束后，张健获得区运动会百米比赛第一名。这期间他给自己也布置了一项作业：写训练日记。减压卡作业受到学生普遍欢迎，逐渐演变成了学生的自主作业或自觉作业。

四是拓展训练阶段。减轻学生的负担，提高教学质量，始自于拓展训练中作业的设计。"五卡联动"教学模式从学生核心素养的理念出发，依据以人为本的教育思想，针对学生差异和个性化需求，在关注学生知识技能发展的同时，关注学生在作业完成过程中分析能力、创造能力和实践能力的提升，关注学生综合学习策略方法的掌握。

拓展训练阶段作业形式包括选择型、自编型、合作型和整合型，多"型"并举。选择型的作业，指的是学生进入学习服务系统，在系统的作业超市中选择。自编型指的是学生自己设计作业，达到自产自销。合作型作业指的是同学、师生之间合智经营。整合型作业指的是宽领域一举多得的作业。学生自己设计、自己完成，将自编型、合作型和整合型作业提交到网上，不断丰富作业超市。

拓展训练阶段的作业除了联系生活、内容有趣、形式多样外，还注重自主选择。自主选择是指作业从学生实际出发，既满足优生的求知欲望，又兼顾学困生的接受能力。作业设计呈现多梯级分层作业，即在一个大题目下设计几种作业，让学生根据情况自主选择，以充分发挥学生学习的主动性，使不同层次的学生在不同程度上都有所提高。因此，"五卡联动"作业设计，由于注意贴近学生，创设各种情境，所以学生做完作业，盼望着下一次作业的到来。

例如，《观察蜗牛》一课的拓展作业是"观察鼠妇"，题目如下：

如果你翻动花园、庭院中的花盆或石块，常常会看到一些身体略扁、长椭圆形、灰褐色或黑色的小动物在爬行，这就是鼠妇，又叫潮虫。当你搬开花盆或石块，鼠妇很快就爬走了。这是为什么呢？是因为环境变明亮了吗？某同学对此进行了探究，请你将他探究活动的过程填写完整。

1. 提出问题：鼠妇会选择阴暗的环境吗？

2. 作出假设：＿＿＿＿＿＿＿＿＿＿。

3. 制订并实施探究方案：在铁盘内放上一层湿土，一侧盖上不透光的纸板，另一侧盖上透明的玻璃板，在铁盘两侧的中央处各放 5 只鼠妇，观察鼠妇的行为。该实验的变量是＿＿＿＿＿＿＿＿。如果在铁盘两侧中央各放 1 只鼠妇是否可以得出准确的结论？为什么？

4. 分析结果，得出结论：该同学对上述实验重复了 5 次，结果如下表：

环境	第一次	第二次	第三次	第四次	第五次
明亮	0 只	1 只	2 只	0 只	2 只
阴暗	10 只	9 只	8 只	10 只	8 只

为了使实验结论更准确，要对上述数据做怎样的处理？从中得出的实验结论是什么？

（3）"五卡联动"带来了教学方式的重大变革

"五卡联动"教学模式不仅仅把平板电脑作为教学的辅助性工具，更是比较全面地运用校园网云资源服务等"互联网＋"时代的教育信息技术，在现代信息技术与课程教学整合的视野中，在信息网络的多维情景中，多层次、多角度地探索、开发、审视和构建的一种师生以交互的方式呈现信息的有效教学范式。基于平板电脑的"五卡联动"课堂教学模式，带来了教学方式的重大变革。

一是凸显教师引领作用。"五卡联动"教学模式，颠覆了传统教学方式，敦促教师不再只是讲授，而是提出探索目标，创设逼真的教学环境、动静结合的教学图像、生动活泼的教学气氛，激发学生学习动机，师生心理同步。教师精讲，学生动脑、动手、动口，使学生对知识能主动学习。教师对学生的多种学习活动进行计划、组织、指导、协调，活跃学生想象，激发学生灵感，鼓励学生创造，引导学生积极探究，把学习与创造结合起来，同时敦促教师乐教、会教、教好。

二是学生真正成为学习主人。"五卡联动"教学模式，真正实现把课堂还给学生，把兴趣还给学生，把灵魂还给学生。由于实现教学手段科技化、教学方式多样化、教学内容生活化，从而契合了学生的内在需要。对学生来说，学习是一种乐趣，是一种享受。即使对于学力不足的学生，学习也成为一种内心深处的需要，促进了学生想学、要学、会学、乐学，使学生在校园里多一点轻松活泼，多一点情趣视野，多一点成功体验。有了轻松活泼，学生更爱学校；有了情趣视野，学生更爱人生；有了成功体验，学生更爱世界。这样，学生真正成为学习的主人，走向幸福成长之路。

三是师生以交互的方式呈现信息。"五卡联动"教学模式不同于一般的电教手段，一般的电教手段只是单一的刺激，而"五卡联动"不仅提供了人—机双向交互的方式，更是师生互动、生生互动的课堂。如教师在授课的前一天通过服务软件向每个学生发送"导学卡"，平板电脑给出学习信息刺激学生，而学生又把"反应"反馈给平板电脑，立刻知晓学习效果。如设计课堂练习题，让学生当堂完成，每一道题配有正确答案，答对了平板电脑屏幕上出现一个"笑脸"，配以掌声，并累计加分。学生错了，屏幕则出现"沮丧脸"，但告诉学生"没关系，再来一次"。学生觉得新颖别致，兴趣大增。运用"五卡联动"教学模式，师生之间在教学中以一种交互的方式呈现信息，学生在网络中不仅接受，同时也善于思考，乐于表达，敢于交流。教师可根据学生反馈情况调整教学，学生可与教师发生交互，向其提出问题、请求指导，并且发表自己的看法；学生之间也可发生这种交互作用，从而有利于小组进行协同式学习。

信息技术视阈下的基于平板电脑的"五卡联动"教学模式，教师还可以通过网络与家长沟通交流学生的学习生活情况。这种交互式的教学加强了师生间、学生间和教师与家长之间的交流，对提高课程教学质量和学生学习效果产生了积极的作用。

总之，利用"五卡联动"教学模式，有助于培养学生的学习兴趣，使教育教学达到事半功倍的效果；有助于提高学生素质，使学生成长为富有开拓精神、具有创造能力的新型人才。

三、"五能五会"课程体系建设

"五能五会"高中课程体系建设，是宁波市北仑中学探索出的基于大数据的扎实推进素质教育和彰显学校特色的个性化课改思路和实践路径，旨在把学生培养成为品德高尚、学业扎实、兴趣广泛、身心健康的能学会闯、能想会创、能说会做、能唱会跳、能处（人际）会交（际）的多才多艺的新一代。

1."五能五会"课程体系建设思路

(1)学校课程体系建设目标

宁波市北仑中学创办于1989年，1998年跨入浙江省一级重点中学行列。在十余年的高中课程改革中，学校针对高中课程体系存在的突出问题，紧紧把握住普通高中课程体系建设这一高中课改的出发点和归宿，以落实素质教育要求为本位，以原有课程体系为基础，以改革课程功能、课程结构、课程内容、课程实施方式、课程评价标准、课程管理模式等为抓手，明确提出学校课程建设目标为"厚德创新·五能五会"。

宁波市北仑中学课程建设目标中的"五能五会"是指支撑"厚德创新"这一目标达成的五个平台，体现的是学生全面发展的追求，学生个性发展的方向。学生创新精神的培养要以构建丰富且具有特色的学校课程体系为载体。顶层学生可以"五能五会"，上层学生可以"四能四会"，中层学生可以"三能三会"，基层学生可以"两能两会"或"一能一会"，总之，"五能五会"对学生没有共同要求，完全由学生根据自己的兴趣、特长、潜能、未来发展需求，自主选择、差异发展，为所有学生创造各自成功的条件和机会。通过"五能五会"课程体系建设，激发学生的学习兴趣，激活学生的思维，发掘学生的潜能，促进学生的个性发展。宁波市北仑中学课程体系模型，见图4-1-3。

图4-1-3 宁波市北仑中学课程体系模型

如图 4 - 1 - 3 所示，北仑中学课程体系模型有三重含义。一是北仑中学以建设"五能五会"课程体系为抓手，托起"厚德创新"这一重任。二是北仑中学每个年级有一个新疆内高班；同时，学校和美国的留学服务机构有合作项目，每年都有学生参加 SAT 考试，去美国上大学。因此，手的外形又抽象成一只和平鸽，寓意"五能五会"课程体系促进民族融合与国际理解。三是寓意课程体系促进年轻的北仑中学振翅翱翔。

（2）"五能五会"课程体系结构

宁波市北仑中学"五能五会"课程体系建设，基于实施素质教育，以培养学生的创新精神和实践能力为重点，以国家课程的文化基础类课程为必修，力争在人文学科、社会学科与自然学科之间达到平衡，满足学生终身发展的基本需要。在国家课程基础上，针对学生的实际需要和兴趣，拓展出五大类综合的全方位的校本课程群落，开设与每个学生素质发展相匹配的课程，满足学生的个性化发展，从整体上促进学生多元化发展，实现课程改革的根本任务——立德树人。该校构建的"五能五会"课程体系结构，见图 4 - 1 - 4。

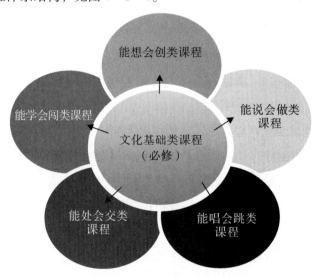

图 4 - 1 - 4　"五能五会"课程体系结构

宁波市北仑中学课程体系结构体现了《国家中长期教育改革和发展规划纲要（2010—2020 年)》以及教育部深化普通高中课程改革方案的精神，是以实际行动贯彻党的十九大精神，落实立德树人根本任务，提高教育教学质量，实现普通高中特色办学的举措。

2. "五能五会"课程体系建设的内容

学校通过课程体系重组，探索出富有时代精神、充满生机活力、多层次、可选择的"五能五会"高中课程体系，扩大学生学习的自主权，推动育人模式由知识传授向培养学生核心素养转变。

(1) 能学会闯课程群

学生的能力发展水平存在个体差异，大体上是呈正态分布的，即中等能力者居多，能力较低和极优秀的很少。在常规教学中，能力水平高、智商高的学生会出现吃不饱的情况，学生的智能没有得到完全的发展。针对这种情况，校本课程开发就要为那些有兴趣、有余力的学生提供进一步学习的机会。

能学会闯课程群就是为智力水平优秀的学生提供一个进一步发展的平台，使他们有机会选修学科发展前沿课程、大学初级课程、必修拓展课程、学科研究性学习课程等，提高学生学习能力、开阔视野、发展学生某学科的特长，并提高学生在某学科领域中运用基础知识来解决实际问题的能力。同时，重视培养他们敢闯敢拼的精神，使其具备勇于拼搏、不断攀登的意志品质。

(2) 能想会创课程群

实施素质教育的重点是培养学生的创新精神和实践能力。能想会创课程群的开发是为了使学生树立科学的世界观、人生观、价值观，增强社会责任感，培养学生的创新精神和实践能力，努力成为国家和社会的有用之才。

能想会创课程群把学生的思维能力和动手操作能力相结合，培养学生的想象能力与创造能力，促进学生个性全面、和谐地发展。其中，宁波市北仑中学传统优势——各学科竞赛课程是在围绕基础课堂教学内容的前提下，同时又超出课堂教学范围，用竞赛的方式来不断提高学生的学习兴趣，激发学生的学习潜能，鼓励学生独立思考、理论联系实际，在发现并解决问题的过程中，增强学生的学习自信心。学科竞赛的目的是学生充分掌握基础知识、基本理论和技能，然后最大限度地激发学生学习的自主能动性，通过学科竞赛这个载体，培养学生的实践能力和创新精神。学科竞赛课程采用"问题与解答"的方式，开展丰富多彩的学科竞赛，增强了学习氛围，促进了良好学风的形成。尽管 2018 年国家高考政策调整，高级中等教育阶段获得"全国青少年科技创新大赛"（含全国青少年生物和环境科学实践活动）、"明天小小科学家"奖励活动或"全国中小学电脑制作活动"一、二等奖的学生，高考时不再加分，但是丰富多彩的校内学科竞赛和全国各种类型的竞赛活动，有助于培养学生的创造能力，即立足于自己工作基础上的创造性思维与创造力。很多学生有着极强的创新精神和动手能力，如果不能使学生的智能得到全面开发，则是学生才能的极大浪费，对社会来说也是巨大的损失。通过校内学科竞赛和全国各种类型的竞赛活动，有助于将学生培养成为创新型人才，即在科研、经营、文学、艺术、教育等领域不断提供新创意、新设想的人。

能想会创类课程主要通过学校采用开放实验室、科学性探究、校内校外、校企联合等方式，并开设 VEX 机器人、程序设计、数理化培优等课程，引导学生开展创新活动。学校每年举办一次科技活动创新比赛，并将此作为学校每年的常规活动，鼓励学生开展科技活动。

（3）能说会做课程群

高中生的口语表达能力和动手实践能力实际上是一种综合能力的体现。目前课堂教学中，普遍存在"重读写、轻听说""重理论、轻实践"的现象。由于高考指挥棒的影响，学校和教师对学生的口语表达能力和动手实践能力不够重视，是导致很多高中生"不能说、不会说、更不会做"的直接原因。即使有些学生平时比较能说，但在课堂上或人际交往中需要做出正确表达的时候却缄口不言、词不达意，至于动手实践能力更是差强人意。由于应试教育的影响，教师的权威性、威慑性给学生心理造成了一定的压力，学生似乎已经习惯了"老师讲，学生听"的授课模式，无法自主表达自己的真实想法；传统的评价方式容易使学生在课堂上产生挫败感，加重学生的心理负担，学生会因此产生心理障碍，不敢在课堂上发言，最终导致了口语表达能力的下降，不能说，也不会说，更不会做。

能说会做课程群是语言文化和生活技能、职业技术的拓展课程。"能说"是以语言为基础，以语言学习和口才训练为手段，提升学生的语言表达能力；"会做"包括生活技能、职业技术、休闲养生等课程，以培养学生生活实践能力为目标。

宁波市北仑中学能说会做类课程由说话篇和做事篇两部分课程组成。说话篇包括：巧说话，人人都会喜欢你；在"苦药"上抹点糖；正话反说效果好；使点儿"心眼"巧反驳；问话要讲技巧；丑话说在前，事后少麻烦；谨言慎行要牢记；运用道歉，化解矛盾；赞美像空气，人人都需要；忠言之语，也需得法；绵绵细语，能把人说"软"；说话要讲"度"，把批评的话委婉表达等。通过开设说话篇，提高学生的说话技巧，人际交往少了一些摩擦，多了一分和谐。

做事篇包括：常能训练，作风培养，思维转换，管理时间，高效执行等。通过开设做事篇，培养学生高效的做事能力和洒脱的应酬技巧。改变学生心浮气躁、浅尝辄止的毛病，提倡一丝不苟、注重细节的作风，把大事做细，把小事做好。

在课堂教学中，加强学生动脑、动口、动手锻炼，培养能说会做的能力。在教学管理上，大力推行"教、学、做"相结合的教学模式，实行"教学—实践—教学—实践"双循环互动教学模式，把课堂传授间接知识与获取实际经验结合起来。在实践教学上，组织学生走出校园，有意识地培养学生敬业、勤奋、吃苦的精神，以及组织管理、交往合作能力及创业精神。

（4）能唱会跳课程群

能唱会跳课程群是体育、艺术学习领域的拓展课程。该课程群以体育、艺术教育为基础，以专业训练为手段，以净化心灵、陶冶情操、提高学生人文修养和身体素质为目的的展现人类文化的积淀，表达真善美的思想情感与内容的实践性课程群落。

宁波市北仑中学能唱会跳课程群除了开设篮球、网球、羽毛球等球类课程外，还开设声乐、器乐、NS 街舞、民族舞、美剧欣赏、英语歌曲等艺术类课程。学生通过能唱会跳课程群的学习，能够认识体艺修养蕴涵着丰富的文化和历史内涵，是人类文化的一种重要形态和载体；使学生了解体育、艺术的门类、风格、流派和代表人物，掌握基本动作与身体技能，在运动智能和艺术智能得到发展的同时，为个性发展打下良好的基础。

(5) 能处会交课程群

宁波市北仑中学能处（人际）会交（际）课程群包括人际交往、社会文化、民族融合、国际交流等方面课程，是高中综合实践活动学习领域的拓展课程，在文化学习的基础上，以实地体验为手段，以增强学生民族意识、拓展学生的国际视野、提高学生交往能力为目的的实践性课程。

学生通过该课程群的学习，对社会文化有初步的了解，能够了解不同民族、不同国家的文化与传统以及世界的多元化，学会尊重他人，学会共处与合作，能够从容应对国际化、信息化、多民族社会变化，提高民族意识和民族责任感，树立爱国主义情操，为促进世界和平和可持续发展做出贡献。该课程群有助于促进学生个体社会化的发展，更好地促进人际关系和个人内省的发展。学生在这类课程群学习中形成良好的个体与社会的互动，促进学生社会化发展进程。宁波市北仑中学"五能五会"课程体系内容，见图 4 - 1 - 5。

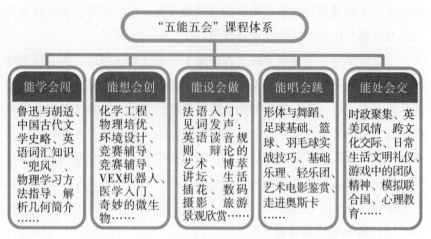

图 4 - 1 - 5　北仑中学"五能五会"课程体系内容

3. "五能五会"课程建设路径

宁波市北仑中学课程体系建设中构建的"五能五会"课程体系，将必修课程、选修课程、校本课程开发整合与优化，实现互通互融，充分展示学校特色。这一课程体系建设的路径是：国家课程校本化、知识拓展类课程层次化、职业技能类课程生活化、兴趣特长类课程个性化、社会实践类课程综合化。"五能五会"课程体系建设路径见图 4 - 1 - 6 所示。

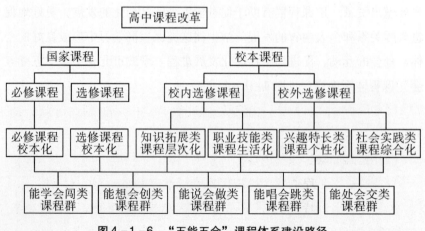

图 4 - 1 - 6　"五能五会"课程体系建设路径

（1）国家课程校本化

国家课程校本化，即国家课程的二次开发，国家课程在学校文化基础上的融合与建构。在坚持国家课程改革纲要基本精神的前提下，学校根据自身性质、特点和条件，将国家层面上规划和设计的课程内容，通过本校教师的选择、改编、整合、补充、拓展等方式，对国家课程进行再加工、再创造，使之更符合学生、学校的特点和需要，更符合学校培养目标。

（2）知识拓展类课程层次化

知识拓展类课程层次化，即知识拓展类课程要满足不同水平、不同兴趣、不同个性的学生选课需求，使学生形成更为厚实的知识基础。知识拓展类课程包括必修课和选修课。知识拓展类必修课程是必修知识的拓展与延伸，旨在为学生进一步学习打下扎实的基础，主要从国家选修课程模块中选用。知识拓展类选修课程以本校开设为主，开设学科研究性学习、学科基础提高课程等，以满足不同学生的升学需求。

（3）职业技能类课程生活化

职业技能类课程不能仅仅体现知识与技能的培养、过程与方法的掌握，更应体现情感、态度与价值观的养成，培养学生健康人格，提高综合素质。职业技能类课程生活化，即该类课程要置于现实的生活背景之中，植根于丰富的生活情境之中，激发学生作为生活主体参与活动的强烈愿望，同时将教学目的要求转化为学生作为生活主体的内在需要，让他们在生活中学习，在学习中更好地生活；有助于将教育与个人的潜能、社会的需求协调一致，将教育的个人化和教育的社会化两者协调一致。宁波北仑中学通过开设生活技能、职业技术、地方经济技术等课程，提高了学生的动手能力，使学生掌握一定的生活技能、职业技术，明确以后发展的专业倾向。

（4）兴趣特长类课程个性化

兴趣特长类课程个性化，即兴趣特长类课程要在尊重学生个性需求、彰显学生个性特长的基础上，体现课程的多样性和课程的多种内容、多种功能和多种价值的整合，从而培养学生兴趣，发展个性特长，提高综合素质。兴趣特长类课程主要包括艺术类、体育类等课程，这些课程是高中课程体系的重要组成部分。学校通过开设体育、艺术、健康教育、休闲生活、知识应用等课程，发展学生潜能，促进学生全面发展，同时彰显兴趣和特长，为他们今后健康、幸福生活奠定基础。

（5）社会实践类课程综合化

社会实践类课程综合化，指社会实践类课程是综合课程与活动课程相结合的产物，是研究性学习、劳动技术教育、社区服务、社会实践四项内容的交叉和渗透，是一种较广领域的复合交叉的课程组织形式。其设计与实施要特别强调发展学生的创新精神、探究意识和研究能力，注重培养和发展学生的批判性思维品质，同时关注学生实践能力的发展。调查探究活动、社会实践活动、校园文化活动等课程，具有综合运用知识、走向社会、积极探究的特征，有助于引导学生关注社会，培养学生的实践能力、科学人文素养和社会责任感，塑造学生健全的人格。

4."五能五会"课程体系实施流程

宁波市北仑中学课程改革中，基于大数据的"选课走班"是该校课程改革的亮点。为使其不走过场，这项工作由教学管理部负责，年级部、备课组协助选课的实施、管理和评价。

（1）学生自主选课

学期初，教学管理部在学校网上按轮次公布学校选修课程开课指南，包括课程名称、课程目标、课程内容、课程特色、课程实施、课程评价、课程管理以及主讲教师简介。学生在网上浏览开课指南；年级部组织教师指导学生研读开课指南，学生根据个人爱好和特长，结合班主任和任课教师的辅导或建议选择课程，学生网上填写选课代码；年级组教师根据课程要求和学生的选择志愿进行调整，教学管理部统计确认后网上公示开设课程表、时间、地点及主讲教师；学生根据学校课程表制定调整自己的课表；学生依据自己的课表走班学习；学生在了解自己需要的基础上再进行下一轮选课；教学管理部每轮开课前按轮次发布课程。选课流程见图 4-1-7。

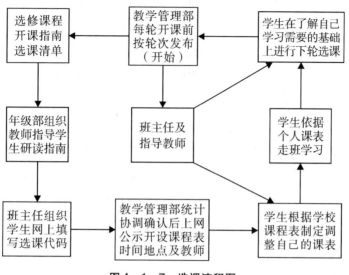

图4-1-7　选课流程图

（2）完善走班制

随着高中新课改的进行，建立健全走班制教学管理机制已经势在必行。北仑中学完善走班制，一是由分管年级校长、年级组组长、班主任组成年级走班督导小组，每天对走班课堂教学过程进行检查，重点检查学生出勤、课堂纪律以及教师授课方式，对于发现的问题及时进行整改，并且和班级常规量化计分挂钩，以此督促学生及教师加强走班教学的管理，完善教学班级管理机制。二是充分发挥学生的自我管理能力，相对于行政班而言，教学班内设一位班长，负责教学班的班务，负责上课的点名、维持纪律和日常的卫生监督等工作；每个教学班各科均设三个课代表且他们分别来自不同的行政班，负责收发原行政班同一层面学生的作业、加强与老师的信息交流等工作；任课教师是教学班的班主任，做好本学科教学班级的管理工作；学生的日常组织管理工作仍然由原行政班级的班主任负责。

5. "五能五会"课程体系评价标准

课程评价是保证普通高中课程质量的重要环节。在高中课程改革中，学分成为一大亮点，它将实现高中课程的多样性、选择性，要将这一美好的理想变成现实，课程评价应实现学分评价与过程评价相结合。

（1）学分制评价

宁波市北仑中学在课程改革中，学分认定主要有三种形式：一是学业。学生完成规定课程的学习，课堂教学时间不少于规定时间的2/3、学习过程表现良好、参加课程考试（考查）成绩合格，即可获得相应的学分。二是证书。学生参加经学校课程评审委员会确认的社会机构培训，或参加教育行政主管部门认可的考试或比赛，获得某项资格或等级证书，均可提出学分申请。三是过程记录。学生参加社会调查、社团活动、社会实践等活动，有活动记录、总结或报告。另外普通高中学校按相关标准和程序，承认学生跨校选课所获得的学分。

（2）过程性评价

宁波市北仑中学的课程改革倡导过程性评价，评价的主要依据有：过程记录、成果、学生自评、学生互评及教师评价记录。考核合格的给予相应学分。评价遵循"追求结果，更注重过程""着眼发展，注重激励"的原则。通过档案袋评价、协商研讨式评定等评价方法以成果展示、研究报告、答辩、演示、表演、竞赛等方式，对学生进行"态度评价""行为表现评价"和"能力评价"。这种评价方式注重责任感、合作意愿、乐于助人、善于交流、创新精神、质疑、探索等多方面素质的培养。

6."五能五会"课程体系开发与管理

（1）课程开发

宁波市北仑中学课程开发是一个"实践—开发—反思—改进—再实践—再改进"的循环开发模式。开发流程包括六个步骤：组织建立、现状分析、目标拟订、方案编制、解释与实施、评价与修订。在这个操作流程中，组织建立主要是成立课程工作小组、确定参与成员、进行校本课程开发的准备。学校在完成第一步骤后，其余五个步骤可同时进行，也可从任意一个步骤着手。宁波市北仑中学课程开发流程，见图4-1-8。

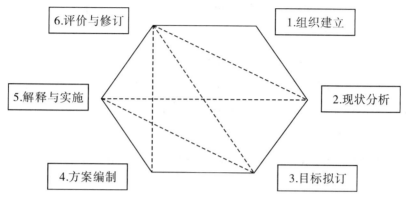

图 4 - 1 - 8　宁波市北仑中学课程开发流程

（2）课程管理

从管理决策层面，教学管理部为选修课做好顶层设计，采用能学会闯、能想会创、能说会做、能唱会跳、能处会交的五个群落的"模块化设计"思路。教学管理部要求"五能五会"选修课程群中，能学会闯、能想会创课程群比例不超过 50%，能说会做、能处会交课程群比例不少于 20%。每类可供选择的选修课程模块数不少于 6 个。学校课程安排，每天至少有一节选修课时间，所开设的多种课程平行进行，每课时 45 分钟。每个学生每学期至少选修一门校本课程，每个学生每学期的选修课时不少于总课时的 20%。

高中课程体系的重构任重而道远，如果说新高考改革前，"五能五会"的课程体系构建只是设想，而新高考改革则将这一设想变成现实，并步入全面实施的快车道。

第二节　课程教学资源的构建

——以电子书包为例

2018 年 1 月 31 日，中国互联网络信息中心（CNNIC）在北京发布的第四十一次《中国互联网络发展状况统计报告》（以下简称《报告》），《报告》显示，截至 2017 年 12 月，我国网民规模达 7.72 亿人，普及率达到 55.8%，超过全球平均水平 4.1 个百分点，超过亚洲平均水平 9.1 个百分点。其中，手机网民占 97.5%。《报告》还显示，我国网民以 10~39 岁群体为主，占整体网民数量的 73%。网民中学生群体规模最大，学生群体占 35.4%。截至 2017 年 12 月，全年共计新增网民 4074 万人。其中，10 岁以下网民占比为 3.3%，意味着数量已超 2500 万人。这些数据都在传达一个信号，信息技术已经成为 10~19 岁青少年的日常生活中不可或缺的部分。现代化的媒体技术正在逐渐地成为一种重要的课程资源，移动设备和云服务的普及渐渐影响着学生的学习方式和教师的教学方式。科学家曾乐观地预言：计算机将逐渐回归个体的需求，并决定教育的形式，教育将变成更加私人化的行为；学校和教室会慢慢消失，取而代之的是计算机所提供的一种非正式的、令人愉快的学习网络形式的出现。然而，这些技术改变教育的预言至今都未实现，呼声甚高的是大数据时代的课程教学资源——电子书包。

一、解读电子书包

1. 电子书包的概念

"电子书包"的概念最初是由电子书沿用下来的，发展到现在，在国内外电子书包仍然是一个非常模糊的概念。在国外，与电子书包相对应的也有许多名称，如 e-Schoolbag、e-Bag、Net-bag、e-Book、Electronic Schoolbag、Tablet PC 等。国内外从技术与应用的角度对电子书包进行界定，主要存在以下观点。

观点一：国外学者认为，电子书包是一个计算机支持的数字化协作学习空间，它以网络为环境基础，支持师生、生生间的同步或异步交流与资源共享。

观点二：国外学者认为，电子书包是一种支持非正式学习的通用网络设施，学生可以使用基于蓝牙、无线网络等技术的设备，随时随地登录、退出电子书包，管理自己的数字资源。

观点三：华东师范大学祝智庭教授对电子书包的阐述较为详细。他认为，电子书包作为一种未来形态的电子教育产品，它将学生书包里的教材、作业、课内外读物、字典等学习用品全部数字化后整合在一个轻便移动终端中（重量约为一公斤）。从"实"的硬件设备角度上讲，电子书包就是一种个人便携式学习终端。从电子书包教育教学的系统功能架构视角看，电子书包是学生的个人学习环境，个性化、移动性、按需服务是新一代电子书包的关键特征。从"虚"的教育服务视角看，电子书包是一个属于学习者个人的账号和口令，无论学生何时何地用何种终端上网，"教育云服务"将为每一个学生提供适合他的个性化学习资源与学习向导。①

观点四：刘迎建认为，电子书包是针对教育行业特点，推出的一套包括从课前备课阶段、课中授课阶段、课后辅导阶段，到教育资源支持等环节的完整的教育行业解决方案。具体而言，未来电子书包的核心将是使用电纸书技术的电子课本，它既能满足阅读的需要，又能满足教学的需要，是一种个人学习终端。

观点五：黄祥风认为，电子书包是以网络环境为依托，由移动终端设备、电子教学服务平台、资源加工出版支撑体系以及教育教学数字内容共同构建，参与者通过使用终端设备来开展教学活动。

观点六：高志丽认为，电子书包是若干电子书按照科学的结构整合而成的教学资源包，包含学生学习需要的教材、教辅、工具书等。除阅读、批注功能外，可以用声音、视频、动画等多媒体创设生动、形象的教学情境，提供方便快捷的查询功能，按需推送大量针对性强、能及时反馈指导、可自主生成的智能练习，能进行问题积累、错题收集、资源及时更新的智能学习工具。它除了很好的支持系统学习外，还支持认知灵活的非线性学习。

观点七：后有为从六个维度阐述了电子书包：①基于硬件装备视角

---

① 阮滢. 新技术手段给力学习方式的变革：华东师范大学祝智庭教授谈"电子书包"[J]. 中小学信息技术教育，2011（2）.

的电子书包，即网络环境下的学习终端设备。具备两大条件：一是网络环境：有线的或无线的网络基础条件；二是学习终端：平板电脑或者台式电脑，具备软性的数字媒体阅读技术和硬性的网络通信技术。②基于学科资源视角的电子书包，即按照学科课程结构整合而成的数字化教学资源包，包含数字化教材、学科教学管理平台、数字化教辅资源、软件学习工具、多形式的课外多媒体学习资源等。③基于学习方式视角的电子书包，即基于网络环境和数字化教学资源下的教学与学习方式。教师的教学方式与教学管理方式产生变革，支持远程、互动，学生能随时随地学习连接，支持个性化学习。④对于学生：是基于网络环境下的和丰富的数字化学习资源下的学习方式，其特点是：自主性、研究性。⑤对于教师：是基于网络环境下的和丰富的数字化教学资源下的教学方式，其特点是：互动性、丰富性。⑥对于管理者：是基于网络环境下的和数字化网络管理平台上的教学管理（教研、评价等）方式，其特点是：远程性、即时性和测量精准性。最后得出结论：电子书包是一个以学生为主体、个人电子终端和网络学习资源为载体的，贯穿于预习、上课、作业、辅导、评测等学习各个环节，覆盖课前、课中、课后学习环境的数字化学与教的系统平台。

观点八：上海市虹口教育局认为，电子书包的全称是"数字化课程环境建设和学习方式变革实验"，最终的目的是实现"无纸化"教学。电子书包可以将大量的教材内容储备进去，教材也不仅仅是文字，还能有动画、视频等多媒体，并实现终端的互相连通。学生可以通过电子书包的终端类似于一台小电脑进行阅读、做作业、考试，老师也可以直接在上面批改作业、出题、进行备课等。课堂上，同学和教师还可以直接通过无线网络即时查询资源，展开讨论。

关于电子书包，除了以上八个有代表性的观点以外，还有很多。之所以国内外对电子书包概念有如此多不同观点，是因为在电子书包发展不同阶段，人们的认识也不同。不过国内对电子书包概念的理解可分为广义和狭义两派。大部分趋向于从广义维度去理解，即电子书包绝不是按字面曲解为将书本装进计算机那样简单，电子书包即集成教学资源、教学系统、教学环境、硬件设备于一体的未来的教学形态，电子书包集移动终端、课堂管理软件、教学资源、云平台于一体，全面支撑无线课堂平板互动教学与学生自主学习。如果从狭义上去理解，即将电子书包等同于平板电脑、电子书等。

2. 电子书包的架构

电子书包的发展已有二十余年的时间，在此期间，随着实践的深入，研究者对电子书包的理解不断完善，从早期单纯的内容视角、设备视角逐步发展到当前对电子书包系统层面的认识。电子书包是把内容、技术、平台、服务、设备和教学应用整合为一体的系统工程。纵观各地的电子书包试点项目，关于电子书包具有大致相同的架构，即数字化教学资源、教学应用服务平台和终端设备；也具有大致相同的功能和特点，就是通过搭建一个数字化教学环境，增强多媒体资源和学习工具在教学环节中的应用，以提高教师的教学效果和学生的学习效率。电子书包主要的服务对象是教师和学生，主要应用在课前、课中、课后以及校内、校外的学习中。

（1）数字化教学资源

数字化教学资源的核心是数字化的教材和教学辅助资源。数字化教材包括版式电子教材，即与纸质教材版式相同的电子教材，包括 PDF电子版教材和增加了前后翻页、定位、高亮、画线等笔记功能的电子教材。数字化教材还包括互动数字教材等。教学辅助资源有辅助教师教学和辅助学生学习的数字化内容资源，包括电子课件、题库、辅助电子书、数字工具书、教学软件、音视频、多媒体和虚拟成像等数字化内容资源。

（2）教学应用服务平台

教学应用服务平台是集成电子书包系统或教学应用的网络平台，通常针对教师、学生、家长和教学管理人员等不同的用户人群进行系统功能设计，大体上分为教师备课系统、课堂教学系统、学生辅助系统、作业与测评系统、虚拟实验与知识拓展系统等。使用它能够方便实现教学服务、学习服务、互动交流、知识拓展、资源管理及教学管理等。针对个性化学习和移动学习的理念，教学应用服务平台还会开发一些诸如智能学习分析系统、学业测试与考评系统等，提供个性化的学习指导和内容推送服务。

（3）终端设备

终端设备是指各类课堂教学设备、教师教学终端设备和学生学习终端设备。根据电子书包的网络和硬件配置规模，可以分为基于学校局域网系统的电子书包、基于课堂教学系统的电子书包和基于课程系统的电子书包三种不同的类型。终端设备有固定设备、移动设备和网络设备之分，如电子白板、投影仪、摄录设备、播放设备、教师台式电脑、学生移动终端、局域网、服务器系统等。它能够满足教师在课堂上对内容资源的调用、传送和回收，满足教师对学生使用终端行为的控制，也能够满足学生对内容资源的调取和使用，还能满足教师与学生之间、学生与学生之间的教学互动和信息交流。

（4）示例：基于云服务的电子书包硬件拓扑

随着云计算技术的成熟及其在教育领域的应用，云计算技术已为电子书包系统的实施与应用奠定了坚实的基础。这里以中小学教育应用场景为例，提出了一个完整的基于云服务平台的电子书包硬件拓扑方案，见图 4-2-1。

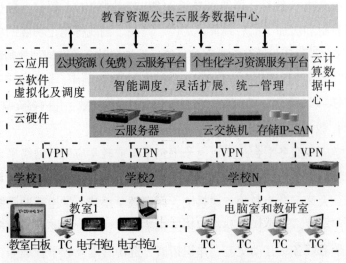

图 4-2-1 基于云服务平台的电子书包硬件拓扑方案

3. 电子书包的特点

电子书包是整合了电子课本阅读器、虚拟学具以及连通无缝学习服务的个人学习终端。电子书包除了具有学习终端的便携性、移动性外，还具有学习资源的多媒化、微型化，以及支持服务的多样化、个性化。从便捷性和可移动性两个方面考虑，选择优质的学习终端，其技术先进、外观大方、整体坚固耐用和便于充电，达到绿色、安全、高效、节能、免维护的水准。

（1）学习终端便携性

学习终端外观与课本相当，轻薄、便于携带，支持手写、滑屏、自动翻页等。

（2）学习终端移动性

学习终端具有无线网络接入功能，可以实现随时随地地学习。

（3）学习资源多媒化

电子书包中的资源是一种与多媒体内容整合的数字化资源，具有视音频、动画等多媒体形式，可以为学生创设生动、形象的学习情境。

（4）学习资源的微型化

资源设计逐步向片段化、微型化发展。学习资源的多元化是指电子书包不但拥有学校教育资源，还拥有家庭教育和社会教育资源。

（5）支持服务的多样化、个性化

电子书包的应用涉及学校、家庭和社会，使用者包括学生、教师、家长以及社会教育工作者。因此，服务平台能为使用者提供多样化的服务，满足使用者的个性化需求。

二、国外电子书包的发展

根据克里夫兰市场咨询公司 2013 年的调查报告显示，当时世界上包括美国、新加坡、日本、韩国、印度、马来西亚、加拿大、墨西哥等五十多个国家计划或已经在推行电子书包。电子书包在全球呈现欣欣向荣的发展态势。

1. 新加坡步入电子书包时代

业界普遍认同，"电子书包"最早出现在 20 世纪末的新加坡。1999年，新加坡教育部和国家电脑局就联合两家科技公司耗资 200 万新元研制了一款名叫"无线电子簿"的电子书包系统，实际上是一台手提式电脑，能够让学生储存和提取英文、数学、文学等科目的教材的内容。同年 7 月，德明中学开始试用这种电子书包，该学校的 163 名一年级学生使用电子书包上课，开创了电子书包试点的先河。该校校长严正发表示，学生都喜欢这种新的多媒体教学方式。虽然此时被命名为"电子书包"，但此时的电子书包实际上只是一种能够让学生储存和取出各科目教材的便携式电子阅读器。同年底，新加坡教育部完成了有关实施电子书包计划的审查工作，并向全国其他学校推广电子书包。新加坡的中学生不用再背着沉重的书包上学，取而代之的是一个储存了他们所有课本、笔记本和作业资料的电子书包，而它的重量只有一公斤。上课时学生只需开启电脑，就能够掌握一切资讯。

2. "电子书包"出现在法国

2000 年 12 月，"电子书包"这个名词出现在了法国。法国萨瓦大学等机构在法国国家教育部的支持下实施"电子书包计划"，研发了基于网页应用的电子书包系统，并在法国东部城市斯特拉斯堡的一所学校推广应用。法国一篇名为《法国学生有电子书包了》的图文新闻报道了该校推广应用电子书包的情况。这篇新闻报道惊动了教育界与电子科技界，一名法国小学生手捧一款电子书包的照片在网上广泛流传。报道宣称，有一所法国学校正在推行电子书包，该校的学生正在使用电子书包上课，并且报道中还披露出这款电子书包是由法国一家名为 Havas 的出版公司独立自主研发生产的。但是据了解，该电子书包的内容仅限于历史与生命科学教科书。虽然不能辨别这宗报道是否属实，但是可以肯定的是在此之前法国人已经接触到了电子书包这件事物，才能有这样的报道。

3. 电子书包的发源地马来西亚

2001 年，严格意义上的电子书包出现在了马来西亚。同年，马来西亚在吉隆坡及其周边地区的 200 所中小学推广了电子书包。在软件上，此时的电子书包已经涵盖了上网及储存学习资源等基本功能；硬件上，与如今的计算机相似，基本上是采用它的设计模式，是最具电子书包雏形的代表。马来西亚因此也被称作电子书包的发源地。

4. 电子书包呈现百花齐放之态势

在全球范围内，电子书包被看作是数字化时代的教育风向标。2003 年，美国微软提出了"电子书包"项目，美国政府也进行大力推进；之后日本、韩国等国家先后进行了电子书包项目的试点和推广。海外市场上，2011 年，多家电子企业巨头均已摩拳擦掌进军教育领域，它们研制的电子阅读器已分别在美国一些大学做试点，但尚未形成规模。此时，美国加州已进入了电子课本推广期。

围绕电子书包系统的功能架构，研究者从不同的视角出发提出了不同的设计方案。例如，韩国从教育内容视角提出基于 XML 的电子课本标准，并开始关注书包的交互性。法国则站在服务平台的视角设计建构"电子书包式"的虚拟协同工作空间。尽管这些研究并未从全局的角度将终端、内容和服务等的功能进行有机关联和融合，并建立系统性的整合模型，仅能展示和指导电子书包未来发展的局部状况，但也反映了电子书包在全球呈现百花齐放的发展态势。

三、国内电子书包的发展

通过梳理我国关于电子书包发展的重大事件，可以整理出国内电子书包的发展历程，反映电子书包在国内的发展脉络。

1. 电子书包的第一次热潮

2000 年，电子书包在天津问世，电子书包的概念也就出现了。电子书包是指利用信息化设备来进行教学的便携式终端，国内有机构专门对该类设备的教育功能进行了研究。接着经历了 2000—2002 年的第一次电子书包热潮，诸多关于电子书包的研发项目相继立项，电子书包的试点学校也相继成立。2001 年 10 月，北京伯通科技公司研发生产的绿色电子书包获得了教育部的认证。我国第一批电子书包在北京、上海等四个城市试用。2001 年，北京市 20 所学校实施了"绿色电子书包"试点项目。之后，这种试点活动纷纷出现在更多的中小学课堂中。

随后几年内，香港与台湾地区也实施了电子书包的试用、推广计划。随后，宁波、成都、广州、深圳等 20 多个城市开始了电子书包的试行。初期电子书包的硬件平台大多是基于 PDA 平台的，而香港与台湾地区实施的电子书包，以平板笔记本电脑为主。

2. 电子书包进入了冷却期

在电子书包的第一个热潮期，因为受到当时技术水平、设备成本等因素的限制，造成电子书包硬件技术难以突破，价格难以控制，完善的网络支撑平台、丰富的教学资源、教育应用观念指导等的缺乏，所以电子书包一直无法推广。第一次热潮后，电子书包经历了从 2002—2007 年的冷却期。尽管电子书包研发进入冷却期，但试点工作仍在进行。例如，2003 年，上海金山区金棠小学就开始试用电子书包代替传统书本教材。

3. 电子书包热潮再次掀起

随着信息技术和学习理论的高速发展，以学生和谐发展为本的理念越来越多地被各国的研究者所接受。"一对一"数字化学习是在以学生为核心的先进教学理念的指导下，在每个学生都拥有数字化计算设备（如电脑）的基础上开展起来的个性化学习。一对一数字化教学方式在中国大力推广，对于学生电脑的需求也顺势增加。英特尔和英特尔®学习系列计划（Intel® Learning Series）中各层级的软硬件厂商基于市场需求，不断地研发更先进、更适合学生使用习惯的学生电脑。

2008 年，英特尔"'一对一'数字化学习应用研究项目"的确定，激活了冷却的电子书包市场。随着社会数字化进程的加快以及相关技术的不断成熟，政府、企业、学校看到了电子书包发展的新思路。从2008 年开始，电子书包的热潮再次掀起，主要表现为三个方面：一是以厂商为代表，各种电子书包开始得以开发和销售；二是以学校为代表，北京、上海、深圳等发达城市建立起了电子书包试点学校、试点班级；三是以政府为代表，他们对电子书包的发展在政策上进行引领，如上海市教委将电子课本、电子书包纳入"十二五"教育信息化发展规划。《上海中长期教育改革和发展规划纲要（2010—2020 年）》明确提出了"推动'电子书包'和'云计算'辅助教学的发展，促进学生运用信息技术丰富课内外学习和研究"，使得电子书包热又再度在国内掀起。这一阶段电子书包的发展理念升级了，从以往关注"实"转换到关注"虚"的应用服务层面，突出电子书包教育教学的系统功能架构，从而实现电子书包真正意义上帮助学生学习减负的功能。从这一视角来看，电子书包就好比学生的个人学习环境，从学生发展出发，培养学生的人文底蕴、科学精神、学会学习、健康生活、责任担当、实践创新等六大素养。除了能够支持每一个学生随时随地学习连接外，还要能够提供满足每一个学生需求的个性化学习体验。因此，个性化、移动性、按需服务成为这一阶段电子书包发展的关键特性。

2009 年 4 月 8 日，在北京召开的英特尔信息技术峰会上，基于英特尔®架构，采用英特尔®凌动™处理器的平板学生电脑——汉王电子书包 HCQ890 揭开了神秘的面纱。同年 4 月 24 日，汉王科技与英特尔联合开发的专为中小学生定制的新一代汉王电子书包问世。汉王电子书包基于英特尔®学生电脑硬件平台而开发，屏幕可旋转，键盘与平板双用，具有触摸和手写功能，其人性化设计特别适合儿童和青少年使用，系统内还整合了优秀的学习软件和丰富的学习内容和资源。这是英特尔首款和中国本土企业合作研发生产的可旋转型学生电脑。

汉王科技和英特尔公司联手推出的学生电脑解决方案对于在教育行业推行一对一数字化教育无疑有着重大贡献。汉王科技董事长刘迎建表示：汉王电子书包，对于汉王教育行业而言，是领衔产品。汉王科技将通过对各种技术和资源的整合使教师和学生在信息化的教学环境下教得更轻松、学得更高效。这款学生电脑的设计充满了人性化、便携式的特性，它丰富的功能设计不仅适用于学生在教室学习和活动，也适用于学生在家里学习和交流。从重量上讲，这款电脑轻便耐用，完全方便学生的携带，防水键盘和抵抗外界的撞击也是它的重要特点。一键触摸即可进入系统的平板电脑模式，非常适合课堂的互动教学。另外，为了使教学过程更加高效，如使数学等需要画图的科目更加有直观性，这款产品还具有自然输入和触摸屏的设计，这也是这款学生电脑的新功能。当显示屏处于桌面电脑状态时，其独特的"手掌锁定"功能能使学生的书写输入更加自然。新款学生电脑还安装了和英特尔®学习系列计划（Intel® Learning Series）合作的软件，以及提供商提供的软件和解决方案。但比较遗憾的是，基于这一视角开展的电子书包系统功能研究，相对还比较少，尚没有形成一定的理论指导体系。

这期间，我国的电子书包的生产厂家纷纷崛起。2010 年，枣尚电子书包来势迅猛。枣尚电子书包作为一项教学工具，改变了只作为教育辅助工具的思维，站在教育改革发展的制高点上，运用其教师端枣互动教学软件，创建了一个零距离的互动智慧课堂，开辟全新的教学景象，并以其独创的原笔迹手写输入技术在电子书包行业中崭露头角，并在东莞漫博会、中博会、香港秋季电子产品展等各大展会上引起业内人士的关注。这些企业的加入为电子书包在中国的推广增了不少力。

4. 区域试点为特征的探索期

随着构建学习型社会与终身学习体系已成为整体推动国家教育信息化的一个重要内容和抓手，电子书包迈入以区域试点为特征的探索期。

2010 年，上海市虹口区电子书包试点项目引起各界关注。该试点项目得到当地政府的重视和支持，引进了出版社、信息服务、技术支持、软件开发和设备厂商等全产业链企业，在电子书包环境下进行数字化学习和教学方式改革的探索，取得较大的社会影响。

2010 年 11 月 8 日，上海电信与上海市虹口区教育局、英特尔（中国）公司和微创公司签订了共建"基础教育电子书包"项目的协议，从硬件、软件等多方面保证项目的顺利进行。上海电信、虹口区教育局，以及一些硬件制造商、软件开发商、内容提供商等携手合作推进了这一数字化学习方案，将书本电子化的内容植入一套针对中小学设计的电子化教学辅助系统平台上，学生、教师均可以借助笔记本电脑、上网宝、智能手机和平板电脑等终端完成相应工作。第一批试点学校的师生感叹电子书包带来了教学革新：以往上课时，教师总是要抱着厚重的课本和练习册来往于教室和办公室之间，手臂都练出肌肉了，现在带着小电脑就行，所有课件都在里面，特别方便。用上电子书包，打开软件、几何制图、绘画演示、PPT 放映非常便捷，一堂课下来，竟没有一个学生会开小差，时刻都保持着高度集中的精神，学生的成绩有了明显进步。电子书包的出现有效降低了学生们肩膀上的负担，感受过电子书包魅力的学生直呼"太棒了"。

5. 电子书包再次炙手可热

2010—2011 年，关于电子书包的三次会议相继召开，电子书包再次炙手可热，引起教育界、出版社、电子设备生产商的广泛关注。

2010 年 11 月 19 日，"电子课本与电子书包"标准专题组第一次会议暨启动会在上海召开，全国信息技术标准化技术委员会电子书标准工作组联合教育部教育信息化技术标准委员会成立"电子课本与电子书包"标准专题组，由华东师范大学承担专题组组长单位。中国电子技术标准化研究所、华东师范大学、上海市经济和信息化委员会、汉王科技股份有限公司、北京方正研究院、盛大计算机（上海）有限公司、上海图书馆、上海市电子书产业发展联盟、大唐电信科技股份有限公司、上海远程教育集团等单位的相关人员参加了会议。2010 年 12 月 19 日，中国教育技术协会主办的"电子书包教育教学应用标准（规范）体系研讨会暨电子书包教育教学应用的标准化建设工作"启动仪式在北京举行。2011 年 1 月 17 日，第三次全体会议在北京召开。正是这三次会议的相继召开，使得电子书包出现了炙手可热的局面。

实现高效学习、快乐学习的背后，是上海电信提供的"云服务"的默默支撑。学习资料、作业的传送是在新建立的 learning‑store 中完成的，这个 learning‑store 实际上就像教育界的"App Store"，扮演着传递者与授予者的角色。中小学的教学资源、上百万道试题及现有教材的电子教案，都由与上海电信合作的教育 SI（服务提供商）定制，成了与终端相兼容且具有可操作性的教学软件，形式丰富多样，有例题讲解、课件、图片、动画素材、英语听力和同步学习资料等，学生可以像逛实体书店一般在 learning‑store 里浏览选择学习的素材，随时随地学习，从而提升了自主学习的能力。

2012 年，在英特尔技术峰会上，"一对一"数字化学习再一次冲击了教育界人士的眼球，而电子学习本或电子书包，无疑是其中最关键的硬件部分。随之而来的试用电子书包的学校开始增多。2012 年 9 月，上海市闵行区有 40 所中小学开始试验使用电子书包，实验班级在各学校的三年级、六年级（即初中预备班年级）和十年级（即高一年级）中选择，每所学校各设两个实验班。之所以选择小学三年级和预备班、高一年级，是基于学生学习特点和未来学习来考虑的：三年级小学生开始有了较强的自主学习能力，并在小学中还要学习 3 年，而预备班、高一年级则分别是初、高中学习的开始。选择这样的年级设立实验班，能够在比较长的时间内持续实践、观察电子书包的使用效果，及时改进提高，从而为其他师生提供真正有价值的经验和借鉴。闵行区电子书包已经建设起电子书包项目专用平台，初步实现了教与学的资源的统一存储管理，构建了校本资源共享机制；创建了导学本系统，构建了区、校、个人三级多媒体教材出版发布机制；创建了学习管理系统，支撑了学习过程的个性化管理；实现为每一个学生提供个性化、无处不在的数字化学习环境。总之，闵行区电子书包项目已经为基于资源的学习、基于导学本的学习、基于活动的学习创造提供了支撑，并实现了各个系统的统一认证。

2013 年 4 月 10—11 日，在北京中国国家会议中心举行的 2013 年英特尔信息技术峰会上，展现了"一对一"数字化学习过程，从"内容创新"到"端到端"支持系统。包括：专为教育设计的学习终端和预装的教育工具软件包；英特尔特色 HTML5 电子课本；以及联合知名教育内容软件商共同开发的教学内容和应用。英特尔®教育解决方案秉承英特尔针对教育的一贯设计理念，为学生自主、互动、无时无刻地学习提供方便。例如，优化网络 Wi－Fi 性能支持课堂互动；配备手写笔培养学生写画能力；圆弧设计符合儿童心理激发学生读书兴趣；提高防水、防摔、耐用性延长使用时间；预装教育软件包提供自主探究互动学习工具等。为满足更多的教育教学需求再度创新，英特尔推出了基于 Window 8 及安卓两大操作系统的平板电脑学习本，在提升处理器性能的同时，开拓不同产品形态从而满足不同地区、不同年龄段学生的需求。利用 HTML5 技术开发的电子课本应用，支持学生电脑、平板和超极本等多种学习终端；创设可智能感知的学习环境；它集成了网络协作、触控手势交互技术、3D 动画、1080p 视频、富媒体、虚拟实验、手写输入等技术，以及评测评估、寓教于乐的内容来让师生有良好的使用体验。先进的 HTML5 软件技术不仅赋予学习者更好的阅读体验，还满足课堂学习所需的教学活动设计及个性化教育需求。同时，它还可以无缝连接到教育云服务平台，将学习内容、个性化学习和教育应用有效整合。结合英特尔架构处理器的性能优势帮助学生随时使用多种智能学习终端访问高质量教育内容和服务，实现从内容、应用、学习数据分析到个性化教育服务的端到端解决方案。HTML5 电子课本已得到中国电子课本标准组、教育类出版社、教育软件开发商、智能学习终端厂商的多方支持。

2013 年 10 月 14 日，海尔与墨西哥签署了价值约 2 亿元的电子书包合作项目，中国的电子书包解决方案再度走出国门。这不仅说明了我国的电子科技越来越受到国际的关注，还在一定程度上证明了电子书包的市场并不局限在中国，在世界上也是广受关注。

2015 年，汉王科技与英特尔联合开发出专为中小学生定制的新一代学习产品。它基于英特尔技术架构学生电脑硬件平台，具有触摸和手写功能，其人性化设计特别适合儿童和青少年使用。同年，英特尔"一对一"数字化学习产品进入高中常态教学。

2016年3月，当平板电脑生产商们还在为如何避开IPad的正面冲击而绞尽脑汁时，国内的电子书"一哥"汉王，已经将自己的目标瞄准了一个全新的领域——电子书包。汉王电子董事长刘迎建表示，汉王与教育部门密切配合，率先在国内若干一线城市中"试水"电子书包业务。汉王预测随着电子墨水技术的成熟和成本下降，推广电子课本与电子书包的时机将日趋成熟。未来电子书包与笔记本电脑和目前流行的Pad产品完全不同，它是专门为学生学习量身定做的，可以上网但上网受控受限；由于不能打游戏不能看不良网站，所以可以避免其他电子产品的弊端。汉王研制出电子书包样机，10英寸屏的终端与现在16开课本大小相仿，价格在1000元左右。

2016年8月，汉王科技又推出新产品。从手写识别到印刷体识别，再到生物识别，汉王坚持着"永争第一"的精神，推出的产品几乎都是行业的首开先河者。继"汉王推出平板电脑为电纸书护航"的举措之后，又一款大有可为的产品以全新的姿态登场。8月21日，汉王科技在北京人民大会堂隆重推出升级版本的人脸识别产品，这款在2009年初入市的产品一直保持着强劲的势头，2016年以全系列的姿态高调出现在人们面前。

2017年3月，教育部印发《教育部推进"互联网＋政务服务"工作方案》指出，人民教育出版社完成了部编"三科"数字教材（起始年级下册）基本版的更新和物理、体育、地理及化学等四个学科高中数字教材资源规划的制订，开展了以"人教数字教材"为核心的电子书包课堂教学应用模式的教师培训交流工作。此后，全国各省、直辖市、自治区电教馆精心组织辖区试点校教师积极参与了2017年度电子书包优质课现场展示活动。电子书包落户乡村学校，作为各地落实"惠民生"的一项重要举措，以深入开展"访惠聚"活动为契机，在加强辖区农村小学教育教学信息化应用培训的同时，积极争取爱心企业的支持，共同推进农村中小学教育信息化发展。

2017年12月2日，英特尔中国行业峰会在苏州召开。来自金融、能源、医疗、交通、零售、教育等行业的企业负责人与技术专家和合作伙伴参加了大会。英特尔与行业专家和用户代表一道，分享了全球市场数字化发展趋势，以及人工智能和数据革命引领下产业变革的方向，也全方位展示了与企业用户、合作伙伴的联合创新成果。

2018年3月，教育部办公厅《关于印发〈2018年教育信息化和网络安全工作要点〉的通知》中指出：深化数字教育资源开发应用与供给服务。继续做好普通高中及统编"三科"的"人教数字教材"开发。推进义务教育"人教数字教材"在不同数字化教学环境下与教育教学的深度融合。继续组织实施农村中小学数字教育资源全覆盖项目。由此开始，作为数字教材重要成员的电子书包将迎来新的发展契机。

2018年3月7—9日，北京市国家会议中心举办的"2018中国（北京）未来教育装备展示会暨中国（北京）未来教育高峰论坛"上，与会代表们共同研讨了未来教育理论与实践的发展趋势。为了深入学习贯彻十九大精神与各项要求，全面落实《国家教育事业发展"十三五"规划》《教育信息化"十三五"规划》及教育部《关于新形势下进一步做好普通中小学装备工作的意见》的目标任务，推动教育装备行业的规范发展和转型升级，搭建政府与教育机构、企业之间的桥梁，积极推动我国教育现代化进程，经协商由中国信息协会主办，中国信息协会教育分会、中国教育装备采购网、实验教学与仪器杂志社共同承办了该次展示会暨高峰论坛。展会上展出了各种品牌的电子书包、三通两平台、家校通、智慧教育相关解决方案、云教室、云桌面、录播系统、翻转课堂、电子白板、液晶白板、LED大屏幕、触摸一体机、高拍仪、视频展台、高清电视、智能教育投影设备、多媒体课件、多媒体讲台、音频收录机、一体化切换台、教育电子产品、音视频解决方案等现代化教育技术产品，呈现出教育新格局。

6. 电子书包的主要形态

近些年，我国电子书包主要呈现为三类形态：一类是比较传统的用

"猫"连线上网的电子书包，曾在北京地区推广，外观似一个放大了的PDA；另一类是无线上网的电子书包，这类电子书包实际上是一台笔记本电脑；还有一类是由人民教育出版社信息技术中心与香港文传公司合作研发的"手持式电子教科书"式的电子书包，同样具备了前面两类的阅读和上网等功能。这主要突出了电子书包作为装备工具的一面，用电子书包解决知识与书包重量成正比的难题，看重的是它的数字化特性。国内一些大城市已经率先在部分中小学试用电子书包，但仍处于试验阶段，教学模式也没有发生质的变化，教学成效尚存在争议。如何通过电子书包等智能载体将信息技术整合并进入传统课堂，达到优势互补的效果？怎样改变传统的学习观念和策略、教学观念和教学策略？仍是教育工作者亟待研究的问题。

7. 电子书包试用的特点

自 2000 年电子书包在天津问世，2001 年第一批电子书包在北京、上海等四个城市开始试用，我国的电子书包发展就呈现出两个特点：一是电子书包试点项目层出不穷，量多面广，遍布全国各地。据新闻媒体调查显示，我国大陆地区共有 50 多个城市先后提出了电子书包项目或开展了试点工作，除了沿海经济发达地区外，西北、西南等边远地区的一些城市也开展了电子书包项目。二是电子书包项目"热起冷落"现象突出。试点之初轰轰烈烈，大张旗鼓，但"虎头蛇尾"，甚至"夭折"的项目不在少数，能够长期不懈地坚持下来并做出试点成效的电子书包项目并不多见。

总之，电子书包在中国历经近二十年的研究探索，其中包括近八年的低潮期，它作为教育改革的利器，必先将自己磨成利器，有自己的独特之处才能引领教学模式的变革。IT 行业也在各种力量的推动下不断地向前发展，随着各项条件的不断成熟，电子书包将会有新的进步和发展。

四、电子书包的发展趋势

电子阅读、数字化学习是未来教育应用的必然趋势，是世界进入"无纸书籍"学习新时代的一个节点。电子书包作为信息化环境下的一种新型教学工具，是这一领域的市场热点。各地的电子书包大多以减轻学生负重、改进教育信息化环境、增进教学互动、开发数字教育资源、提高教学绩效、促进教学改革等为目的。电子书包的研制和应用试点颇受各地政府、学校、新闻媒体和社会关注；同时吸引了出版社、教辅出版商、终端设备厂商、移动通信商、技术服务商、硬件设备提供商等的重视。电子书包的发展趋势主要表现在以下七个方面。

1. 电子书包成为数字化教育资源包

通俗地说，电子书包就是一个数字化资源包。电子书包能够提供丰富的教育信息化功能，如数字化教育资源、学生成长史等，让其真正成为学生学习和生活的信息助手，成为一个真正的"数字化书包"。电子书包可以设置多种模块，如：收发通知模块，主要提供发布和查看各类通知；账号管理模块，系统账号设置，并为家长、学生、教师等角色分配不同的账号；班级管理模块，是电子书包应用系统中的基本组织单元，系统需要提供功能用于班级的创建，如班级老师的设置，为班级添加学生，班级的升级等管理功能；收发消息模块，消息用于个人到个人的信息沟通，而通知则用于向集体发布正式的信息，消息功能包括发布消息、查看消息、消息统计、请假功能等。

2. 电子书包开创教育信息化新天地

2016 年 6 月，教育部关于印发《教育信息化"十三五"规划》的通知指出，"十二五"以来，特别是《教育信息化十年发展规划 (2011—2020 年)》发布后，尤其是首次全国教育信息化工作会议召开以来，教育信息化工作坚持促进信息技术与教育教学深度融合的核心理念，坚持应用驱动、机制创新的基本方针，加强顶层设计、多方协同推进，以"三通两平台"为主要标志的各项工作取得了突破性进展。学校网络化教学环境大幅改善，全国中小学校互联网接入率已达 87%，多媒体教室普及率达 80%；优质数字教育资源日益丰富，信息化教学日渐普及，全国 6000 万名师生已通过"网络学习空间"探索网络条件下的新型教学、学习与教研模式；教育资源公共服务平台的服务水平日渐提高，资源服务体系已见雏形；教育管理公共服务平台基本建成覆盖全国学生、教职工、中小学校舍等信息的基础数据库，并在应用中取得显著成效；通过实施全国中小学教师信息技术应用能力提升工程，全国教师、校长和教育行政管理者的信息化意识与能力显著增强。各级各类教育信息化也都取得丰硕成果，基础教育、职业教育、高等教育和继续教育等领域结合各自需求，在扩大资源覆盖面、促进教育公平和提高教育教学质量等方面涌现出一批利用信息技术解决教育改革发展问题的应用典型，教育信息化对教育改革发展的支撑引领作用日益凸显。

为了贯彻落实《教育信息化"十三五"规划》，近年来，在一些中小学校园里出现了一道新的风景线：试点班级的学生开始使用电子书包，一本本沉重的教科书被一个轻便的电子终端替代。电子书包是致力于提高教育信息化、提高家庭和学校配合效率的产品，主要针对中小学教育。一般说来，电子书包即是"一对一"移动学习方式的一种实现形式，它指学生人手一台移动终端，如平板电脑、智能手机等，里面装了与普通教材内容相同的各科电子教材和教辅资料，并采用多媒体形式呈现。借助无线网络接入教学平台，进行课堂学习；教师通过教学平台授课，即时了解学生的学习结果和反应。学生背电子书包上学，课堂上和老师的交流通过平板电脑解决，每个学生解题的答案老师都可以及时看到……

到 2020 年，基本建成"人人皆学、处处能学、时时可学"，并与国家教育现代化发展目标相适应的教育信息化体系；基本实现教育信息化对学生全面发展的促进作用，对深化教育领域综合改革的支撑作用和对教育创新发展、均衡发展、优质发展的提升作用；基本形成具有国际先进水平、信息技术与教育融合创新发展的中国特色教育信息化发展的路子。教育部提出，要促进教育内容、手段和方法现代化。政府相关部门出台多个政策，要求切实减轻中小学生过重的课业负担，把"减负"贯穿到教学和校内校外各个方面，减少课时总量，严格执行课时计划；减轻学生书包重量。因此，电子书包有助于开创教育信息化新天地。

3. 电子书包有望构建泛在学习环境

电子书包是数字化教材的一种，理想化的数字化教材应该建立在构建泛在学习环境的基础上。所谓泛在学习环境，就是指时时刻刻地沟通，无处不在地学习，是一种任何人可以在任何地方、任何时刻获取所需的任何信息的方式。电子书包实现师生之间、学生之间的多向互动，实现多元信息交流，从而真正促使每个学生进步。通过屏幕广播、共享白板、分组讨论等多种互动教学功能，教师能够直接调用各类多媒体教学资源，丰富课堂教学内容。对学生解决问题的情况与正确率一目了然，继而就可以针对具体情况作出不同程度的讲解。在传统课堂中，教师提问题只有一个学生能当堂回答，教师也只能知道一个学生的掌握情况；而使用电子书包的课堂上，所有学生可以即时提交答案。教师通过终端控制平台，有助于构建泛在学习环境。教师可以对学生进行"一对一"的指导，或者和学生进行"一对多"的交流，也可以组织学生之间进行"一对一"或"多对多"的讨论。这过程中，如果教师发现答题特别优秀的同学，可以指定该同学进行演示，将其解答过程同步展示给全体学生，开展高效的示范教学。

4. 电子书包有望改变传统教学模式

电子书包有助于改变教师讲、学生听，教师问、学生答这种单一的传统教学模式。

（1）学习内因被激活

传统的课堂教学多以教师讲述为主，不能给学生以深刻的印象。使用电子书包，教学平台上配置了丰富的教学资源可供选择，教师只需在电子白板上按动按钮，就可播出视频、音频、动画等，有效地将抽象知识化为形象直观的知识，调动学生视觉功能。例如，生物课讲到瓢虫时播放瓢虫的各种姿态，还可附上解剖图，给学生一个完整的瓢虫印象。通过直观形象、生动的感官刺激，让学生最大限度地发挥潜能，在有限的时间里，全方位感知更多的信息，提高教学效率。再如，学习《恐龙的毁灭》，将动画片《恐龙》的 VCD 片段播放给学生看，再将"恐龙"等资料以动画的形式展现在学生面前，激活学生学习的内因，使学生始终在高昂激奋的情绪中，在饶有兴致的氛围中完成学习。同时，各种教学工具软件，为教师提供测量、拍摄、绘图、计算、文图抓取、复制、图片排列组合、模拟、编写试题、学生管理、成绩管理等。

（2）教学反馈更及时

电子书包提供四种测验方式，便于教师即时测评课堂教学效果。教师通过系统自动生成的测验统计分析结果，可以快速了解学生学习过程中的薄弱环节，及时调整教学策略。同时，系统设计了抢答、竞赛等活动，能够充分调动学生的积极性，提高课堂教学的趣味性。每一课、每一个单元都配备大量的习题：有大量成套不同等级（中、低、高难度）的单元测验题、月考题，以及期中和期末试卷，以上所有题目都配有标准答案，并都可以选择每年各类考试中出现的新题对试卷进行及时更新。

（3）评价激励更有效

应用电子书包教学平台开展教学评价在方式上打破了过去教师一人评价的局面，变成教师评价和生生互评两种形式。教师和学生都可以通过回帖的方式评价全班同学的作业，学生之间互评互改的热情高涨，每位学生都积极地参与其中，他们既是评价者，也是被评价者。

（4）学生发展更充分

电子书包的核心价值在于对现有教学模式的超越与变革，能破解诸多制约教育发展的难题，比如学生能力培养、学习效率提高、学习负担减轻、学习兴趣提升，从而使学生身心得到更充分地发展。

（5）教学目标最大化

电子书包实现了资源共享，课堂教学以学生为主体，师生间有互动，学生间有合作，可以最大化实现教学目标。电子书包不仅使学生得到情感的释放，还能对学生的学习进行评价与控制。电子书包可提供教学内容的分类存储服务，根据教师提供的知识库，对学生提交的作业和试卷自动完成批阅，对学生学习情况进行统计，如课堂回答的问题、错题统计、作业、成绩等都可以通过网络终端记录，便于教师及时了解学生知识的掌握情况和学习进度，并对学生进行有针对性地辅导，对学生进行动态的全程的评价。

教师的教学方式也不同了，以往是厚重的课本与练习册、冗长的黑板笔记簿，而今则可以利用电子白板批画、拖动功能，以选择、填空等方式检验学生自学效果，巩固课堂所学……不仅能够有效地帮助学生学习，还能够培养他们良好的高科技产品的使用习惯。从教育意义上说，电子书包不仅是学生学习的有效工具，更是家长有效培养孩子良好习惯的帮手。

5. 电子书包有望成为学生的真正助手

电子书包诞生的理由很简单，即减轻学生书包重量，把书包里的课本、字典等电子化。基于"新三基"教育思想，基于信息技术逐渐成熟，基于当下中小学生的学习特点，电子书包有望成为中小学生真正的学习助手。

在基础教育课程改革方案中，明确地提出了新课程的培养目标应体现时代要求，要使学生具有适应终身学习的基础知识、基本技能和基本方法。基本方法是指学习的方法和应用的方法。在学生的基础发展领域中，除了知识和技能外，还包含了一项更为重要的内容，即学会学习和使用知识（技能），这是更重要的学习。这些方法不仅仅是教师教的方法，而且也是学生自主学习的方法。"新三基"为学生提供了自主学习的指导思想，电子书包为中小学生提供了自主学习的工具。

随着以电纸书、平板电脑等为代表的手持电子终端技术逐渐成熟、类型日渐丰富、价格快速下降，基于网络的学习技术与软件资源日益丰富，计算机用于学习成为普及，电子书包有望成为中小学生的真正助手。

S 尤其是当下的中小学生，他们对电子产品具有天生的亲近感，利用互联网及各类电子终端来辅助学习的习惯正在养成。学生对基于网络的数字化学习方式，有着天然的学习力，"手机"与印度"墙上的洞"的案例，证明了学生的学习力远比成人想象的更强大，因此，电子书包将成为中小学生的真正助手。例如"天天 100 分"全科同步学习系统，它与学校学习进度同步，每天传送名师的重难点讲解和必做练习题等学习材料；集讲、学、练、评、问于一体，及时发现学生的知识盲点，有针对性地进行补习，能够切实有效地提高孩子成绩。此外，还配置了《朗文当代高级英语辞典》《新华词典》、背单词软件、Foxit 文档阅读软件、ArtRage 绘画软件等十多款强大的工具软件，有助于提高学生学习成绩。

6. 电子书包有望成为一个放心书包

调查显示，使用电子书包，家长最担心的是孩子随意上网或者玩电脑游戏，沉迷于网络游戏。这是因为电子书包毕竟要依托于互联网开展工作，一直以来与孩子的网瘾作"斗争"的家长不免有这样的疑问：孩子带着电子书包上课，会不会偷偷地玩网络游戏？

中国电信上海公司有关人士解答了家长的这个疑问，请家长和教师放心：电子书包实现交流互动的基础在于网络的建设，各项云存储也都依赖于一个强大的数据交互中心，电信依托自身的技术和优势，可以确保电子书包项目网络的畅通和信息的安全。在上海市各大中小学校园网络建设中分阶段实施以稳定高速的光纤代替铜缆之外，为了让每间教室避免网线的牵绊，保证原有的美观度，上海电信除了给相应试点学校提供校园宽带网络、3G 移动网络外，还实现了 Wi–Fi 无线网络的全覆盖，并为其提供 VPDN（虚拟专用拨号网）业务来保证校园网络信息安全。整个无线网络控制节点设置于虹口教育信息中心，实现了多点接入和总部控制的网络管控格局。这样一来，学生通过电子书包访问网络时便有所限制，除了学习内容外，是不能随意上网或者玩电脑游戏的，从而避免了学生沉迷于网络游戏。电子书包有望成为一个放心书包，教师安心，家长也放心。

7. 厂家云集谋夺千亿电子书包市场

电子书包成为目前教育信息化实践的新热点，无论试点是否成熟，有一点毋庸置疑，即电子书包具备极大的市场潜力。据统计，我国在校学生已近三亿人，在这个庞大人群背后，存在广阔的市场前景，商机巨大。不少企业在电子书包研制试点之初就积极参与，一些地区的电子书包项目是直接由阅读硬件设备、信息技术（IT）公司、移动运营商等企业积极推动而发起的。在电子书包的试点初期，设备供应商占有重要位置，这与教育系统的设备采购供应模式紧密相关，这些知名品牌企业是教育系统主流设备供应商。电子书包项目离不开硬件设备的支撑，硬件设备构成了电子书包的载体和外壳。因此，在一些地区的电子书包项目试点中，设备供应商总是积极的呼吁者和倡导者，通过硬件设备和网络系统搭建了电子书包的外壳，构建最初的电子书包模型。由于教育市场的刚性需求，加上我国具有近三亿的学生用户，电子书包被认为是一座"金矿"。大批自主创新企业正在加大研发力度，谋夺数千亿元的电教市场"大蛋糕"。汉王科技、联想、英特尔、索尼、松下、惠普、微软……诸多企业纷纷推出自己的相关产品，而巨大的市场正吸引着更多企业进入。

五、电子书包的教学应用

1. 架构电子书包教学应用服务平台

国内学者孟祥宇、全江涛认为，电子书包教学应用服务平台主要由三个子平台组成：学生个性化学习子平台、课堂教学支持子平台和教学准备子平台，见图 4 - 2 - 2 所示。[①]

---

① 孟祥宇，全江涛. 在线学习的方法与实践［M］. 北京：电子工业出版社，2017.

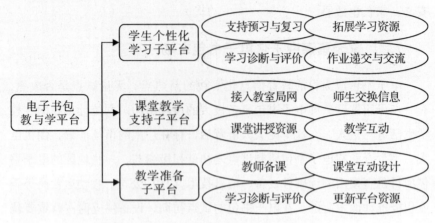

图4-2-2 电子书包教与学的基本框架

（1）学生个性化学习子平台

学生个性化学习子平台一般由学习诊断和个性化学习支持子模块、课程预习、复习子模块、拓展学习资源子模块和作业递交与交流子模块组成。其中最为核心的是学习诊断和个性化学习支持系统。课堂教学只能满足大多数学生的学习需求，而每一个学生就个体而言，在认知能力、勤奋程度上都存在一定的差异。目前学校中推行的教学评价难以实现个性化评价，以致许多学生对自身的学习状况和能力缺乏正确的认识，更不易施教者对学生进行有针对性的学习指导。学习平台将通过内嵌的学习状况与评估软件对学习者开展学习监督，为学习者提供最为适宜的学习指导。同时系统能够自动收集学生的答案，甄别学生所犯错误的性质，及时给予纠正。智能 Agent 技术、本体技术等将是最好的技术工具。

（2）课堂教学支持子平台

课堂教学支持子平台的主要功能是实现课前学生作业递交和教师学习任务下达，由课前师生信息交换、课堂教学互动等子模块组成，其中课堂教学互动最为重要。在目前的课堂教学中，教师与学生的互动大多只能惠及很少一部分学生，大多数学生处于被动状态。在新颖的课堂教学模式中，师生互动应该是教学设计的重要环节，教师与学生的互动方式除了师生口头表达外，还有其他的互动方式，如学生利用手头的 IPad

随时完成教师随堂布置的较为复杂的提问或演算。在机器互连的状态下，教师工作站能够及时调阅或处理学生的回答，进而使教师能够随时了解每一个学生的学习状况，并及时调整教学策略。在师生信息交换系统中，教师可以为每一个或每一类有个性需求的学生部置学习任务，教师可以与每一个学生说"悄悄话"，学生的提问也可以及时反馈给教师。在这一平台上，电子书包与教室网络的互联、数据的交换、教师对学生学习资源的控制是设计的重点。

（3）教学准备子平台

教学准备子平台主要由教师备课、教学资源设计等子模块组成。其中，教师备课环节中，教师不得不考虑如何满足已掌握有大量资源、并在智能化学习导航帮助下已经做了预习的学生的学习需求，如何拓展学生思路，如何引导学生更为扎实地理解学习内容，这些也都是教学重点；在课堂师生信息交换后，教师可收集到学生对学习内容提出的所有疑问，但需要花费较多的时间去阅读或整理，不过以此为基础教师将为学生提供更多的额外学习指导。另外，对于不同区域的学校和不同的学生对象，教学资源的增删和重组是教师必须认真考虑的。在这一平台上，教学资源的剪裁与制作、记录学生学习进程与状态的数据库设计、学生问题自动答疑等将成为设计的难点。

2. 掌握电子书包特色功能

学生人手一台 PAD 版电子书包。学生在使用电子书包前，教师要让学生掌握电子书包的五大特色功能。一是手写输入功能，即支持手写输入方式，能把学生的笔迹、图画、声音等信息输入平板电脑。二是拍照功能，即学生可以把纸质作业通过拍照的方式保存、上传，并可以对其进行评价。三是数码笔，即电子书包的数码笔，仅从外观上看，它与普通笔并没有什么区别，不过学生用这支笔做的课堂笔记，可以被原样保存到电子书包里。同样，学生用这支笔在作业本上完成作业后，可通过电子书包直接发送到教师那里进行批改。学生不用改变任何习惯，也不用学习任何输入技能，就可以使用电子书包的数码笔。这样既传承了中华传统的书写文化，又解决了书写内容数字化的问题。四是全新的错题本，学生不用再苦苦抄写错题，费时费力建立各学科的错题本。电子书包能够帮助学生自动建立改错本，而且可以个性化设置分类、提醒规则。尤其在理科教学过程中，使用效果非常明显。复习阶段，教师可以合理利用电子书包改错本功能，对个别学生开展个性化教学与辅导。电子书包改错本功能不仅能使学生正确对待错题、提高学习效率，还能改进学生的学习方式，指导学生学会学习，使学生能准确理解知识，迅速提高学习成绩。五是智能学习资源包，由电子书包将学习需要的教材、学案、工具书等按照科学的结构整合而成。学生的学习、测试、作业、讨论等方式都在电子书包上进行。电子书包通过声音、视频、动画等多媒体创设生动、形象的教学情境，提供方便快捷的查询功能，按需提供大量针对性强、能及时反馈指导、可教授自主生成的智能练习，能进行问题积累，资源及时更新。师生、生生之间可以随时随地互动交流。

教师可以在课前、课中、课后的各个教学过程中及时了解每个学生对知识的掌握程度，同时可以检验自己的教学方法和教学效果，从而根据反馈信息及时调整教学策略和进程。学生课前积极完成教师发布的个性化学案或测试，也可以参与教师或学生发起的在线讨论。课中，学生不再是被动地听讲，而是带着问题听课，主动参与到小组讨论、合作学习之中。课后，学生的作业是巩固学习成果、检查学习效果的有效手段，作业也是学生的主要任务。电子书包中的作业模块包括布置作业、查看作业、错题收集、作业统计等功能。

3. 电子书包支持模拟学习

模拟教学是利用计算机建模和仿真技术来表现某些系统（自然、社会学科）的结构和动态，为学生提供一种可供他们体验和观测的生动、形象的教学环境。根据不同的对象和学科特点，在电子书包中使用动画、视频、互动游戏，能很好地解决一些问题：如学生知识积累不多、见识不广；语言学习中辅助听读、理解文章内容；宏观、微观领域的学习；无法进行或破坏性很大、不安全的实验；过于抽象、理解难度很大的内容的学习，让学习变得比较轻松、有趣，能很好地激发学生的学习热情，从而提高学生的学习积极性、主动性。例如，生物教师总结出应用电子书包的案例：教师在讲解生物与生物之间的关系时，总是采用传统的教学模式：教师讲—学生听—教师提出问题—学生回答—教师总结。由于这个知识点本身和学生生活相距甚远，加上教师无法起到很好的引导作用，因此很难激发学生的学习积极性，学生其实并没有真正掌握知识点。如果能合理运用电子书包，就能很好地解决这个问题。在上课时，借助数字资源库，将动物世界的食物链形象、生动、具体地展示在平板电脑上，从而引导学生理解"吃与被吃"的关系，让学生自己去发现、总结食物链与食物网的概念。并且在学完本课知识点后，使用电子书包课堂管理系统让学生分组进行游戏比赛，每一组学生派一个代表在平板电脑上画一画草原生物之间的食物链关系，看谁画得又快又准。活跃的课堂气氛点燃了学生思维的火花与积极学习的热情，学生个个情绪高涨。合理运用电子书包，有助于为学生营造一个充满生机、气氛活跃的学习氛围，充分激发学生的学习积极性。

4. 电子书包支持自主探究学习

探究性学习本质上是按照学生的提问从学科资源库中检索出有关信息，通过学生对信息收集和处理，得出对预设问题的解答的教学活动。电子书包支持多媒体学案式自主探究学习，课前，教师通过发布分层学案，引导学生进行自主预习；课中，教师可利用电子书包的动画教具等资源组织自主学习、探究学习、小组合作学习等活动；课后，教师利用电子书包丰富的学习辅导资源，如微课程、助学动画、知识导图等，组织学生自主拓展学习，提高独立解决问题的能力和自主探究学习的意识。例如，生物教师制作的《远离毒品，珍爱生命》一课的课例：这节课教学目标是使学生了解毒品的种类及危害，认识到一定要远离毒品，形成自我保护、珍爱生命的意识。但是由于初中学生生活阅历较浅，对毒品缺乏真实、直观的认识，也不了解毒品的真实危害。所以，在上这节课之前，教师给学生布置了课前任务——通过电子书包收集有关毒品的资料，包括毒品的种类、危害、吸毒案例等，并以小组为单位制作 PPT 课件，课堂上以文字、图片或视频的形式给同学展示。学生通过到数字资源库收集资料这个过程，对毒品的种类和危害有了一定的认识。有了知识储备，学生上课时就能够更主动地投入其中，课堂效果就会更好。

5. 电子书包支持合作学习

电子书包利用电子教室软件、百度云盘，突破时间和地域的限制，进行小组互助、小组讨论、小组竞赛等合作、竞争学习，可以培养学生的团队意识和竞争意识。教师在课堂上可以组织小组竞赛，将班级学生分成 6~8 个小组，先把竞赛题目在课件中展示出来。比赛规则：①比赛分为个人抢答和小组抢答两个阶段，每一回合回答或操作正确，所在小组成绩加 10 分。②每道题都以抢答方式进行，如果是个人抢答，小组中任何成员均可抢答或操作，成绩计入小组总分；如果是小组抢答，则在小组合作探究后，由小组发言人进行抢答。③制定违规"处罚"措施，个人抢答不能合作，小组抢答只能组内合作，只有网络探究题可以使用网络。违规的小组取消本轮抢答资格，情况严重的要扣除原有分数。④下课前 5 分钟，在大屏幕中公布每个小组最终成绩，以小组成绩决定冠亚季军小组。

6. 电子书包的具体应用案例

电子书包走进校园，引入课堂试点教学，其应用贯穿预习、上课、作业、辅导、测评等各个学习环节，覆盖课前、课中、课后各类学习环境，构建立体化、网络化、便携式"移动数字学堂"。下面通过详述电子书包试点学校四个案例，解读电子书包的具体应用步骤。

(1) 电子书包在课堂教学中的应用

课堂上，学生每人一台平板电脑。随着教学的展开，教师布置了小练习，学生用手指轻点触摸完成练习。有多少人做对或做错，都可以通过网络在电子白板上即时呈现出来。教师讲课时，手中的平板电脑里的资源内容，能方便及时地推送给全班每一个学生。学生与教师、学生与学生对问题的讨论，可以让学生通过思考，用笔写在自己的练习本上，然后由学生用手中的平板电脑拍照上传到教师的电脑。教师通过电子白板逐一显示，并选择典型回答在电子白板上放大让学生解析或自己详细讲解。在课堂教学中电子书包系统要求管理者、教师、学生和家长各司其职：管理者担负着基于网络的和数字化的精细化教学管理；教师承担着基于网络的和数字教学资源的互动性、多样化和可测性的教学方式的变革；学生的任务是基于网络的和数字学习资源的自主学习和研究性学习的学习方式的改变；家长则是基于网络对孩子即时性和成长性沟通与了解（也可课前课后），见图4-2-3。

管理者
· 基于网络的和数字化的教学管理方法，进行精细化管理

· 基于网络的沟通与了解，对孩子即时性、和成长性沟通了解

家长

高效管理　　　　　沟通了解

电子书包系统

学科教学　　　　　主动学习

· 基于网络的和数字教学资源的教学方式，实施互动性、多样化和可测性的教学

· 基于网络的和数字学习资源的学习方式，开展自主学习和研究性学习

学生

教师

图4-2-3　电子书包在课堂教学中的应用

（2）自主探究学习应用步骤

在课堂教学中，以自主探究学习为例，电子书包试点学校大多分为以下五个步骤：

一是确定探究任务及目标。按照新课标的要求，利用电子书包开展探究式学习的探究目标分为：①知识与技能目标。掌握系统收集资料的方法环节，培养学生分析问题、解决问题的能力。②过程与方法目标。

自主探究获取资料，分析提炼信息，分组协作、讨论，得出结论，以作品形式展示探究结果。③情感态度与价值目标：学生在探究和协作中树立自主精神与合作精神，体验研究过程，增强自信心，提高学习兴趣。

二是创设问题情境提出问题。教师利用电子书包的广播教学功能、教育云平台资源库中的相关材料，以故事、电影等生动形象的多种媒体形式创设问题情境，引发学生思考，成功地将学生引入到教学情境中。

三是分析与探究的过程。制订探究计划，利用电子书包，围绕主题寻找资源、分析资源。教师利用广播教学对课程内容进行概要讲解，引出探究任务，通过分组简单分工，学生使用电子书包，从学校平台、互联网上查找相关资料，并通过课堂管理系统分组讨论；教师通过远程监控观察每个学生查找资料的过程及探究策略，对学困生，通过在线帮助进行个性化指导；通过自主探究和交流协作对所获得的信息进行思考、分析，为后继学习做准备。

四是解决问题，呈现结论。指导学生根据分析的结果，相互讨论，得出结论，利用电子书包丰富的功能把得到的结论创作成一个与主题相关的研究报告或电子作品（形式可以是小报、电子文稿、动画等）；学生完成作品后，教师设定好提交作品的文件夹，并设置为允许提交，学生开始提交作品文件。

五是反馈评价。评价贯穿在学生分析探究问题、解决问题的过程中，教师组织学生通过相互评价作品而深入理解课程内容。通过学生演示让其他小组清晰看到展示小组的作品。每个同学通过在线问卷调查，对学生作品给予即时评价、打分。完成后的作品通过网络学习平台发布到资源库中，与其他同学分享。电子书包的出现为课堂教学手段改进提供了新的机会，尤其是在倡导探究式教学的今天，它将成为探究教学的一个有力工具。电子书包使探究式学习具体化、方法化，使学生的学习方式由"接受式"向"发现式"转变，由"独立学习"向"合作学习"转变，让学生的主体性得到加强，学生的想象力和创造力得到释放。

（3）**用电子书包上英语课** Asking the Way

讲台上不是黑板而是一体机，教师不需要粉笔只需滑动手指，学生不使用课本而是使用平板电脑。英语课 Asking the Way 主题是问路，目标是学会问路、指路的三个句型以及相关单词。教师先播放一段两个孩子问路的动画；接着打开一个网页，给学生讲解单词、句型；之后，给出"去书店买书，向警察问路"等三个问路任务，学生们组成多个小组，挑选感兴趣的任务完成，各组再进行交流学习；最后，教师打开自己在平板电脑中提前嵌入的百度地图，给学生讲解新的找路方式。要去某广场该怎么走？教师用英语问。第一个点到抢答的学生兴奋地站起来说：NO. 703 bus！"用电子书包，一堂课能讲三个句型，用 PPT 满堂灌，只能讲到一到两个。"教师说，"电子书包能实现个性化教学，学生积极性更高。"

（4）电子书包在课内外的应用

电子书包的使用不局限于课堂，应用领域包括学校教育、家庭教育、社会教育以及"家—校—社"协同教育，其在教育中的应用模型，见图4-2-4所示。使用对象有学生（子女）、教师、家长和社会教育工作者。

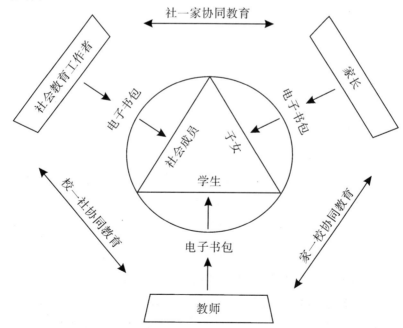

图4-2-4　基于电子书包的"家—校—社"协同教育模型

第一，在学校教育中的应用。

①课堂同步教与学。课前：学习资源上传；提交作业：文件大小在 10 兆字节以内；上课前 5～10 分钟内，下载完平均 40 兆字节的课程包。

课中：师生同时打开电子书包，学生接受教师机的指示。黑板前的大屏幕显示教师电子书包里的内容，所有的操作过程也一一反映出来。学生跟着相同路径，分别在自己的电子书包中看到了将要学习的内容。课堂中，一旦教师提出问题，学生就能通过电子书包进行查询解答，借助相通的网络，教师可以看到学生的回答速度及每个学生的答案，学生之间还能展开讨论而不影响他人……课堂 45 分钟内，师生互动，毫无障碍，通信内容从几千字节到十兆字节的文件不等。

教师利用电子书包进行课堂同步教学，即时捕捉学生学习动向，调整教学组织；利用电子书包的教学评价功能，教师在线发布并批改习题，实现课堂即时评价。学生在教师引导下，根据学习主题，利用电子书包丰富的数字化学习资源与学习工具，进行小组协作学习和探究学习。

课后：下载作业，在 5～10 分钟内，文件大小预计 10 兆字节。下载课堂电子资源：电子白板、录像、音频等，在 5～10 分钟内下载完成，文件大小从一兆到几十兆字节不等。

②校外学生自主学习。电子书包终端提供专用 VPDN 拨号到校园专用平台；通过 ADSL 等公众网络进入开放性学习平台，校外学习效果等同于校内。学生在家中学习，要下载获取平台学习资源，文件大小从几千字到几十兆字节不等。与其他电子书包通信交流，包括文字交流以及文件交流。其他客户端数据备份，会利用带宽空余时间，进行备份工作。要求流量暂时不详。客户端行为数据采集，会利用带宽空余时间，进行采集工作。要求流量暂时不详。

③学习记录与跟踪。利用电子书包的移动便携性，学生能随时随地学习，因为学习材料处于"云"端，只要有需求，可以随时下载。课前，教师布置预习作业后，通过网络可知道哪些学生预习了，哪些学生没有预习，哪些问题学生自己能解决，哪些问题学生理解上有偏颇；课

中，教师也不用面面俱到，只需根据教学目标，将学生理解上有偏颇问题讲清楚就可以了，提升了效率；课后，通过在线作业、及时检测和学生学习反馈，教师不再需要一本本地批改作业，就能获得学生作业情况和问题，有的放矢地开展针对性教学。利用电子书包，学生可以在校园中开展以行动为导向的体验学习和探究学习。校园活动一般以小组形式进行，活动小组携带电子书包走出教室，利用电子书包采集数据，通过无线网络与教师、同学交流，最后进行成果展示与评价。

第二，在家庭教育中的应用。

电子书包在家庭教育中的应用主要包括学生在家学习和家长辅导。学生通过电子书包查看、完成教师布置的家庭作业，并通过服务平台和教师进行交流，解决学习中遇到的困难。学生也可以根据自身学习需要，利用电子书包中内置的资源或服务平台上的微型化视频课程进行课前预习，并记录学习中的疑问或将疑问发送至服务平台，供教师备课时参考。家长利用电子书包中的资源学习家庭教育方法，对子女学习进行辅导，也可以通过平台与教师进行交流。

学生使用电子书包后，不仅课堂上师生间的互动增多了，即使放假在家，师生也能即时"面对面"沟通。教师能够通过使用电子书包进行布置、批改电子作业，在线答疑；学生能够在线学习、测评、提交作业；家长可以通过网络即时了解孩子的学习情况。加上视频、网页、Flash 等多媒体的交互应用，变"填鸭式"为"云"中互动，整个学习不再是翻翻书本那样枯燥无味，多了许多乐趣。

第三，在社会教育中的应用。

目前，电子书包在社会教育中的应用主要是社会培训机构利用电子书包对中小学生进行课后辅导。

第四，在"家—校—社"协同教育中的应用。

协同教育是在现代教育理念及系统科学理论指导下，学校、家庭和社会教育系统中的各要素相互联系与作用，共同对学习者实施教育，促进学习者全面发展的一种教育方式。

家—校协同教育中的应用。家—校协同教育包括学校协同家庭教育和家庭协同学校教育。电子书包在家—校协同教育中的应用主要体现在以下两个方面：一是在学校协同家庭教育中，教师利用电子书包将学校的教学情况、教学任务和学生在校表现及家庭教育方法等信息提供给家长，教师的课堂教学延伸到家庭，实现了学校教育与家庭教育的同步。二是在家庭协同学校教育中，家长利用电子书包查看学生学习情况，利用服务平台与教师或学校管理人员沟通交流。同时，家长利用电子书包将优质的家庭教育资源与学校教育资源进行整合，供学生课堂内使用。通过这种方式，家长参与学校教育中，与教师一起指导学生开展学习。

校—社协同教育中的应用。校—社协同教育包括学校协同社会教育和社会协同学校教育。学校可以利用服务平台中的社会教育资源对学生进行安全教育、道德教育、环保教育等。教师利用丰富的社会教育资源指导学生开展基于社会真实情境的体验学习和研究性学习，提高学生的问题解决能力和创新能力。

社—家协同教育中的应用。社—家协同教育包括社会协同家庭教育和家庭协同社会教育，在这里主要是指家长利用社会教育资源对子女进行家庭教育。

六、电子书包应用的问题

随着网络的普及，信息技术的发展，为了解决学生书包超重的问题，应运而生的电子书包存在着不少优点，但是在中小学能够长期不懈地坚持下来并做出试点成效的电子书包项目并不多见。问题出在什么地方？

1. 认识上的差异：学术界、出版界和教育界认识不一

我国对电子书包的研究还处于起步阶段，在理论研究、现实开发和应用中面临着许多内在的和外在的问题。在电子书包理论研究中，只有理论的坚定，才能赢得普及电子书包的坚定。学术界、出版界和教育界对电子书包的看法存在着差异，直接影响了电子书包的现实开发和在教学中的应用乃至普及。迄今为止，电子书包在国内已经试用近 20 年，

学术界存在着"唱荣""唱衰"和"共存"三种不同的观点。以刘新新、邹霞为代表的秉持"唱荣"观点。他们认为，电子书包有种种优点，是促进教学改革和提高教学质量的手段与途径，也是推进教育信息化建设走向深入的重要渠道。以杨林为代表的秉持"唱衰"观点。他们认为，电子书包对传统教育和图书出版业带来了极大冲击，一些试点项目未能达到预期效果，因此质疑甚至反对电子书包。以任翔为代表的秉持"共存"观点。他们认为电子书包和数字教材有其长处，但也有不足之处，不能取代传统教学和教材，只是一种辅助的教学手段和学生的学习工具，电子书包与纸质教材应共存使用。在秉持"唱荣"观点的专家中，也坦诚电子书包应用中的问题，比如，在"开展数字化课程环境建设和学习方式变革试验"中，专家指出设备技术等"硬环境"已不是教师和学生在教学中使用信息技术的主要障碍，目前最缺的是"软环境"，教师对传统教学方式的依赖，导致信息技术和学科的结合依然滞后。此外，出版界和教育界对电子书包的关注点也存在着角度上和目标上的差异，出版界更多关注的是电子书包对教育出版的影响和如何在电子书包领域找到教育出版的新盈利点，而教育界关注的是电子书包对教学模式和教学效果的影响。

2. 使用中的问题：数字出版与数字教育未深度融合

电子书包涉及内容生产、技术提供、平台服务和硬件设备等多个行业领域，电子书包的健康发展，离不开数字出版与数字教育的深度融合。从电子书包的结构可以看出，与电子书包领域相关的行业有内容生产和提供商、平台与运营服务商、技术提供商和设备供应商。内容生产和提供商是电子书包发展的关键因素之一，是电子书包产业链的上游企业。平台与运营服务商，为电子书包搭建系统架构和网络平台，并提供技术服务的机构。技术提供商，大多为大型互联网企业和技术提供商，或拥有核心技术和专利，或具有较强的技术研发能力。设备供应商，为教育领域提供硬件设备的企业，电子书包项目离不开硬件设备的支撑。由于数字出版与数字教育未深度融合，电子书包技术和市场上的不成熟，在使用过程中暴露出了一些问题。

一是重视硬件轻视软件。硬件设备构成了电子书包的外观和外壳，不少电子书包试点项目注重硬件设施建设，而轻视内涵建设，"书包里面没有书"的现象较为普遍。

二是电子书包格式问题。电子书包格式之乱已经成为电子书包出版行业之痛。电子书包市场正面临着文件格式不兼容和不连贯的困扰，这意味着，从一家厂商销售店买来的电子书包，基本上没有可能在其他主要电子阅读器上使用。目前，我国数字出版行业没有通用的标准和格式，国内正规的数字化图书馆或电子书包厂商大都采用自己专用的电子书包文件格式。要想解决这一根本问题，就要建立起电子出版行业标准。2013 年 7 月 24 日，华东师范大学与中国电信上海分公司签订《推进教育信息化建设战略合作框架协议》。华东师范大学已经牵头研制国家电子课本、电子书包技术标准，并且作为中国代表在国际标准组织主持研制电子课本的国际标准，但是至今未见到标准问世。应该尽快根据国家标准化技术委员会的规定，由相关的标准化技术委员会负责具体工作，组织相关企业、机构一起协商如何制定能使大家利益共享的标准。

三是电子书包版权保护问题。电子书包的兴起，对传统纸质出版企业产生很大的冲击。遗憾的是，中国的电子书包出版至今仍没有找到一个成功的结合模式，其核心问题在于电子书包版权管理。电子书包版权管理主要解决数字内容的阅读、视听、打印的权限问题，防止未经授权消费、扩散数字内容，主要保护的内容范围包括文本、版式文件、图形图像、视听内容等。"版权保护"是电子书包发展的软肋，一方面，在世界范围内，对电子书包的版权缺乏相应的定义和法律保护；另一方面，电子书包作为数字产品，在没有技术保护的状态下，可以极其容易地被复制、传播和篡改，这些都使得出版社和作者对电子书包望而却步。近些年，随着数字版权管理 DRM 技术在世界范围的发展和日渐成熟，电子书包的版权保护在技术层面上已经有了长足的进步。与此同时，纸书的盗版使出版社损失惨重，却又无计可施。相比之下，在防止盗版上，电子书包反倒可能有作为，过去的软肋很可能成为吸引出版社和作者的亮点。①

四是使用环境问题。电子书包的使用，需要多方面的技术环境支撑。首先，通过校园无线网络的覆盖来满足学生获得学习使用电子书包资源以及与教师和同学之间的交互沟通；其次，建立学习平台来满足对学习资源的管理和教学方式的支撑；最后，家庭的无线网络连接可以满足学生的在线学习。

五是移动终端问题。目前理想的电子墨水屏还没有出现，主要的问题是刷新率和灰度级偏低，彩色的电子墨水屏色彩数偏低，还无法应用；由于电子墨水屏非常薄，没有像通常的 TFT、LCD 那么耐压。同时，电子墨水屏的显示原理是专利技术，其最主要核心技术是化学技术，而不是电子技术，因此，如果想打破电子墨水屏屏幕上的垄断，就需要完全不同于 E - ink 显示原理的技术。据了解，每块电子墨水屏屏幕的价格在 70 ~ 80 美元，因此在新的技术出现之前，电子书的价格将不会有大幅下调，而这无疑会阻碍电子书包的推广和普及应用。

针对上述问题，电子书包出版应发挥优势，克服劣势，利用机遇，规避风险。教育出版应抓住数字化教育大趋势带来的机遇，积极参与数字教育出版的产业链重构，探索多元化的合作共赢。通过内容、技术、平台、服务、设备和教学应用之间的相融相通，实现技术融合和市场融合，构建数字教育出版的新产业链，才能实现电子书包的产业化发展，并形成数字教育出版的新市场和新业态。

3. 学习资源匮乏：缺少丰富优质的数字化学习资源

将电子书包作为学生个人终端引入教学，除需要先进的技术支持外，更需要大量优质资源来支持教与学。丰富且优质的数字化学习资源是电子书包能够稳步推进的基础和保证，其具有多样性、扩展性、互动性、再生性等特点。经过近些年的教育信息化建设，已经积累了大量的教育资源库、学科资源数据库和网上图书馆等，但目前许多电子书包产

① 施勇勤，唐继文. 电子书包领域的教育出版发展策略 [J]. 中国编辑，2015 (6).

品只是将大量数字化资源填充其中，而这些资源是否符合电子书包的基本教学特性，其组织结构是否合理，则不予考究。并且同质化现象严重，侵权现象依然存在，而且有增无减。因此，要利用电子书包支持有效教学，迫切需要与教学模式和策略相对应的、具有泛在学习特质的资源体系。要解决数字化学习资源的问题，一方面，要处理好出版社与著作权人之间的利益分配机制，要充分利用教育出版社拥有大量教学资源版权以及组织开发教学资源的优势；另一方面，要组织一批教育教学方面的专家和学科骨干教师，他们是电子书包的策划者和使用者，由他们组成一支数字化学习资源的建设队伍，创造性地解决我国基础教育中的主要问题，形成特色的理论研究体系，制作一批符合教学需要的教学资源，丰富电子书包中的学习内容，推动电子书包的可持续发展。

4. 教学艺术问题：任何技术无法取代

教师认为，提升教学质量的关键是优秀教师的教学艺术。教学艺术是指教师遵循教学规律和艺术审美原则，为取得当时条件下最优化的教学效果，综合运用一套娴熟的教学手段、方法与技巧而进行的卓有成效的创造性教学实践活动。

电子书包有其益处，可谓教学的辅助工具，用好利大于弊，否则弊大于利。比如一位很不错的教师，在没用电子书包前，学生很喜欢她的英语课。课堂上，教师和学生思维活跃，可爱有趣，不知不觉一节课结束，师生意犹未尽。最近试用电子书包磨课，学生觉得有点儿不对劲儿。教师和学生被电子书包的程序和电脑里的课件控制着，一会儿放音频，一会儿放视频，一会儿放电子书包里的内容，教师一节课忙得不亦乐乎，教师的教学艺术无法得以呈现。课堂失去了往日师生和生生的精彩对话。课堂的互动和对话，是人与人之间思想的激发，是一节课最灵动的核心。忙碌的电子书包课堂，学生的思维完全禁锢在电脑里教师设计好的题目中；学生的思考都是被教师牵着走，更别说顾及上课时学生的情绪了。

轻负高质的课堂教学中，优秀教师娴熟地运用教学艺术，将情绪和智慧转化为一种能量。此时的课堂是人与人之间的互动：是师生、学生之间的思维碰撞：是学生自身思维和心智的成长。学生自主学习的最终目的是发展自身的思维能力。课堂教学是为激发学生潜能和未来生活做准备的。电子书包在课堂教学中的应用，关键要解决"通"和"动"的问题。"通"就是在课堂教学过程中，各种"信息流"应该是十分通畅的。"动"就是在课堂教学过程中，教师、学生和课堂中的其他各种要素，如资源、电子白板、平板电脑等能有效地互动。只有有效地解决了"通"和"动"的问题，电子书包在课堂教学的应用才能收到实效，其关键仍然是教师的教学艺术。如果不提高教师素养，单凭高科技是无法达到优质高效教学目的的。因为单一的高科技课堂严重忽略了学生的内心感受，忽略了师生之间活动时智慧的生成。正如某些教育专家所言，无论未来科技如何发展，教育投入更多的不是在技术，而是在人与人的沟通互动，学生与教师、与同学，教师与教师之间的接触，是任何技术也取代不了的。

5. 教学内容问题：使用电子书包选择教学内容

电子书包试点学校教师认为，不是每门学科的所有教学内容都适合使用电子书包，使用电子书包需要选择适合的教学内容。教师最大的困惑是，如何让教学与科技设备完美结合。第一批执教电子书包试验班的某初二数学教师结合"物体的旋转"知识点，上过电子书包课，效果直观，曾获全国大赛一等奖。他认为，数学有很多概念课，学生必须静下心来思考，像"旋转"这样适合用电子书包呈现的课程较少。语文、英语的电子书包课更容易引入互动设计，也颇受学生欢迎，但教师也有不少困惑，电子书包不能锻炼学生的书写能力，这也是它的一大弊端。某语文教师最郁闷的是想实现的创意，技术人员说"做不了"，建议她分解成多个步骤去实现，因为太麻烦，最后她只能舍弃。由于电子书包课程资源十分有限并且部分内容设计不合理，不能满足从小学到高中的所有课程的需求，有待更新和开发。

6. 阅读习惯问题：使用电子书包必须改变阅读习惯

电子书包突破了纸质教材只有文字与图片内容，且文字所占比例大大高于图片的限制，采取文字、图片、音视频相结合的方式。图片与音视频的使用从视觉和听觉两个方面，或动态或静态地将信息传达给学生，相比只有图片、文字的呈现方式，更加生动、形象，便于理解。

教师认为，电子书包与纸质教材给学生带来的阅读感受是不同的，电子书包并不能带给学生爱上阅读的感觉，没有阅读纸质课本的那种愉悦感，也就缺少了那份韵味，难以嗅到书的香气。倘若读书的过程嗅不到书香，那么读书也就俨然成了机械的学习过程，也就体会不到学习的乐趣。电子书包阅读缺乏真实感，至少在短期内是无法改变的。尽管已经有人描绘出电子书包将可能很快成为可任意折叠的柔性纸张，但是一书在手的感受依然不是技术进步能够彻底取代的。从阅读习惯上来讲，人类两千多年的阅读习惯不会呈现跳跃性的变化，屏幕阅读也绝不会取代纸张阅读，但是不可否认的是，越来越多的人习惯了屏幕阅读的方式，尤其是随着网络时代一起成长起来的中小学生。

7. 身心健康问题：电子书包对学生身心健康有影响

据报道，上海市在电子书包试点的推广过程中，家长们有很多的顾虑。有的家长表示，尽管有了电子书包，可书面作业并不比过去少；有的家长认为电子书包的价格偏高，普通家庭可能负担不起；更多的家长担忧电子书包对学生身心健康有影响，由于电子书包屏幕小，担心用久了，孩子视力受影响……

电子书包对学生的身心健康等会产生一定的影响，可以说是利弊双栖。弊端主要体现在：一是依赖性。由于电子书包对文字处理的便捷性，从而使学生在学习中大量操作会变成复制与粘贴，许多需要记忆的东西会被忽略，大量的数字运算会被计算器代替，以至于出现离开了电子书包就不知道如何学习的情况。二是中国传统文化的缺失。汉字是象形文字，中国书法具有很强的艺术性，是一种情感的表达，可陶冶情操，长期使用电子书包，将使学生对一些常用的字都不会写或者写不好。三是降低学生的语言沟通能力，学生在使用电子书包的过程中，习惯于使用各种通信软件进行在线交流，而在日常生活中与人的交往能力很可能会降低，特别体现在口头表达和形体语言上。四是对视力和身体有一定的影响，这里包括电子辐射和屏幕的明暗等因素，由于电子书包屏幕小，长期使用会使学生的视力下降，影响身心健康。五是过早接触高科技容易分散学生的注意力。在网络无处不在的今天，当全世界的学校都在忙着以 iPad 换掉书本、用投影仪代替黑板，甚至把课堂改到网上时，硅谷的精英们却将孩子送进一所"零科技"学校——华德福学校，那里没有电脑、网络，只有纸、笔、泥巴等学习用具。在他们看来，过早接触高科技容易分散孩子的注意力。

家长认为，真正优秀的教育缘于投入，而投入的关键在于优秀的老师和有趣的教学计划。投入是人与人之间的直接接触，与教师的接触，和同学的接触。家长认识到使用电子书包，有其积极方面：一是驾驭信息技术的能力大幅增强，能熟练对信息进行采集、分类、处理与应用，很好地适应信息社会的发展。二是培养学生的创新能力，电子书包的使用拓宽了学生的视野，学生的个性化学习得以实现，学生的个性发展能够得到充分地呈现。

8. 降低价格：家长才有望对电子书包认同

除了家长担心电子书包可能会对学生的身心健康产生影响外，还涉及电子书包价格问题。调查显示，从小学一年级到高三毕业，上海的学生一共要使用 213 本教材，一共花费 1750.36 元人民币。如果再加上课外练习册、参考书、字典和词典等教辅书籍，虽然花费又要增加很多，但总的来说，可以控制在 4000 元左右。目前，市场上还没有一款理想的电子书包终端设备，如果按照现在市场上销售的一些被称为电子书包的产品，价格一般在 4000 元左右，因此，与纸质书的总价基本持平。不过，电子书包还具有其他的问题，如使用寿命、更新周期等问题。从长远来看，学生同时使用电子书包进行学习，其经济效益和社会效益会远高于使用单一传统书本进行学习。在教育行政部门的强有力支持下，当电子书包的成本迅速降低的情况下，家长才有望认同。

9. 软环境改变：电子书包推广的关键

现代信息技术对生活、生产和教育的影响，使得人们获取知识的结构已经发生了革命性的变化，面对这样的现实，改革传统教育，势不可挡。各地教育行政部门大手笔投入现代装备，建设网络教室、购置学习终端；大大小小的软件公司帮助建设课程平台，制作教学软件；教师学习各类信息技术，涉猎各种教学资源；学生努力熟悉各种电脑系统，游走于不同的教学平台；专家则大力推介电子书包；各类研讨、展示，多以"实施大规模、教学常态化"来体现数字化环境下教学变革的价值。

在现代信息技术大氛围中，教育工作者意识到，变革的目的最终是让学生发展得更好。只有学校管理层面以及教师个人教学理念和教学方法的改变，才是"软环境"的最大变化，学生的学习方式才有可能变化，电子书包才有望推广普及。"软环境"的改变为何这么难？一方面与目前以应试教育为主体的教育生态密不可分，应试教育需要的是现成、标准、唯一的答案，而互联网技术是开放、不确定和无限可能的，从某种角度而言，应试教育现状和对信息技术的利用是存在冲突的。另一方面，任何好的教育变革，一定会触及最底层每位教师的每一节课，在数字化环境下的教学变革亦如此。对不少教师而言，一定会经历痛苦的蜕变过程，从教育观念、教育策略行为到教育本体知识，都要做一个彻底的变化，这种转变的难度可想而知。

随着研究的不断深入，诸如此类的问题会越来越多。面对企业的热情、舆论的热潮，研究开发电子书包的过程中，要正视和重视这些问题，电子书包的推广更应该慎之又慎，从行业标准等规范性文件的出台，到教学资源配备与相关软件支持，以及教育部门、学校与家长的权利义务的确认，都应该慎重考虑。任何现代技术都是服务于教育教学的工具，过分强调工具的重要性，而不改变教育理念、教育评价体系，创新的初衷就可能变调。况且应用电子书包所需要的信息化环境尚未搭建完善，电子书包用于课堂教学还需要很长一段时间。

七、基于电子书包的"双自"课堂教学

成都市玉林小学作为中国教科院与成都武侯区共建的教育综合改革实验区的实验学校，于2015年就明确提出了"把课堂还给学生"的课堂教学改革主张。"把课堂还给学生"就是要把学习的兴趣还给学生，把质疑的机会还给学生，把自主体验的时间还给学生，让学生真正成为课堂的主人，关注儿童生命成长，努力促使每一个儿童的自我实现。为实现该目标，学校探索出基于电子书包的"双自"课堂教学模式。

1. "双自"课堂教学模式的内涵

2015年，成都市玉林小学在课程改革理念的指导下，针对学生特点，结合学校校情，在研制课堂教学量化标准时，提出了构建"双自"课堂。"双自"是指"自主＋自信"，即构建让学生自主自信的课堂。

（1）自主课堂

所谓"自主"，体现在"主动性"和"独立性"两个方面。"主动性"表现为学生在态度上应该是积极、自觉、主动地学习；"独立性"表现为学生应该具备独立思考、独立学习、敢于发表自己见解的意识和能力，而不是人云亦云、唯师是从。

（2）自信课堂

所谓"自信"，体现在"感兴趣"和"有信心"两个方面。"感兴趣"表现为有强烈的好奇心和求知欲，学习兴趣浓厚，对学习充满渴望和期待，感受到学习的快乐，以积极的状态投入学习活动，课堂整体氛围融洽而热烈。"有信心"是一种反映学生对自己有能力成功地完成学习活动的心理特性，是一种积极、有效地表达自我价值、自我尊重、自我理解的意识特征和心理状态，如"我可以，我能行"等。"有信心"，学生在课堂上思维活跃，积极踊跃参与师生、生生互动，能完整清楚地表达自己的思想、认识、观点等。

"双自"课堂的基本特征是"自主建构，互动激发，自信分享，高

效生成"。

2. "双自"课堂教学模式的提出

(1) 对课堂的重新审视

在课堂教学改革的进程中，评判课堂教学是否实质性发生改变的核心标准是：学生获得的知识不是单纯通过教师传授得到，而是在一定的情境中，充分利用各种学习资源，通过主动的意义建构而获得。然而，在课堂教学中，看到的仍然是"三多三少"，即教师讲得多，学生说得少；教师操作多，学生动手少；教师耗时多，学生用时少。新课程改革倡导教师为主导，学生为主体。主导、主体怎么体现？并没有一个显性的标准，更多的是靠一种感性的认识。如何让教师的"主导"导在最适切处，在 40 分钟里能够腾出足够的时间和空间让学生有机会去思考问题，能够提出问题，想办法解决问题，使学生的"主体"性真正得以体现。玉林小学在对课堂教学"三多三少"的审视中，开始酝酿"双自"课堂。

基础教育课程改革中提出的"知识与能力、过程与方法、情感态度与价值观"三维目标，是一个教学目标的三个方面，不同的维度具有不同的价值取向。但是，课堂教学中，教师更容易关注知识的传授、能力的培养，忽略学生课堂上学习情感是否愉悦、学习态度是否积极、思维过程是否活跃。在这样的课堂上，学生是被动的主体，处于一种学习的被动状态，学习兴趣自然不高。玉林小学在对课堂教学"三维目标"实施的审视中，"双自"课堂理念逐步清晰。

(2) 对学生的生命关注

大数据时代，信息瞬息万变，技术快速更新。面对新技术，小学生总是展现出他们浓厚的兴趣和强大的自适力。小学生的天性是喜欢游戏，游戏是智慧童年的重要组成部分。小学生离不开游戏，尤其是今天的小学生接触更多的是电脑游戏、手机游戏、平板游戏、各种各样的小游戏、小应用等，游戏与小学生的生活密不可分。

玉林小学教师意识到，今天的小学生是技术伴随着长大的一代，技术产品不应仅仅是小学生的"玩具"，更应该成为小学生随时随地学习的"学具"。应顺应小学生对电子产品的兴趣并让这份兴趣转移为课堂学习的兴趣。于是，基于电子技术的"双自"课堂的目标逐渐明晰。

（3）对技术的应用思考

玉林小学对于技术产品，要解决的问题不是"用没用"，而是"如何用好"。学校不缺丰富多样的技术产品，诸如网络、投影、一体机、笔记本电脑等，且每间教室都配备了多媒体系统、交互式电子白板等。仅以平板电脑而言，从种类到数量，可以说足够学生使用。硬件有了，"软件"同样需要更新，如果学校对技术产品的教育价值研究不够，学校的相关培训没有跟上，教师的理念没有更新，多种因素都可能导致对新技术产品的使用仍停留在"公开场合用一用，交互设备仅当演示设备用，甚至为用而用"等现象。

在教育教学改革中，玉林小学意识到要进一步提升教学效益，实现学校确定的质量观，即个头高一点，体格壮一点，眼睛亮一点，微笑多一点，能力强一点，后劲足一点，就必须解决用好电子产品，充分发挥其教育价值，改变传统的课堂教学。电子书包作为探索信息化教学环境下新的教学模式，玉林小学决定率先使用电子书包实现无纸化教学，于是基于电子书包的"双自"课堂教学模式正式提出。

3. 构建基于电子书包的"双自"课堂

（1）构建电子书包"云课堂"

《国家中长期教育改革和发展规划纲要（2010—2020年)》明确提出"加快信息化进程"，从某种意义上说，电子书包代表了这一轮教育信息化建设成果中的最新进展。从世界范围来看，五十多个国家正在酝酿或已开展电子书包推广计划。上海、北京等地率先试点，将电子书包引入学校，积极开展电子书包的教学应用探索，推动教学的改革。

玉林小学经过反复论证，选择了优学派电子书包。它采用的是"云"的教学模式，是基于互联网的教学，包括中心云和教师客户端、学生客户端（电子书包终端）、家长平台、学校管理平台，能够帮助教师实现快速备课、师生实时互动、即时评测、资源共享、实时表扬、家校互通等。选用优学派电子书包，可以基于电子书包全面记录学生的学习过程和学习效果；能支持教师掌握学情，开展差异化教学；支持学生全员参与学习过程且及时反馈；能为教学管理提供大量的课堂原始数据。电子书包为学校构建具有互动、探究特性的"双自"课堂提供了良好的信息化教与学解决方案。

（2）课堂还给学生，真正实现"双自"

① 把学生对电子书包的兴趣迁移到课堂中。

学生的学习兴趣是可以迁移的。对于小学生，纯知识性的学习，往往是枯燥的，若没有一个充分的理由和动力，很难让小学生对学习产生持久性的动力和兴趣。调查显示，完成学习任务不是小学生的兴趣点，电子书包是学生的兴趣点，但是喜欢电子书包的兴趣点必须要通过完成学习任务来满足。教师根据"兴趣点转移"理论，尝试将学生对电子书包的兴趣关联到他们对学习的兴趣上，为学生提供一个足够强大的动力来完成学习的过程。实践中，教师把课堂学习目标划分成若干小目标，落到每一个重难点突破的关键之处，再把电子书包的优势、特性与教学重难点的突破巧妙结合。如借助电子书包"互动题板"的功能，让学生在播放器中直接用绘图、拖动、录屏等进行答题。"人机"互动性很强，学生对电子书包的兴趣自然被带入，教师再引导学生进一步了解探究学习内容，学生的学习兴趣自然得以激发。

② 电子书包平台为学生思维活动提供支撑。

学校借助电子书包提供的工具与学科有效对接，拓展了课堂的广度、深度，为学生多角度、全方位学习思考提供支撑。尽可能给学生提供质疑的机会，促进其反思、建构知识。如学校利用电子书包的"图形计算器"支持各种图形制作、编辑，以及设定动态参数等交互功能，将课堂学习中的重难点知识编辑成动态的互动环节，教师再将小任务推送给学生，学生通过拖拽、涂鸦、使用多种工具进行探究。学习结束，教师利用"图形计算器"支持录制学生的探究轨迹并进行回放的功能，帮助师生找到知识探究过程中的问题点、疑难点。在这个学习过程中，教师承担的是课堂学习情境的设计者，而学生则成为知识的探索者和创造者。

通过构建基于电子书包的"双自"课堂，把学习的兴趣还给学生，激发学生学习的内动力；把体验的时间还给学生，培养学生的实践能力；把质疑的机会还给学生，培养学生的思维能力。

4. 基于电子书包的"双自"课堂教学路径

（1）推送任务：保证练习时间不"缩水"

课堂练习，是课堂教学的重要环节，既能强化知识点，又能检验学习效果，为教师实施下一步教学计划提供依据。以往的课堂，教师给予学生自主练习时间存在着随意性，3分钟还是5分钟，教师只是凭着感性的经验来决定，学生是否在限定时间段里真正完成了任务，教师也只是凭着"大多数已完成"的标准作判断。使用电子书包的课堂，教师推送任务给学生后，电子书包任务进度条上具有时间显示功能，全班完成练习用时可以精确到秒，确保时间不"缩水"。同时，由于有明确的作业完成时间，也培养学生珍惜时间的意识。

（2）完成练习：切实关注到每一个学生

教师将任务推送给学生后，大屏幕上会出现每一个学生完成任务的进度，学生提交任务，大屏幕上会显示完成任务的学生人数以及未完成的人数，谁已经提交，谁没有提交，师生一目了然。教师可以根据学生完成任务的实时情况评估作业的难易程度以及学生对本课知识的掌握情况。

（3）即时纠错：第一时间完成练习纠错

电子书包强大的统计功能，能精确统计每个学生对每个知识点的掌握情况及全班学生对每个知识点的掌握情况，只要教师点击"任务结束"，电子书包就自动生成各题正确率统计图，做对每一题的学生名单以及做错题目的学生名单。教师可以在第一时间里有针对性地选择正确率最低的题目进行集中纠错，也可以查看是哪些学生出错，方便教师及时调整教学方案，查漏补缺。

（4）错题攻克：及时进行重难点知识强化

学校利用电子书包的"错题收录"功能（它在学生学习过程中，已自动将学生在练习过程中出错的题目自动收录到"错题本"中）。教师及时纠错或者一节课结束时，借助电子书包建立的数据库，学生只需从"错题本"中找到自己出错的知识点进行纠错，并分析错题的原因，使学生不再第二次做错。教师对学生基础知识的掌握情况也可以一目了然，教师不再需要重复批改、重复评讲。由于电子书包练习的趣味性、针对性、实效性增强，学生练习的热情大大提升，从而帮助师生花最少的时间和精力去取得最好的教学效果。

（5）发送表扬：评价激活学习动力

美国心理学家和行为科学家斯金纳的强化理论揭示，塑造和改变一个人的行为，让学生朝着教师期待的方向发展，就必须给予一定的强化物。课堂上，最合适的强化物便是激励性评价。电子书包课堂上，教师利用电子书包即时发送"表扬"的功能，轻轻一点练习中做对的学生名单，电子书包就会在悦耳的音乐声中把大大的笑脸发送到所有做对题目的学生平板上，学生完成任务获得成功的愉悦被激发。这种形象直观的评价更能调动学生的学习兴趣，更能让学生深切感受到学习带给他（她）的成就感和愉悦感。另外，电子书包的过程记录、数据储存功能，可以让学生在一节课结束后，回顾自己得了多少次表扬，哪些知识点自己掌握得好。家长在家中登录平台，同样可以了解孩子在课堂上学习的情况，受表扬的次数等。

（6）复习模式：游戏闯关，小组竞赛

基础知识的有效复习需要一个强化的过程。基础知识的复习，教师通常采用的方法是梳理、归类、辨析、听写、改错或者进行小测试等，但批改作业会占用教师较多的时间，学情统计也很困难，很难达到即时反馈、即时激励的效果。尤其是学困生是基础知识复习中的"困难户"，在基础知识的掌握方面，很多知识点没过关。复习当中，他们的内动力无法调动，很多时候是由教师强推着在复习，但复习效果甚微。同时，这些学困生往往是对游戏痴迷的一族，对技术产品的理解与应用，某种程度上超过很多优秀的学生。通过电子书包，让他们的学习兴趣发生改变，最终改变他们对学习的态度和参与的程度。

教师按照"精选题组，分层训练，练在讲之前，讲在关键处，互动交流，即时强化"的思路，以游戏闯关、小组竞赛的方式来完成复习任务。项目组教师借助电子书包平台，将一册书中重要的基础知识点设计成一道道闯关游戏，再利用电子书包的自动统计和生成正确率柱状图，错题本自动收录学生错误知识点，小组比赛的表扬汇总统计等功能，把学生对游戏的兴趣迁移到基础知识的复习中，让学生自觉自愿地投入复习情境中，主动复习，提高了学习效率。

5. 基于电子书包的"双自"教学流程

在诺亚舟总课题组教师的全力支持下，玉林小学从北师大版教材中梳理出生字当中的易混淆、易错字、多音字、形近字、四字词、关联词等，按难易程度设置为"字音—字形—运用"三道关卡。教师将班上学生分成五个小组，以小组竞赛的方式进行闯关。每个关卡采取"发布闯关试题—学生限时闯关—师生讲评互动—发送答案强化"的方式，最终完成闯关任务，以获表扬最多者为优胜组。最后，教师让学生进入电子书包"错题本"进行自主纠错，巩固薄弱知识点。教学环节，见图4－2－5。

| 环节一 | 环节二 | 环节三 | 环节四 | 环节五 |

图4－2－5　课堂教学环节示意图

教师利用电子书包平台，借助"互动题板"功能，将闯关任务推送到学生平板电脑上。教师则通过教师端查看学生接收、提交试题的实时动态，每个学生的完成情况，一切尽在教师掌握之中，教师发送互动试题，见图4－2－6。

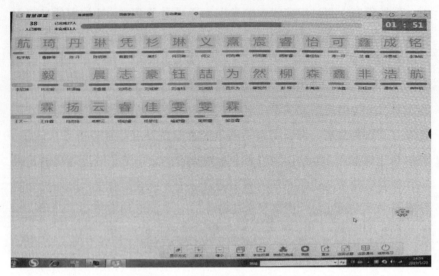

图 4-2-6　教师发送互动试题

　　学生采用手写、录音、拍照、选择等多种方式在平板电脑上限时答题。这种闯关方式极大地激发了学生参与复习的热情和积极性。学生限时答题，见图 4-2-7。

图 4-2-7　学生限时答题

　　学生提交作业后，电子书包系统自动批改客观题型，并将作业结果图表呈现出来。教师查看正确率，就能第一时间了解到学生的知识掌握情况，并选择错误率高的题目进行现场讲解。作业结果统计图，见图 4-2-8。

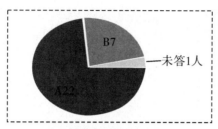

单题的答题统计

图4-2-8　作业结果统计图

对于课堂练习回答正确的学生，教师即时发布表扬信息到学生平板电脑上，课堂响起悦耳的音乐声，学生的情绪顿时被激发，欢呼声不绝于耳。更重要的是，教师也会选择出错的学生，请他们说说出错的原因，当他们完成纠错时，教师同样会发送"表扬"到"学生端"上，让学生感受到纠错本身的意义。教师即时发布表扬，见图4-2-9。

图4-2-9　教师即时发布表扬

教师发布所有练习的相关解析内容以及拓展部分，学生根据自己出错的情况有针对性地选择并自主学习，进一步深化对自己薄弱知识点的学习与强化。教师即时公布闯关结果，见图4-2-10。

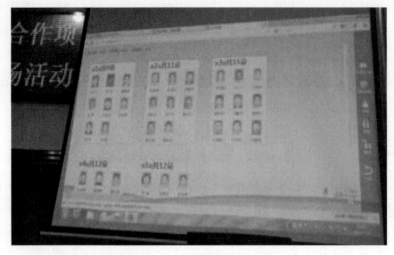

图4－2－10　教师公布闯关结果

教师通过电子书包平台自动汇总统计出的结果评出冠军小组。同时，学生打开"错题本"自动收录的错题，继续攻克，完成强化练习。学生查看错题，见图4－2－11。

图4－2－11　学生查看错题

6. 基于电子书包的"双自"课堂教学效果

（1）学生学习兴趣被极大激发

借力电子书包，学生的课堂学习兴趣明显发生了改变。上电子书包课，成为小学生的一种期待。课堂上，兴趣点的转移，练习形式的变化，强大的交互性，极大地调动了小学生的学习热情。每次课程结束，教师发送一个"赞"，课堂上就会迸发出小学生兴奋的欢呼声，那种愉悦由内而生。

例如，在一年级数学课《认识图形》中，教师简单讲解了三角形、正方形等概念后，请学生在电子书包上完成练习。随后，学生打开了电子书包，登录课堂系统，进入了数学课堂练习题的界面，上面显示了课堂的人数和学习时间。教师点下按钮后，大家开始做题。学生小雪做完题后点击"提交"。小雪说，和习题集上的作业相比，这样的练习更有趣。电子书包上的练习题跟动画片一样有趣，做起来很好玩。与此同时，课堂的大屏幕上显示了提交作业的学生数量及时间。教师根据系统显示的正确率，及时对练习做对的学生给予肯定，并给学生发送一个大大的笑脸，其中也包括了小雪，这让她十分开心。当然，教师又根据错题率，着重讲解错得比较多的题。大屏幕上，四名同学的作业被同时呈现出来，教师及时地给予纠错。

在对学生的调查问卷中，学生对电子书包课学习兴趣的选择中，"非常感兴趣"的学生比例达到了98%。而在课堂上，常听到教师说："好，练习结束！"有学生说："老师，再多布置几道练习嘛！我好想把题做对再多得几个赞！"下课了，有学生说："老师，电子书包课好有意思，我觉得学习就像玩儿一样！"还有学生说："老师，什么时候可以让爸爸妈妈和我们一起上电子书包课？我好想让他们一起来看一看！"兴趣的激发，带给学生的是学习的动力与课堂的活力。学生学得愉快，获得兴趣盎然，获得全面发展。

（2）学生的思维更加活跃

小学生的思维以形象思维为主，即使小学高年级学生的抽象思维在逐步发展时，形象思维仍然占有重要地位。抽象思维的培养需要一个渐进的过程，从"具象"到"抽象"，需要一个从形象直观到建立概念的过程。这个过程中，借助电子书包，在学生思维理解的难点处提供支撑，帮助学生顺利完成思维的全过程。

例如，三年级《数学》下册《面积单位的认识》一课中，教师通过互动操作方式，使抽象的知识具象化，促进学生对知识的理解。其中，活动设计1：建立面积单位的必要性。教师利用图形计算器，让学生把数学书封面拖到方格上面量一量，然后完成填空，见图4-2-12。

数学书封面的面积有____个□那么大。　数学书封面的面积有____个□那么大。

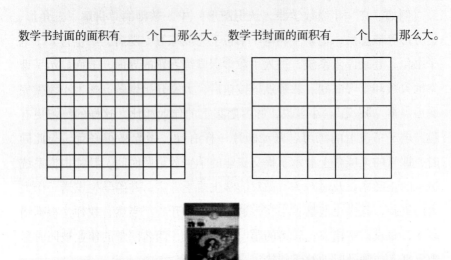

图4-2-12　测量数学书封面

　　教师试图通过电子书包图形计算器的功能，让全班学生拖动数学书封面到不同的方格中去测量，在充分的互动体验中去观察并思考：为什么相同数学书的封面，却出现了不同的测量结果？正是由于用来测量的方格大小不一样，学生在互动体验操作中直观地看到了统一面积单位的必要性。

　　本课活动设计2：认识1平方厘米。教师在教授了1平方厘米的定义、读法、写法，引导小学生学会在纸上画、剪1平方厘米并能找到生活中的1平方厘米基础上，利用电子书包的图形计算器功能，让学生估算并测量图形面积，见图4-2-13。

先估一估下面各图形的面积，把估计的结果写在上面，
再用1平方厘米的面积单位量一量，把测量的结果写在下面。

估计：_____ cm²   估计：_____ cm²   估计：_____ cm²

测量：_____ cm²   测量：_____ cm²   测量：_____ cm²

1平方厘米

图 4 - 2 - 13　估算并测量各图形面积

教师通过一系列的活动，注重学生的实践体验，引导学生操作、观察、交流，以学生为本，激发学生的主动性，鼓励学生发表自己的见解，引导学生在活动中经历数学知识的形成过程。在此过程中，教师重视估测活动的过程，发展学生的空间观念。在摆、估、量环节，使用电子书包中的图形计算器功能，学生先用自己的方法进行估测，再在平板电脑上拖动 1（平方厘米）的小方格进行测量，互动课件引导学生高级思维活动。并在此思维活动中加深对 1（平方厘米）的认识。例如，在《认识人民币》一课中，教师请学生发现找钱的规律，对于二年级的学生来讲比较难，因为它需要有基本的归纳意识和能力。教师自己先不讲，很快，一个小学生举手了，说："老师，我发现了！"老师说："那你说说看。"学生说："我打个比方……"老师说："可以直接说吗？"学生想了一下说："老师，我还是想打个比方！我担心不打比方，你听不懂！"学生的这句话，引得在场的师生笑了起来。这时，老师说："好，我们来听听！"小学生就用一个举例子的方式把自己的理解和想法说了出来，说得非常清楚。老师说："你打了一个比方，我就真的听懂了！谢谢你！"

这样一个小小的教学细节，对老师而言，折射出的是教学观念的改

变，对这个学生而言，是极富成就感和自信心的表现。拥有自己的观点，不以教师说的为权威，正是"双自"课堂期待的课堂火花。

（3）课堂巩固练习更加高效

基于电子书包"双自"教学模式，课堂练习真正变得"低负高效"。教师利用电子书包对练习的正确率、错误率、学生作业提交时间等数据的自动、即时统计，减轻了教师批阅作业的工作量，切实做到为师生"减负"，学生兴趣被激发，学习效率大幅度提升。教师推送任务后，学生课堂练习完成情况，见表4-2-1。

表4-2-1　学生课堂练习完成情况统计示例

序号	学生姓名	批改情况	耗时	作业正确率/%
1	蔡××	批改完成	14分49秒	94
2	赵××	批改完成	14分28秒	94
3	蔡××	批改完成	14分42秒	82
4	李××	批改完成	14分34秒	91
5	伍××	批改完成	15分8秒	76
6	张××	批改完成	14分35秒	76
7	陈××	批改完成	12分34秒	100
8	郝××	批改完成	14分36秒	65
9	石××	批改完成	11分3秒	94
10	刘××	批改完成	14分43秒	85

（4）音乐学业检测的新路径

与语文、数学基础学科的考试相比，音乐学科的考试存在更多的难题。一直以来，单一采用面试检测的情况下，每位教师面对的学生数量众多，分配给每个学生的受测时间有限，检测内容的覆盖面狭窄，同时，检测结果一定程度上取决于教师在检测现场的主观判断。学校对音乐学科学业质量的监控也无从落实。近年来，玉林小学针对音乐学科期末学业检测曾进行了一系列改革，选择多元评价模式，力图通过优化音乐学科学业检测的手段、方法，达成有效教学，而在此进程中又出现了操作烦琐等问题，检测的效益偏低。在此情况下，音乐教师借助电子书包平台，开发校本音乐学科检测工具，形成一至六年级期末检测数据库，使音乐学科的检测的科学性、客观性、可操作性成为可能。

音乐教师紧扣课程标准梳理出音乐学科一至六年级应达成的知识目标、能力目标，教师以能力达成为目标导向，开发出面向每个学生的检测试题。如：借助电子书包的界面设计优势，将考题做成（彩色）图文并茂的形式，避免由于题中出现的生字对学生产生的解题困难，帮助一年级小学生在答题时更容易理解题意，使音乐考题的指向更明确。学生快速完成检测，考试氛围轻松有趣。考试现场学生听着音乐，答题结果得到及时反馈，学生的考试成为收获的过程，喜悦之情溢于言表，当学生的答题结果得到及时肯定时"噢耶"之声不绝于耳。

音乐学科现场生成检测结果，大大提升检测效率。借助电子书包，学生检测完毕，所有答题结果已经生成，教师可以及时进行点评，学生可以马上知道自己学习的得失。对教师来说，不仅真正得到解放，还因为拥有这样精准而全面的数据，对课堂教学的分析有了大量真实而有效的数据，为后续教学设计的改进和提高奠定了基础。

（5）两种教学模式效果比较

为了检测基于电子书包的"双自"教学效果，玉林小学在均等分班的前提下，确定四年级（1）班为非实验班，四年级（2）班为实验班，由同一位语文教师用两种教学模式分别对两个班级同学授课。然后将电子书包复习课的所有知识点转化为纸质的复习卷，由四年级语文教师对四年级（1）班和（2）班全体学生进行检测、教师批阅、评讲、改错等全过程，两种教学模式效果比较，见表4－2－2。

表4－2－2　两种教学模式效果比较

课型	四年级（1）班	四年级（2）班
	传统训练课堂	电子书包高效训练课堂
教学设计	枯燥单调无亮点设计 机械练习	题目设置成关卡，即时 激励表扬，趣味性增加

（续表）

课型	四年级（1）班	四年级（2）班
	传统训练课堂	电子书包高效训练课堂
耗时对比 发题—做题—收卷	25 分钟	17 分钟
教师阅卷	59 分钟	无耗时
统计分析学情	数据耗时久，无法精确统计	无耗时，当堂呈现直观统计数据
教师课堂讲解	20 分钟，根据大致估算结果进行选择性讲解	15 分钟，根据系统统计数据进行针对性讲解
学生自学	课后，耗时无法统计	8 分钟
改错	课后，耗时 8 分钟	5 分钟
教学效益	反馈周期长，统计不精确，效益不高	当堂反馈，客观及时，效益高
学生积极性	机械练习积极性不高	对学习投入度高内动力得以激发
其他	纸张浪费严重	无纸化教学

从表 4 - 2 - 2 可以看出，电子书包带给基础知识复习课堂的三大改变：

第一，课堂复习状态。小学阶段的学生求知欲和好胜心都很强，闯关、竞赛于他们而言，具有很强的吸引力。学校借助电子书包的分组统计、即时表扬等开展复习，确实能够极大地激发学生参与到复习当中的积极性。学生尤其是暂时学困生，一改以往的愁眉苦脸，在紧张刺激的竞争当中，在教师即时发送的表扬当中，在一阵阵欢呼声中完成知识的整理与复习。

第二，教学有效时间。从表 4 - 2 - 2 可以看出，电子书包课堂上，小学生用 45 分钟完成了四年级《语文》上册重要的基础知识点复习。在随后开展的比较研究中，项目组教师用同样的复习内容对平行班进行测试，教师一鼓作气进行批阅、改错，总耗时 80 多分钟。

第三，课后作业精练。电子书包课堂复习结束后，学生不再需要重复地练习，只需打开自己的错题本，对自己出错的知识点进行再次强化。也不再需要教师在课后机械、重复地进行批阅。互动游戏学习模式，让基础知识的整理从枯燥走向有趣，从简单重复走向精确筛选与纠错，提升了学习效率。

（6）使用电子书包仍有局限

玉林小学教师认为，使用电子书包进行图形知识的教学，优势明显。如教学分类时，由教师端向每个学生发送所需图形，方便快捷，省去准备教具学具的麻烦。课堂上，教师抽样选取学生的作业样本进行讲解也很方便。在学生完成客观题后，电子书包能及时反馈学生完成情况，教师对回答正确的同学发送表扬信息，对学生来说是很好的激励。同时，教师还可以有针对性地帮助出错的学生改正错误。在学生完成了主观题后，电子书包充分发挥了主观题的互评功能，促进学生之间的相互学习。总体来说，使用电子书包上课，学生兴趣很浓，对教学内容充满期待，在课堂上更投入、更专注。但教师认为，数学课不是所有的课型都适合用电子书包来完成，如五年级《数学》上册"小数乘法"竖式计算题就不太适合在电子书包平台上完成。学生认为，在错题本中改正错题后，如果电子书包可自动提供与自己的错题同类型的题目来练习，这样练习效果会更好。

在大数据时代，玉林小学一方面希望借助技术的力量去构建学生、教师、学习资源、教学方式之间的新关系，实现课堂教学的创新与变革；另一方面，学校也保持教育的定力，不为技术所缚，让技术与教育巧妙融合，创生出适宜小学生当下学习和未来发展的教育之路。教育大数据的分析与研究，正是为课堂变革提供的一条新的思维路径。用数据说话，用数据诊断，基于数据的课堂变革，正是玉林小学前行的方向。

第三节　课程实施模式探索

——以自适应学习系统为例

随着科学技术的发展，"互联网＋""大数据"已经应用到各行各业，教育领域也因此在发生变革。课程实施模式从过去的单一方式开始转变为双主动方式。正如我国《教育信息化十年发展规划（2011—2020 年)》中提出的："努力为每一位学生和学习者提供个性化学习和终身学习的信息化环境和服务；面向不同社会群体的学习需求创设灵活便捷和个性化的学习环境。"为了实现这个目标，近年来中国在线教育平台层出不穷，在线学习正在成为更多人进行学习的一种方式。构建面向学习者的自适应学习路径和面向教育者的自适应教学路径的双向主动的课程实施模式探索——自适应学习系统（Adaptive Learning System），正成为教育领域内一个方兴未艾的研究方向。

一、解读自适应学习系统

1. 自适应

百度百科对"自适应"作了如下解释：自适应是指处理和分析过程中，根据处理数据的特征自动调整处理方法、处理顺序、处理参数、边界条件或约束条件，使其与所处理数据的统计分布特征、结构特征相适应，以取得最佳的处理效果。

2. 自适应学习

近年来，中外教育界对"自适应学习"的热度一直很高。国内外研究者多从不同的角度对自适应学习进行了阐释。

观点一：自适应学习是指给学习者提供相应的学习环境、实例或场域，学习者根据学习内容的不同，选择不同的学习路径，在学习中不断发现总结，最终形成知识并能自主解决问题的符合自己的学习方式。

观点二：自适应学习是人类获取知识和发展技能的一种重要学习方式。自适应学习不仅仅是几个算法和公式套用那么简单，而是人工智能在教学中的应用，关键是知识点的吸收、维护、分析和应用。自适应学习的出现为解决人们的个性化学习需求提供了一种思路。

观点三：根据学习内容和学习方式的不同，将人的学习分为三种不同的类型，分别是机械的学习、示教的学习和自适应的学习。自适应的学习区别于机械的学习和示教的学习之处在于它能发挥学生的自主能动性，是学习者通过自身在学习中发现、总结和反思，最终形成学习的理论并且能够自主解决问题的一种学习方式。

观点四：自适应学习是指善用电子学习平台及评估工具，给学习者提供相对智能化的学习环境，包括案例、虚拟现实场景、相关资源、提示信息等，为学习者量身定做的个人化学习策略，让学习者自身与周围环境互动的一种双向互动性的学习方式。

当前对自适应学习的界定，比较权威的提法是由比尔及梅琳达·盖茨基金会资助的"教育发展顾问"在一篇论文中指出：自适应学习是一种"数据驱动的、复杂的、非线性的引导，能够调整系统为学习者提供示范演示和人机交互，并能够预测学习者在特定时间需要的特定类型学习内容，从而及时向学习者做出反应"①。

3. 自适应学习系统

近年来，国内外学者在进行自适应学习系统的研究过程中，纷纷从不同的角度阐释自适应学习系统的定义。

观点一：美国匹兹堡大学皮特·布鲁希洛夫斯基（Peter Brusilovsky）教授指出：自适应学习系统是通过收集并分析学生进行自主学习活动时与系统进行双向交互所传递的数据信息，依据分析的结果来建立学习者模型特征，从而使传统教育中所呈现的难以解决的"无显著差异"问题得到很好改善和解决的系统。②

观点二：美国教育部教育信息化办公室提出的自适应学习系统是指系统会通过分析学生在学习过程中所反馈的行为信息来动态地更新学习

---

① 龚志武，吴迪，陈阳键，等. 新媒体联盟 2015 地平线报告（高等教育版）[J]. 现代远程教育研究，2015（2）.
② 姜强，赵蔚，王朋娇. 自适应学习系统中双向适应交互评价实证研究 [J]. 现代远程教育研究，2013（5）.

内容和学习策略。①

观点三：张剑平、陈仕品认为，自适应学习系统是在自适应超媒体系统基础上发展起来的，这种学习系统能根据学生在学习过程中的个体差异特征从而为其提供合适的学习支持，比如个性化学习环境、学习策略和学习过程等，它实质上是一种支持个性化学习的在线学习环境。②

观点四：黄伯平、赵蔚等从内容、文化和连通性来阐述自适应学习系统的定义。内容指的是系统会根据学生模型的知识结构为其补充学生所缺失的课外信息，对于学生不需要的信息可以隐藏；文化指的是要考虑学习者不同的背景经历、学习动机和学习倾向性，并据此更新教学任务；连通性指的是学生所接触的学习内容在系统内部通过某种方式连接在一起，系统的导航会指示学生选择不同的学习内容。③

观点五：徐鹏和王以宁提出自适应学习系统通过分析学生的个体差异，从而为学生提供符合不同学习特征的个性化学习支持。④

观点六：马晶晶等认为，自适应学习系统的本质就是将学生置于学习过程的中心，将主动权交到学习者手中，通过一定的机制动态调整学习内容，以满足学习者个性化需求，从而改变学生被教育和被动接受知识的现状。⑤

观点七：京师沃学创始人兼 CEO 赵映明认为，自适应学习系统是个性诊断学习平台，利用大数据和智能技术，结合学生的学习情况，通过后台算法，为学生推荐最有价值的知识点和习题，最大限度地提高学习效率，对学生进行"自动适应"，真正做到因材施教。

观点八：360 百科的界定：自适应学习系统，是通过学生每一阶段

———

① Aaron Lawler. Case Study：Adaptive Learning and Disruptive Innovation ［EB/OL］. ［2017 – 03 – 21］https：//www. linke – din. com/pulse/case – study – mghe – learnsmartr – aaron – lawler.

② 张剑平，陈仕品. 计算机辅助教学的智能化历程及其启示 ［J］. 教育研究，2008 （1）.

③ 黄伯平，赵蔚，余延冬. 自适应学习系统参考模型比较分析研究 ［J］. 中国电化教育，2009 （8）.

④ 徐鹏，王以宁. 国内自适应学习系统的研究现状与反思 ［J］. 现代远距离教育，2011 （1）.

⑤ 马晶晶，黄宏涛. 基于自适应学习系统的个性化 ［J］. 数字教育，2017 （4）.

的能力测评结果，再制定出适应于学习者自身能力状况的学习解决方案，精准定制专属于每一位学习者的动态学习计划的一种学习方式。自适应学习系统能够为学习者提供更精准的学习策略、更高效的学习方法。

综上所述，本书作者认为，自适应学习系统是指包括面向学习者的自适应学习路径和面向教育者的自适应教学路径的一种基于计算机技术的系统研究。自适应学习系统是将人工智能、大数据和学习分析深度融合建构的一种学习支持平台，平台实现以学习者为主体，为学习者个性化需求提供学习内容、环境和策略的支持，根据学习者特征建立相关学习模型，并在与学习者交互的过程中加以运用，通过系统实时精准测评，定位薄弱知识点，规划学习路径，控制并计划整个学习过程，以适应不同学习者的学习需求。

二、自适应学习系统的发展

自适应学习系统的产生源自 20 世纪 50 年代，斯金纳的程序教学理论开启了现代科学对自适应学习的探索。自适应学习技术自 20 世纪 70 年代就开始被大量研究。此后的几十年，人工智能技术和计算机网络技术飞速发展，教学模式也从"以教为主"向"以学为主"转变，自适应学习理论已经基本建立，国内外自适应学习系统的开发与研究已经取得一定成果。

1. 国外自适应学习系统的研究

自适应学习系统的出现是为了解决传统网络教育中，所有学习者都用相同课件的问题。这种系统对学生的学习背景、学习偏好和认知状态进行建模，并在学生与系统交互过程中应用这种模型来适应学生的个性化需求。美国是较早开展自适应性学习系统研究的国家，并在该领域取得了很大的进展，其完善的理论和丰富的实践经验共同引领了行业的发展。

自适应学习理论如何应用到互联网教育？1970 年，美国自然科学基金资助研制了 TICCIT——利用计算机辅助自适应测试技术作为主要手段，试图提供适应性教学。① 这可以说是自适应学习在互联网教育中的最早萌芽。迄今为止，自适应学习系统已经有十余种。

（1）自适应学习系统的通用模型

1996 年，美国匹兹堡大学的彼得·布鲁希洛夫斯基（Peter Brusilovsky）教授与他的同事在卡内基·梅隆大学开发出了世界上首个自适应学习系统，该系统的名字叫作 Inter Book。此系统是一款用于网络环境下的自适应超媒体的创作和传输工具，它提供一种技术能把普通文本（如 word 文件）转换成经过标注 HTML 形式。② 彼得·布鲁希洛夫斯基提出的自适应学习系统通用模型 AEHS，一直是自适应学习系统设计中最为通用的结构模型。③ 彼得·布鲁希洛夫斯基成为对自适应学习系统研究最早、最权威专家之一。

（2）智能辅导系统，即自适应学习系统

20 世纪 90 年代初，美国研发了一种叫作"智能辅导系统（Intelligent Tutoring System）"的教育系统，旨在通过技术手段，检测学生当前的学习水平和状态，并相应地调整学习活动和进程，实现个性化或者差异化学习。如今，它被人们叫作"自适应学习系统"。1998 年开始，美国国家标准与技术协会高技术研究项目斥巨资资助研究自适应习系统。

2001 年，彼得·布鲁希洛夫斯基和德国的 Weber 提出了一个智能可交互的网络教学系统 ELM – ART，它支持 LISP 的编程语言学习，以用户自适应和可交互教科书形式提供所有的在线学习资源，可以提供个性化知识导航、课程序列化、学生解答的个性分析、基于实例的问题求

---

① 张家华，张剑平. 适应性学习支持系统：现状、问题与趋势 [J]. 现代教育技术. 2009，19（2）.

② P. Brusilovsky, J. Eklund, E. Schwarz. Web – based Education for All：A Tool for Developing Adaptive Courseware [C]. Proc. 7th International World Wide Web Conference, 1998, 30 （1 –7）：291 –300.

③ Peter Brusilovsky. Methods and techniques of adaptive hypermedia [J]. User Modeling and User – Adapted Interaction, 1996 （7）：2 –3.

解等功能，在德国特里尔大学教学活动中获得不错的效果。①

（3）第一个自适应超媒体应用参考模型

荷兰、澳大利亚、希腊等国外学者也在自适应学习系统研究方面取得了一定进展，他们的研究成果大都是在美国彼得·布鲁希洛夫斯基研究基础上的改进和补充。②

1999 年，荷兰爱因霍芬科技大学 De Bra 教授研究出了用于自适应超媒体应用的第一个参考模型 AHAM（Adaptive Hypermedia Application Model）。该研究给出了自适应超媒体系统的需求和模块化结构，创建了一个完整的自适应超媒体应用模型全景。许多研究人员对 AHAM 参考模型进行了扩展尝试或提出新的参考模型。与此同时，De Bra 教授开发了一个开源的自适应超媒体 —— AHA，这是深受学习者喜爱的一款在线自主学习软件。该软件支持对自适应规则进行编辑，更改用户模型的设置，因而可以很好地实现内容的个性化自适应。

（4）开放的自适应学习支持系统

美国斯坦福学习研究所与德国、瑞典等国合作的"分布式学习知识库的个性化访问"项目和美国卡内基·梅隆大学的彼得·布鲁希洛夫斯基教授主持的 Inter Book 项目，这两个项目都是影响较大的自适应学习研究项目。德国汉诺威大学计算机系的研究项目 KBS（Knowledge Based System）系统，构造了一个基于 Internet 开放的自适应学习支持系统框架。

卡内基·梅隆大学的开放学习项目的研究显示，自适应学习环境的智能辅导几乎与"一对一"辅导教学同样有效。随着物联网广泛采用，互联网将实现现实世界与信息世界物物相连的网络。高等教育中物联网的应用将会整合个性化学习材料，提供即时反馈的形成性评价技术，建立"个性化学习网络"，开展更有效的混合式学习。

---

① P. Brusilovsky, C. Peylo. Adaptive and Intelligent Web – based Educational Systems［J］. International Journal of Artificial Intelligence in Education, 2003（13）: 159 – 172.

② 姜强. 自适应学习系统支持模型与实现机制研究［D］. 长春: 东北师范大学博士学位论文, 2012.

（5）智能的、可交互的自适应学习系统

2001 年，彼得·布鲁希洛夫斯基与德国特利尔大学心理系格哈德·韦伯（Gerhard Weber）联合设计出一个智能的、可交互的网络教学系统 ELM - ART。① 彼得·布鲁希洛夫斯基等人还开发了 Knowledge Sea，这是一个关于 C 语言课程的网络辅助教育应用软件。② 此系统在学习者学习过程中，依靠地图的指引来获取相应学习内容的指南。提供 LISP 编程语言在线学习服务，能实现智能的用户个性化设置，有一定的自适应性，具有能根据用户需求进行个性化的导航、实例问题解答及课程序列化选择等强大功能。此系统应用在德国特利尔大学日常教学中，颇受师生好评。

（6）开放社会学习者建模

2016 年，彼得·布鲁希洛夫斯基提出了一个开放社会学习者建模（OSSM）接口，开放学习者模型 OSM 是一个以技术为基础的学习方法，它使学习者模型能够被学习者获取。③ OSM 能够增强学生的参与性、动机和知识的反思，而 OSSM 是对 OSM 的一个扩展。研究结果表明，相比 OSM，OSSM 能够增强学习效果，尤其是对先验知识薄弱的学生，可以使学生的学习效果得到显著的提高。

（7）灵活适应的自适应学习平台

澳大利亚墨尔本皇家理工大学 Wolf 教授依靠 Java 的语言环境设计了 iWeaver，这是一款能灵活适应学习者要求的自适应学习平台。Java 是一种可以撰写跨平台应用软件的、面向对象的程序设计语言。Java 技术具有卓越的通用性、高效性、平台移植性和安全性。

iWeaver 使用邓恩学习风格模型创建动态的环境和导航来适应学习者的认知风格。此软件平台具有强大的自适应性，能为学习者提供充分

---

① Gerhard Weber. ELM - ART［EB/OL］. http：//art2. ph - freiburg. de/Lisp - Course.

② P. Brusilovsky, R. Farzan, J. Ahn. Layered Evaluation of Adaptive Search ［C］. Proceedings of Workshop on Evaluating Exploratory Search Systems. Seattle：SIGIR, 2006. 11 - 13.

③ Peter Brusilovsky, Sibel Somyürek, Julio Guerra etc. Open Social Student Modeling for Personalized Learning［C］. IEEE Transactions on Emerging Topics in Computing, 2015, 4（3）：450 - 461.

的自主空间，来满足学习者在学习内容、学习方式、学习功能上的需求，并能根据需求通过数据分析来完成科学的推荐。

（8）动态的可改变的自适应学习系统

希腊雅典大学的 Papanikolaou 研发了 INSPIRE 远程环境中个性化智能教导系统。早在2003年，他就提出了一种自适应教育超媒体的原型 INPIRE。INPIRE 可以提供不同层次的适应性，实现从全系统控制到完整的学习者控制。两种自适应模式都由学习者模型调节。学习者模型提供学习者当前知识水平、领域概念和学习者风格的信息。使用一个教学设计的框架，领域概念在 INSPIRE 系统中描述了知识抽取的三个层级：学习目标、概念和教学材料。个性化课程内容产生于特定的目标，围绕特殊的学习结果进行组织。在 INSPIRE 系统中，学习偏好的使用遵循 Honey 和 Mumford 学习风格分类系统[1]，其通过问卷输入系统。需要说明的是，这个模型是动态的，可以由学习者改变。

（9）国外其他关于自适应学习系统模型的研究

① 德国慕尼黑大学 Koch 在其博士论文中提出 Munich 模型，该模型试图使用统一建模语言（the Unified Modeling Language，UML）捕捉系统架构所有的主要部分。[2]

② 英国伦敦大学 Ohene－Djan 等人提出 Goldsmith 模型（GAHM），该模型和 AHAM 相结合，试图提供 AHAM、Munich 和 GAHM 三个模型的统一模型。[3]

③ 荷兰埃因霍温技术大学 Alexandra 等人提出了自适应超媒体分层创作模型 LAOS（Layered WWW AHS Authoring Model），引入了目标模

---

① Honey，P & Mumford，A，(1982). The Manual of Learning Styles ［M］. Maidenhead, UK, Peter Honey Publications.

② Koch N. Software Engineering for Adaptive ypermedia systems ［D］. Munich, Germany：Ludwig－Maximilians University of Munich, 2001.

③ Ohene－Djan J. and Fernandes A.. Modeling Personalisable Hypermedia：The GOLD－SMITHS model ［J］. New Review of Hypermedia and Multimedia, August 2002, 8 (1), 99－137.

型与约束模型。①

④ Evgeny Knutov 在博士论文中提出了通用自适应框架模型（Generic Adaptation Framework Model, GAF 模型），涵盖了应用模型（Application Model）、资源模型（Resource Model）、自适应模型（Adaptation Model）和呈现模型（Presentation Model）。② 应用模型又包括领域知识模型（Domain Model）、用户模型（User Model）、组织模型（Group Model）、情境模型（Context Model）、目标模型（Goal Model）。

⑤ 阿罗约（Aroyo）等人基于德克斯特超文本参考模型（DHRM）和自适应超媒体应用模型（AHAM）提出了增强自适应超媒体应用模型EAHAM（Enhanced Adaptive Hypermedia Application Model）。EAHAM 对存储层进行了扩展，包括领域知识模型、用户模型、教学模型、自适应模型和情境模型。马里奥（Mario）等人基于自适应超媒体应用模型（AHAM）提出了 XML 自适应媒体模型（XML Adaptive Hypermedia Model, XAHM）。XAHM 模型包括用户模型、自适应模型和领域知识模型，而且各模型都选择 XML 作为基本数据格式。③

综上所述，国外自适应学习系统更加强调自适应学习系统中自适应的实现是通过实时交互数据的收集，并根据对这些数据的分析结果而提供个性化的服务，自适应是基于数据收集和分析的。国外自适应学习系统的研究从开始时偏向注重学习内容和系统导航的适应性呈现，发展到后来深入探究学生模型，将学习风格等教育心理学因素融入其中，并使用语义网技术来增强系统的语义推理功能以及个性化学习服务功能，由此可以看出国外学者对自适应学习系统的研究是不断地深入的。

① Cristea, Alexandra I. and De Mooij, Arnout. LAOS: Layered WWW AHS Authoring Model and Their Corresponding Algebraic Operators［C］. In: 12th International World Wide Web Conference（WWW 2003）, Budapest, Hungary, 2003, 20－24.

② Knutov, E. Generic Adaptation Framework for unifying adaptive web－based systems［D］. Eindhoven: Eindhoven Technical University, 2012.

③ Aroyo, L., Dolog, P., Houben, G－J., Kravcik, M., Naeve, A., Nilsson, M., Wild, F.. Interoperability in Personalized Adaptive Learning［J］. Educational Technology & Society, 2006,（2）, 4－18.

2. 国内自适应学习系统的研究

随着信息技术在教学中日益广泛深入的应用，学习环境、学习资源、学习方式都向数字化方向发展，各种学习系统应运而生，国内自适应学习系统研究逐渐发展起来。

1998 年 12 月，《人类的自适应学习——示例学习的理论与实践》一书首先提出了自适应学习的概念，在理论上详细阐述了示例演练教学的可行性及实效性。[①]

1999 年，北京师范大学余胜泉教授率先进行了自适应学习研究。他认为进行自适应的学习系统研究应存在三个重要部分，即学习背景的检测、学习内容的适应性组合以及学习策略的设置，[②] 其中第一部分学习背景的检测是整个研究中的重点。只有对学习者进行学习背景相关的检测，才能从整体上了解学习者的学习水平及学习能力。

21 世纪初，自适应学习开始走进更多研究者的视野，相关的学术研究成果陆续发表。随着网络技术智能化的发展趋势，"自适应学习"就成了教育界的专用词汇。

2003 年，余胜泉教授对自适应学习系统进行了探索，归纳了自适应学习系统的特点，提出了自适应学习模式，并且研究了系统中各模块的功能。他特别指出系统应根据学习个别特征的不同，在教学内容的呈现和导航两方面提供不同的适应。[③]

2003 年，华南师范大学的陈品德博士在对自适应产生的因素等内容进行分析后认为，自适应学习系统的设计者应从适应性内容呈现和适应性导航支持两个方面综合考虑学习系统架构，设计并实现系统。[④] 适应性内容呈现是指在超媒体系统中所呈现的页面内容能够适应用户的知

[①] 朱新明，李亦非，朱丹. 人类的自适应学习：示例学习的理论与实践［M］. 北京：中央广播电视大学出版社，1998.

[②] 余胜泉. 适应性学习：远程教育发展的趋势［J］. 开放教育研究，2000（3）.

[③] 余胜泉. 适应性学习：远距离教育发展的趋势［J］. 开放教育研究，2003（3）.

[④] 陈品德，李克东. 适应性教育超媒体系统：模型、方法与技术［J］. 现代教育技术，2002（1）.

识水平、学习风格、学习目标等，而适应性导航支持可以实现根据学习者的知识状态，从而以一条最为恰当的路径引导用户在超媒体系统中自如航行。陈博士等人提出了体现自适应特征的学习支持系统结构模型，并基于此开发了自适应学习支持环境 A – Tutor（Adaptive Tutor）。

2004 年，浙江工业大学王永固、顾容在《基于 Web 的适应性学习系统研究》一文中，针对多媒体与网络在教学中应用的优势和缺点，提出了基于 Web 的适应性学习系统应该具有的五个教学功能，总结了传统智能学习系统的结构、应用现状和结构转变要素，最后从系统论的观点分析了基于 Web 的适应性学习系统应该由七大模块组成。①

2004 年，辽宁师范大学的丛春瑜、刘家勋和于滨在《一个基于 Web 的自适应学习系统》一文中，设计了一个基于 Web 的自适应学习系统，在此学习环境中一方面学习者可以利用定向导航进行事先确定的分级、有次序的学习内容学习；另一方面，不同的学习者也可根据本身不同的特点，进行自由学习。②

2006 年，首都师范大学的王陆教授主持的个性化学习支持系统和游戏化学习社区等研究项目都是自适应学习系统在辅助教学方面的实践。③

2006 年，南京师范大学柏宏权博士在其博士学位论文中设计构建了 I – Tutor 适应性智能教学系统原型，该系统有良好的自适应性，能对用户的水平和偏好进行动态系统的检测分析，为其提供适应性的学习材料。④

2008 年，东北师范大学赵蔚、李秀琴、邱百爽在《语义网自适应学习系统中领域本体的构建》一文中，提出为了学习者适应学习系统，创建相关学科的领域本体，发挥语义网的作用。根据学生的个性特征和

① 王永固，顾容. 基于 Web 的适应性学习系统研究［J］. 电化教育研究，2004（8）.
② 丛春瑜，刘家勋，于滨. 一个基于 Web 的自适应学习系统［J］. 微型电脑应用，2004，20（9）.
③ 王陆. 网络游戏与教育融合的探究：游戏化学习社区初探［J］. 电化教育研究，2006（4）.
④ 柏宏权. 适应性教学系统中个性化教学策略研究［D］. 南京：南京师范大学，2006.

学习进程动态地呈现教学内容，更好地满足学习者的需要，提出了基于语义网构建的自适应学习系统，为人们的学习提供了非常有效的支持。在描述自适应学习系统、语义网和本体相关知识的基础上，以一门课程为例进行了领域本体创建的实践，为自适应学习的实现奠定了基础。①

2009 年，张家华、张剑平在《适应性学习支持系统：现状、问题与趋势》一文中，提出了自适应学习系统由四个部分组成，即学生模型、领域知识模型、适应性引擎和人机交互接口，其中最核心的组件有三个，即学生模型、领域知识模型、适应性引擎。学生模型用来抽象表示学生的个体特征；领域知识模型是各种学习资源、学习策略等的集合体，学习系统按照适应性引擎中的适应规则，为学生提供合适的教学内容、学习策略等；学生与学习系统交互的界面是人机接口，使得学习系统能够理解学生的自然语言是人机交互接口理想的状态。②

2009 年，湖南商学院曹伟和广东松山职业技术学院吴州在《自适应学习模型在智能教学系统中的应用研究》一文中，在分析自适应学习内涵的基础上，深入地研究了自适应学习模型的结构和功能，探讨了自适应学习模型对智能教学系统实现教学内容动态呈现和智能导航两个方面的理论支持，详细论述了一个自适应系统要包含三大基本构件：内容模型、用户模型和引擎算法模型。③ 2010 年，曹伟在《自适应网络教学系统中知识表示模型的设计》一文中则提出了知识模型的表示方法有：一阶谓词逻辑表示法、语义网表示法、产生式表示法、框架表示法等，对知识/领域模型的建构提供了很好的思路。

2010 年，东北师范大学赵小航在其硕士学位论文《自适应学习系统中学习风格模型的研究》中，选取了生理、心理和社会三个维度，设计了基于初中生学习风格的三维模型的量表，采用基于项目的协作学习

---

① 赵蔚，李秀琴，邱百爽. 语义网自适应学习系统中领域本体的构建［J］. 吉林大学学报（信息科学版），2008，26（5）.

② 张家华，张剑平. 适应性学习支持系统：现状、问题与趋势［J］. 现代教育技术，2009，19（2）.

③ 曹伟，吴州. 自适应学习模型在智能教学系统中的应用研究［J］. 软件导航，2009（1）.

策略，构想了自适应学习系统中不同的模块，试图构建一个适合于我国初中生的自适应学习系统的学习风格模型，为实现真正意义的自适应学习系统提供必要的前提，同时为全面分析学生的特点、激发学生的学习动机、给学生分配相适应的学习资源，提供重要依据。[1]

2010 年，东北师范大学刘昌明在其硕士学位论文《自适应学习系统中个性化学习方案的制定》提出了一种融合学习风格和多元智能理论的个性化学习者模型。并以此模型为依据，由系统为每一位学习者提供符合个性特征的学习方案，在学习方案的引导下，动态生成符合学习者风格特征的活动序列，调用学习者偏好的资源类型，并通过对学习者学习行为的追踪和分析，提出了一种学习方案自适应优化算法，学习者应用该系统的次数越多，系统为学习者设计的学习方案就越符合学习者个性特征，从而实现真正的自适应性。[2]

2010 年，安徽工贸职业技术学院的于海霞等人在《基于项目反应理论自适应考试系统的设计与应用》一文中，提出了基于项目反应理论设计的自适应考试系统，系统能够根据学生的能力自动选择适合学生的试题，并在考试结束时给出个性化的评价。[3]

2010 年，扬州大学袁竞、周彩英在《网络环境下自适应学习系统的内涵探究》一文中，阐述了网络环境下自适应学习包含几个方面的本质特征：第一，网络环境下的自适应学习是以学习者为主体的自主学习。第二，网络环境下的自适应学习是个别化的学习。第三，网络环境下的自适应学习是个性化的学习。第四，网络环境下的自适应学习是自我监控的学习。第五，网络环境下的自适应学习是借助信息化手段开展的一种远程教学形式。[4]

---

① 赵小航. 自适应学习系统中学习风格模型的研究 [D]. 长春：东北师范大学，2010.
② 刘昌明. 自适应学习系统中个性化学习方案的制定 [D]. 长春：东北师范大学，2010.
③ 于海霞，刘竞杰，王家骐. 基于项目反应理论自适应考试系统的设计与应用 [J]. 合肥学院学报（自然科学版），2010，20 (3).
④ 袁竞，周彩英. 网络环境下自适应学习系统的内涵探究 [J]. 太原师范学院学报（社会科学版），2010 (2).

2011 年，东北师范大学姜强和赵蔚在《自适应学习系统述评及其优化机制研究》一文中，认为构建自适应学习系统是解决学生需求的个性化与教学资源的静态化的有效方案。文章对国内外一些常见的自适应学习系统进行了研究分析，总结出其特点和不足，设计出一个面向服务的自适应学习系统，在系统参考模型设计、用户模型和领域模型构建、个性化学习资源推送策略、多元化学习资源建设以及系统依据学习风格模型，适应性呈现学习活动序列和学习资源等方面，做了大量的优化研究。[1]

2011 年，华中师范大学刘俊、赵呈领在《泛在学习中自适应学习管理系统设计》一文中，根据泛在学习的特点，分析了现有的自适应学习模型，同时结合实际情况，提出了泛在自适应学习模块的设计方案。该设计方案主要是体现了个性化的学习，根据不同学习者的学习兴趣，系统会提供相应的学习资料，满足学习者不同的学习要求。[2]

2012 年，东北师范大学姜强博士对自适应学习系统中用户模型和知识模型的建模标准和参考规范进行了研究。姜强提出自适应学习系统通用参考模型（Adaptive Learning System Universal Reference Model，AISURM），由领域知识模型、用户模型、自适应模型、呈现模型、自适应引擎五个组件组成。[3]

2013 年，东北师范大学王新路在其硕士学位论文《初中数学自适应学习系统学习者模型研究与设计》中分析了自适应学习系统的体系结构和学习者模型，结合数学学科，梳理并完善了目前自适应学习系统中的学习者模型，探索了学习者特征分析和获取的方法，为自适应学习系统的发展提供参考和贡献，希望学习者能够利用网络，根据自己的需求

① 姜强，赵蔚. 自适应学习系统述评及其优化机制研究［J］. 近代远距离教育，2011（6）.

② 刘俊，赵呈领. 泛在学习中自适应学习管理系统设计［J］. 现代教育技术，2011，21（6）.

③ 姜强. 自适应学习系统支持模型与实现机制研究［D］. 长春：东北师范大学，2012.

和个性，进行课前预习和课后复习的学习内容，提高学习效率。[①]

2014 年，陈丽在《英语阅读自适应学习系统中领域模型的构建策略》一文中提到关于领域模型的创建应该包含以下几个方面的内容：①领域模型中知识点的确定——阅读属性的分类和定义；②知识点属性分类的标注；③试题难度参数的确定；④试题拟合度检验；⑤构建阅读诊断试题库；⑥构建阅读训练试题库；⑦构建阅读指导策略库；⑧确定各领域元素的相互关系等。[②]

2015 年以来，自适应学习技术越来越受到教育各界的关注和重视，相对于传统学习方式来说，自适应学习更加符合当代社会对教育的需求，它更加个性化，提倡因材施教，倡导为每个学生提供个性化的需求。

2015 年，山东师范大学赵艳平在其硕士学位论文《高中英语词汇自适应学习系统的设计与开发》中设计了由四个核心模块，即学习者词汇能力的测试模块、个性化的词汇巩固路径确定模块、词汇习得模块、词汇巩固模块架构的自适应学习系统。在完成系统开发以后，在小范围内对系统的适用性进行教育实验，探索其适合的人群、适合的学习阶段以及存在的缺陷。实验结果的分析表明，该系统为学习者提供了个性化的词汇学习路径，尤其对于英语成绩较差、自主学习能力较低的高三复习阶段的学习者的词汇学习有较好的效果，能有效地帮助其提高词汇记忆效果，扩大词汇量，提高英语学习水平。[③]

2015 年，辽宁师范大学的刘小丹、胡小红在《自适应学习系统中基于情绪感知的学生模型设计》一文中，针对自适应学习系统与学生之

---

① 王新路. 初中数学自适应学习系统学习者模型研究与设计 ［D］. 长春：东北师范大学，2013.

② 陈丽. 英语阅读自适应学习系统中领域模型的构建策略 ［J］. 吉林省教育学院学报，2014（1）.

③ 赵艳平. 高中英语词汇自适应学习系统的设计与开发 ［D］. 济南：山东师范大学，2015.

间缺乏双向情感交流的问题，提出了一种基于情绪感知的学生模型。[①]通过表情识别技术感知学生的情绪，建立动态的学习风格和实时的情绪状态以及实时的学习动机。该模型可以为学习系统提供更准确的学生状态描述，便于系统更精确、更及时地调整教学方案和策略，实现学生和学习系统之间的双向情感交流，使学生取得更好的学习效果，便于系统更有效地为学生提供个性化学习服务。[②]

2016年，首都师范大学方海光等提出了一个基于教育大数据的量化自我算法的MOOC自适应学习系统模型，该系统模型结合用户在网络学习中的行为模式进行科学智能分析反馈，同时对认知层面的用户行为进行分类，建立了自我学习算法QSLA（Quantified Self - Learning Algorithm）作为实现基于教育大数据的自适应学习的基础。方海光认为，从基于大数据的个性化自适应学习过程结构中可知，既需要考虑学生的个性化特征，又要考虑从海量数据中挖掘有价值的个性化学习信息方法等要素。[③]

2016年，丁书林在《自适应学习技术支持下的深度学习——"互联网＋教育"发展的重要趋势》中提出，从各方的研究成果来看，与传统心理学意义上的自主学习的最大区别在于，自适应学习技术是以计算机技术特别是人工智能技术为重要支撑的，是一种复杂的、数据驱动的、（在某些情况下）非线性的指导和矫正方法，与学习者的互动会与其表现出的水平相适应，且能随之预测学习者在某个具体的时间点要取得进步所需的内容和资源类型。在自适应学习技术的支持下，学生也将不再沉迷于知识点的掌握，而是更多地去寻找知识之间有意义的连接以及深层次的内涵，让深度学习成为可能。在自适应学习技术改变学生学习行为的同时，教师可以借助互联网平台全面了解学生的学习行为与效

[①] 刘小丹，胡小红. 自适应学习系统中基于情绪感知的学生模型设计［J］. 中国教育信息化，2015（19）.

[②] 刘小丹，胡小红. 自适应学习系统中基于情绪感知的学生模型设计［J］. 中国教育信息化，2015（19）.

[③] 方海光，罗金萍，陈俊达，等. 基于教育大数据的量化自我MOOC自适应学习系统研究［J］. 电化教育研究，2016（11）.

果，提供个性化指导，彻底改变传统的教学行为，并变讲授者为辅导者。①

2016 年，北京邮电大学郭朝晖、王楠、刘建设在《国内外自适应学习平台的现状分析研究》一文中提出自适应学习平台是一种通过分析收集到的学生实时交互数据来引导学生学习的系统，可实现在特定的时刻为特定的学习者提供特定的内容。他们使用比较研究法，从内容模型、学习者模型、教导模型、目标用户等四个维度分析比较了国内和国外几个典型的自适应学习平台，并针对目前自适应学习平台的发展提出了实现自适应学习平台的关键技术和核心理论的突破、构建自适应学习平台的良性发展环境和评价体系、探索基于自适应学习平台的学习服务模式等三个建议。②

2017 年，北京交通大学廖轶在其博士学位论文《面向基础教育的自适应学习服务系统研究与应用》中，针对基础教育的适应性学习研究和应用中，自适应学习服务系统无论是构建模型还是系统建设都很薄弱，缺乏有效的研究验证的现状，结合相关课题研究和实际工作内容，深入分析了自适应学习的特点和特征，构建了针对基础教育的自适应学习服务系统参考模型 ALSSRM，对其中的学习者模型，领域知识模型和自适应引擎的构建、框架、内容和功能进行了论述。③

2017 年，东北师范大学王丽萍博士在其学位论文《适应学习系统中学习者模型与教学模型研究》中，设计出以美国匹兹堡大学信息科学学院 Peter Brusilovsky 教授提出的自适应教育超媒体（Adaptive Educational Hypermedia Systems，AEHS）通用模型为自适应学习系统框架设计的参考模型的自适应学习系统，AEHS 由领域知识模型、用户模型（也称学生模型或学习者模型）、教学模型、界面模块和自适应引擎

① 丁书林. 自适应学习技术支持下的深度学习——"互联网 + 教育"发展的重要趋势 [J]. 中小学信息技术教育，2016（5）.
② 郭朝晖，王楠，刘建设. 国内外自适应学习平台的现状分析研究 [J]. 电化教育研究，2016（4）.
③ 廖轶. 面向基础教育的自适应学习服务系统研究与应用 [D]. 北京：北京交通大学，2017.

等五个核心组件构成。①

2017 年，上海师范大学陈丽仪在其硕士学位论文《基于自适应学习的学业诊断研究——以浙江 S 中学为例》中，提出基于自适应学习的学业诊断，采用元认知、认知目标分类理论，建构主义理论，教学设计理论，元认知等理论，根据自适应学习模型和学业诊断模型，构建出基于自适应学习的学业诊断框架四个步骤。基于自适应学习的学业诊断有利于教师对学生诊断更精确，促进教学发展，提高工作效率；对学生来讲，学生能够自主地进行自适应学习，适合时代的发展，最终达到个性化发展的目的。②

2017 年，河南师范大学马晶晶、黄宏涛在《基于自适应学习系统的个性化学习环境设计研究》一文中，通过分析自适应学习系统通用参考模型，了解各部分之间的特点，进而探究如何将自适应学习系统应用于传统的网络教学中，以实现学生的个性化学习，为教学应用提供理论参考。③

2017 年，东北石油大学王琳琳在其硕士学位论文《自适应学习系统模型设计研究与实现——以"离散数学"课程为例》中，提出自适应学习系统的核心就是系统根据学习者模型来对学习者进行个性化的学习内容推荐。文章以离散数学课程为例设计了具有学科针对性的包括基本信息、学习风格、知识水平和兴趣偏好四部分内容的自适应学习系统。构建了离散数学知识本体，实现了基于学习者模型的学习内容个性化推荐。④

2017 年，上海市电化教育馆周洁在《国内自适应学习研究与实践的现状分析》一文中，展望自适应学习的未来发展，她认为现有系统过

① 王丽萍. 适应学习系统中学习者模型与教学模型研究 [D]. 长春：东北师范大学，2017.

② 陈丽仪. 基于自适应学习的学业诊断研究 [D]. 上海：上海师范大学，2017.

③ 马晶晶，黄宏涛. 基于自适应学习系统的个性化学习环境设计研究 [J]. 数字教育，2017（4）.

④ 王琳琳. 自适应学习系统模型设计研究与实现：以"离散数学"课程为例 [D]. 大庆：东北石油大学，2017.

于简单粗暴，自适应将会往更加细腻的方向发展。①用户模型要"细"。对用户的学习风格和学习类型分析，不是简单的四种或八种类型，而是根据每个学习者的行为变化衍生出无数的学习风格和学习类型，并给出更加有针对性的分析。②领域模型要"细"。对某领域的知识划分足够细，细到能够准确定位到学习者对知识点的某一方面的掌握和应用判断。③系统记录分析要"细"。对于每个登录自适应系统的学习者，系统需关注他的方方面面，犹如面对面观察这位学习者。对于学习者的测试、学习行为、接受能力、记忆能力等要细分到足够细。系统要调动所有学习行为理论、心理学理论等来分析每一位用户的差异性，提高教育心理学在自适应系统中的应用。她还认为，自适应学习系统将会更加人性化。自适应学习系统的研究方向不仅仅是将人机互动做到极致的智能化，还应该在提供面对面互动平台方面做出探索和尝试。①

国内在线教育公司也纷纷切入自适应领域。国内目前主打自适应学习平台的在线教育网站，已经上线运营的有"大讲台""优答"等。"大讲台"是国内一家知名 IT 在线培训平台，它提出了一个"混合式自适应"学习模式，通过问卷调查、基础测试为学习者推送个性化学习任务，并通过学习数据和测试成绩进行效果评估。"优答"是一个移动端学习软件，它能够为学习者推荐最优的学习路径，提高学习效率，避免"题海战术"。可见自适应学习已经成为在线学习的一个发展趋势。

综上所述，近年来国内研究者对自适应学习系统的研究越来越广泛并且深入，强调自适应学习系统能为学习者提供个性化服务学习，其实现途径是通过对学习者学习风格、认知水平等基于学习者自身背景因素的综合分析，提供相应的个性化服务。研究者把自适应学习系统与慕课、翻转课堂等新型教学模式结合起来，运用大数据、学习分析、数据挖掘等先进技术，不断提高自适应学习系统的功能，并开始关注系统在情感领域的适应性等。总体来看，国内的研究论文数量很多，以 2010

---

① 周洁. 国内自适应学习研究与实践的现状分析 [J]. 软件导刊（教育技术），2017 (4).

年为分界点，从 2000 年至 2009 年，共发表论文 78 篇。2010 年至今，其相关文献数量约是过去十年的三倍，数量上已经形成明显的变化，但论文质量整体上落后于国外，很多属于重复研究，有的论文喜欢用领域模型和用户模型的研究，这些概念原本就是引自国外的。自适应学习是当前教育领域研究的热点问题，如何对学生进行全面的评价并发现问题，从而制订出符合学生个性特点的教学方案，是研究自适应学习过程中必须解决的问题。应用亦然，网络教育平台虽然打破了学生学习的时空限制，使学生能够充分利用网络资源学习，但是在实践中发现，网络教育平台并没有真正实现学生的自适应学习。在做尝试的在线教育企业中，有的是真在做，有的是玩个噱头，有的只是对学情给出学习建议，但缺乏技术含量。国内自适应学习的研究与应用任重而道远。

三、自适应学习系统的建构

1. 自适应学习系统的总体结构

自适应学习系统经历了三个阶段的发展，依次为：从程序教学到智能教学系统；从超文本到适应性超媒体系统；最终到自适应学习系统。由于研发者研究角度的不同，自适应学习系统也有所不同。

（1）理论设计

研究者普遍认为，在自适应学习系统设计思想上，首先应建立用户模型。用户模型中包含了用户的学习背景、学习风格、认知水平等信息，能够为学习对象适应性的呈现提供基础；其次是建立领域模型，在领域模型中，学习单元中的每个学习对象都存有多个形式的表现；然后利用适应性引擎，根据用户模型中记录的资料，从领域模型中提取学习页面，为用户进行适应性的内容呈现。

（2）方法和技术

有研究者认为，自适应学习系统的方法和技术层面包括适应性的内容呈现和适应性的导航支持两个方面。适应性的内容呈现能够根据用户模型描述的用户特征为不同的用户在同一个页面呈现不同的学习内容。

自适应学习技术是以计算机技术特别是人工智能技术为重要支撑的，是一种复杂的数据驱动的（在某些情况下）非线性的指导和矫正方法，与学习者的互动会与其表现出的水平相适应，且能随之预测学习者在某个具体的时间点要取得进步所需的内容和资源类型。

（3）**总体逻辑结构**

有些研究者认为，自适应学习系统由相对独立的四个部分构成，即任务部分、知识部分、测试部分和管理维护部分。

① 任务部分。

任务部分以学习者为中心，系统初始时将学习者视为从零开始。进入自适应学习系统后，需要完成系统设定的若干任务。学习者只有学完相关知识点，学习者才能顺利地完成任务。学习者在学习知识点及完成任务的同时，系统将对学习者的知识水平以及测试题进行评估，根据评估结果系统自动记录学习者的学习记录并开启进入相应的项目内容的权限。指导者根据学习者记录库中的学习记录，为学习者提供适合其学习的学习方案和学习建议。学习者通过这些建议选择适合自己的学习计划及学习策略，并根据反馈信息动态调节和控制学习环节的过程。

② 知识部分。

知识部分是指学习者要学习的内容。学习内容被切分成"颗粒"后，与对应的任务相关联，并将被动态调整。随着学习者开始学习并参与测试，学习计划、学习方式和学习策略将根据评估结果以及指导者的建议发生变化。指导者可应学习者的请求进入学习者的学习记录库及自适应测试题库，随时调整里面的各项数据，其所做的工作都是为了帮助和指导学习者更好地实现个性化的自适应学习。

③ 测试部分。

测试部分由自适应测试题库、学习者记录库、知识点题库组成。自适应题库是知识点题库的子集，根据学习者的学习状态作动态调整。学习者记录库存储学习者的学习信息，来源于评估结果和指导者给出的建议信息。知识题库代表学习内容知识点相关的题目。这部分内容根据权重的原理动态改写，或者根据学习者请求在授权范围内由指导者编辑改写。

④ 管理维护部分。

管理维护部分包括对学习内容、知识题库、各种等级用户等进行初始化和维护管理，主要工作是建立学习内容，并根据学习内容知识点划分为相互联系，但又相对独立的认知单元，并以不同的形式来教授这些认识单元，建立各种学习策略并安排对应题库。

（4）整体基本构件

整体来说，自适应学习系统要实现机对人的因人而异，必须要包含几个组件：如引擎算法、学习者风格/用户模型、知识模型/领域模型等。国内研究者在这个方面尚有分歧，基本达成共识的是一个自适应系统要包含三大基本构件，即学生模型（也称用户模型或学习者模型）、领域模型、引擎算法模型。

① 学生模型。

学生模型是自适应学习系统实现个性化教学的主要依据。学生模型能够直接反映学生和学习系统之间交互中的认知活动过程，能够实时检测学习者的学习行为，并测评每个学习者在每个知识点的能力水平，并通过统计分析方法，推算学习者的个人学习需求。学生模型不仅记录着学生的静态信息，而且记录着学生的动态信息。静态信息在整个学习过程中是不会发生变化的因素，而动态信息在学习过程中是会随时发生变化的因素，学生模型必须时刻更新学生特征，以便学习系统根据学生的个体特征为其提供个性化的教学服务。

② 领域模型。

领域模型即知识模型，它是所有学习内容的计算机表示，是某领域知识的章、节、概念知识点及它们之间的相互关系的组合，并基于用户模型自适应呈现知识资源（包括概念、资源、例题、习题等），有效地将各种多元化的知识数据资源进行整合和复用，并能很好地满足上层个性化应用的需要。

③ 引擎算法模型。

引擎算法模型即根据每个学习者的有关信息，对其认知能力和知识水平进行诊断，对其最新能力水平提供相应反馈，并匹配最合适的学习策略和学习工具，能动态地构建适合学习者的学习内容及其呈现方式，并能对教学进行监测和管理，不断修改和维护学生模型。

2. 自适应学习系统的参考模型

作为自适应学习系统的抽象概括，自适应学习系统模型通常采用数学表达式、物理实体或图示模型来进行表达。它涵盖设计理念、设计标准及系统各部分功能及职责的规定，通常用来区分系统功能或简化结构设计的难度。[①]

（1）AHAM 模型（Adaptive Hypermedia Application Model）

AHAM 模型基于 DHRM 模型的基础上对于存储层进行了细化和扩展，由此衍变成为三个层级，即领域知识模型、用户模型和自适应模型。AHAM 模型的用户模型用来刻画不同学习者之间的知识水平特征及学习偏好，在领域模型方面，AHAM 通过概念知识依赖关系来表述相应的内部信息构成形式。该类作为自适应执行规则的存储集合，用来对用户模型及领域模型的相关数据做出反应并呈现动态信息。

（2）LAOS 模型（Layered WWW AHS Authoring Model）

LAOS 模型基于 AHAM 模型的基础上提出了自适应超媒体分层创作模型。它刻画了五个模型，即用户模型（User Model）、领域模型（Domain Model）、自适应模型（Adaptation Model）、目标和约束模型（Goal and Constrained Model）和呈现模型（Presentation Model），并提出领域模型无法与用户模型或自适应模型直接相连。

（3）XAHM 模型（XML Adaptive Hypermedia Model）

XAHM 模型基于 AHAM 模型提出，包括学习者模型、领域知识模型和自适应模型。[②]

---

① 黄伯平，赵蔚，余延东. 自适应学习系统参考模型比较分析研究 [J]. 中国电化教育，2009（8）.

② Brusilovsky, P. Methods and Techniques of Adaptive Hypermedia [J]. User Modeling and User – Adapted Interaction, 1996, 6（2~3），87~129.

（4）AEHS 通用模型（Adaptive Educational Hypermedia Systems）

AEHS 通用模型是目前世界上最为通用的自适应学习系统参考模型，它由美国匹兹堡大学的布鲁洛夫斯基研究团队提出，包含四个重要组件，即学生模型（Student Model）、领域模型（Domain Model）、教育学模型（Pedagogical Model）和自适应引擎（Adaptive Engine）。

AEHS 通用模型的学生模型代表学习者特征，它用来记录学习者的知识能力水平、爱好习惯及学习风格，领域模型用于刻画领域知识库的内部构成，比如知识点和知识点之间的关系（可以联系两个或多个概念对象），不同概念的属性类别，且同属性的概念可以为不同类别的数据。教育学模型用来规定根据学生模型的信息数据来访问领域模型中各部分的程序，自适应引擎用来描述模型中的自适应规则，其中某规则又可以触发其他规则从而引起自适应调节。接口模块表示自适应学习系统与学生之间的互动进程。

最初提出的 AHAM 具有与领域模型相关的自适应（如学生已掌握的领域概念）与技术层面因素（如显示设备和网络状况）间不明确分离、耦合性高的特点；LAOS 额外引入了目标和约束层作为中间层，将领域知识信息和教育学信息进行隔离；XAHM 与领域模型相关的自适应与技术层面因素间明确分离，无直接关系。

3. 基于大数据的自适应学习分析模型

（1）基于大数据的自适应学习过程结构

2012 年，美国教育部发布了《通过教育数据挖掘和学习分析促进教与学》报告，对美国国内大数据教育应用领域和案例，以及应用实施所面临的挑战进行了详细的介绍。报告中给出了学习者自适应学习结构及数据流程，实现了数据分析显性数据和隐性数据，构建学习者的特征模型，然后向其提供适应性的学习路径、学习对象等，同时教师也能根据学习者的学习行为、学习需求，实施个性化指导、干预。整个过程中主要是学习者与系统、学习者与教师之间的交互学习，然而学习者与学习者之间的交互未能体现，不利于学习者发现新知识。因此基于大数据的个性化自适应学习系统还需要考虑利用协同过滤技术实现向学习者推送与其有相同或相近兴趣偏好特性的学习者的学习信息，即整个学习过程既实现了学习者控制学习、自我调节学习，教师个性化干预指导，又实现了系统根据用户特征适应性推送物化资源进行学习，以及推送具有类似学习兴趣偏好的学习者在学习过程中产生信息进行学习。

（2）基于大数据的自适应在线学习分析模型的建构

从基于大数据的自适应学习过程结构中可知，既需要考虑学生个性化特征，又要考虑从海量数据中挖掘有价值的个性化学习信息方法等。孟祥宇、全江涛在《在线学习的方法与实践》一书中阐述了研发的自适应学习系统，以个性化自主学习、个性化自适应推荐、个性心理学和计算机科学为理论基础，从数据与环境（What）、关益者（Who）、方法（How）和目标（Why）四个维度构建个性化自适应在线学习分析模型，如图4－3－1所示。[①]

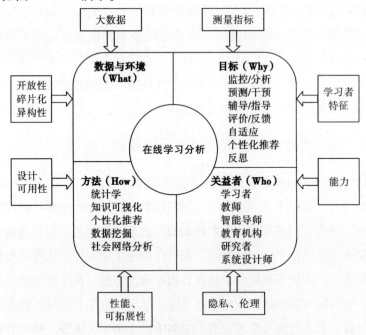

图4－3－1　个性化自适应在线学习分析模型

---

① 孟祥宇，全江涛. 在线学习的方法与实践［M］. 北京：电子工业出版社，2017.

从图 4-3-1 可以看出数据与环境（What）需要考虑将数据环境中生成的开放、碎片化及异构数据进行有效聚合，满足学习者的学习需求，实现学习者对知识资源主动建构，促进学习者在线自主学习。

关益者（Who）包括学习者、教师、智能导师、教育机构、研究者和系统设计师等，其中前四者影响较大。学习者考虑的是自组织学习，同时需要有能力保护用户信息，防止数据被滥用，注意隐私和伦理道德问题；教师应根据学习者信息调整教学策略、实施干预；导师应根据学习者特征推荐学习资源、学习路径；研究者应向潜在危险的学生发出警告并实施干预，提高学生的学习兴趣，提高成绩。系统设计师应设计出高水平的具有普适性的自适应学习系统。

方法（How）是指通过运用统计法、知识可视化、个性化推荐、数据挖掘和社会网络分析等方法，全面地记录、跟踪和掌握学习者的学习行为，并为不同类型的学习者打造个性化学习方案。

目标（Why）是指依据学习者的学习风格、兴趣偏好、知识水平、学习文化等特征，制定相应的测量指标，采用监控／分析、预测／干预、智能授导／自适应、评价／反馈、个性化推荐和反思等举措，实现学习者在网络学习环境下学习的两大需求，即学习者控制学习和适应性学习。

四、自适应学习系统的应用

1. 自适应学习系统的模块

自适应学习系统，是通过学生每一阶段的能力测评结果，再制订出适合学习者自身能力状况的学习解决方案，精准定制专属于每一位学习者的动态学习计划的一种学习方式。以京师沃学的自适应学习系统为例，需要了解两大模块，包括排雷学习法和学习能力测试评估体系。

（1）排雷学习法

排雷学习法是京师沃学教育教研团队研发的错题导向式学习方法。排雷学习法有以下几个特点。

① 高效减负。测试题目由教育专家和各学科一线教师精心遴选和

策划。以中高考为中心，将重点、难点、考点为主要出题原则。通过经典题型测试，让每一位学生都能够做最少的题、花最少的时间，提升最大的成绩。

② 个性对症。自适应学习系统将自动为每一位学习者的测评结果进行智能分析诊断，并结合诊断推荐相应的薄弱知识点及名师视频课堂，在跟踪学习和记录轨迹中提高成绩。

③ 智能矫正。测试中的错题会自动归入智能错题本；智能错题本会依据测试的情况，导入相应知识点的习题，帮助学习者进行强化矫正训练；同时可根据错题的情况按章节进行期中期末智能组卷，彻底帮助学习者突破难点。

（2）学习能力测试评估体系

学习能力测试评估体系简称"学能测评"，就是通过学生的性格、家庭、学习习惯等方面进行综合评估，找出学习者学习成绩不理想的"要害"，再根据这个结果制定出个性化的"一对一"学习能力训练方案。

① 根据学习轨迹进行"一对一"个性化指导。

学生在网络上的学习轨迹会自动归入学生个人中心里。在这里，教师通过查看学习者的智能错题本，分析学习者错误症结，从学习方法、学习习惯，以及对知识的掌握程度等方面进行诊断指导，实现真正的"一对一"个性化教育。

② 根据学习者实际需求系统授课。

学习者哪个学科基础比较薄弱或者一个学科的某些知识点掌握不好，教师会根据学习者的实际情况进行系统性知识讲授，帮助学习者补上学习短板。

③ 开设精品小班课程。

小升初考试、中考会有些加分课程，如奥数、作文、外教口语等，可聘请专家开设精品小班课程，为学生升学做精心的准备。

2. 自适应学习的基本路径

自适应学习系统包括面向学习者的自适应学习路径和面向教育者的自适应教学路径。

(1) 面向学习者的自适应学习路径

面向学习者的自适应学习系统包括能力测量、能力训练和能力追踪。针对学习者学习水平进行科学的测评，根据测评结果向学习者推送真正需要的练习，摒弃那些无用功，并在测评和练习过程中实时监测学习者的每一次进步。

自适应学习系统是学习者"获取—分析—选择—展示"的循环往复的过程。这里的"获取"是指学习者与环境交互时收集学习者数据；"分析"是指创建和维护一个与领域相关的学习者模型；"选择"是指根据学习者模型和系统目标来选择信息；"展示"是指根据选择过程的结果向学习者展示信息内容。

自适应的学习路径对于每个学生而言，是个性化的学习。"获取—分析—选择—展示"的过程，是一个基本完整的自适应学习过程。在学习中，由于选择使用的自适应学习系统的不同和自适应学习能力的差异，又可以有很多路径的变化。比如，学习者将"获取—分析—选择—展示"所有步骤完成，可以在路径中增加一个核心环节，增加用户对于学习者模型的交互，即自适应学习路径变更为"获取—分析—选择—展示—交互"的循环。因为增加了对学习者模型的交互，所以路径更加多样化，且有助于学习者的元认知的培养。另外一种修正方式是，略去"选择"环节，自适应学习路径变更为"获取—分析—展示"的小循环。无论路径如何选择，都要有助于学生个性化学习效率的提升。

(2) 面向教育者的自适应教学路径

教育者有效使用自适应教学路径的首要前提是更新教育观念。与传统的面向全体学生施教的班级授课制不同，自适应的教学路径是对于每一个学生而言，是个性化的教学。个性化教学对教学进度的控制、对课程管理的举措等，都与现有教学体制存在诸多的不一致，在基础教育课程教学中，如何实施自适应教学路径也尚在研究中。

教育者在拓展课程和特色课程中可以率先进行自适应教学路径的尝试。一是根据学生的兴趣爱好调整具体的教学过程和策略。这种方法要求确定与学生最相关的学生特征（或者能力倾向），并为具备此特征的学生选择最能促进其学习过程的教学路径。二是在微观水平上改进教学，在教学过程中动态诊断学生特定的学习需要，为不同需要的学生提供不同方式的教学，如使用智能导师系统。三是适应性超媒体和 Web 系统。因为其是基于 Web 系统的，所以资料库是开放的。

教育者应具备调整教学内容的能力。系统中的教育方法往往并不能很好地服务于多样化的学习者。调整教学内容应基于三个基本依据：一是依据学习者的初始知识、能力的差异。这种差异是真实的，学习者的能力差异有时是很大的，对后续环节的影响强而有力。二是依据学习者的人口学和社会文化变量的差异。这种差异也是客观的，比如语言的丰富度和成熟度，家庭核心成员的社会背景与终身学习习惯，等等，且可能影响学习结果和最终成效。三是学习者的情感状态。学习者的许多情感状态会深刻影响其学习，如沮丧、厌倦，或者积极、信心等。有很多种非介入性的措施可以推断学习者的状态来改变教学环境以适应不同需求。

3. 自适应学习系统应用案例

在上海市教委的指导下，关于高中语文、数学、生物、历史等学科的自适应学习平台都在建设中，而慕课（研究性学习自适应学习平台）已于 2016 年 2 月对外发布，国内以在线教育企业为主体的自适应学习开发也百花齐放，并针对其中的猿题库平台进行了案例分析。

（1）对学习者进行教学前测，分析学习者的认知水平

了解学生是教好学生的前提。要实现真正意义上的基于个别差异的自适应调节系统，必须分析学习者的水平和能力。学习者能力测量是自适应学习系统的重要组成部分，包括静态测量和动态测量两种类型。

① 静态测量。静态测量贯穿在整个学习过程之中，用来推测并判

断当前教学内容与学习者实际能力的匹配程度。静态测量是学习过程中的重要环节，类似于教育实验法的前测，主要借助于现代教育测量理论，在学习者进入系统之前，对学习者进行测试，了解学习者原有的知识掌握程度，并评估其技能水平，以便在学习者知识掌握的基础上建立新的知识。通过教学前测，对于学习者的心智资源进行有意识控制，使其与教学情境和技能行为之间始终保持对照关系。

静态测量中知识点测试题主要从概念知识理解等级和难度级别两个维度出题，其中按照布鲁姆认知理论，学习者对知识的理解分为六个等级，即识记、领会、应用、分析、综合、评价，程度依次加深，在实践中可以适当降低难度，将知识理解等级设定为三个级别：识记、领会、运用，从而将难度级别划分为三个级别，如易、中、难。最后，根据知识等级、平均难度级别、理想分数和实际得分来综合测评学习者的认知水平。

在自适应学习系统中，通过一系列相关性考试可以测量成绩得分，以便根据得分判断学习者应该在何种层级的知识粒度上进行学习。为了更好地增大区分度，测试量表采用二段制，当第一阶段得分持续较高，则在第二阶段会加大题目难度；当第一阶段得分较低时，则可降低题目难度。

② 动态测量。动态测量不是利用量表专门进行的测量，而是在学习过程中，学习系统根据学习者输入或获取的数据，间接推测学习者的能力。例如，测量学习者的响应时间，学习者击键或点击鼠标的时间间隔超过平均值，表明学习者思考时间过长，学习该知识遇到了困难。响应速度不是唯一指标，它根据具体的学习内容而定。比如：某单词背诵学习系统可以显示一个单词和若干组意义选项，当作答时间较长时，系统可以推断学习者对于所选答案信心不足；如若作答速度快，但答题结果错误，系统可以推断该学习者并未掌握这个单词。因此，作答正确率只能作为一个辅助的衡量指标。不同的学习系统可以根据需要采用不同的数据采集装置，因此，动态测量方法可以捕捉到多种不同的数据。

不同的设备可以采集到不同的数据类型，即使是相同的设备在不同的学习系统中对数据的运用也不尽相同。因此，动态测量往往需要根据学习系统的实际情况进行建模，进而推测出学习者的学习技能水平。比如 X – BOX 体感游戏中，健身舞者是否可以跟得上音乐节奏（测量误差），动作是否到位，伸展幅度是否能满足要求（与模型的匹配度）等信息是通过对采集到的数据分析之后得出的。无论是静态测量还是动态测量，得出的结果均为计算机系统在调节知识粒度和难度时的重要决策依据。

（2）根据学习者知识结构建模，分析推送学习者任务

教学者依据教学前测的结果，根据学习者的知识结构图制作模型，列出学习者需掌握的知识内容以及已掌握的内容，每一个学习者有一个单独的学习路径，不同学生的路径不一样。系统对于知识部分采用了标签技术，当知识点对应颜色越深，表明学习者对于该知识点掌握得越好，对应的掌握度系数也越高。自适应学习系统中存储着学习者大量的学习数据，可以用数据分析学习者下一个学习任务并推送任务。系统中的标签除了表明难度，还提示不同知识点的相互联系。自适应学习系统以学习者的知识建模为基础，并通过对学习者的学习风格、认知水平等特征之间进行关联匹配来实现个性化推荐。

（3）自适应调节触发时机，有效提高学习者的学习效率

在自适应学习系统中，学习对象与学习者相互匹配才能使学习者的学习效率最大化。自适应学习系统的宗旨，在学习过程中自动调整学习对象（难度、粒度等），使学习对象适应学习者，而不是让学习者去适应学习对象，见图 4 – 3 – 2。[①]

---

① 李斯萌. 自适应学习系统设计模型相关研究 [D]. 长春：吉林大学，2014.

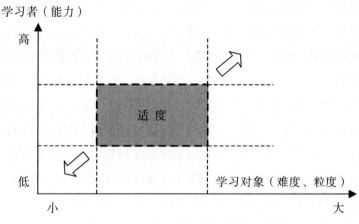

图4-3-2　学习者与学习对象关系图

在运用自适应学习系统中，学习者可以轻松地驾驭自适应学习模式及操作要领，实时描述和记录学习者在学习过程中主要的一些智力和非智力因素的动态变化过程，使学习者能够客观认识自己并获得评价自己的能力。学习者可以自主选择学习路径、学习策略，从而实现自我组织、自我评估。然后，实时调整学习内容，在学生需要时提供量身定制的练习就成为可能，这使得学生的个性化需求与发展真正得以实现。另外，还要通过教学后测，让学习者体验到成功的喜悦，进而选择最适合自己个性化的自适应学习方式，促进学习者知识建构，有效提高学习者的学习效率。

五、自适应学习系统的优势与局限

1. 自适应学习系统的优势

（1）满足学习者的个性化学习需求

自适应学习系统是在充分分析学习者现状的基础上，为其提供与自身情况相匹配的个性化学习服务，解决"因材施教"问题，做到"以学习者为中心"，满足学习者与系统互动过程中的个体需求。

自适应学习系统通过模拟学习者的学习背景、学习风格、学习偏好和认知状态，据此分析出不同学习背景和认知水平的学习者的差异，再根据不同学习者的学习背景和学习方式，对包括内容、风格等在内的学习过程中的偏好进行个性化的设置。这种个性化的设置能够帮助学生更好地完成自己的学习计划，发挥自己的优势，根据自身条件和状况设定相应的学习计划，用适合自己的方式去完成学习任务，让学生能够积极主动地参与到自主学习当中，有利于激发和培养学生的学习动机。

通过自适应学习，可以实现为每个学生获得最优教育资源的目标，实现以学习者为主体的教育，在学习内容以及内容的呈现上实现实时个性化，达到在特定的时刻，为特定的学习者提供特定的内容的水平。

（2）实现学习者和学习系统双主动

自适应学习系统能够构建系统和学习者之间双向主动的关系。在系统的使用中，一方面，系统将主动为学习者安排学习资源与学习推荐，以此满足不同学习者的需求。另一方面，学习者在学习过程中也将有关背景（学习偏好、认知水平、学习规律等）反馈给系统，系统建立起学习者模型，并通过分析再向学习者提供更加个性化的服务，实现学习者和学习系统的双主动和双向反馈。这种方式可以显著提高学习的针对性和目的性，既提供丰富的学习资源，又设计出属于自己的个性化的学习计划，有助于学习者学习效率的提高。

（3）自适应学习系统帮助学生减负

2016 年 12 月 9 日，由新华网主办的主题为"回归·智享·创赢"的第七届"大国教育之声"论坛活动在北京举办。自适应学习系统可以帮助学生减负，节约更多的时间。这一观点在国内被首次提及，这预示着自适应学习系统在未来的发展方向。自适应学习系统的价值是什么？是效率，原来十天学会的东西，现在一天就可以学会。当然，这必然有极限，比如某个知识点，无论适应性学习引擎如何强大，学习者去学习都需要时间。自适应学习系统可以提供覆盖初高中所有知识点的练习题，并实时提供做题报告、评估能力、预测考试分数的功能，满足中小学学习者个性化学习需求，帮助学生减负。

（4）自适应学习系统是教学的辅助工具

"互联网＋"时代的大背景下，通过自适应学习系统助力教育领域的发展是其关键内涵。自适应学习系统能够对学习者进行静态测量和动态测量，使教学建立在全面了解学生的基础上；自适应学习系统根据学习者知识结构建模，分析推送学习者任务；自适应学习系统调节触发时机，有效提高学习者的学习效率。综上所述，自适应学习系统对在线教育的辅助性作用是值得肯定的。自适应学习理论与教学系统的结合，是以提高学习者的自适应性为出发点，以研究和创设有效的学习环境为目标。它不仅为教学提供教学课程设计的基本思路，而且为学校教育应用计算机进行辅助教学提供理论依据。因此，自适应学习模型的分析和研究是构建具有自适应学习能力的智能教学管理系统的关键。

（5）国内自适应学习系统开发百花齐放

近年来，除了国外自适应学习系统 Knewton、Declara、Smart Sparrow、KnowRe 外，国内以在线教育企业为主体的自适应学习开发也呈现出百花齐放的态势，国内投入使用的自适应学习系统主要有 Knewton、有谱测评、义学教育、优答、Declara、babycan、大讲台、Smart Sparrow、KnowRe、EZ Education 等数十种。自适应学习系统产品介绍，见表4－3－1。[①]

表4－3－1　自适应学习系统产品介绍

公司或产品	成立时间	产品与业务概述
Knewton www.knewton.com	2008 年 6 月	为学生提供内容推荐服务，为老师提供学情分析服务，为内容提供商提供内容洞察的分析服务

---

① 自适应应用到教育领域，要先解决这九大问题［EB/OL］. https：//www. jiemodui. com/N/48411. html［2016－6－2］.

（续表）

公司或产品	成立时间	产品与业务概述
有谱测评 http://www.emingren.com/	2014 年	通过学习分析学、知识图谱及计算机自适应测试等技术的综合运用，为个性化学习提供数据支持和平台支持。主要产品为有谱，含学生端、家长端和教师端。面向中小学生，提供基于知识空间的认知诊断工具，并基于认知诊断结果，提供个性化的自适应学习服务平台
义学教育 http://www.classba.cn	2015 年 6 月	全力开发基于智能技术和无数据的自适应学习系统，同时精心设计高质量的名师教学内容，最大限度地提升学习效果 线上学习 + 线下实体
优答 https://www.uda100.com/uda/	2014 年 7 月	智能在线学习软件，主要目标人群是初高中和大学生，产品主要特点是可以向用户提供学习能力评估。此外软件也有在线智能练题学习，拍照扫题，在线和老师/学霸互动问答等功能。致力通过结合互联网技术与传统教育内容，打造国内领先的在线教育的产品服务和品牌
Declara	2012 年	继续教育；运用语义搜索、预测分析和机器学习等方法，在正确的时间为学习者查找正确的学习内容，使学习更加个性化，更有依据。客户主要是政府管理部门
babycan http://www.babycan.cc/	2014 年 7 月	主打早教微动画的 APP，主要通过梳理 0 ~ 6 岁儿童教育的关键经验图谱，为家长提供可以跟孩子一起看一起玩的亲子游戏小动画，基于大数据实现亲子教育的自适应学习

（续表）

公司或产品	成立时间	产品与业务概述
大讲台 http://www. dajiangtai.com	2015 年 2 月	高端 IT 人才在线实训平台，混合式自适应在线学习模式，充分吸取直播、录播、知识库以及线下教学等多种学习方式的优点，用一种创新性方式重新组织线上教学，从而让在线学习比既有方式更加有效
Smart Sparrow https://www. smart-sparrow.com	2010 年	面向大学生群体及老师，以满足高校老师对丰富的互动性、适应性教育内容和线上教育的需求。目前主要涉及科学、医药、工程等领域，结合这些领域的特色，课程中嵌入了大量的模拟实验（Flash 或 HTMLS），让学生"边做边学"，比如在网上进行复杂的虚拟手术、虚拟实验、设计虚拟建筑等
KnowRe http://www. knowre.com/	2012 年	针对全球数学教育市场，为用户量身定做数学教育方案。为了实现个性化数学教育，KnowRe 开发了帮助学生知识结构数字化的 Knowledgs Engine，并以此为基础获取、分析单元线数据，为学生制定个性化数学学习内容。KnowRe Math 目前有两个用途：一是离线教学工具，主要服务于学校及机构；二是给个人提供在线学习的工具
EZ Education http://www. ezeducation. co. uk	2012 年 6 月	英国一家 K—12 阶段数学互联网教育公司，拥有自适应互联网数学学习平台，首款产品为 DoodleMaths

2016 年，北京邮电大学的郭朝晖、王楠、刘建设在《国内外自适应学习平台的现状分析研究》一文中，对当下比较典型的国内的猿题库，国外的 Knewton、SmartSparrow、Knowre、Cog Books、Declara 几大自适应学习平台进行了分析，可以帮助研究者对自适应学习系统有一个

更细致的认知。常见自适应学习平台各维度分析，见表4-3-2。①

表4-3-2　常见自适应学习平台各维度分析

平台			猿题库	Knewton	Smart Sparrow	Knowre	Cog Books	Declara
内容模型	内容可修改性	闭合	√			√		
		半开放						
		开放		√	√		√	√
	内容提供力	平台模式		√	√		√	√
		出版商模式	√			√		
	科目	单一科目				√		
		多种科目	√	√	√		√	
		科目列举	高考中考科目、公务员	无科目限制	医学、工程	数学	无科目限制	UGC、无科目限
学生模型		静态						
		动态	√		√	√	√	
		连通		√				√
教导模型	个性化匹配方式	基于算法						
		基于规则						
		混合	√	√	√	√	√	√
	评估及推荐频率	罕见的						
		标准性						
		持续性	√	√	√	√	√	√
	自适应实现方式	自适应内容推荐	√	√	√	√	√	√
		自适应导航支持	√	√	√	√	√	√
		自适应内容呈现		√	√	√	√	√

① 郭朝晖，王楠，刘建设. 国内外自适应学习平台的现状分析研究［J］. 电化教育研究，2016（4）.

（续表）

平台			猿题库	Knewton	Smart Sparrow	Knowre	Cog Books	Declara
目标对象	细分市场	K—12教育	√	√		√		
		高等教育	√	√	√		√	√
		职业教育	√	√	√			
		企业培训					√	√
	商业模式	B2B	√	√	√			
		B2C	√	√		√	√	√
		C2C		√				

2. 自适应学习系统的局限

我国在自适应系统方面的研究成果多应用于数控机床、移动无线自组织准自适应设备、电动机速度估算等领域，而自适应系统在教育方面的应用研究成果相对稀缺，多数还是处于一种理论探讨阶段，已开发出的适应性学习系统产品仍然有一定的局限。

（1）学生模型：缺少情绪感知和对学习者个性特征的全面检测

学生模型呈现记录着学生的个性特征，目前国内外学生模型对学生重要的个体特征的描述也尽量形式化，但这种描述还处在一个静态分析的过程，尚不利于学习系统实现个性化教学的。如果学习系统不能准确地获取到学生的特征，就不能为其提供合适的教学方案和策略，进而影响到是否能实现个性化教学，因此建立一个基于情绪感知的学生模型就显得很有必要。

学生模型是对学生在学习过程中的表现特征和学习结果等进行描述，因此学生模型的完整性和动态性需要认真研究。理论上，自适应学习系统对学生状态的了解程度，影响系统实现个性化教学的服务程度。自适应学习系统对学生的学习状态越是了解，就越有利于学习系统实现个性化的教学。学生模型本应该对学生的所有个性特征进行描述，然而在实际应用中，学生的某些个体特征是很难描述的，例如学习态度、情感、意志力、思维力、想象力、学习动机等。这是因为学生在学习过程中的行为表现是会发生变化的，是动态的，学习系统应该根据学生在学习过程中的表现实时地对学生模型进行更新。

针对自适应学习系统与学生模型存在的问题，有研究者设计了一个基于情绪感知学生模型。通过表情识别技术对学生在学习过程中出现的表情进行分析，动态预测学生的学习风格、情绪状态和学习动机。学习系统根据学生的个性化特征，为其提供合适的教学方案和策略，实现学生和学习系统之间的双向情感交流，让学生取得更好的学习效果。该模型理论设计虽好，但是否具备可行性尚需要论证，需要多学科研究人员的配合，需要多因素的支持，才能步入市场。

自适应学习系统学生模型应对学习者进行学习背景相关的检测，才能从整体上了解学习者的学习水平及学习能力。由于环境和条件的限制，学生模型还不能准确地获取到学生认知水平、认知背景、学习兴趣、学习风格以及学习动机等信息。很多研究者通过对学习者分类、注册填表、调查问卷等手段进行学习者的初始化，并没有结合元数据的抽取和元数据模型转换技术，只是从已有系统中获取学习者历史性学习数据来初始化学习者的特征信息，对于学生模型的研究大部分停留在对学习者本体描述和语义定位方面。

（2）领域模型：缺乏学习内容适应性组合及学习策略

自适应学习系统领域模型应根据学习者个性的差异性和共同性这两个基本特征，准备各种各样的教学资源，才能针对学习者的差异性开展因材施教。由于缺少基础教育数字资源建设规范，缺乏领域模型形式化描述与元数据标准的研究与实现，缺乏学习内容适应性组合及学习策略设置，尚不能将多元化知识数据资源整合。

在设计领域模型时，需要考虑客观实际多样性，将多元化知识数据资源整合，增强领域模型的规范性与兼容性。自适应学习系统在积极开发学习者身心潜能的同时，还要促进学习者实现社会化。很多研究者认为学习者注意力不集中，学习难以长期坚持的原因是因为孤独。只有解决了学习系统与学习者之间的双向情感交流问题，其深度学习和个性化匹配的能力才有望达标。

（3）引擎算法模型：缺乏精准的个性化自适应引擎

引擎算法模型是指根据每个学习者最新能力水平提供相应反馈，以匹配最合适的学习内容。自适应学习系统引擎算法模型的价值是什么？是效率。原来十天才能学会的东西，现在一天就可以学会。但已有的自适应学习系统对于推荐的学习内容和设计的学习路径并不能满足基础教育的需要，存在自适应学习系统向用户推荐学习资源对象以及学习活动安排不合理的问题，缺乏精准的个性化自适应引擎。目前研究者主要关注的是通过对学习者学习风格的分析，由自适应引擎完成向学习者推送合适的学习内容，也就是说自适应引擎主要完成的工作是学习内容的自适应。随着移动技术的发展，自适应引擎更多的是要完成学习情境的自适应，这其中包括自动感知学习者学习所处的地理位置，学习所使用的设备情况，最后根据学习者的学习风格和认知特点，推送适合学习者所处情境的学习内容，这将是未来研究的重点。

（4）团队建设：缺乏致力于研发的顶尖数据科学团队

只有完善的理论和丰富的实践经验，才能共同引领自适应学习系统行业的发展。近年来，国内理论研究较多，实证研究较少。大多数关于自适应学习系统的研究论文都属于理论研究，真正属于实证研究的论文较少。研究范围狭窄，重复性研究多，甚至出现了多篇学位论文题目相同，内容类似的现象。国内关于自适应学习系统的研究较多集中在自适应学习系统整体建模、学生模型研究和领域模型研究三个方面，其他研究领域涉及甚少。研究范围的窄化，将会直接影响自适应学习系统研究整体规模效益的提升。

自适应学习系统拼的不是简单的代码或者几个算法，而是收集、分析、运用和维护海量的学习数据，涉及大数据的沉淀、检测和推荐算法的精准性。自适应学习系统是针对学生个性特点不同所采取的不同学习方法，例如，同一个学生在不同时期，所采用的学习方法可以是不同的，甚至同一学生在学习同一内容时，也可以采取多种不同的学习方法。每个系统要达成的目标是每位学习者都能够各取所需，且要有各自不同的建模和设计。对于自适应学习系统来说，学生模型、领域模型和引擎算法模型是开发重点，也是难点，要做到动态、实时监测学习者在不同知识点的能力水平，并提供相应反馈和匹配内容，这需要应用到数据科学、教育测量学、标签技术和机器学习等技术。当前特别是需要有较高计算机专业知识的自适应引擎研究和接口模块的研究。

纵观目前的在线教育市场，与自适应学习技术的结合主要体现在语音识别、手写识别和智能解题技术、智能辅导系统等领域。市场上成熟的自适应学习系统产品较少，一个成熟完整的自适应学习系统往往需要多领域的专家和技术人员通力合作才能将其转化为成熟的产品。目前发表相关论文的作者往往都是教育技术学专业的教师和研究生，缺乏专业的计算机技能，无法将自己对于自适应学习系统的理论建模转化为现实的产品，无法进一步进行实证研究，更无法用实验数据去验证自己所构建的自适应学习系统理论模型的正确性，进而对理论模型进行改进。这就需要有一个顶尖的研发团队来做，其中，数据科学团队是最重要的。数据科学团队需要懂得贝叶斯理论、信息论等高级的算法和数据分析技术，而且还要不断地对算法进行优化，甚至根据需要开发新的算法。

如果说，AlphaGo 赢得人机大战的主要原因是遵循了一套固定不变的标准和章法，那么对于教育而言，令人遗憾的是没有一套这样的标准和章法可以遵循。自适应学习的教育产品，其深度学习和个性化匹配的能力远未达标。如依照唐代杰出的文学家、思想家韩愈所说"师者，传道授业解惑也"，那么自适应学习系统，目前最多可以达到基础的"授业"水平，教育的真谛"传道"与"解惑"，还是必须要依靠人去完成。总之，自适应学习系统目前处于理想很丰满、现实很骨感的阶段。

在今后的研究中，要组建顶尖的数据科学团队搞研发，研究者要在自适应学习系统理论研究的基础上，加强与其他领域学者的横向合作，尽快将理论模型转化为现实产品，并应用于教育实践，在实践中对自适应学习系统相关产品进行评测，最后根据评测结果进一步完善产品和理论模型。

六、自适应学习系统的未来趋势

随着社会的发展，自适应学习系统将会在技术手段、教学理论、教学范围、学习模式等领域显示出不可替代的优越性与不可逆转的发展趋势。

1. 依据人体生物节律促进个性化学习

（1）人体生物节律

人体生物周期也称人体生物节律，是指人的体力、情绪和智力的周期循环。20 世纪初，德国内科医生威尔赫母·弗里斯和奥地利心理学家赫尔曼·斯瓦波达通过长期的临床观察，发现了人的情绪和体力的周期变化规律：情绪的变化周期是 28 天，体力的周期变化是 23 天。20 年之后，奥地利的阿尔弗里特·泰尔其尔教授在研究了数百名大中学生后，发现人的智力变化周期是 33 天。随后研究者又发现在每个周期的中间两三天，人的智力、情绪、体力都不稳定，这几天被称为临界日。临界日以前的半个周期是高潮期，临界日以后的半个周期是低潮期。人从出生开始，智力、情绪、体力都按照高潮期—临界日—低潮期的顺序，发生循环往复的周期性变化。这三个近似月周期的循环，统称为生物节律，在每一周期内有高潮期、临界日、低潮期。人体生物节律理论认为，这些循环从人出生的时刻开始，就分别按各自的周期循环变化，首先进入高潮期，然后经过临界日变换为低潮期，按正弦曲线的规律持续不断地变化，一直到生命结束为止。人体生物节律，见图 4 - 3 - 3。

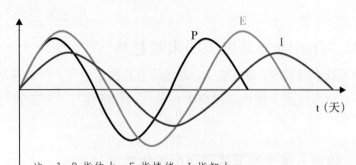

注：1. P 指体力，E 指情绪，I 指智力。
　　2. 横轴以上为上半周，表示高潮期；由高潮期向低潮期
　　　　过渡并与中轴交点不临界日；横轴以下为下半周，表
　　　　示低潮期。

图 4 - 3 - 3　人体生物节律

① 体力节律。体力高潮期的特征为：体力充沛，身体灵活，动作敏捷，耐力和爆发力强，充满活力；能担负较大负荷的体力劳动，劳累后恢复得快；身体抗病能力强，不易感染疾病，治疗疾病效果明显。体力临界日的特征为：抵抗力低，免疫功能差，身体软弱无力，极易疲劳，易受外来各种不良因素的侵袭；有时表现得动作失常，运动员进行大运动量训练易受伤；慢性病者极易复发或病情加重，是危重病人或老人的危险点。体力低潮期的特征为：身体乏力、懒散，耐力和爆发力较差，劳动时常感到力不从心，易疲劳；比较容易感染疾病，特别是哮喘病极易发作，低潮期治病的效果一般不明显。

② 情绪节律。情绪高潮期的特征为：心情愉快，舒畅乐观，精力充沛，意志坚强，办事有信心；创造力、艺术感染力强，是创作的最好时期；思路灵活、敏捷，是解决矛盾、处理疑难问题的好时候；对待问题的态度积极且富建设性，能与人融洽相处，学习工作效率高。情绪临界日的特征为：情绪不稳定，烦躁易怒，心绪不宁，精力特别不易集中，学习工作易出差错；自制力差，缺乏理智，容易冲动，一点小事都可能激怒人，一些矛盾激化事件，如打架斗殴邻里纠纷也多在此时发生。情绪低潮期的特征为：情绪低落，精神不振，意志比较消沉，做事缺乏勇气，信心不足，注意力易分散；常感到烦躁不安或心绪不宁，此时学习工作效率不高。

③ 智力节律。智力高潮期：头脑灵活，思维敏捷，思路清晰，记忆力强，精力和注意力集中；善于综合分析，判断准确，逻辑思维性强，学习工作效率高；是学习、创造、写文章、决策、计算的最佳时机。智力临界日的特征为：判断力差、健忘、注意力涣散，严重者头脑发晕发胀，丢三忘四，学习中极易出差错和失误。智力低潮期的特征为：思维显得迟钝，记忆力下降；理解和构思联想比较缓慢，逻辑思维能力较弱，注意力不易集中，判断力往往降低，缺乏直觉，学习工作效率不高。

（2）改进自适应学习系统，推送最佳学习资源

学生模型记录着学生的个性特征，在未来的研究中，还应在学习者个人信息中增加学习者的出生年月日（公历）等基本信息。随着移动技术的发展，在引擎算法模型中应添加人体生物节律查询功能，除了根据每个学习者最新能力水平外，还要依据学习者人体生物节律现状提供相应反馈，并匹配最合适的学习内容。比如，在学习者体力、情绪或智力高潮期，推送难度较大的富有创造力的学习资源；在学习者体力、情绪或智力低潮期，推送难度较小的巩固性练习的学习资源；在学习者体力、情绪或智力临界日，系统要按照"化整为零、步步为营、各个击破、层层推进"的教学思想设计并推送练习题，还要充分发挥错题集的功能，争取错题不二犯。在学习者体力低潮期，推送一些课间体育锻炼项目，诸如颈椎操等；在学习者情绪低潮期，课间休息要么推送一些舒缓的音乐，要么组织游戏和活动，培养学习者的团队协作能力和参与意识；在学习者智力低潮期，系统要以"动手激趣、动脑激思、动心激情"的理念来设计学习内容，推送一些易于激发学习者学习兴趣的轻松愉快的学习资源。总之，自适应引擎模型的改进，是要完成学习者学习情境的自适应，保证学生学习"有味道""有营养"，还要"有激情"。

2. 自适应学习系统的未来趋势

展望自适应学习系统的未来发展，它必将会改变简单粗暴的弊端，朝着全方位、全覆盖、多层次、宽领域、大容量、重细节、高效率的方向发展。

（1）全方位

所谓全方位，是指自适应学习系统范围的全方位。未来自适应学习系统将由局域网（LAN）向城域网（MAN），最终向广域网（WAN）的方向发展，覆盖全球的学习资源。

（2）全覆盖

所谓全覆盖，是指学习资源内容全覆盖。开设的课程门类多，凡是学习者所需的学习资源应有尽有。不同媒介的（字、图、音、视、VR、AR、AI…）、不同来源的、不同难度的、不同讲述风格的一应俱全，满足学习者个性化的学习需求，引导学习者学习自己最感兴趣的课程。

（3）多层次

所谓多层次，就是根据学习者的情况和特点，按次序分层。自适应学习系统着眼于全国各级各类学校的学习者和社会学习者，包括全国6.36万个教学点，要使偏远地区的农村中小学教师同步涉猎到优质的学习资源，并且获得最佳的学习效果，必须分层施教。系统分层输送与之相适应的学习资源，以充分发挥自适应学习系统优质学习资源的作用，真正做到因人施教。

（4）宽领域

所谓宽领域，是指自适应学习系统研发者要向相关学科要宽度。自适应学习系统研发者除了要精通本专业的知识外，还要调动教育学、心理学、教育哲学、教育信息学、教育史、教学艺术、教育科学研究方法、行为学习理论、人体生物节律学等多学科的知识来分析每一位学习者的差异性，才能在真正掌握使用者学情的基础上，实现自适应学习。

（5）大容量

所谓大容量，是指未来自适应学习系统将能容纳百万数量级变量间关联的簇。未来自适应学习系统文件的大小即文件内容实际具有的字节数，不再以 Byte 为衡量单位，而是要用最小的计量单位"簇（Cluster）"。自适应学习系统将是一个能容纳百万数量级甚至亿万数量级变量及变量间关联的簇。

（6）**重细节**

所谓重细节，是指自适应学习系统研发注重细节。"细节决定成败"是一句俗语，也是一种哲学思想，讲究细节是学习系统研发的关键和突破口。重细节，一是指目标要细，包括知识点细、领域模型细、系统记录分析细；二是指要求要细，包括知识点细，要给出有针对性的分析；三是指领域模型细，能够准确把握每位学习者对知识点的某一方面的掌握和应用判断；四是指系统记录分析细，每个登录自适应学习系统的学习者，系统需关注学习者的方方面面，犹如面对面观察这位学习者。

（7）**高效率**

所谓高效率，是指自适应学习系统与学习者精准对接。系统根据学习者的学情和需求，即时推送学习资源，即时自动化分析，根据学习者的学习行为动态预判其学习效果，即时给出学习建议。学习者随时提问，随时解答，随时评价，随时换"人"（可能是机器人）。自适应学习系统将会更加"人性化"。未来自适应学习系统将人机互动做到极致，还将在提供面对面互动平台方面做出探索和尝试。未来自适应学习系统将更加凸显在教学目标的指导下，根据学习者的个性化需求，为学习者提供个性化学习内容、学习方式与学习环境，以期实现学习效果的最大化。

第五章　大数据时代的教学改革

大数据推动教育信息化的深层次发展，离不开对教学的有效支持。近年来越来越多的网络在线教育横空出世，最为突出的是基于"互联网＋"的课程教学模式不断涌现。微课、慕课与翻转课堂有机结合，正在成为当前教育领域教学改革的前沿和热点。大数据时代的教学改革有助于学生利用开放的网络资源在课外获取知识，将知识解惑、理解和内化带到课堂中，提高教育教学质量；有助于实现优质教育资源的共享，实现教育均衡发展。

第一节　课程教学新模式

借助于数字化技术，微课、慕课与翻转课堂重构了新的学习生态，成为最具有影响力的三种新模式。以微课为载体，以网络平台为支撑，以评估为核心，翻转了课堂；慕课与翻转课堂的有机结合，在全世界范围内得到广泛关注，给传统课堂教学模式、教学课程、教学观念及师生关系带来了冲击，正形成一场自班级授课制以来教育教学领域最大的革命。

一、课程教学新模式的影响

1. 有助于学生成为学习的主人

20 世纪 90 年代以来，世界上的一项重要教学目标，就是培养学生的自主学习能力。我国的基础教育改革，已明确将发展学生自主学习、合作学习、探究学习能力，作为扭转学生学习方式的重要目标和任务，各级各类学校已经在积极培养学生自主学习能力的方向发展。发展学生自主学习能力，不仅有利于提高学生在校的学业成绩，而且可以为学生的终身学习打下坚实基础，更重要的是，可以让学生适应数字化时代对人才的能力要求。

在传统的课堂教学中，大多还是一种以班级为集体的教学，教师为了完成教学任务，很少组织讨论式教学，教学仍然是以教师讲授、学生认真听讲为主的教学模式，师生间互动较少，基本没有学生之间的合作学习、探究学习，学生仍然是一种个体学习。因此，在这种教学模式下，学生缺乏自主学习能力，学生的主动性很难得到发挥。微课、慕课、翻转课堂进入学校的教学及其管理过程，有助于转变传统的教学观念，培养学生的自主学习能力。微课、慕课、翻转课堂对传统学习模式的改革体现在将学习的主动权交回给学生，允许学生根据自身知识、能力水平，自行把握学习进度，选择学习环境，充分体现了自主学习的理念。在慕课、翻转课堂的学习过程中，由于学习方式的变革，一方面，学生可以运用多种手段通过课堂、在线等获得所需知识，更重要的是它使得学生不仅可以获得知识，而且参与知识的创新过程；另一方面，学生的学习不再是独立存在的，且不再仅仅局限于个体的自我努力，而是通过讨论区实现了大规模集成化学习。不同国家、不同学校、不同专业的学习者以及不同师生之间在这里可以发表各自的观点，相互学习，碰撞出思维的火花，学生在学习过程中不仅个性得到凸显，也可实现各种形式的结合，创新教学内容和教学方法。这样，学生把握了学习的主动权，真正成为学习的主人。

2. 有助于教师因材施教

课程教学新模式所具有的大数据分析功能为教师真正了解学生、因材施教带来了机遇。通过这些数据可以清晰地看出每个学生在学习过程中的情况，如学生的学习投入、学习进度、学习习惯的情况，学生在观看视频时是否遇到不懂的地方，以及对知识的掌握程度等。慕课、翻转课堂具有大数据分析的特征，它利用网络信息技术的优势，可以对学生学习过程中的学习行为进行统计，学生观看视频的次数、每周的小测试及课堂小测验，在慕课、翻转课堂中，学生学习数据的采集、测量、存储、管理、分析、挖掘等，都通过技术的集成运用，形成了一个有机结合的整体，实现了基于大数据的学生个性化学习分析。通过对数据进行分析和挖掘，检测学生的学习效果，分析学生的学习特点以及影响学习成绩的因素等，预测未来的学业成绩和进展，有助于教师真正了解学生，对学生有针对性地进行指导，让每个学生都得到最好的发展。

在传统课堂教学中，教师很难考虑到每个学生的学习状况，学生在整齐划一的教学步骤指引下，按部就班地进行学习。通过慕课、翻转课堂的大数据分析，教师可以及时地把握每个学生在每个阶段的学习情况，为学生设计差异化的学习内容、学习方法等，并给予相应的指导，推荐相应的学习资料。在这种教学模式下，学生可以实现个性化的学习，从而极大地提高学习兴趣，激发学习动机，提高学习效果。总之，大数据分析有助于实现"有教无类、因材施教"的教育理想。

3. 有助于师生的最佳结合

教育实践是由教育理论所引导的。教育理论指引着教学的方向，影响着教学质量。慕课、翻转课堂作为一种将互联网与课程教学创造性地结合在一起的新教育模式，带来了一种全新的理念，使得学生真正成为学习的主人。

在实施课程教学新模式的教学过程中，学生主体地位得以凸显，个性化学习得以实现，学生根据自己的情况选择教学进度。课堂外，学生主动查找资料，遇到没看懂的地方反复进行观看，或在困难比较大的地方认真思考，或做笔记，提前对知识进行学习，从被动地听教师讲授知识转变为主动地建构知识。课堂上，有目的地提出自己遇到的问题，通过讨论区实现了大规模集成化学习，积极参与互动讨论，从被动的思考转变为问题的发起者。学生的学习不再是独立存在的，不同国家、不同学校、不同专业的学习者以及不同师生等在这里可以发表各自的观点，相互学习，碰撞出思维的火花。学生在学习过程中不仅个性得以凸显，也可实现各种形式的结合，创新教学内容和教学方法。

在慕课、翻转课堂这些课程教学新模式中，教师可以利用大数据分析功能进行教学研究。教师通过将收集的信息进行研究，将宏观的教学和微观的数据相结合，把握教学规律，丰富教学理论，从而更好地指导实践，及时地对学生进行反馈和指导，不断地改进教学内容和教学过程，进一步提升教学能力，带领、引导学生学习。这些新的教学模式对优化以教师讲授为主的传统教学模式带来了改革的机遇，课堂上师生互动交流的时间增多，师生有足够的时间进行知识内化的课堂活动，提高了师生互动的质量，有助于教师主导和学生主体的最佳结合。

4. 扩大了传统教学内容的疆界

大数据时代课程教学的新模式以互联网作为载体，可以将全世界顶尖大学的优质课程资源以极低的成本传递到原本无法取得这些资源的世界各地所有学习者的终端设备上，使他们能够随时随地轻松获得最优质的学习资源。无论从课程数量还是学生数量来看，都是传统大学教育无法企及的。例如，根据谷歌的统计，2012 年，耶鲁大学哲学教授谢利·卡根（Shelly Kagan）教授的课程《哲学：死亡》是互联网上最受欢迎的国际名校课之一，每周在中国内地的平均点击量达 3000 次以上。如果没有慕课，中国学生无法聆听到谢利·卡根教授幽默而深刻的讲授。用慕课，教师可以随时对内容进行修改，根据最新的发展动态及时补充新的教学内容，使其教学内容符合学生的需求。

新教学模式扩大了传统教学内容的疆界。慕课内容的呈现方式以模块化为主，课程内容被分割成十分钟左右的"微课程"，并且在课程中贯穿了很多小测验。在这样的课程中，学生不仅可以及时了解自己的学习情况，还可集中注意力。依据互联网，慕课还能够将教学视频外的无限的其他优质在线教育资源也融合在课程中，比如电子教材、学习软件等，让学习内容与过程变得更为丰富和生动。因此慕课通过网络技术将教学内容实现了理论性与趣味性的统一。根据美国《高等教育纪事》周报的调查，97%的教师在慕课中使用原始录像，75%使用公开教育资源，只有9%使用必须购买的教科书，5%使用必须购买获得的电子书。

随着信息技术的快速发展，学科的知识越来越多，知识的更新速度超出了人们的想象。人们几乎被大量的信息所淹没，需要学习的知识变得越来越多。与此同时，新一代教育家受到云计算、脑神经科学和人工智能的启发，力图与时俱进地创造出新的教学方法，引导学生学习，让学生学习充满乐趣。这些新教学模式扩大了传统教学内容疆界，对学生来说，知识不再是由教师传递给学生的成熟果实，而是学生在好奇心的驱使下自觉探索的成果。教育者只是从旁启发，不做解答，他们站在一旁，任由学生自主学习，彼此互助，让学习者重新发现自己学习潜能和学习热情，学习者的天赋就此展开。

5. 引发传统教学评估的改革

大数据时代课程教学新模式引发了传统教学评估的改革，体现在具体的学习成果评价方式以及课程认证两个方面。

在评价方式上，美国三大平台都利用同辈评价或软件评价的方式，为学生提供第一时间的反馈，同时开放课程论坛作为学生与教师、助教、学生与学生之间交流的平台，促进学习过程中的互动。三大平台中的 edX 平台虽然起步较晚，却是网络课程技术改革的先锋。为给成千上万学生提供有效学业评估，麻省理工的教授开发出 Caesar 软件，将作业和测试的批复任务分配给世界各地的校友志愿者，让学习者进行自评和互评作业。这种评价方式一方面解决了教师大批量批改作业的难题，教师就会留出更多的时间进行教学研究，把更多的精力用来关注学生的发展，用于指导学生的学习。另一方面，这种评价的方式对于学生的学习有一定的促进作用，学习者通过参与评价过程而有机会同时充当了学生和教师的双重角色。通过自评和互评相结合的方式，学习者可以比较自己和同伴之间的差距和优势，同时通过评价作业，学生对知识和原理有了更深刻的理解。因此，这样的评价方式能更好地促进了学生的学习，能够锻炼学生的批判性思维和叙述技巧，此外，评价过程也间接地反映出学生自身的学习效果。

在课程认证上，慕课与以往网络课程存在较大的不同，那就是它可以为完成课程的学生提供正式认证，或者得到大学认可的学分，甚至实现不同平台之间的互认。这样的认证方式既有利于保障教学质量又有利于保障平台的经济效益，对于大量由于种种原因无法接受常规大学教育的学生而言也具有巨大的吸引力。2012 年 9 月，科罗拉多州立大学的"全球网络校园"就宣布接受在 Udacity 上完成计算机科学概论课的学生转换学分。Coursera 的全部 33 个北美顶尖合作大学都可以有偿为完成本校课程的学生提供认证。麻省理工学院也在 2011—2012 学年春季学期推出了该校第一门在线认证课程。

6. 对教师教学能力提出挑战

《国家中长期教育改革和发展规划纲要（2010—2020 年)》明确指出：信息技术对教育发展具有革命性影响，要以教育信息化带动教育现代化，从而促进教育的创新与变革。各级各类教育的发展、变革甚至革命的最根本动力，来自社会和技术的发展。

面对大数据的数字海啸，回避只能让我国的各级各类教育陷入困境。适应这一国际化潮流和趋势，加强学习，从容应对是教育工作者应有的理性态度。大数据时代课程教学新模式作为一种信息技术与教育相融合的产物，实现了优质教学资源的共享，使得教学内容的覆盖面正在无限扩展。如果还是靠书本来获取知识，固守按部就班的知识教学程序，不探索一种新的学习方式，课程教学内容将会离当代知识、知识前沿越来越远，将会更难接触到前沿性的知识。比如，大学面对的教学对象是已经有了一定知识积累的大学生，这就要求大学教学不仅仅是知识传递的过程，也是知识创新的过程。因此大学教学内容应该具有科学性、前沿性的特征。再比如，课程教学新模式使得中小学教师也不能单靠几本教科书完成备课任务，而是要通过掌握学生线上学习的具体数据，跟随学生学习状况及时调整自己的教学安排。总之，课程教学新模式促使教育从"学校选择适合教育的人"向"个体选择适合自己的教育"转变，这不仅需要教师更新教育观念，更要从变革教学手段做起。

大数据时代的课程教学新模式是一种基于社交网媒的互动式学习，同时具有交互性、多元性、开放性、民主性、自主性等特点。这些特点要求教师从整体上提升教学能力，从自我中心走向学生中心，从孤军奋战走向团队合作，由此带来了教学手段的变革。大数据时代的课程教学新模式，无论是微课、慕课，还是翻转课堂，通常要求教师将每周规定好的教学内容录制成教学视频，放在数字化教学平台上，学生自主选择时间来进行学习。教师可利用这一特性，激发学生在线观看视频内容；慕课讨论区或者翻转课堂上，教师针对学生在学习过程中遇到的问题进行辅导。理想的课堂应更多地体现知识的探索和师生的互动交流，而教师教学能力的高低直接影响着课堂互动的质量，影响着学生学习的质量。与传统教学模式相比，这也是对教师教学能力的挑战。

大数据时代的课程教学新模式，打破了课堂教学的封闭性，给教师带来了全球化的竞争环境，使得教师在教学能力方面受到较大的冲击与挑战。一方面，微课、慕课在课程设计上给教师带来了挑战。微课、慕课具有丰富的优质教学资源，学生根据自己的兴趣和需求，可以自主选择来自全球顶尖学校名师的授课。对于我国教师来说，要主动借鉴微课、慕课的成功经验，应对微课、慕课带来的挑战，反思教学，提升课程设计能力，满足学生的个性化需求。另一方面，微课、慕课在专业能力上给教师带来了挑战。微课、慕课平台选择的都是在专业知识上具有较高水准和知名度的教师，这些教师无论在理论还是在实践上都有较深层次的认知。与微课、慕课平台教师相比，国内教师还具有一定的差距，由于微课、慕课的开放性使得学生很容易对教师的专业能力进行比较，进而降低对国内教师的专业认可。我国教师需要不断地提升教学技能，更新教学技能，完善教学设计过程，使教师和学生在教和学的过程中实现教学相长。正如上海交通大学副校长黄震所言：在线课程不可能取代传统课堂，但会倒逼大学加快教育改革，提高教学质量。否则，我们的大学容易沦为一流大学的教学实验室和辅导教室。

面对大数据时代课程教学新模式和教学手段变化的挑战，教师必须要学会学习、学会合作、学会创新。学会学习是教师专业成长的原动力。教师要由知识型、经验型、学科型的教师向能力型、科研型、复合型的教师转变。教师要将具备学富五车的知识素养作为终生的追求。在教学中，要向哲学要高度，即用正确的教育哲学思想指导教学。向史学要深度，我国在世界教育史上的精华主要体现在教学论和德育论，教学中要向教学论和德育论要深度。课程教学新模式的多元性，要求教师向相关学科要宽度，拓宽自己的知识领域。课程教学新模式的开放性，要求教师向新型学科要新度。课程教学新模式的多元性和交互性，要求教师向专业学科要精度。

7. 课程教学新模式的局限性

当前大数据时代课程教学新模式尚不完善，还面临着许多挑战，如较高的辍学率、制作成本较高（如微视频制作、知识网络设计、技术平台、一流师资）。缺乏成熟的商业运作模式（如资金来源、赢利模式）；缺乏对学生自主学习动机的激发（自觉投入时间、精力，需要较高层次的元认知）；缺乏教与学方式的创新（要与慕课内容、学习者特点相吻合的新型教与学方式）；缺乏规模教学质量认证（如学分、学位认证）；缺乏浸润式学习体验等。

在慕课中，学生失去了在教室中学习的那种环境制约力，对于自身学习主动性强、自律性强的学生没有问题，而对于惰性强、自律性弱的学生，因为没有外部学习压力，可能会导致辍学率高。金砖国家慕课学习者众多，这类群体，恰恰是自身学习主动性最强的。对慕课受众调查结果反过来也印证了这点。美国的宾夕法尼亚大学对 Coursera 平台上选修 32 门本校课程的学生共计 34 779 份问卷进行统计，并将统计结果撰写成文发表在《自然》杂志。该调查结果显示，有 83% 的受调查学习者已经拥有大专以上学历，更有 44.2% 的受调查学习者拥有本科以上的学历；其中，男性学习者占接受调查的慕课学员的 56.9%；同时，接近 70% 的学习者是在职人员。

慕课不适合实验实践类课程，在这点上它有天然的不足，并且慕课考试证书含金量不足。慕课的评价形式主要有在线测试、作业、评价等。在线考试的技术本身是非常简单的 TOFEL、驾考等都进行了很多年，但那些都是封闭式的"机考"。而慕课采用的是开放式的"互联网考试"，在身份验证上就有困难。尽管 Coursera 曾经做过一些尝试，例如，通过打字习惯和摄像头相结合来判断是否有"替考"发生，但终归操作性不强，这也是导致慕课考试证书含金量不足的一个原因。

慕课可提升学校的教育国际品牌形象，但慕课平台由于要支持大规模注册，注定功能强大、要求高，因此总开发成本高。由于慕课是免费开放的，目前还没有找到最合适的商业运作模式，只有当修课人数较多的时候，才可能会有金钱和名誉的回馈、开发。

慕课的兴起，让更多的人可以接受到优质的高等教育，这有利于优化大学的教学方法，扩大高等教育的国际化，但同时也容易形成"强校愈强，弱校愈弱"的局面，优秀的学生难以脱颖而出，其中如何保障慕课的质量是一个亟待解决的难题。

二、微课

随着网络技术的发展，以及微博的普及和盛行，无意之中带动了一股"微"潮流，如微信、微电影、微小说、微访谈、微学习等，微课也是这股"微"潮流的产物之一。

1. 微课概念

如今对于微课的概念，说法不一。在教育领域多位从事微课研究的专家提出了各自的见解。

观点一：微课程是微型视频网络课程的简称。它是以微型教学视频为主要载体，针对某个学科知识点（如重点、难点、疑点、考点等）或教学环节（如学习活动、主题、实验、任务等）而设计开发的一种情景化、支持多种学习方式的在线视频课程资源。

观点二：微课是以阐述某个知识点为目标，以学习或应用为目的，时间控制在十分钟之内的一种支持多种学习方式的在线视频课程。

观点三：微课和自主学习任务单或导学案、学生的学习活动相结合，构成完整的微课程，从本质来说，它是课堂教学的一个实录片段。

观点四：微课属于"课"的范畴，是从翻转课堂中衍生出的新概念，它自身具有目标清晰、内容短小的特点，非常适合用来讲解一些问题。

观点五：微课是采用流媒体播放的方式来演示知识点解惑答疑。

观点六：微课是以学习或教学为目的的在线教学短小视频，借助它可以简洁明快地阐释有关的背景知识。

……

梳理以上观点，本书作者认为，微课是指教师自行开发的以短视频为载体，以网络为传播途径，提供给学生自主观看、自主学习，教学目标明确、时间较短、内容丰富的支持多种学习方式的在线视频课程。

2. 微课的起源及发展

微课是相对于传统课堂而言，微课又称作"微课程""微视频"等。美国阿依华大学附属学校于 1960 年首先提出"微课"，也称微型课程，并将其定义为一种新型的教学模式。微课的发展历程如下：

（1）线上网络环境中的微课研究

1993 年，美国中西部十所最佳综合性大学之一的北艾奥瓦大学 Leroy. A. McGrew 教授开设了一分钟化学课，主要用来普及有机化学知识，这就是最初的微课。1995 年，英国纳皮尔大学的 T. P. Kee 教授提出了"一分钟演讲"，这也是比较早的微课。

线上网络环境中的微课研究最具代表意义的是可汗学院的微课程。2006 年，孟加拉裔美国人、麻省理工学院的学生萨尔曼·可汗创办了一所非营利的教育组织——可汗学院。

可汗学院的课程之所以称为"微课"，是由于课程大多时间很短，每节课用 3~10 分钟的时间，集中对一个知识点进行讲解，且与早期课堂教学中所使用的视频片段不同。这种教学模式具有教学时间较短、教学内容较少、教学目的较明确，便于传播、制作简单等特点，教学效果非常好，能更好地满足师生的个性化教学和个性化学习的需求，因此，得到国内外专家学者的广泛关注。

可汗学院还有在线图书馆，其中包含了借助录像技术录制的3500多部在线微型教学视频，涵盖了数学、物理、化学、生物、天文、历史、金融等多学科的课程内容，方便学习者的使用。这些教学视频通过精练的语言和深入浅出的教学方式进行知识的线上传授，根据学习者的学习记录，给予个性化学习指导与反馈。与传统课堂教学比较，可汗学院的微课互动性高而且更加智能化。可汗学院的微课程包括了各个学习环节，方便了学生利用碎片化时间、自由选择地点进行学习，而且还涵盖了完整的课程评价方式，方便了教师的教和学生的学。

可汗学院通过网站上的微视频讲解课程内容，用户只需要注册登录，网站具有支持在线测评、学习进度跟踪等功能，作为一种新的教学模式被应用到美国教学当中。与此同时，可汗学院也为全球网络学习者提供免费开放的高质量学习资源，如，可汗学院的讲课视频，运用了中英文语言的视频方式，不仅方便了本国学生的学习，还方便了中国学生对其资源的使用。同时，可汗学院的微课程也受到了世界各地学生的普遍欢迎。

从某种意义上说，"微课"这个新词汇是伴随着可汗学院的创办而出现的一个新词汇。

线上网络环境中的微课研究影响比较大的还有 MOOC（Massive Open Online Courses），即大规模网络开放课程，它也是以微课为载体。MOOC 主要由 Cousera、Udacity、edX 等国际在线教育平台构成。MOOC 中的每节讲授课大约控制在十分钟之内，世界各地学习者都可以免费注册学习。借助 MOOC 提供的优质课程资源，学习者可以进行系统的学习安排，通过观看视频课程，真正实现碎片化学习，通过在线师生互动、提交作业、在线考试还可以获得 MOOC 颁发的名校课程证书。越来越多的世界各地大学认可了这种证书的价值。

（2）线下环境中的微课研究

2008 年秋，美国新墨西哥州圣胡安学院的戴维·彭罗斯（David Penrose）教授第一次提出了"一分钟的微视频"的微课程（Micro Lecture），并明确阐述了微课的内涵以及设计和开发过程。彭罗斯教授认为，微课程把教学内容与教学目标密切结合起来，明确了课程的核心概念，并且将这些核心概念当作知识脉冲（Knowledge Burst），为学习者搭建一个网络平台，通过发现知识和自主学习达成学习目标。通过微课的自主学习，学生能够在短时间内学习课程核心概念并掌握相关知识。彭罗斯教授还提出了建设微课的五步骤：掌握微课将要阐释的重要概念；提炼出 15～30 秒的简介，展示重要概念的辅助材料；制作 1～3 分钟的教学音频或视频；编制课后作业和思考题；将教学微视频和课后作业在微课管理系统中发布等。"一分钟的微视频"的微课程核心理念是将教学内容和目标进行紧密结合，形成一种"更加聚焦式"的学习体验。由于影响广泛，David Penrose 教授也被称为"一分钟教授"。

国外除了线上线下环境中的微课研究外，还有对录制的课堂教学视频进行切片分割的微课研究。如新加坡国家教育学院 NIE 开展的研究项目中，将录制的一系列半独立的专题课程（传统课堂教学视频）按时长进行划分，形成一系列独立的专题课程，并将其称为微课。该类型的微课，课程容量小，时间也较短。这种将课堂教学视频进行切片分割的微课，强调将信息技术和微课程相互整合使用。

（3）校本课程中的微课研究

20 世纪 80 年代，国内学者开始了微课的研究与实践。北京大学教师采用电化教学手段，将课程录像分割成碎片，称之为碎片式电视教材。初期开展的研究大多都是关于微课程的概念及课程组织形式研究。后期随着国外可汗学院的兴起，再次带动了国内微课的研究，此阶段的研究集中于校本课程开发、微课程的模式构建方面。

2010 年，广东省建立了"广东省名师网络课堂"，在微课程实施方面做出了很多研究。许多学者提出微型课程的设计模式，即确定课程目标、确定单元教学序列、准备课程内容、设计教学活动组织方式、设计评价方式、进行课程管理等举措，推动了微课程教学实践的研究。

在校本课程中嵌入微课程，丰富了教育教学研究资源，变革了学习方式，有助于完善课程体系，补充国家课程、地方课程的不足。在校本课程中嵌入微课程，适当渗透生活化等教育内容，简单而有趣，激发学生学习主动性，既提高了学生的科学素养，又减轻了学生的压力。在校本课程中嵌入微课程，传授"微"知识，降低学习难度，激发学习兴趣。在传授"微"知识的过程中，帮助学生慢慢架构课程的整体概念。在校本课程中嵌入微课程，从学生知识点的掌握方面入手，并鼓励教师开发出系列微课程，有助于促进教师专业能力的不断提升。

（4）微课的设计开发研究

美国的戴维·彭罗斯（David Penrose）要求教师把教学目标和教学内容结合起来，并通过制作精练的教学视频来进行讲解。关于设计策略方面，国内许多学者赞同戴维·彭罗斯倡导的基于三个方面的微课设计策略，即：具体在哪些地方挖掘知识进行设计？挖掘知识需要达到什么程度？如何保证对学习进行有效监督？

当前我国许多学者围绕着微课的设计开发进行研究，并将微课设计水平的高低当作评价微课优劣的一个重要参数。关于如何进行微课设计，北京师范大学余胜泉等认为，微课设计时需要全面综合分析各种学习资源、学习活动设计、学习评价标准及认证服务等各个要素之间的关系。[①] 梁乐明等认为需要综合考虑下列几个问题：作为环节相对完整的一节微课，也需要与之相对应的教学计划；实践过程中应该将教学视频与真实的课堂情境综合起来考虑；动态生成学习活动过程中所需的各类资源，教师与学生之间互建学习内容。[②] 孟祥宇、全江涛认为，在微课的设计与制作中，"以学生为中心"是一个不可动摇的原则。[③] 无论出于何种使用目的，都需要明确：微课的使用对象是学生，不是教师；微

---

① 余胜泉，陈敏. 基于学习元平台的微课设计 [J]. 开放教育研究，2014 (1).

② 梁乐明，曹俏俏，张宝辉. 微课程设计模式研究：基于国内外微课程的对比分析 [J]. 开放教育研究，2013，19 (1).

③ 孟祥宇，全江涛. 在线学习的方法与实践 [M]. 北京：电子工业出版社，2017，9.

课的主要使用时间是课外，不是课内；微课的使用地点一般在家里、宿舍，不是教室。因此，学生看不看、看多久，教师无法直接监控。作为一种提供给学生自主学习的网络资源，微课要想达到理想的使用效果，必须满足两个基本条件：有用和有趣，否则无法有效维持学生的注意力。在微课的设计中，一是在视听传播设计上，要用学生的眼睛看画面，用学生的耳朵听声音；二是在教学思路设计上，要根据学生的思路展开教学；在心理感受上，要有面对面的亲切自然感。

总之，国内与微课程相关的研究主要集中在学校开展校本课程开发、微课程的模式构建等方面。目前，将微课应用于具体学科的研究还比较少，缺少对学习者完全在 Moodle 这种网络学习环境中学习微课程的研究与实践，尤其是微课的具体设计与微课的功能和需求有关，需要根据具体学科或内容进行相应的调整。

3. 微课类型

任何人、任何时间、任何地点只要连在网络上就可开始学习和工作，这是信息时代信息技术带来的巨大方便。从应用的角度来分析，微课主要有两种：课堂教学辅助资源和学生自主学习新手段。

(1) 课堂教学辅助资源

微课作为课堂教学辅助资源，在课堂教学中可以担当多种角色，既可以用来创设情境、导入新课，也可以用于讲解核心概念、突破重难点。此外，微课还可以用来再现虚拟环境和操作过程等。在这种情况下，微课是课堂密不可分的一部分，与课堂的整体教学设计紧密关联，这就需要结合教学任务，进行认真的需求分析，明确学习者需要学习掌握的内容，进而构建微课程学习资源。它能够反复播放或暂停，从而降低学生的学习难度，优化课堂教学效果。

(2) 学生自主学习新手段

微课作为学生自主学习的新手段，自身具有的微型化、在线网络化的特点满足了学生进行个性化学习的需求。学习不必再拘泥于有限的课堂中，有效扩大了时空范围，从而可以更好地满足学生个性化学习需求。作为资源创建者的教师，将事先制作好的微课资源上传到网络，为学生建构了良好的自主学习环境。学生可以根据自己的时间安排进行微课的学习，通过反复观看，集中突破自己还没有真正理解掌握的知识点，构建自己的知识体系。微课既能够被视为一种正式学习的辅助形式，又可以被当作是一种非正式学习的有益补充，因此发展潜力巨大，应用前景广阔，所以关于微课的研究已经成为教育领域的一个研究热点。

4．微课的实施

传统教学模式，学生以在校学习为主，以在家进行自学、参加课外辅导等方式为辅。信息化时代给教育带来的巨大变革，逐渐形成了一种新的教学方式，即数字化学习。数字化学习平台的使用，不仅可以为传统教学方式带来很大益处，而且可以作为一种新的教学方式而独立存在，数字化学习平台是连接课堂教学与课外自主学习的桥梁。

微课的实施主要依据数字化学习平台，而数字化学习平台又是教学资源的展示中心。通过数字化学习平台，实现教学资源的快速而全面地呈现，让学生可以通过点击平台上的课件、视频等教学资源进行随时随地地学习，避免传统的文件管理方式需要提前下载完成后才可访问所带来的缺憾。数字化学习平台包括以下三大类别。

（1）点播类数字化学习平台

早期的数字化学习平台都属于点播类数字化学习平台，例如当前国内在微课程资源建设方面比较先进的佛山教育局用于发布微课程资源的"佛山数码学习港——微课程天下"平台。该平台是在广东省体育运动会视频点播系统的基础上修改完善而成，集成了视频资源的管理和点播等功能，遗憾的是学习者在看完微课程视频后，无法参与微课程学习的交流、评价和反馈等活动。

（2）交互类数字化学习平台

这类平台可以实现师生、生生之间的互动，利用聊天室、短消息等方式实现更好的教学互动体验，例如国内的中国微课程网和网易公开课。中国微课程网是由教育部教育管理信息中心直接指导的中国教育发展战略学会教育管理信息化专业委员会、北大未名集团联合主办，通过定期举办微课程大赛，吸引一线教师制作并上传微课程作品。作品一经审核即在网站上显示，学习者可以登录网站后在微课程视频的下方对该微课程进行评价，并与其他学习者进行交流。但是这类平台的缺憾是交互方式较为单一。

（3）社交类数字化学习平台

这类平台通过对社交类资源的高效聚合，利用现代社交手段，例如RSS 订阅、个人博客、基于 Wiki 等方式建立了个性化的数字化学习平台。国内此类平台有网易公开课、中国大学 MOOC 网等；国外有Coursera、Udacity、edX 等三大 MOOC 巨头。它们都有自己独特的教育学习平台，各有各的优缺点，但主要不同是提供的课程种类的不同，以及这些课程的结构与风格的相异。再如，基于果壳的 MOOC 小分队，会持续放出一些轻松愉快的短视频课程。MOOC 平台的出现极大地促进了包含微课程在内的在线网络课程的普及，其主要课程资源是微课程，是以后的发展趋势。而且微课程的学习模式与 MOOC 类似，与 MOOC一样有完整的教学模式，有参与、作业、反馈和评价，甚至还有证明课程结业的证书。

上述这几种网络教学平台，在一定程度上支持微课程的实施，突破了传统课堂教学的局限，提高了课堂教学质量。

三、慕课

当前教育发展具有全球化、大众化和信息化的时代特征，慕课（MOOC）的出现并迅速崛起正是适应了这一宏观趋势的要求。慕课不同于通过电视广播、互联网、辅导专线、函授等形式开展远程教育的传统教育形式，也不完全等同于近期兴起的教学视频网络共享的公开课，更不同于基于网络的学习软件或在线应用。把 MOOC 翻译成"慕课"一词的是我国华南师范大学焦建利教授，一是音译，二是指慕名而来的课程。

1. 慕课概念

对于慕课（MOOC）概念，说法不一，国内外研究慕课的专家提出了各自的见解。

观点一：加拿大爱德华王子岛大学的戴夫·考米尔（Dave Cormier）与国家人文教育技术应用研究院高级研究员布莱恩·亚历桑德（Bryan Alexander）联合提出了 MOOC 这个概念，强调了大规模、开放和在线这三个能实现联结主义思想的要素。"慕课"（MOOC）顾名思义，是大规模在线开放课程教育平台（Massive Open Online Course）的简称，其本意为"大规模、开放性的在线课程"。这是因为，MOOC 是 Massive Open Online Course 的首字母缩写。

MOOC 的第一个字母"M"代表 Massive（大规模），一是指注册人数多；二是指课程资源的大规模，不仅仅是一两门课程。当然，所谓的大规模也是相对的，第一门"慕课"只有 2200 余名学生，而目前每门课程容量可达数万人，一门课程最多的注册人数是 16 万学生。

第二个字母"O"代表 Open（开放），指的是学习空间和学习资源的开放。学生以兴趣导向，凡是想学习的，都可以注册学习。即使是一些盈利公司建设的课程，学生也可以免费使用其课程资源。

第三个字母"O"代表 Online（在线），指的是教师讲授、学生学习、师生或生生的讨论、作业完成和提交、作业批改等都是通过互联网络在线实现的。

第四个字母"C"代表 Course（课程），包括讲授主题的提纲、讲授内容的视频、各种学习资料、布置的作业以及注意事项等。

观点二：维基（wiki）百科于 2012 年 9 月 20 日这样界定慕课："它是一种以开放访问与大规模参与为目的的在线课程。"也就是说，慕课是指那些由参与者发布的课程，这些课程也散布于互联网上。只有当课程是开放的，才可以称之为慕课，只有这些课程是大型的或者叫大规模的，它才是典型的慕课。

观点三：慕课就是一种网络课程，其特征是公开面向广大学习者，任何人通过网络都可以接触到它。除了传统课堂上学习者所惯用的录像资料、阅读材料和练习题外，慕课还会为学习者提供互动的论坛，以期在师生之间搭建一个交流的平台。

观点四：许多高校教师倾向于将慕课理解为大学堂、大数据、大变革、大论辩。他们认为慕课创造了一个前所未有的网络大学堂，教学改革进入大数据时代，课堂教学必然迎来以大数据为基础的人才培养、学习、课程开发、教学模式的大变革。慕课旨在进行大规模的学生交互参与，开展基于网络的开放式资源获取的在线课程。与传统网络课程不同的是，慕课除了提供视频资源、文本材料和在线答疑外，还为学习者提供各种用户交互性社区，建立交互参与机制。

观点五：浙江工业大学王永固、张庆认为慕课的内涵可以从课程形态、教育模式和知识创新三个维度论释。从课程形态的角度，慕课是一种将分布于全球各地的教学者和成千上万的学习者通过教与学联系起来的大规模线上虚拟开放课程，它既提供视频、教材、习题集等传统课程材料，又通过交互讨论创建学习社区，将数以万计的学习者在共同的学习兴趣和学习目标的驱动下组织起来开展课程学习。从教育模式的角度，慕课是一种通过开放教育资源与学习服务而形成的新型教育模式，它通过网络实施教学全过程，允许全世界有学习需求的人通过互联网来学习。从知识创新的角度，慕课是一种新型的知识创新平台，它引导学习者创造性地重组信息资源和自主探究知识，支持学习者在问题场域中通过协商对话激发灵感和生成新知。[①]

慕课是一种基于技术创新，学者、教师将课程通过互联网短视频的内容呈现，学习者以兴趣为导向注册学习，整个教学过程通过互联网络在线实现，包括教师讲授、学生学习、师生（生生）讨论、作业完成和提交、作业批改等。然而，慕课已经不单是教育教学的革新，更是一种全新的教育模式和学习方式，带来教育观念、教育体制、教学方式和人才培养过程等方面的深刻变化。

---

① 王永固，张庆. MOOC：特征与学习机制［J］. 教育研究，2014（9）.

综上所述，本书作者认为，慕课是指教师自行开发的以学习者兴趣为导向，具有大规模、互动性、便捷性、高效性特征的完整系统的在线实现教师讲授、学生学习、学习体验、师生互动等环节的一种网络课程。

2. 慕课的起源及发展

慕课起源于加拿大，在美国兴起，后来又流行于澳大利亚、新加坡、印度等国家和地区。2008 年，加拿学者戴夫·考米尔（Dave Cormier）与布莱恩·亚历桑德（Bryan Alexander）提出"慕课"（MOOC）这一术语。探寻其渊源，研究者认为慕课发端于开放教育资源运动的 OCW。由于这种早期的慕课形式是基于联结主义思想设计的，因此，这种慕课形式被称为联结主义的慕课，即 cMOOC（基于联结主义学习理论）。现在通常所讲的慕课，是以 2011 年斯坦福大学教授巴斯蒂安·特龙（Sebastian Thrun）和皮特·诺威格（Peter Norvig）联合开设的"人工智能导论"的免费课程为标志的，即 xMOOC（基于行为主义学习理论）。2012 年慕课呈现井喷式发展，《纽约时报》将 2012 年称为 MOOC 元年。

（1）慕课的雏形

2001 年 4 月，美国麻省理工学院（MIT）开始推行"开放课件（Open Courseware，OCW）"运动是开放教育理念在互联网时代真正落地的标志。2002 年，联合国教科文组织在巴黎召开"高等教育开放课件对发展中国家的影响"论坛，正式提出"开放教育资源（Open Educational Resource，OER）"的概念。

2003 年 10 月，我国成立"中国开放教育资源协会"（China Open Resources for Education，CORE），为中国高等院校获取免费、便捷的全球开放教育资源拓宽了渠道。教育部在"2003—2007 年教育信息化行动计划"中启动了精品课程建设项目。其后，我国台湾地区的各所大学纷纷建立了各自学校的开放课程。

2005 年春，"开放课件联盟"（Open Course Ware Consortium，OCWC）成立，使开放教育资源运动有了统一的组织机构。机构成员包括哈佛大学、耶鲁大学、麻省理工学院等两百多所高等教育机构和相关教育组织。

2007 年，美国犹他州立大学的 David Wiley 教授基于 wiki 发起开放课程 "Intro to Open Education（INST 7150）"。2008 年 1 月，加拿大里贾纳大学的 Alec Couros 教授开设网络课程 "Media and Open Education"。研究者认为，这两个项目为 MOOC 课程模式的诞生奠定了思想基础和技术准备，可以说是 MOOC 的萌芽。与典型的 OCW 课程模式相比，世界各地的学习者不仅可以分享此课程资源，而且可以参与课程创新。不言而喻，最初的慕课实质上是一种网络课程。OCW 模式最具吸引力的地方是教育公平、资源共享的理念以及高等院校提供的优质资源。但是，从本质上而言，OCW 模式依然是传统的在线课程模式，最明显的表现是学习过程缺少互动交流和学习效果难以达到及时反馈两个方面。因此，教育工作者仍在不断地对在线课程模式进行创新，以提高在线学习效果。

（2）慕课的诞生

2008 年 9 月，由加拿大阿萨巴斯卡大学的乔治·西蒙（Geroge Siemens）与国家研究委员会的斯蒂芬·唐斯（Stephen Downes）运用慕课理念设计并领导了一门名为"联结主义与关联知识"（Connectivism and Connective Knowledge）的"大规模开放式在线课程"（Massive Open Online Courses），简称慕课（MOOC）。25 位来自曼尼托巴大学的付费学生和 2300 多位来自世界各地的免费学生在线参与了这门课程的学习。研究者普遍认为这就是全球第一门慕课课程。

为了体现这门课程的教育思想和课程形式，加拿大爱德华王子岛大学 Dave Cormier 学者戴夫·考米尔（Dave Cormier）与国家人文教育技术应用研究院高级研究员布莱恩·亚历桑德（Bryan Alexander）联合提出了 "MOOC" 这个概念，强调了大规模、开放和在线这三个能实现联结主义思想的要素。此后，一大批教育工作者都采用这种课程形式开设了自己的大规模网络开放课程。虽然 cMOOC 模式中体现了一种新的学习理论，但由于其课程开设少，用户规模相对较小，在实践中的教学效果和学习效果不佳，因此，cMOOC 课程并没有引起广泛关注。联结主义学习理论的真正落地，还有待进一步研究与探索。

（3）慕课教学模式

慕课的理想是将世界上最优质的教育资源，传播到地球最偏远的角落。在不断吸收联结主义思想和在线教育经验的基础上，OCW 模式中开始分化出新的 MOOC 形式——xMOOC，即人们通常所讨论的 MOOC 模式。MOOC 教学多为大规模的面向全球学习者的免费模式。MOOC 教育效率很高，解决了优质学习资源在全球范围内的普及问题，但课程制作成本高，盈利模式目前尚不明确，可持续性略低。MOOC 属于网络教学范畴，具有网络教学的一般特性，总体的教学形式，MOOC 教学的全过程都在线上，学习形式主要以线上自学为主。

2011 年秋，斯坦福大学计算机科学教授赛巴斯蒂安·特龙（Sebastian Thrun）和皮特·诺威格（Peter Norvig）联合在网上开设"人工智能导论"免费课程是 MOOC 模式诞生的标志。课程开设不久，很快就吸引了来自190 多个国家的 16 万学习者同时注册了该课程，最终2.3 万人完成这门课程的学习。

（4）慕课元年

慕课（MOOC）作为一种基于学习科学，且精心设计的教学模式，有着独特的魅力，它创造性地将学习本质、学习过程、学习动机、学习策略等学习科学的基本规律运用到教学中，极大地激发了学生参与课堂教学的积极性，转变了学习方式，学生由被动学习转变为主动学习，提高了学习质量。

2012 年 9 月 6 日，Udacity 首创性地将在线课程学分与大学学分挂钩，这一形式进一步助力了慕课的发展。2012 年 11 月，美国教育理事会同意评审 Coursera 的几门课程。这些课程学习证书的颁发为慕课被更多大学及社会的认可创造了条件。

2012 年，由哈佛、斯坦福、麻省理工等世界顶尖名校掀起了慕课风暴，一场以数字化为特征的教育变革以燎原之势席卷而来。它的出现震惊了整个高等教育界，引发了社会各界的密切关注，唤起了人们对教学模式的重新审视，这标志着教育开始走出工业文明，步入信息化时代。这种发起于美国高校的大规模在线课程学习模式受到了教育界的高度重视，成为世界高等教育领域中的流行词，被誉为"印刷术发明以来教育最大的革新"，呈现了未来教育的曙光。

《纽约时报》将 2012 年称为"慕课元年"。慕课的急速发展大大超过了人们的认识速度和深度，一是慕课可大规模参与的特点，二是源于慕课可开放式访问的特性。慕课研究者发布的课程不是个人发布的一两门课程，而是大型的或者大规模的成体系的课程；慕课平台的注册不会限制人数，来自世界各地的学员都可以自由选择自己感兴趣的课程。比如最具代表性的慕课巨头 Coursera 截至 2014 年 6 月，其注册用户已达710 万人之多，开设共享课程约 700 门，110 所知名大学纷纷加盟。短短两年多的时间，这一平台的快速发展充分展现了慕课大规模参与的特点。慕课的开放式访问，突破了地域、人口、文化等的限制，不分时间与地点，只要有上网设备及网络连接，都可以免费在线学习，共同创造或免费共享优质学习资源。

慕课是伴随着大数据的广泛应用而产生的，开创了 xMOOC 模式，其基于行为主义学习理论，即现在 MOOC 平台提供的课程。xMOOC 模式提供了在 OCW 模式的经验基础上批量制作课程的可能性，这种可能性直接促使了慕课教育平台的诞生，并反过来促进了慕课教育的发展。互联网上，慕课风起云涌，全球学习者纷纷注册；互联网下，慕课也引发了媒体、企业界、教育界、政府、国际组织的关注和热议。继美国顶尖大学创办慕课平台后，世界其他国家的大学也争先恐后，纷纷追逐慕课。这些专业化平台提供商的出现，降低了大学建设慕课课程的门槛和经费投入，除了刺激了更多一流大学加入慕课课程内容提供商的行列外，以大规模开放在线课程为核心的互联网公司纷纷涌现并飞跃发展。在教育史上，还没有一个事件在这么短的时间内在全球引起如此广泛的关注和如此迅速的行动。

2013 年 11 月，联合国教科文组织和英联邦学习共同体合作成立了开放教育资源大学（OERU），面向全球学生提供学分制免费在线学习课程，增加受教育机会，共享知识，促进教育的可持续发展。

3. 慕课的实施

慕课区别于传统课堂教学的最根本的标志就在于慕课的教学环节是由"自主学习在线资源→在线练习→课程讨论→课程评价"等四部分组成的。

（1）自主学习在线资源

提高慕课教学质量的关键在于制作优质的教学资源。教师根据不同课程的教学目标和知识容量，划分课程的节数。每门慕课由大量教学资源组成，通常涵盖不同文化背景及语言的各领域学科内容。慕课通常以教学微视频即微课作为最主要的知识载体，突出教学重点与难点。一个教学微视频往往集中讲授一个知识点，并以多种方式呈现，使学生自主学习变得有趣、轻松且有重点，有利于学习效率的提高。

学生在线学习讲义、课件、音视频等各种资源，学导入，体会中心；看新授课，筛出重点、难点、最深感受点；抓过程，基本思路厘清楚；抓结尾，基本规律要掌握。学生只有按教师要求完成一个模块，才能进入下一个模块的学习，从而获得更全面的知识。

制作丰富、高质量的微课，是慕课平台建设的重中之重。在慕课平台上越来越多的学校与机构为慕课课程提供丰富的优质教育资源，在优质教育资源短缺的背景下，通过这种教育信息化的方式扩大优质教育资源的覆盖面，促进全球教育的发展。

（2）在线练习

慕课平台伴有师生在线论坛及测试。在平台上，教师设计出学生可以独立完成或协作完成的相关题目，思考解答这些开放型的、整合型的、创作型的练习题，有助于学生学习能力的提升。教师随时跟进学生在线练习，进行纠正、评优。学生从做练习到分享练习再到点评练习，在此期间对所学知识点进行了高度提炼，并固化为自己知识体系的一部分。

在线练习题的设计很重要。提高慕课教学质量，慕课在线练习题的类型要尽量多样化，其中主要包括开放型的问题、选择型的问题（包括封闭式和半封闭式问题）。开放型的问题是指教师只提出问题，对回答不作具体、明确的规定，不列提纲，由学生根据问题任意作答，自由地说明自己的观点，开放型问题适用于较深层次的问题探讨。选择型的问题是指教师对所提出的问题限定一系列的答案，让学生从中选择。选择型问题包括封闭式和半封闭式问题。封闭式问题是指教师事先确定了可供选择的一系列的答案，由学生从问题的答案中选出一项或多项作为回答问题的形式。所提供的问题答案各选项互不包含和交叉，问题的答案意义明确。半封闭式问题是指教师对问题的答案没有全部想到或答案太多没有必要全部列出，常常在可供选择的答案中列出"其他"一栏，并让学生做具体说明。

（3）**课程讨论**

与传统的课堂教学相比较，开辟课程讨论区是慕课教学过程中的重要环节，也是慕课教学的重要特点之一。课程讨论区主要用于师生之间、生生之间探讨课程内容、课后作业以及与课程相关的延展问题。不同国家和地区的同学在这里表达自己的观点，以特有的方式互相帮助。在课程讨论区，教师不仅可以积极参与学生的讨论，而且可以对学生的讨论和问题进行反馈和指导。通常，教师提出探索目标，激励学生学习动机，师生心理同步；教师质疑设问，学生独立思考，使各类学生思维都呈现积极的状态；教师精讲，学生动脑、动手、动口，使学生对知识能积极探索；教师鼓励创造，学生积极探究，把学习与创造结合起来。

开辟课程讨论区这种新型教学模式颠覆了传统课堂中教师讲授为主、学生被动听讲的教学模式，把学习的主动权交还给了学生，有助于充分调动学生主动学习的积极性。学生的学习体验更多来自教师对他的关注。当学生不断在线上学习并且留下各种印记时，教师及时在线上给予鼓励和关注，积极给予反馈，这有助于学生自信心的提升，进而会更加主动地学习。好习惯益终身，这种主动学习将会伴随学生的一生。

（4）课程评价

慕课的课程评价，一是教师通过在线练习题，对学生进行每周的检验性测验，了解学生的知识水平，进一步挖掘教学内容。在学生完成上一个学习程序后，教师提供对该练习的解释，帮助学生判断正误。凡是做错的题目一定要分析原因，真正理解吃透自己的错题，直到真正掌握所学内容。通过多次随机测试，学生能够得到及时反馈，促使学生学会学习。因为大部分在线练习题都是机器按程序自动评估打分，所以教师可通过分析数据了解学生的课堂体验。慕课运用同伴互评技术对一些开放式练习进行评价，以检查学生的深入分析和批判思考能力，不仅可以帮助学生发现自己与同学的优势和不足，而且可以鼓励学生于互相沟通与交流。

二是教师利用技术对大数据进行处理，分析学生的行为，描绘并呈现学生的思维状况。这是因为慕课的教学、学习及讨论过程中会产生大量的实时数据并被慕课平台记录下来。当看似杂乱的单个学生的行为数据积累在一起时，学生的群体行为就会呈现规律，根据这些大数据找到影响教学的真正因素，使慕课教学有科学的依据和保障。慕课所产生的大数据能分析出传统教育模式下无法发现的问题，也使得教育机构通过数据分析，进行更为科学的课程设计，为学习者量身定制学习任务，提升每个学生的学习成效。

4. 慕课面临的挑战

慕课面临的挑战，源自慕课所隐含的重大价值，慕课教学本身的特点和中小学借助 MOOC 学习的特殊性。

（1）慕课隐含的重大价值

MOOC 所隐含的最重大价值，是引发了世界名牌大学之间的一场极其深刻、激烈的文化教育博弈。在慕课课程新时空中，哈佛、斯坦福等美国名校绝不仅仅是在展示他们的课程，而真正展示的是文化，是意识形态，是民族精神。名牌大学处于国家、民族文化的宝塔尖，是精英荟萃的文化殿堂，这里充满强烈的民族自豪感和使命感。MOOC 搭建了一个高端文化在开放中交流、博弈的新舞台，过去大学间的交流主要表现为校长、教授、学生之间的互相访问，如今在网上不出校门，不同文化教育之间的深层次对话、交流、博弈就展开了，而且表现在高校最基本的课程教学活动之中，世界各国名牌大学之间核心竞争力的展示和比拼，已经转到大学细胞层面展开了。这对世界各国的挑战，绝不仅仅限于高等教育，而是关系到民族文化生死存亡的大问题，这才是慕课给大学带来的更深层次挑战和千载难逢的发展机遇。

（2）慕课教学本身的特点

慕课教学本身的特点即教学互动性、教学适应性（因材施教）和对学生的约束力不足，缺乏足够的教学互动。MOOC 比纯单向的视频授课更为重视教学过程中的互动，通常采用跟随课件的讨论、虚拟实验台等手段，MOOC 中的学习者不完全是被动接受，也能动手参与并得到反馈。但是，在 MOOC 中学生基本是以独立自主学习为主，即便有讨论区，也只是部分活跃的学生能够得到较多的交互，而且提问后获得解答的效率总不如线上直接询问教师的效率高。尤其，当学生数量大大攀升、师生比大大突破、学习者跨地区和地域等特点，给 MOOC 讨论区如何满足学生学习带来了更加严峻的挑战。在 MOOC 中，就学生总体而言，还是缺乏足够的教学互动。

慕课无法充分实施因材施教。MOOC 在向大规模的人群提供无差异的教育教学服务过程中，如何实现因材施教，这是 MOOC 在近几年发展中面临的一个重大挑战。MOOC 由于学生人数多且来自不同的地区，学生差异性明显，因此要达成良好的授课效果难度很大。由于学生同质性差，教师不可能洞悉学生的各方面信息，如前续课程成绩、以往表现、个性、优缺点、学习方式等，教师不可能介入学生的学习过程中，也不可能与学生充分地交流和讨论，乃至根据学生的不同的学习基础，在课堂上的某些关键知识点主动要求部分学生做一些特殊的思考，进行面对面的"补课"。

慕课缺乏对学生的约束力。MOOC 对学生的约束力较低，上课完成率总体来讲只有5%，这在一定程度上与教室环境中的因素已经被彻底改变有关。在 MOOC 中，缺少了教室中的那种环境制约力，容易造成自律性较差的学生的大面积掉队。对于这个现实问题，需要认真研究。

（3）中小学借助慕课学习的特殊性

MOOC 在中小学推行，就必须跟大学模式加以严格区分。虽然学生进行大量的线上课程学习，但是，教师的课堂讲授不能完全被答疑解惑所取代，因为基础教育在获得知识的同时还要应对各类考试。在中小学借助 MOOC 进行学习，由于学生自主学习能力较弱，教师的课堂教授不能完全取消，教师要根据课程重点、难点分布以及线上学习时检测到的知识点学习时间来设计课堂教学内容，并且在讲授中穿插对疑难问题的解答，引导学生探索解决问题的方法，共同研讨疑惑比较多的知识点及相关问题，使学生的知识在课堂上完成内化。

中小学基于 MOOC 教学模式的课堂教学呈现以下特点：教师的备课模式及教学内容被打破。慕课模式使得教师不再单靠几本教科书完成备课任务，而是要通过掌握学生线上学习的具体数据，根据学生学习状况即时调整自己的教学安排，使得灌输式的讲授消失。慕课的进阶式学习和完整的学习过程的记录使得学生须在规定的时间内完成相关课程的学习，以便学生带着问题进课堂。他们不再需要教师的复读，填充式的灌输，需要的是针对具体问题的解惑，即使是重点内容讲授，也是为解决具体问题做铺垫的。

慕课除了面临上述挑战外，更容易形成"强校愈强、弱校愈弱"的局面，如何保障慕课质量仍是未解决的难题，优秀学生也难以脱颖而出，这对于各级各类教育来说，也是一个挑战。

5. 国外的慕课平台

（1）美国慕课平台

2012 年，美国数家顶尖大学及其教授相继创办了数个 MOOC 平台，向全球免费提供顶尖大学课程。此后，美国更多的顶尖大学加入 MOOC，互联网公司也得以飞速发展，就目前而言，美国最有影响力的三大慕课平台是 Udacity、Coursera 和 edX。

① Udacity。它是由一名斯坦福大学教授巴斯蒂安·特龙于 2012 年 2 月创办的私立性教育机构。巴斯蒂安·特龙立志要"颠覆"大学。他把自己在斯坦福大学的"人工智能导论"课程搬到了互联网上，并向所有人免费开放。他的学生不再局限于教室里的几百人，而是遍布世界各地。其课程以灵活多变和交互性强著称，且嵌入了游戏以帮助学生更好地理解内容。

② Coursera。它是由美国斯坦福大学两名计算机科学教授安德鲁·恩格和达芙妮·科勒于 2012 年 11 月创办的。其首批合作院校包括斯坦福大学、密歇根大学、普林斯顿大学、宾夕法尼亚大学等美国名校，已有 80 多所成员高校或机构加入联盟，上线课程超过 300 门，注册学生超过 280 万人，涵盖 5 种语言，是目前规模最大的慕课课程提供平台。

③ edX。它是由美国哈佛大学和麻省理工学院于 2012 年 5 月联合推出的非营利性开源平台，旨在以突出的教学设计帮助学生进行互动式在线学习，创建一个反映学科广度和深度、为学生提供新的在线学习体验的网络课程平台。它最独特之处在于设有虚拟实验室，学生可以在电脑前开展模拟试验。目前已经有来自世界各地的 27 所高校加入 edX。edX 提供了横跨 15 个学科领域的 32 门课程，注册者的数量已超过 90 万人。

MOOC 教学方式更能凸显出学生在学习过程中的独立认知能力、对事物的感知能力以及领悟能力。同时它又可以让学生之间在交流的过程中更好地掌握知识。为了使学生更好地发挥学习的能动性，Udacity 和 Coursera 等平台都引进了多种形式的互动途径和评估手段。通过更为灵活的互动途径，师生、生生的交流变得更加频繁，反馈更为及时。edX 则结合了网络课程和传统课堂的优势，推出小规模的网络课程 SPOC，将网络课程中学习方式自由、学习个性化等优势与传统课堂面对面的情感交流、小组合作以及研讨等优势结合起来，彼此取长补短，共同直接服务于学生的发展，服务于提升学校教学质量。Udacity、Courser 和 edX 这三大平台获得了数千万的投资支持，推出了近百门课程，越来越多的大学加入多种形式的慕课实践中。

（2）欧洲慕课平台

① 法国慕课平台。2013 年初，法国高等教育部部长日娜维耶芙·菲奥拉（Genevieve Fioraso）宣布成立"法国数字大学城"，该机构预期在 2017 年之前，实现 20% 的大学课程可在线观看和收听。2013 年 10 月 3 日，法国教育部宣布利用 edX 开源代码开发国家 MOOC 平台，超过 100 所的法国高等教育机构加入，首批 20 门课程于 10 月底登录，2014 年初开课。edX 总裁阿格瓦尔（Anant Agarwal）教授表示，这标志着第一个国家教育部接受 MOOC。此外，2013 年 9 月 23 日，英国 19 所大学联合成立 Future Learn。其中，2013 年 10 月至 12 月开始试运行 6 门课程，目前已有 165 个国家的学习者在 Future Learn 注册了课程。

② 德国慕课平台。Iversity 是位于德国柏林的一家机构，成立于 2011 年，最初主要开发在线学习的协作工具。2013 年开始涉足 MOOC 领域，并于 2013 年 9 月推出首批上线课程。其愿景是成为全球化 MOOC 平台，目前主要在欧洲本土努力。

③ 欧盟慕课平台。OpenupEd 是欧盟的 MOOC 平台。2013 年 4 月，11 个欧洲国家发起"泛欧 MOOC 计划"，由欧洲远程教育大学联盟牵头，创建了 OpenupEd 平台。

欧洲其他国家也都打造了自己的 MOOC 平台，如荷兰的国家教育科研网 SURFnet、西班牙的 Crypt4you（2012）和 MiriadaX（2013）平台、爱尔兰的 Alison 平台（2007）和芬兰的 Eliademy（2013）等。

（3）亚洲慕课平台

① 日本慕课平台。2012 年以后，亚洲国家在 MOOC 领域也开始行动起来。日本的商业和技术公司对 MOOC 十分敏感，2012 年 1 月，日本创建了第一个 MOOC 平台——Schoo，有 4 万用户注册，可以学习 130 门在线课程。世界其他国家的 MOOC 均面向全球学习者，而 Schoo 仅面向日本，将目标锁定在 20~30 岁的公司职员。大学方面，2013 年 2 月，东京大学加入 Coursera 平台。2013 年 5 月，京都大学加入 edX 平台。京都大学于 2014 年春推出第一门 edX 课程。

② 印度慕课平台。2013 年 6 月，印度理工学院孟买分校加入 edX

平台，希望借此机会开发在线课程和混合课程，把技术支持学习的范围扩大到职业培训、学校教育和教师赋权等领域，尤其是拓展到培训工程领域的教师。

③ 新加坡慕课平台。2014 年 1 月，新加坡国立大学加入 Coursera 平台，提供三门课程，用英语讲授课程。2014 年 2 月，南洋理工大学的两门课程开始上线。

④ 越南慕课平台。2013 年 8 月，越南化学家杨甲文创建了越南语的 GiapSchool 平台。2013 年 9 月 12 日，该平台的第一门课程"理解沟通"上线，吸引了 1300 名大学生和高中生。

此外，澳洲的 MOOC 平台 Open2Study，巴西的 Veduca 等平台也于 2013 年纷纷成立。

6. 国内慕课蓬勃兴起

2012 年秋，慕课在世界各地以燎原之势席卷而来。这场由哈佛、斯坦福、麻省理工等世界名校掀起的教育风暴震惊了整个世界，引发了各界的密切关注。慕课作为一种将互联网与课程教学创造性地结合在一起的新教育模式，带来了一种全新的理念，使得学生真正成为学习的主人。在慕课平台上，学生可以查阅大量的国家课程、地方课程、校本课程资源及其他教辅资料，做课程预习、相关练习，组建兴趣小组，能够跟同学交流，跟教师讨论。在学习空间中，学生自主进行知识的大量储备，相比于传统学习模式，这里的资源更丰富多样，更具有人性化、个性化。在教师的引导下，带着线下问题做探究式、启发式学习，师生互动弥补了传统教学中学生独立预习和探索深层次问题的缺憾，不仅缩短了学习时间，也提高了学习质量。总之，慕课无论在教学内容、教学管理、教学观念、学习生活等方面，还是在以"学习为本"的教学价值取向上，既给我国教育带来机遇，也给我国教育的发展带来了挑战。我国的各级各类教育把握机遇，采取一系列迅速和积极的行动和举措，正面应对挑战。

（1）教育部积极推动慕课发展

在清华大学规模在线教育论坛上，教育部部长助理林惠青代表教育部指出，教育部高度重视在线教育改革发展，并将其作为下一步我国高等教育深化改革、提高质量和提升国际竞争力的重大举措，引领和推动我国在线教育发展和教育改革创新。教育部高等教育司司长张大良就中国当前的 MOOC 发展状况指出：目前我们制度设计、政策规定还没有跟上，未来中国应当建立一个立足中国、面向世界的教育平台，同时教育部门将从校际学分互认等制度设计角度探索终身教育要求的在线教育管理体系，提高中国高等教育质量。

教育部从政策、资金、平台建设等方面入手推动中国的 MOOC 发展。慕课对高等教育有重大的影响，在慕课的影响下，我国高等院校或者加入国外慕课平台，或者创建我国慕课平台，结合自身的实际情况，进行了多种形式的教学改革，如学校引进网络通识课，为在校生创建SPOC 等，从而为拔尖创新人才的培养创造良好条件。

（2）重点大学加入美国慕课平台

2013 年 4 月，香港科技大学在 Coursera 平台上线"中国的科学、科技与社会"，成为我国在该平台最早上线的学校。2013 年 5 月 21 日，美国在线教育平台 edX 发展了亚洲首批成员，清华大学、北京大学、香港大学、香港科技大学等加入了 edX。2013 年 7 月 8 日，上海交通大学加入 Coursera 在线课程平台，成为加入 Coursera 的第一所中国内地高校，将和耶鲁大学、麻省理工学院、斯坦福大学等世界一流大学共建、共享全球最大的在线课程网络平台。自 2013 年 9 月 23 日起，北京大学在 edX 上的四门课程已经陆续上线；9 月 30 日，北京大学又在 Coursera 上再上线三门课程。与此同时，复旦大学也宣布与 Coursera 合作，正式加入慕课平台。此后，各大学均加快了 MOOC 课程上线的步伐。2013 年 8 月，我国台湾地区在 Coursera 平台上线"概率"和"中国古代历史与人物"两门课程。2013 年被称为"中文 MOOC 元年"。

（3）重点大学建立中国慕课平台

2013 年 10 月 10 日，清华大学宣布推出中文 MOOC 平台"学堂在线"（www. xuetang. com）。该平台通过使用 edX 平台的开源代码，并在此基础上通过新的代码编写开发出了字幕与内容搜索等全新功能，在"学堂在线"平台上，课程门类、内容全面，这一举措意味着国内拥有了真正意义上的大学独立自主研发的 MOOC 教育平台，国内 MOOC 教育正在大踏步地发展。

（4）**东西部大学课程共享联盟成立**

2013 年 4 月，中国东西部大学课程共享联盟在重庆大学成立。联盟成员包括中国人民大学、北京航空航天大学、北京理工大学、哈尔滨工业大学、复旦大学、上海交通大学、四川大学、重庆大学、兰州大学在内的 29 所大学，首批签约加入课程共享联盟。东西部大学课程共享联盟中，混合式教学、融合网络资源、协作学习、小组讨论、传统授课等方式，在课程学习中显得尤为重要。

（5）**网络运营商抢占慕课市场**

网易公开课是国内最早加入"国际开放课件联盟"的在线教育产品。2012 年 12 月下旬，网易在公开课项目的基础上，正式上线"网易云课堂"，为用户提供教学内容的生成、传播和消费服务。2013 年 10 月 8 日，网易公开课正式与 Coursera 展开全面合作，并专门开辟 Coursera 官方中文学习社区，便于中国用户直接从网易观看世界顶级的课程内容，提升中国用户的学习体验。2013 年 8 月 26 日，"开课吧"正式上线。作为国内首家专注于泛 IT 学科的综合在线教育平台，"开课吧"力图在中国践行 Coursera 模式。目前已与北京航空航天大学、上海交通大学、大连理工大学、厦门大学等国内知名大学和网络大学达成课程认证和学分转化合作协议。2013 年 6 月 9 日，优酷教育与 Udacity 达成独家官方合作，成为国内唯一的 Udacity 课程发布平台。我国其他的网络运营商和各种网络公司也紧盯着 MOOC 的商机和市场，如新浪微博推出"名师课堂"服务，网购平台巨头淘宝也推出名为"淘宝同学"的教育频道。此外，技术公司和风险投资商也在寻找各种机会，或进行技术研发，或投资在线公司，或与大学合作，纷纷进入 MOOC 市场。

(6) 我国慕课时代的到来

慕课使基础教育看到了教育信息化时代另一种模式的课程教学，为基础教育改革提供了一个全新的角度和发展契机。慕课对基础教育的影响和启示体现于在线教育教学法、创新课程教学改革、教师队伍建设、教学资源建设与应用，以及为基础教育领域内慕课实践提供宝贵经验等方面。在基础教育领域，借助于慕课平台，教师可以实施翻转课堂，实现学校教学模式的变革，给学生带来了一种不受时间和空间束缚的学习模式，有利于培养学生的自主学习能力和创新能力。有学者把这种慕课影响下的课程教学改革的多元化时期，称为"慕课时代"。

为推动我国基础教育慕课建设和翻转课堂实施，2013 年 8 月，成立了国际慕课研究中心。中心自成立以来，先后组建了全国小学、初中和高中的 G2O 慕课联盟。2013 年 8 月 12 日，由华东师范大学"考试与评价研究院中外名校研究中心"与国内二十余所著名高中学校共同发起的 G2O 慕课联盟（高中）筹建大会在华东师范大学召开。G2O 慕课联盟（高中）旨在推动中国的高中学校开发大规模在线公开视频课程，促进翻转课堂的实施，改善人才培养模式。联盟成员学校包括上海华东师范大学第二附属中学、哈尔滨第三中学、东北师范大学附属中学、清华大学附属中学、辽宁实验中学、广东中山纪念中学、上海七宝中学、青岛第二中学、郑州外国语学校、上海交通大学附属中学、山西大学附属中学、成都第七中学、西安交通大学附属中学、福州第一中学、天津耀华中学、浙江宁波镇海中学、南京金陵中学、江苏锡山高级中学、湖南长沙长郡中学、西北师范大学附属中学、贵阳第一中学等二十余所国内著名高中学校。我国著名高中学校筹建慕课联盟，既是源于这些学校承担社会责任的需要，也能满足他们提升自身声望的需要。

2013 年 9 月 7 日，来自杭州育才中学等二十余所国内知名初中和华东师范大学附属小学等二十余所小学分别成立了初中 C2O MOOC 联盟和小学 C2O MOOC 联盟。C2O 联盟专注于开发基础教育阶段各学科的教学微视频，推动全国各地慕课的建设；借助于慕课平台，促进学校翻转课堂的实施。在 C2O 慕课联盟推动下，重庆市聚奎中学的翻转课堂实践，以及诸多学校基于本校校情纷纷进行的慕课或翻转课堂课程与教学实验，既向世人昭示了慕课大潮的汹涌，又向课程教学理论研究者提出了新的研究命题，即与传统教育相比，慕课是什么、为什么、怎么样？未来慕课将向哪里去？

2013 年 9 月以来，华东师范大学慕课中心先后在深圳、青岛、杭州、温州、镇江、上海、济南、南京等地召开了慕课建设与翻转课堂教学观摩研讨会和培训会，取得了良好效果。中小学校长和教师对这一教学模式的研究表现出高度的热情。

四、翻转课堂

1. 翻转课堂概念

翻转课堂（Flipped Classroom or Inverted Classroom），又称"颠倒课堂"或"颠倒教室"，相对于传统课堂讲授知识、课后完成作业而言，是一种颠倒教学模式。

2011 年，英特尔全球教育总监在英特尔"一对一"数字化学习年会上，对翻转课堂所作的描述是：翻转课堂也称颠倒的教室，是指教育者给学生更多的自由，把知识传授的过程放在教室外，让学生选择最适合自己的方式学习新知识，而把知识消化的过程放在教室内，以便同伴之间以及师生之间有更多的沟通和交流。这种教学模式的显著特点是先学后教。

翻转课堂将以往在课堂上的知识讲授录制成微视频，组织学生在学习单的引导下提前观看，并做少量针对性的小测验。这样，余留下来的课堂时间，可以让学生专注于练习或者讨论，或者让教师集中讲解知识结构，并有针对性地答疑解惑。例如，MIT 生物学教授怀特（White），将他在 edX 平台发布的 MOOC "生命的奥秘"，改变成翻转课堂，让学生在线观察视频讲座并提出问题，为课堂上的问题解决和知识应用做好准备。

2. 翻转课堂的起源及发展

(1) 翻转课堂起源于可汗学院和墙洞实验

翻转课堂源起于可汗学院和墙洞实验。萨尔曼·可汗是以制作微视频而享誉全球教育界的可汗学院的创始人；英国纽卡斯尔大学教育技术学教授苏伽特·米特拉提出了"云端学校"的概念，因从事"墙洞实验"研究和应用推广而闻名于世。他们分别在著名的"TED"讲坛作了题为《用视频改造教育》和《关于自我教学的新实验》的精彩演讲，堪称翻转课堂的先行者。萨尔曼·可汗和苏伽特·米特拉是当今世界大数据教育的应用研究和实践研究领域两位有影响力的里程碑式的人物。

① 萨尔曼·可汗：可汗学院创始人。萨尔曼·可汗是一位居住在纽约、故乡在孟加拉国的美国公民，拥有美国麻省理工学院和哈佛大学两所大学的硕士学位。2004 年，为了给居住在美国新泽西州、就读公立学校七年级的表妹辅导数学，他将自己制作的教学视频放在了YouTube 网站上，没有想到一下子竟然拥有数十万观众。当时一位观众在网上发了这样一个帖子：当美国佛罗里达大学新生妮科尔·尼西姆被三角几何学困住时，她没有去请教老师和同学，而是在 YouTube 网站上找了一段可汗老师关于三角几何学的视频，并反复看了几遍，问题就迎刃而解了。整个过程既方便又快捷，而且没花一分钱。这个可汗老师就是目前网络上"最红的教师"——萨尔曼·可汗。

2009 年秋天，萨尔曼·可汗决定创立一家非营利教育组织——可汗学院，把视频教育当成自己的未来事业。可汗没有大笔的遗产和资金，也没有斯坦福大学的土地，但他拥有了大数据的云资源，世界上最有钱人的孩子和最穷人的孩子用的是同一种大数据资源。可汗学院建在硅谷高速公路的主干道旁的一处不起眼的平房里，这里原是可汗的衣帽间，里面摆放着几个书柜，几百美元的录像设备。在这个衣帽间里，可汗用 25 美元的罗技耳麦、200 美元的桌面录像软件、80 美元的手写板以及免费绘图软件，录制了 2000 多个教学视频放到 YouTube 上。正是在这个极其简陋的工作室中，可汗颠覆了传统教育。他利用网络视频进行免费授课，授课内容涵盖数学、历史、金融、物理、化学、生物、人文学等科目。他的教学视频广为传播，如今全球已经有成千上万的学习者通过互联网视频学习可汗学院的课程。

2010年秋天，可汗学院开发出了一套在线学情诊断系统，通过查看学生的相关数据，教师可以知道学生知识点的掌握情况、学生的学习进度，从而更有效地开展个性化教学辅导和设计翻转课堂教学活动的内容。可汗学院从一个简单的在线辅导资源网站变成了可以支撑翻转课堂教学的在线产品，许多学校开始利用可汗学院进行翻转课堂教学。可汗学院所创立的在线学习视频更贴近每个学生的个体情况，突出强调学习按学生自己的节奏进行，这种新型的学习方式重在突出"学"而不是"教"。可汗学院教学视频短的只有五六分钟，长的通常不超过15分钟。仅三年的时间，可汗学院就拥有了一亿用户。可汗学院创造了人类教育史上一个令人神往的传奇：如今，可汗学院视频已经有五千多个，翻译成西班牙语、法语、俄语、汉语等十余种语言，涵盖了从幼儿园到高中的所有教学科目。

可汗学院在网站上设立了一种基于自动生成问题的Java软件。只有当你全部答对10道题后，才会提供给你更高一级的题目。做到某一步，给你一枚勋章，这种"满10分前进"的模式让学生循序渐进地完成学习。在传统的考试中，即使是拿到95分的学生，也很可能不知道自己5分的缺漏到底在哪儿，就被迫进入了下一章节。可汗学院的程序员把练习系统做了进一步改进，它能生成一个知识地图，帮助学习者分析知识薄弱点，并用图表方式反馈给本人。观看视频时发现不懂的地方，随时可以发邮件提出问题，可汗学院实时在线回答。难能可贵的是，可汗的翻转课堂教学大力倡导教育的人性化。可汗说："我们的目标是用科技的力量来实现人性化教学。"在描述传统教学的弊端时，可汗认为："他们都经历过非人性化的教学，30个孩子不许讲话，不许互相配合，一个不论多么优秀的教师，都不得不按同一个步调给30个学生讲课，且都是面无表情……"翻转课堂打破了传统的课堂教学空间与时间的限制，打破了学校规章制度的束缚，学习者不再被贴上"好生"

"差生""快生""慢生"的标签，学习成为自由与令人愉悦的事。

2011年TED大会上，萨尔曼·可汗作了《用视频改变教育》的演讲后，主持人比尔·盖茨评论说："太精彩了，你让我们领略了未来教育的风貌。"比尔·盖茨并向可汗提供300万美元的赞助。2012年4月，《时代周刊》评出了影响世界的百人榜，可汗位列第四。比尔·盖茨在推荐信里写道："就像很多伟大的革新者一样，萨尔曼·可汗原先并不打算改变世界，他只是试图帮助在美国另一边的中学生表妹辅导代数课。"可汗的翻转课堂改变了人们的学习方式，不论他们就读的是私立学校还是公立学校，是在俄亥俄州还是在巴西或俄罗斯、印度，甚至是在自家的厨房里。据此，可汗学院网站上做出如下承诺："让任何人，在任何地方，都得到世界一流的教育。"

而后，普林斯顿、伯克利、宾夕法尼亚大学等知名学府都宣布加盟在线教育，逐步向全世界开放自己的课程。在宾夕法尼亚州，从小学到高中都建立了在线学校，有的地方免费为选择参加在线学习的学习者配发笔记本电脑、打印机和扫描仪，作为学习的工具。

②苏伽特·米特拉："墙洞实验"研究者。英国纽卡斯尔大学教育技术学教授苏伽特·米特拉设想的"云学校"充分利用学生的自学能力，可以极大地减少教育投入，颠覆传统教育方法，并创造教育公平。据美国《读者文摘》（中文版）的一篇题为《墙洞帮》的专题采访报道介绍，苏伽特·米特拉的"墙洞实验"构想源于1985年。当时，他花费500英镑买了一台家用电脑。4岁的儿子看到电脑后提出也想"玩玩"，但苏伽特·米特拉教授没有同意。几天以后，他在自家电脑里查找放在那里的文档，怎么也找不到。令他想不到的是，儿子"指导"他："你可在指令后加上dir/w/p试试看。"按照儿子的"指令"，他居然很快找到了那些文档，对此，他很震惊。苏伽特·米特拉教授在和同事谈起这件事时，发现这不是个案，同事家孩子的电脑操作水平也多在"大人"之上。于是，他开始关注孩子使用电脑学习的问题。1988年，他参加印度果阿邦政府召开的一个教育工作会议，提交了一篇关于如何让孩子用电脑学习的论文。他在论文中提出建议：可以让孩子在无人协

助的情况下自己玩电脑。当时，与会人员几乎没有人理睬他的这个建议。会议之后，他这一想法也慢慢地淡化了。

1991年，苏伽特·米特拉受聘担任印度国家信息技术学院（NIIT）的首席科学家，具体负责"公共空间智能终端机"（相当于现在高铁站里的自动售票机）项目的开发工作。印度国家信息技术学院位于首都新德里的办公大楼紧邻着卡卡基贫民区，大楼的旁边是一片荒地，周围到处都是在垃圾堆里觅食的猪。当地的居民也把荒地当作公共厕所，当然，这片荒地也是附近孩子的板球场。为了试验"公共空间智能终端机"的可行性，米特拉决定安装一台只能通过鼠标操作的电脑，屏幕面向荒地。考虑到电脑肯定是会被孩子弄坏的，所以米特拉教授希望以此项目为契机研究如何使放在公共场所的电脑更加坚固耐用。

在具体考虑工程建设的过程中，米特拉突然想到自己在1988年写的那篇论文。他觉得此事倒是可以"一举两得"：这项工程建设不仅是一个工程试验，还可以检验一下自己以前的想法。他发现，荒地附近的孩子都不太懂英文，接受教育程度也跟差。他设想：一段时间后，如果其中有一两个比较聪明的孩子能够学会用电脑，至少能学会如何打开文件，那么，他以前的想法就可以得到印证。于是他吩咐印度国家信息技术学院的员工在办公大楼的外墙上安装了一台电脑。电脑离地一米左右，外罩金属盖子，既确保电脑安全，也方便孩子们使用。墙洞上的电脑安装以后，取得非常惊人的效果。孩子们不仅能够打开文件，还能学到很多知识。从此以后，苏伽特·米特拉在印度的其他地方，以及世界上的许多地方不断重复这个试验，结果都能发现孩子们学会他们想学会做的事。对此，苏伽特·米特拉说："如果孩子有兴趣，那么教育就自然产生了。"

显然，在大多数情况下，不管是"教学"还是"辅导"，教师都是处在前台，而在萨尔曼·可汗的"辅导"过程中，以及苏伽特·米特拉的"墙洞试验"中，教师并没有在教学前台"教学"或"辅导"，而是在教学的"后台"组织。毫无疑问，这种组织也是一种"学习环境建设"与"课程设计与实施"，而且在这种组织下，学生的学习是真正的自主学习。

2010 年，苏伽特·米特拉发表了一份研究报告，主要内容是：自己在一台电脑中存入分子生物学资料，然后把电脑放在印度南部一个名叫 Kalikuppam 的村子里。他选择了一组年龄在 10～14 岁的儿童，告诉他们电脑里有些有趣的东西，问他们想不想看看。什么都不说，转身走开。在接下来的 75 天里，孩子们自发地掌握了如何使用电脑并开始学习。米特拉回来后让他们做了一个分子生物学的书面测试，他们能够答对四分之一的题目。又过了 75 天，孩子们受到一位友善的当地人的鼓励，把所有题目答对了。米特拉深有感触地说："如果你把一台电脑摆在孩子们的面前，不做任何限制，孩子们就会自己组织起来并进行研究，这就好像蜜蜂在观察一朵花。"

2013 年初，全球最大的思想分享会 TED 给予苏伽特·米特拉 100万美元的支持，他用这笔钱建立了七所"云端学校"——印度五所，英国两所。他在印度设立的大部分云端学校是单体建筑：没有老师，没有课程，没有年级——只有电脑和一位照管学生安全的女性员工。他的信条是："学生掌管一切。""如果你不能控制自己的学习，你就不能学得好。"苏伽特·米特拉还雇用了一批英国退休教师，他称之为"云奶奶"。米特拉在演讲中谈道："教学实践的理论根源可以追溯到苏格拉底。学生应该在好奇心的驱使下通过游戏来学习。"

（2）翻转课堂的发展

翻转课堂源起于美国，萨尔曼·可汗和苏伽特·米特拉是翻转课堂的先行者。20 世纪 90 年代，哈佛大学物理教授埃里克·马祖尔（Eric Mazur）创立了同侪互助教学（Peer Instruction）方式。马祖尔教授认为，同侪互助教学能使学习更具活力。他论述了学习应分两个步骤，首先是知识的传递；其次是吸收内化。过去教学只是重视教学的第一步——知识传递，忽略了第二步——吸收内化。实验证明同侪互助教学能促进学习内容的吸收、内化，使学习正确率增加一倍。马祖尔教授接着发现，计算机辅助教学可以帮助解决知识传递这一步骤。他认为教师角色应该从演讲者变成教练，把重心放在吸收、内化，指导学生间的互助学习，并帮助学生解决一些常见的不被发现的误解。

2000 年，美国的 Maureen Lage、Glenn Plattl 和 Michael Treglia 在《翻转课堂：建立一个包容性学习环境的途径》一文中，论述了美国迈阿密大学开设经济学入门课程时通过采用"翻转教学"或"翻转课堂"，激活差异化教学，以适应不同学生的学习风格。文中同时介绍了采用"翻转教学"模式取得的成绩。同年，J. Wesley Baker 在第 11 届大学教学国际会议上发表了论文《课堂翻转：使用网络课程管理工具让教师成为身边的指导》。其中，教师"成为身边的指导"替代以前的"讲台上的圣人"，从而成为大学课堂翻转运动的口号，并被多次引用。文中，他提出翻转课堂的模型为：教师使用网络工具和课程管理系统以在线形式呈现教学作为分配给学生的家庭作业。然后，在课堂上，教师有时间参与学生的主动学习的活动和协作中。

2000 年秋季，威斯康星－麦迪逊大学在计算机科学课程中使用 eTeach 软件的流媒体视频（讲解与 PPT 结合的视频）进行演示，以取代教师的现场讲座。发布在网上的视频允许学生在有空且最细心和注意力最集中的时候观看。同时还允许学生和教授利用上课时间解决问题，增强了导师和学生之间的互动性。

2006 年秋季，美国的科罗拉多州落基山的"林地公园"高中的两位化学教师最早进行了翻转课堂的尝试。

2007 年，杰里米·斯特雷耶在其博士学位论文《翻转课堂在学习环境中的效果：传统课堂和翻转课堂使用智能辅导系统开展学习活动的比较研究》中论述了翻转课堂在大学中的设置。在作者讲授的统计和微积分课程中，他把教学内容录制成视频作为家庭作业分发给学生观看，课堂上组织学生参与到项目工作中。该课程的课堂活动利用了在线课程系统 Blackboard 的交互技术，学生会控制正在观看的视频，他们能机敏地接受新信息。

2009 年，研究者进行了关于翻转课堂的心理实验。来自路易斯维尔大学和麻省理工学院脑与认知科学系的学者共同完成了一项实验，对象是 48 名年龄为 3 ~ 6 岁的儿童。研究者为每个孩子发了一个玩具，它有许多功能，比如发出吱吱叫的响声、播放语音和显示图片。研究者向其中一组儿童展示了玩具的一项功能，然后让他们去玩。另一组儿童虽然没有得到任何关于玩具使用的指导，不过他们玩得更久，但最终他们每人发现了玩具的六种不同功能；相比之下，第一组儿童只发现了四种功能。

2011 年，萨尔曼·可汗在 TED（Technology Entertainment Design）大会上发表了《用视频重新创造教育》的演讲报告，至此，翻转课堂成为全球教育界关注的新型教学模式，越来越多的学者对其进行研究。

2012 年，巴斯蒂安·特龙创建了 Udacity，将大学的人工智能导论课程免费放到互联网上，让更多人受益，当时他拥有 16 万学生。斯伦是 Google X 实验室的联合创始人，斯坦福大学终身教授，被誉为“谷歌无人驾驶汽车之父”。斯伦教授通过翻转课堂确立了一种新的教学模式，把教学的重点转向学生能力的培养。

3. 翻转课堂教学过程

（1）翻转课堂颠覆了传统教学过程

翻转课堂区别于传统课堂教学最根本的标志就在于“翻转”了传统教学“课上知识传授→课后知识内化”的旧模式。华东师范大学陈玉琨教授认为，翻转课堂相对于传统的课堂上讲授知识、课后完成作业的教学模式而言的。传统教学过程通常包括知识传授和知识内化两个阶段。知识传授是通过教师在课堂中的讲授来完成，知识内化则需要学生通过课后作业、操作或者实践来完成。而在“翻转课堂”上，这种形式受到了颠覆。翻转课堂是由课前和课上所组成，其教学环节由“课前观看视频讲解，完成知识传授”→“课上师生互动，完成知识内化”这样两部分组成的，详见图 5-1-1。

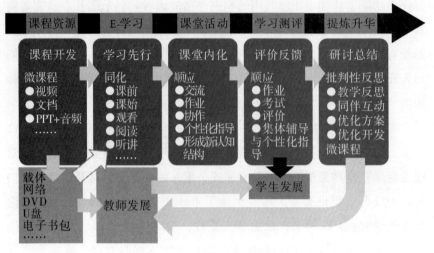

图 5 - 1 - 1   翻转课堂教学模式

（2）课前观看视频讲解，完成知识传授

翻转课堂知识传授通过信息技术的辅助在课前完成。在翻转课堂这种教学模式下，教师将知识传授的过程放在课前完成，教师用录屏软件录制演示文稿及讲课视频，让学生通过网络技术的辅助，在课前观看教师录制好的演示文稿及视频，自主学习在线资源，完成教学内容的学习。教师职能导师化是翻转课堂的一大特色，教师由主要的讲授者转变为引导任务驱动型进阶式学习的启发者。翻转课堂利用技术支持教师将其时间和精力转向到制作优质教学微视频上，设计学习单和针对性的小测验等，这有助于提高教学效果。

（3）课上师生互动，完成知识内化

翻转课堂将知识内化的过程放在课堂上完成。在课堂上，师生共同探究讨论，解决疑难问题，经教师的帮助和学生的协助完成知识的内化。教师的责任是理解和关心学生，引导学生解决问题。翻转课堂能够促进学生自主学习能力的发展，尤其在提高学生学习方法、学习结果和学习能力等方面有显著的促进作用。培养学生自主学习能力一直是我国新课改和联合国教科文组织都提倡的一个教学目标。因此，通过翻转课堂促进学生自主学习能力的提高，对于我国基础教育极具现实意义。

2012 年 6 月，美国咨询公司 Classroom Windom 发布了一项调查报告揭示出翻转课堂的应用价值。报告显示：88% 的受访教师表示翻转课堂提高了他们的职业满意度；67% 的受访教师表示学生标准化考试成绩得到提高；80% 的受访教师声称学生的学习态度得到改善；99% 的受访教师表示下一年将继续采用翻转课堂模式。

4. 翻转课堂的教育技术

翻转课堂产品所用的教育技术涉及七个方面，即可视化技术、消费者技术、数字化策略、互联网技术、使能技术、学习技术和社交媒体技术。

(1) 可视化技术

可视化技术包括信息可视化、可视化数据分析等。可视化技术在翻转课堂产品的设计研发中应用较多，主要用于学生学习的大数据挖掘、分析和展示等环节。

(2) 消费者技术

消费者技术包括移动应用、平板电话、可穿戴技术等。移动应用和平板电脑在翻转课堂教学场景中被广泛使用，教师通过相关视频技术制作教学视频，通过移动应用技术和学生实时沟通，利用平板电脑进行互动教学等。

(3) 数字化策略

基于数字化策略，翻转课堂产品采集学生的学习数据，通过分析，形成学生的个性化学习数据。教师通过查看学生的学习数据，可以知道学生的学习情况，并制订个性化的教学方案。

(4) 互联网技术

互联网技术包括云计算、物联网等。在线教育的翻转课堂产品必须基于云计算技术，这样才能保证产品运营的可靠性和大数据的存储、分析和运算。在线教育产品的运营，可以搭建在私有云或者公有云上，目前云计算技术在教育产品中被广泛应用，成为产品的核心竞争力之一。

(5) 使能技术

使能技术包括机器学习、自然用户界面、无线电源等。在学情诊断系统的设计中，需要考虑到机器学习技术的使用。将机器学习技术与学生的学情诊断数据相结合，学生学情诊断的精确度将越来越高。

(6) 学习技术

学习技术包括学习分析、移动学习、在线学习等。随着移动技术的发展，在线教育的翻转课堂产品功能必须基于移动学习技术和在线学习技术进行设计，这样才能让学生随时随地学习。

(7) 社交媒体技术

社交媒体技术包括数字身份、社交网络等。数字身份技术被广泛应用于在线教育产品的用户身份识别系统中，社交网络技术主要应用在翻转课堂的课前和课后的教学场景中，用于学生教师之间的协作学习和在线答疑等。

5. 国外翻转课堂的实践

(1) 美国翻转课堂

2005 年，阿拉伯帕雷高中数学教师卡尔·费舍（Karl Fisch）开始翻转课堂的实验。翻转课堂真正在教育领域的应用，起源于美国科罗拉多州阿拉伯帕雷高中和林地公园高中翻转课堂，林地高中的两位化学教师乔纳森·伯尔曼和亚伦·萨姆斯被称为探索翻转课堂实践的先驱。

2006 年秋，林地高中的两位化学教师乔纳森·伯尔曼和亚伦·萨姆斯开始探索翻转课堂。林地公园高中许多学生由于花费在上下学路上的时间过多，导致缺课，学习跟不上。直到有一天情况发生了变化。学校化学教师乔纳森·伯尔曼和亚伦·萨姆斯开始使用屏幕捕捉软件录制PPT 演示文稿的播放和讲解。他们把结合实时讲解和 PPT 演示的视频传到"云"，以此帮助缺课的学生补课。那时 YouTube 才刚刚开始应用。更具开创性的是，他们逐渐以学生在家看视频、听讲解为基础，开辟出课堂时间为完成作业或做实验过程中有困难的学生提供帮助。不久，这些在线教学视频被更多的学生接受并广泛传播开来。不过由于很多学生在晚上 6~9 点之间下载教学视频，学校的视频服务器经常崩溃。这两位教师对此深有感触地认为，翻转课堂已经改变我们的教学实践，我们再也不会在学生面前，给他们一节课讲解 30~60 分钟，我们可能永远不会重拾传统方式来教学了。

林地公园高中两位教师的实践引起越来越多的关注，以至于他们经常受到邀请向全国各地的教师介绍这种教学模式。他们都是优秀的教师，乔纳森·伯尔曼因为出色的课堂教学而获得"数学和科学教学卓越总统奖"，亚伦·萨姆斯则凭借翻转课堂也获得同一奖项。他们的讲座遍布北美，逐渐有更多的教师开始利用在线视频在课外教授学生，回到课堂的时间则进行协作学习和概念掌握的练习。这种新的教学模式不仅改变了小镇高中的课堂教学，来自世界各地的许多教师也采用这种模式来教西班牙语、科学、数学，并被用于小学、初中、高中和成人教育等各层次教育。

2011 年，乔纳森·伯尔曼和亚伦·萨姆斯总结多年翻转教学的经验，出版了翻转课堂研究专著《翻转课堂：每天抵达每一个班的每一名学生》（*Flip Your Classroom：Reach Every Student in Every Class Every Day*）。在这本书中，他们介绍了自己在实践教学中摸索出的翻转课堂的实施策略。同年，这种"先学后教"的翻转课堂教学模式被加拿大《环球邮报》评为年度影响课堂教学的重大技术变革之一。翻转课堂教学模式迅速走进了中小学，这是一次真正地将信息技术与教育融合在一起的勇敢尝试。

2012 年，林地公园高中举办校园开放日，让更多教育者亲临翻转课堂，感受翻转课堂给师生关系和学生成绩带来的影响。在林地公园高中的成功示范和大力推广下，翻转课堂的影响扩展至全美国。同年，密西根市的克林顿戴尔高中和明尼苏达州的拜伦高中，也是实施翻转课堂的实验校。克林顿戴尔高中经过一个学期的实验后，学生学业成绩包括考试合格率、毕业率，以及升学率都有大幅提升。经过一年的努力后，拜伦高中学生的学习兴趣有极大的提升，学习动机明显增强，学业水平得以提升。2012 年，在圣地亚哥举行的国际技术教育协会上，凡是有关"翻转课堂"主题的会场，几乎都是听众爆满。同年，乔纳森·伯尔曼和亚伦·萨姆斯建立了一个非营利性的翻转课堂学习网站，给有兴趣的老师提供翻转课堂的知识、技能和相关资源等。可汗学院的出现进一步推动了 MOOC 与翻转课堂的实践。与此同时，美国中小学教师对翻转课堂的热情持续升高。

（2）加拿大翻转课堂

2011 年，加拿大展开了对翻转课堂的探索。如奥卡那根中学在数学课和生物课上试用翻转课堂的教学模式。近几年，加拿大教育界流行翻转课堂教学法，加拿大诺瓦斯科舍艺术设计学院等高校也在实施翻转课堂。中小学也在试用翻转课堂教学模式，改变授课和家课的方式，学童在家里学习课本，在家里上课，看网上视频；学生在课堂上发问，讨论难题，以及做作业，这种教学模式受到家长和学生的欢迎。

（3）澳大利亚翻转课堂

2012 年，澳大利亚昆士兰大学工程学院开始实施为期两年的世界最大规模翻转课堂教学模式，呈现出时间投入、团队合作及对象规模方面的教学特点，并取得良好的教学效果。该学院以翻转课堂的教学环境、学习文化、教学内容、教学团队等四大支柱对基础的教学实践及本科翻转课堂实施均有启示。同时，澳大利亚中学联手昆士兰大学，并与昆士兰州立高中联合，对翻转课堂的研究进行了深入研究，并对实施的一系列问题进行了系统的探讨，总结出翻转课堂的优势和实施翻转课堂需要注意的问题。

6. 国内翻转课堂的实践

（1）江苏省木渎高级中学翻转课堂雏形

翻转课堂传入我国后，在基础教育领域引起了教师和研究者的广泛关注。早在 20 世纪 80 年代，江苏省木渎高级中学创造了一种具有翻转课堂意义的"问题导向"自主学习教学模式。该校采取的这种"任务驱动、问题导向"自主学习模式，实则发源于美国的翻转课堂，特别是在教学结构、教学方式、教学环境、教学理念等方面都有相同之处。

(2) 重庆市聚奎中学翻转课堂

2011 年，重庆市聚奎中学为突破地理位置、办学条件等因素限制，吸引优质生源，率先在我国实施翻转课堂。聚奎中学基于学校情况，在"做最好的自己"的办学理念指导下，改革美国林地公园高中的翻转课堂模式，形成"课前四步"和"课中五步"（也称"课堂五环"）的翻转课堂教学模式。课前四步：第一步，教师制作导学案；第二步，教师代表录制教学视频；第三步，学生观看教学视频，做检测题；第四步，教师制订个别辅导计划。课中五步：第一步，学生独立做作业；第二步，小组讨论协作解决难题；第三步，教师个别指导；第四步，学生完成相关练习；第五步，自主纠错，巩固反思。据对聚奎中学翻转课堂模式所做的调查结果显示：82.9%的学生非常喜欢或喜欢翻转课堂模式。聚奎中学的课程改革领跑全国，成为国内翻转课堂应用实践的典范。

(3) 深圳市南山实验教育集团翻转课堂

深圳市南山实验教育集团提炼出了本校"翻转课堂"教学基本模式，即"三步五环节"教学模式。"三步"是指"课前预习—课内探究—课后训练"等步骤；"五环节"是指课堂过程中要体现"创设情境—自主探究—合作交流—自我反思—当堂达标"等环节。不同学科教师可根据自己的需要，采用基本式或者变式，灵活运用其中的教学要素，从而提高了课堂教学的实效，让学生自己掌握学习节奏，提高了自学能力。学生在家学习，到校作业，是对传统课堂的翻转。翻转课堂以学生为核心，教师升格为学生学习的设计者、指导者、帮助者和学习伙伴。在这一模型中，有助于实现学生和教师的教学相长。

当前我国翻转课堂的实施范围，只是部分教育发达地区的中小学校。重庆聚奎中学、深圳市南山实验教育集团和温州市第二中学是国内最早实施翻转课堂的学校。如今已有南京九龙中学、广州市第五中学等多所学校实施翻转课堂。这些学校根据本校实际情况，逐步摸索出适合本校的教学模式。但从整体上来说，我国翻转课堂仍处于实验探索阶段，课程内容缺乏系统性，没有完善的网络学习支撑平台，缺乏对学习者的个性化跟踪与反馈等。

7. 国内翻转课堂的创新源于理论研究的积淀

翻转课堂被引入我国后，其内涵、方式、形态都发生了改变。翻转课堂不再局限于知识传授和知识内化流程上的翻转，而着眼于翻转课堂所依赖的以教学视频为代表的技术因素和以学习分析系统为代表的环境因素。我国翻转课堂实践创新源于理论研究。

国内对翻转课堂的理论研究始于 2012 年。张金磊等在《远程教育》杂志上发表了《翻转课堂教学模式研究》一文，该文在对国内外教学实践案例研究的基础上，构建了翻转课堂的教学模型，分析了翻转课堂实施过程中所面临的挑战。作为我国介绍翻转课堂的第一篇学术文章，它勾勒出我国翻转课堂的大致研究范围——发展历程、内涵特征、教学模型、困难与挑战。2013—2014 年是我国翻转课堂研究发展的快速期，翻转课堂越来越受到国内学者的关注。例如，2013 年清华大学钟晓流等构建了太极环式的翻转课堂模型，体现"教"与"学"太极式相互转化的关系；2014 年，北京师范大学何克抗在深入剖析翻转课堂在中国发展困境的基础上，将西方翻转课堂与我国跨越式教学作比较，提出翻转课堂中国化的发展路径。2015 年，有关翻转课堂的论文，尤其是期刊论文更是如雨后春笋般地涌现出来。2016 年，陕西师范大学胡立如等借用教学结构序列框架，重新审视翻转课堂的内涵，认为塔尔伯特的典型翻转课堂模式实际上并没有实现教学结构序列的翻转。截至2017 年，国内有关翻转课堂的研究内容涉及范围不仅广泛，而且呈现多样化的趋势。有关翻转课堂的研究，涉及起源、概念、本质特征、教学实践、实施条件、教学模式理论、教学模式的应用、试验效果以及教师角色等内容。

由以上研究现状来看，翻转课堂虽然在美国兴起，但当下在美国的研究也处于前期探索阶段，跟国内研究状况相差无几。翻转课堂从出现到目前的发展，历经二十余年的时间，但其研究并没有发展到成熟阶段。目前，翻转课堂教学模式在美国等国家仍处于起步阶段，也并没有达到普及化的程度。

第二节　大数据时代的实验教学

实验是教学活动的一个重要环节，对于许多实践性较强的学科，如基础学科的物理、化学、生物，工程学科的控制学、计算机硬件、电路原理、电子线路等，实验是学生获取知识参加实践的最主要的手段，对于培养学生实际操作能力和解决问题的实践能力至关重要。在科学探究的过程中，实验作为检验理论正确与否的工具，已不再完全处在"务实"的环境中，借助大数据时代的数字化手段，科学家开始运用"务虚"与"务实"相结合的环境来探索和研究自然。仿真实验、远程控制实验、综合开放实验等新型实验，已成为大数据时代实验教学研究的热点。

一、仿真实验

1. 解读仿真实验

（1）仿真实验

伴随着计算机技术的持续发展，仿真实验已经成为现代科学研究中不可或缺的一类实验，逐步形成为一套新的实验体系。在人类研究自然客观规律的历程中，仿真实验继数理推理、科学实验之后，成为第三类基本研究方法，而且正在发展成为一套用来研究自然规律的更加通用的实验体系。截至目前，仿真实验的定义有很多种。

观点一：360百科对"仿真实验"的解释为：仿真实验没有普通意义上实验的必备器材，而是在计算机上用仿真软件模拟现实的效果，用软件模拟实验条件是一条可行性非常高的路。仿真软件通过图形化界面联系理论条件与实验过程，同时运用一定的编程达到模拟现实的效果。事实上，很多仿真实验软件早就开发出来了，在很多大学、全国重点高中及初中也已经应用。目前主要包括物理仿真实验、化学仿真实验和生物仿真实验三类。

观点二：仿真实验，就是创建一个可视化的实验操作环境，其中每个可视化仿真物体代表一种实验仪器或设备，通过操作这些虚拟的实验仪器或设备，进行各种复杂的实验，达到理想实验的教学要求和目的。它避免了由于错误操作引起的不必要损失，解决了实验仪器不足或者仪器固定误差大的问题。[1]

观点三：仿真实验，就是通过软硬件来设计另一个处理同样数据的系统，执行同样的程序，获取同样的结果。它基于已知的数学或物理模型，借助计算机技术，整合专家经验、统计数据与其他信息资料，对被模拟系统做全方位分析与研究，用以深入分析系统，研究系统已知或未知的行为特征。主要通过计算机软件硬件技术的结合、大规模编程，辅助二维或三维动画做人机交互界面，完成未知条件下的仿真计算。

观点四：仿真实验就是泛指在虚拟环境下，对虚拟物体进行操作的实验，实验过程可由实验者部分或完全控制，实验的结果可以被存储、处理、再现。它主要通过计算机技术，综合利用模拟实验、仿真实验、远程实验、虚拟仪器等相关技术，结合已知的数学模型、远程实际环境，构建统一的虚拟实验环境，增加实验者对真实环境的认识，提高实验效率，节省实验成本和减少不必要的损失。

国内外研究者多从不同的角度阐释仿真实验的定义。按可操控性划分，有虚拟演示实验和虚拟动手实验；按空间维度划分，有二维桌面虚拟实验和三维虚拟仿真实验；按综合技术平台划分，有单机虚拟实验室平台和远程虚拟实验平台；按虚拟程度划分，有含虚拟仪器和虚拟软件的完全虚拟实验和部分虚拟实验。这些不同说法的出现，实际上是源于虚拟软件选用的不同、仪器硬件虚拟化程度的不同，以及技术实现方案的不同而造成的。

本书作者认为，仿真实验的本质是采用一个虚拟出来的环境来模拟一个真实的环境或想象中的环境，仿真实验没有普通意义上实验的必备

---

① 邓文生. 体验"真实"实验 [N]. 中国计算机报. 2001–10–18.

器材，而是在计算机上用仿真软件模拟实验条件进行实验。仿真实验依托计算机系统为现实世界创建一个虚拟世界，既可以是现实中已经存在的环境，也可以是想象中的环境，学习者依靠视觉、听觉及触觉等人体机能与虚拟环境进行交互。仿真实验可以广泛地应用到不同领域，它所创造的虚拟环境不仅可以给学习者带来逼真的感官体验，还可以通过计算机技术实时地在虚拟环境中捕捉有用数据，为现实环境中的系统构建提供数据支撑，进而规避设计风险。

（2）仿真实验教学

仿真实验教学就是在教学过程中创建一个可视化的实验操作环境，其中每个可视化仿真物体代表一种实验仪器或设备，通过操作这些虚拟的实验仪器或设备，进行各种复杂的实验，达到理想化的实验的教学要求和目的。这种教学的好处就是不受时空限制，实现资源共享，直观易懂，富有兴趣，比呆板的讲解丰富，学生接受知识也比较容易和深刻。

国家级虚拟仿真实验教学中心由教育部专门设立。根据《关于开展2015 年国家级虚拟仿真实验教学中心建设工作的通知》（教高司函〔2015〕24 号）要求，经省级教育行政部门、军队院校教育主管部门推荐，中国高等教育学会组织形式审核、网络评审和会议评审，教育部遴选出 100 个国家级虚拟仿真实验教学中心为入选单位。

2. 计算机仿真技术的发展

仿真实验是由计算机技术、网络技术及虚拟现实技术的飞速发展而催生的，它将传统的实验室实验（包括实验环境、实验仪器设备、实验对象以及实验信息资源等）搬上计算机，从而实现科学实验的虚拟化。仿真实验的发展和计算机仿真技术的发展是密切相关的，仿真实验教学更是离不开计算机的使用，因此它实质上属于计算机辅助实验教学的范畴。

（1）计算机仿真的发展阶段

计算机仿真技术是以多种学科和理论为基础，以计算机及其相应的软件为工具，通过虚拟实验的方法来分析和解决问题的一门综合性技术。计算机仿真在早期被称为蒙特卡罗方法，是一门利用随机数实验求解随机问题的方法。根据仿真过程中所采用计算机类型的不同，计算机仿真大致经历了模拟机仿真、模拟—数字混合机仿真和数字机仿真三个大的阶段。20 世纪 50 年代，计算机仿真主要采用模拟机；20 世纪 60 年代后，串行处理数字机逐渐应用到仿真之中；20 世纪 70 年代，模拟—数字混合机曾一度被应用于飞行仿真、卫星仿真和核反应堆仿真等众多高技术研究领域；20 世纪 80 年代后，由于并行处理技术的发展，数字机才最终成为计算机仿真的主流。

（2）**计算机仿真的基本活动**

近年来，计算机仿真技术已经在机械制造、航空航天、交通运输、船舶工程、经济管理、工程建设、军事模拟以及医疗卫生等领域得到了广泛的应用。计算机仿真包括三个基本活动：一是数学模型建立，即模型辨识的过程。所建模型常常是忽略了一些次要因素的简化模型。二是仿真模型建立，即设计一种算法，以使系统模型能被计算机接受并能在计算机上运行。由于在算法设计上存在着误差，所以仿真模型对于实际系统将是一个二次简化模型。三是仿真实验，即对模型的运算。它还需要设计一个合理的、服务于系统研究的仿真软件。

3. 仿真实验教学的发展

以信息技术应用为本质特征的仿真实验，适应了大数据时代开放办学、资源共享的变革要求，为学生开展探究性学习、自主实验和创新实践提供了先进手段、开放平台和优质资源，在提高人才培养质量的同时，也为实验教学改革和实验室建设增添了活力和动力。

（1）**国外仿真实验教学的发展**

为克服在线教育和网络课程缺乏实验环节、学生实践能力偏弱的不足，美国斯坦福大学、麻省理工学院、哥伦比亚大学、佐治亚理工学院等知名高校以及英国开放大学，相继在一些网络开放课程中增加了以虚拟实验室为依托的实践教学内容，并采用三种形式的实验手段，即：基于手持式设备（平板电脑、智能手机、可穿戴设备）的移动式交互实验，基于虚拟世界、教育游戏软件的个性化自主实验，基于遥现技术的远程交互协同实验。目前，一些增添了实践教学环节的网络开放课程，已被纳入慕课（MOOCs）三大主流机构之一的 Coursera 在线学习平台。①

未来教室和实验室是一个新兴的研究领域，其特点是融合创新教育理念、先进科学技术、心理学、传播学、人体工程学以及空间构建理论，注重高度的交互性、开放性、启发性和自然、灵活、安全、高效的人性化设计，进而为以学生为主体开展小组讨论、探究实验和研究性学习提供有力支撑。目前，一些发达国家对未来教室和实验室的研究与应用较为成熟，产生了一批理念前瞻、技术先进、特点突出的建设成果，如：新加坡南洋理工大学的 COTF，东京大学的 KALS，德国伊尔默瑙工业大学的虚拟现实实验室，美国明尼苏达大学的主动学习楼以及美国匹兹堡大学的可扩展协作学习空间（创新课堂）。②

① 美国仿真实验教学。美国纽约大学利用自己研制的长达 36 米的高清晰度交互式多媒体显示墙，应用可视化技术开展教学，将复杂的股市数据形象化，显现出蜜蜂蜂拥而至采集花粉的生动场面。

美国明尼苏达护理学院通过与行业协会和企业合作，联合开发基于网络的互动游戏，其目的是让护理专业的学生能够参与形同真实生活的情境演练，进而提高实践技能。

美国凯斯西储大学新发明中心创建的 Think［box］，为学生提供了一个能够充分发挥想象力、创新潜能并进行创造的空间。在这里，学生可以使用 3D 打印机、激光切割机及各种工具进行原型设计和产品制作，实现他们有创意的新产品。

美国耶鲁大学发挥移动实验具有的即时性、参与性、情境性、泛在性、愉悦性优势，采用平板电脑完成分子生物学、细胞生物学、发育生物学等课程实验，教师通过 iPad 上的移动应用程序与学生分享从中心

① M. Mitchell Waldrop. The Virtual Lab［J］. Nature，2013，18（7）：268－270.

② NMC Horizon Report. 2015 Higher Education Edition［DB／OL］. http：／／cdn. nmc. org／media／2015－nmc－horizon－report－HE－EN. Pdf.

实验室数字显微镜中获取的数据和图像等资源。通过将可远程控制的数字显微镜与平板电脑连接，学生既可以对实验数据进行记录、分析和注解，也可以将获取的实验图像存档备用。

美国科罗拉多大学开设的 PhET 交互式虚拟仿真实验，通过构建一个结构化的虚拟实验室，为学生开展探究性学习提供实验条件，并帮助学生研究、分析和探索物理世界中各种感兴趣的问题。学生通过运行基于物理现象分析的交互式虚拟仿真软件，在高度仿真的虚拟环境中，以个性化学习、自主式实验的方式，启迪创新思维，验证所提出的实验方案和技术构想。

美国印第安纳大学和普渡大学印第安纳波利斯联合分校的普通化学课、普渡大学和佛罗里达国际大学的生物学导论课都采取了同伴领导的团队学习模式和工作坊协作方式，并将电子教材、交互式多媒体课件、虚拟仿真软件网络实验室以及视频资料等整合于在线学习环境之中。①

② 英国仿真实验教学。英国开放大学开放科学实验室建设的目标定位为：①成为研究和探索实验教学改革的在线中心；②提供对现场（异地）实验数据进行真实、严格且科学地分析的手段；③构建具有 3D 沉浸式环境，可支持远程控制、虚拟仪器、交互式多媒体实验以及在线分析与研究活动的实验和研发平台。目前，该实验室已能够在线实现所有的实验室功能，学生既可下载虚拟仪器软件进行在线实验，也可以借助遥控仪器进行远程控制实验。此外，该实验室还开设有一批应用网络、虚拟现实等技术，可实现虚拟仪器共享使用的实验项目。例如，应用于地球科学实验研究的虚拟显微镜，可提供当前存放在世界各地博物馆、大学、科研机构中的地球表面岩石材料和数百种英国本土岩石样本，既避免了昂贵的显微镜、薄切片制备设施与设备的购置费，还可以作为开放共享的虚拟仪器使用。

英国开放大学从 2006 年开始，应用基于互联网的三维虚拟世界

① 张铁道，殷丙山，等. 国际教育信息化 2013 地平线报告（高等教育版）[J]. 北京广播电视大学学报，2013（2）.

"第二人生"（Second Life）开展教学，通过构建一个与课堂平行且身临其境的三维虚拟环境，使师生既能够实时进行交互、完成学习任务，并参与集体活动，也可以使教师通过虚拟世界与异地学生进行"面对面"地交流和辅导。

③ 加拿大仿真实验教学。加拿大维多利亚大学建设了3D实验室和人类学创客实验室，配备了最新的3D扫描仪和打印机、动作传感器以及激光切割机等高科技设备，其目的是培育和激励学生的创新能力和探索精神。这些实验室不仅提供有专门场所和各类工具，还允许学生操作和研究诸如化石、文物之类的易碎品（如经3D扫描、打印的古埃及花瓶），并鼓励创客们积极开展相互协作。

④ 澳大利亚仿真实验教学。澳大利亚雷德兰兹大学利用平板电脑易携带、高分辨率显示和触摸屏的特点，以此替代笨重的实验仪器、视频设备和其他的昂贵工具开展野外实践教学，拍摄和注解地形图片资料，收集和分享岩石数据，快速获取参考资料并对收集的数据进行记录和分析。

⑤ 新西兰仿真实验教学。新西兰惠灵顿维多利亚大学建筑和设计学院建设了一个包括金属制品和木工机械区域、一系列三维数字化制造和建模设备的3D模型车间，其目的是为学生提供专门的原型设计和制作空间，学习使用如3D打印机等高科技设备的方法，制订解决问题的实际方案，并提供创造性指导和咨询。

⑥ 西班牙仿真实验教学。西班牙马德里IE商学院运用名为"唐宁街10号"的教育类游戏软件开展仿真实验教学，旨在使学生学习和了解全球经济政策的复杂性，站在更高层次进行思考，培养解决相关领域紧迫问题的实际能力。在运用这个游戏软件的教学过程中，学生可以承担英国首相的角色，并与保罗·克鲁格曼、撒切尔夫人和米尔顿·弗里德曼等重要人物一起工作，拟订影响国民经济福祉的有关协议。此外，学生还可以六人一组参与辩论，以确定最可行的政策，然后通过一轮全体投票后将其付诸实践。

⑦ 印度仿真实验教学。印度甘露大学相继启动了虚拟学习环境、

网上联合研究中心和在线实验室（ONLINELABS）等一批建设项目。该项目是作为"印度—美国高等教育领域校际创新"合作项目中的一项重要内容，美国 20 所顶尖大学利用印度甘露大学的远程教育网络，为印度几百所高校的学生开设了计算机科学、信息与通信、生物技术和材料科学等网络课程，并与印度高校开展网上合作研究和技术交流协作。

（2）国内仿真实验教学的发展

20 世纪 90 年代初，仿真实验的核心虚拟仪器开始出现。虚拟仪器是一种新型仪器类型，是将传统的仪器技术与计算机技术、软件技术进行深层次结合而发展起来的一项新技术。

1995 年，中国科学技术大学研制成功了《大学物理仿真实验 1.0 for DOS》，同年通过国家教委鉴定。它是国内外第一套虚拟型的教学软件，也是国内第一套具有一定规模和水准的实验教学软件。该软件通过计算机把实验设备、教学内容、教师指导和学生的操作有机地融为一体，形成了一部活的、可操作的物理实验教科书。通过仿真物理实验，学生对实验的物理思想和方法、仪器的结构及原理的理解，可以达到实际实验难以实现的效果，实现了培养动手能力、学习实验技能、深化物理知识的目的，同时增强了学生对物理实验的兴趣，大大提高了物理实验教学水平，是物理实验教学改革的有力工具。该成果 1996 年获中国科学院教学成果一等奖，1997 年获国家级教学成果二等奖。

1997 年，《大学物理仿真实验 2.0 for Windows》问世。它是在原DOS 版本基础上经过两年的教学实践总结，并结合计算机软硬件技术的最新发展研制开发的升级版本。该软件 1997 年受英国国家教委邀请作为英中交流项目赴英国八所著名大学巡回展示交流，1998 年代表中国教育技术最新成果赴联合国教科文组织大会展示，1999 年受日本应用物理学会邀请赴日本学会大会展示，受到普遍欢迎和好评。

2010 年，在广泛听取学习者建议基础上，中国科技大学奥锐科技有限公司总结多年的开发经验，采用组建技术开发出《大学物理仿真实验》（2010 版）。学生可自行设计实验方案、拟定参数、操作仪器，模拟真实的实验过程，在解决大面积开放性、设计性、研究性实验教学中发挥重要的作用。该软件已在全国四百多所高校推广应用，受到学生的普遍欢迎和使用单位的好评。

2010年5月5日，国务院总理温家宝主持召开国务院常务会议，审议并通过的《国家中长期教育改革和发展规划纲要（2010—2020年)》（以下简称《规划纲要》）中指出："建立数字图书馆和虚拟实验室……提高教师应用信息技术水平，更新教学观念，改进教学方法，提高教学效果。鼓励学生利用信息手段主动学习、自主学习，增强运用信息技术分析解决问题能力。"《规划纲要》说明，虚拟实验室能够满足我国未来教育信息化建设的需要，是未来实验教学的一个重要方向。这是因为物理、化学、生物等学科的实验是学生进行科学实验基本训练的必修通识课程，对培养学生严谨的科学思维与创新实践能力有非常重要的作用。由于中学，尤其是高校用于教学实验的大型贵重设备存在设备数量少、耗材贵、运行成本高等问题，很难达到每一个学生都能亲自操作的需求，在多数情况下只能通过演示实验进行了解，造成学生学习兴趣低下、学习效果不佳等结果。同时，大型贵重设备的操作也需要一定的原理知识和工程经验，否则容易造成设备的损坏，这恰恰是学生所欠缺的。因此需要一种能够满足学生操作、实验原理和实验效果类似的学习工具来进行辅助教学，即仿真实验。

2012年3月，为推进落实《国家中长期教育改革和发展规划纲要（2010—2020年)》关于教育信息化的总体部署，教育部组织编制了《教育信息化十年发展规划（2011—2020年)》（以下简称《规划》），从国家层面对今后十年教育信息化工作进行了整体设计和全面部署，为下一阶段教育信息化发展提供了行动纲领。《规划》明确提出："建设优质网络课程和实验系统、虚拟实验室等，促进智能化的网络资源与人力资源结合。"经过各级各类教育数字化资源建设，初步形成现代化教育资源体系。高校数字图书馆、课程中心、虚拟实验室等建设十分普遍。

2018年3月1日，教育部办公厅根据《教育信息化"十三五"规划》的总体部署，印发的《2018年教育信息化和网络安全工作要点》

中明确指示：推进虚拟仿真实验教学项目，推动 VR 在教育教学中的应用。深入推进信息技术与高等教育教学深度融合，加快网络优质教育资源建设与应用。落实《教育部关于加强高等学校在线开放课程建设应用与管理的意见》，召开在线开放课程建设与应用推进会，认定第二批国家精品在线开放课程 500 门以上。加快推进示范性虚拟仿真实验教学项目建设，项目运营平台上线运行，认定两批 350 个项目，形成支撑 22 个专业类的在线虚拟仿真实验教学项目集成学习环境。自此，我国仿真实验教学步入了健康发展的快车道。

4. 仿真实验教学的应用

（1）国外仿真实验的应用

仿真实验有传统实验方式无法企及的诸多优势，如透明性、学习者自主性、互动操作性、资源共享性、安全性以及扩展性等，这使仿真实验及其在教学中的应用成为近年国外实验教学和远程教学研究的热点。基于仿真实验技术自身的限制，目前的实际应用主要集中在理工科的教育教学中，其中电工电子、生化、建筑、机械医学等学科更具有代表性。国外如英国牛津大学的化学 VL、美国卡内基·梅隆大学的 IrYdium 化学实验室、德国 Ruhr 大学网络仿真实验室等，它们共同的特点是普遍具有高度的交互性和高智能的虚拟环境。[①]

（2）国内仿真实验的应用

① 工程技术领域。近年来，国内仿真实验主要应用于航空、航天、电力、化工以及其他工业过程控制等工程技术领域。在航空工业方面，采用仿真实验技术使大型客机的设计和研制周期缩短 20%。利用飞行仿真器在地面对飞行员教学，不仅节省大量燃料和经费（其经费仅为空中飞行训练的十分之一），而且不受气象条件和场地的限制。在飞行仿真器上可以设置一些在空中训练时无法设置的故障，培养飞行员应付故

---

① 王基生，于平太，李莹. 虚拟实验平台开发和应用的理性思考 [J]. 现代教育技术，2010（2）；周昌林. "IrYdium Chemistry Lab" 虚拟感应技术在化学定量实验中的应用 [J]. 化学教育，2013（1）.

障的能力。飞行仿真器所特有的安全性也是仿真实验教学的一个重要优点。

②社会生活领域。现代仿真技术与仿真教学不仅应用于传统的工程领域，而且日益广泛地应用于社会、经济、生物等领域，如交通控制、城市规划、资源利用、环境污染防治、生产管理、市场预测、世界经济的分析和预测、人口控制等。

③高等教育领域。20世纪90年代后期，随着多媒体、数据库、网络以及虚拟现实等技术在教育领域的应用，国内部分高校相继开展了仿真技术和基于网络的虚拟实验及教学应用的研究。例如，中央广播电视大学几何光学设计实验平台、大学物理仿真实验远程教学系统、西南交通大学 TDS－JD 机车驾驶模拟装置[①]、同济大学建筑学院的用于建筑景观和结构仿真的虚拟现实实验室等。进入 21 世纪，仿真实验在我国的研究和应用加速上升，发展趋势正向系统化的仿真实验室和远程网络平台方向前进。

2008—2010 年，教育部组织开展了"虚拟实验教学环境关键技术研究与应用示范"课题研究。2013 年，教育部印发了《关于开展国家级虚拟仿真实验教学中心建设工作的通知》。在虚拟仿真实验教学中心遴选指标体系中，虚拟仿真实验教学资源作为一级指标占了 60% 的权重，是虚拟仿真实验教学中心建设的核心内容。高校在虚拟仿真实验教学中心建设中强调虚拟仿真实验教学项目建设，构建了区域开放共享机制和政策环境。

2015 年，教育部办公厅《关于开展 2015 年国家级虚拟仿真实验教学中心建设工作的通知》提出："高校要加强虚拟仿真实验教学资源、平台、队伍和制度建设，将虚拟仿真实验教学在人才培养中的作用充分发挥出来。"

2017 年起，教育部为提高信息化背景下高等学校实验教学质量和

---

① 陈华斌，周美玉，何太军. 视景仿真在机车仿真器中的应用［J］. 系统仿真学报，
1999（11）.

实践育人水平，开展示范性虚拟仿真实验教学项目建设工作，推动高校积极探索线上线下教学相结合的个性化、智能化、泛在化实验教学新模式，形成专业布局合理、教学效果优良、开放共享有效的高等教育信息化实验教学项目示范新体系。虚拟仿真实验教学项目成为国家级虚拟仿真实验教学中心的重要建设内容。例如，华中师范大学等高校为全面推进信息技术与实验教学的紧密融合，以"互联网＋实验室"理念为引导，重点加强虚拟仿真实验教学项目建设，着力构建智慧、融合、开放的虚拟仿真实验教学体系。学生通过虚实结合的实验教学，更加系统、全面地掌握了实验技能，拓宽了学科视野，综合实践能力、信息化素养和创新能力得到提高。

④ 中等教育领域。中等教育领域的物理、生物、化学等是实验的学科，要做大量的实验，这些实验在教学中有着非常重要的作用。而真实实验存在以下问题：有些学校因实验仪器和设备短缺导致部分实验无法在实验室完成；有些实验设备价格昂贵，学生不敢大胆做实验；有些实验需多次重复实验而出现耗材费用高的问题；在实验课堂上学生因时间紧而不能充分完成实验；有些自然物理、化学现象，在真实实验室不可能完成；有些过于抽象的物理实验在真实实验室不能完成；有些实验过程速度太快，实验现象转瞬即逝，学生不能清楚仔细地观察。

仿真实验能一定程度地解决了以上中等教育领域实验中出现的问题。仿真实验可以仿真模拟在实验室难以完成的实验，弥补了学校实验设备和仪器的不足，有效地提高了物理实验的演示效果。仿真实验可以完成现实条件下不可能完成的实验，如仿真实验可以开发出光学中干涉、全反射等实验现象；仿真实验可以仿真抽象的物理、化学实验；仿真实验可以多次重复实验，实验过程可延缓或随时暂停；仿真实验能为学生开展自主研究性学习提供学习环境，学生可利用仿真软件对探索实验进行研究。与此同时，通过对实验环境的整体模拟，使未做过这些实验的学生通过仿真实验能对实验的局部到整体建立起直观感性的认识，再做实际实验时能够胸有成竹。仪器可拆卸，可解剖调整，增强了操作、熟悉仪器功能和使用方法的训练。仿真仪器实现了模块化，学生可对仪器进行选择和组合，用不同方法和路径完成同一实验目标，培养了学生的设计思考能力。通过仿真实验教学过程，充分体现了教学指导思想，培养学生在理解的基础上通过思考进行操作，克服在实际实验中出现的盲目操作和"走过场"的现象，使学生真正受益，提高了实验教学质量。

目前，中等教育领域应用的仿真实验种类繁多，其中影响较大的有 VCM 仿真实验、CER 卓信 365 仿真实验、智天下虚拟实验室仿真实验和华钧中学虚拟仿真实验系统等。

VCM 仿真实验是利用 FLASH 技术开发的最富真实感的实验，可直接在电脑上在线模拟操作。该仿真实验是学生自主地获取知识和技能、体验和了解科学探究的过程和方法、形成和提高创新意识、树立科学的价值观的活动过程。理化实验是学生理化学习中的能动的实践活动形式，为学生创设了亲身参与实践的情境，具有获知、激趣、求真、循理、育德等教育功能。实验的功能和探究性学习的特征决定了实验必然是探究性学习的重要途径。学生通过自主操作实验，从而掌握物理和化学知识原理，理解并记忆化学方程式、公式、定律、定理等，从而有效提高学生理化学习成绩。

CER 卓信 365 仿真实验是面向中学师生设计的，仿真度高、能模拟完成理、化学科教材中涉及的各个实验的一套开放式教学平台。操作者可以根据提供的器材，任意搭建实验，改变各项参数，不管操作正确与否，均可以获得与实际相似的现象和结果，对错误的操作会提出纠正。它是一个真正意义的探究式学习平台，有助于激发学生的学习兴趣，有助于学生创新思维和科研素养的培养。

智天下虚拟实验室仿真实验是最新研发的一款高效理化学习法。它不仅有高真实度的实验器材与实验步骤，模拟与实际操作高贴合度的实验场景，给学生、教师以身临其境之感；它更有游戏场景界面迎合学生心理，吸引注意力，配以原创试题，杜绝千篇一律；还覆盖近年中高考实验试题，切实感受考题难点、思路以及技巧，积累丰富实战经验，使学生对物理、化学、生物学习产生浓厚兴趣。

华钧中学虚拟仿真实验系统，是面向中学生设计研发的独创的场景式教学，通过浏览器即可使用。它不仅能高仿真地互动做各类实验，而且具备教学导航、教学目标、动手实验、自动演示、系统测试、真人实验视频等各个环节，学生对所做过的实验过目不忘，教师利用仿真实验教学效果事半功倍。

5. 仿真实验教学的思考

基于现代信息技术的仿真实验教学已成为学校实验教学的重要组成部分，并在教育改革中发挥着越来越重要的作用。总体来说，当前的仿真实验系统可以让学生在个人电脑上构建虚拟的实验对象，独立设计实验方案并对各种工况参数进行调整，可实现独立思考和操作。在仿真平台下，学生不但可以完成所有实验的项目的仿真，也可以在仿真平台上，学习常用的专业仪器及仪表操作应用。这对于实验设备不足、仪器仪表落后的中学和地方高校来说，是非常有利的。学生可以在仿真平台上，预习或者复习实验操作，分析实验效果，无需担心传统硬件实验设备不足且操作不当而导致仪器损坏的问题。仿真实验，需要对设备原理和应用环境进行分析，能够满足学生从理论到实践的学习要求，更能激发学生的学习兴趣，培养学生的创新思维，提高实践操作能力，提高学习效果。

仿真实验的发展和应用给教育界带来积极的推动作用。通过网络和虚拟现实等新一代信息技术构建的仿真实验是一种新的教学方式，有其自身的特性和教学优势，但客观来说，目前仿真实验仍属于新生事物的初级阶段。从技术层面来看，仿真实验大致有基于 Flash 的交互式仿真实验、基于 VRML 虚拟现实技术的仿真实验、基于 Java 技术和 Quicktime VR 技术的仿真实验、基于 Active 技术的仿真实验等。目前的仿真实验远没有达到能够成熟应用的程度，即使国外也是如此，专门针对实验教学的仿真实验并不多见，能够与课程完美结合的更是稀少。当前的仿真实验室多是高校、研究所或企业自主研发，专业功能更侧重研究开发，对教学的支持较差，因此人机交互体验不到位。① 仿真实验教学项目建设中原创性不够、质量不高、缺乏标准、开放共享不足。个别学校以教育教学为目的对仿真实验的研发进行过一些努力和尝试，然而并没有形成规模，教学内容只能覆盖传统实验的冰山之一角，离成熟的教育教学实验仍有较大距离。

6. 仿真实验个案研究——等离子体诊断仿真实验

(1) 等离子体诊断仿真实验概述

等离子体是由大量正负带电粒子和中性粒子组成的，并表现出集体行为的一种准中性气体。其产生方式有热电离、光电离和碰撞电离三种，本实验采用的气体有极放电，它属于后者。在充有稀薄气体的放电管两端插入两根钨丝作为发射电极，加上直流高压，随激发高压的增加依次产生暗放电、辉光放电和弧光放电三个状态。诊断等离子体应在辉光放电状态，最常见的诊断方法是静电探针法：将诊断探针伸入等离子体内部，通过改变探针上的直流偏压得到相应的电流，从而得到伏安特性曲线，由曲线算出等离子体的电子温度、离子浓度等参数。按探针的数目不同，可分为单探针、双探针和三探针等。

为了让学生在做真实实验或远程控制实验以前更清楚地了解等离子体的产生方式、基本性质，掌握静电探针诊断法，实验者用 Flash 设计和制作了仿真实验，作为预习课件，实现了等离子体产生、放电、诊断等实验内容的仿真。本实验采用单探针和双探针诊断法，实验目的是了解等离子体的产生方式、基本性质，掌握静电探针诊断法。当学生访问等离子体诊断远程仿真实验网页时，首先浏览实验目的、原理、仪器、步骤、操作说明等。有极放电实验界面，见图 5－2－1。

---

① 吴黎兵，刘丹. 网络虚拟实验室的设计 ［J］. 计算机教育，2010（4）.

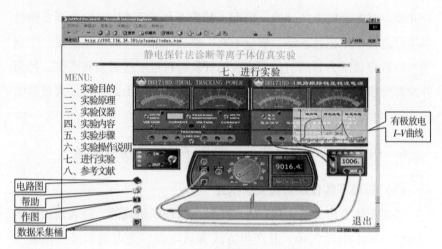

图 5 - 2 - 1　有极放电实验界面

　　等离子体诊断仿真实验内容分为三部分：有极放电、单探针诊断法、双探针诊断法。由于三部分内容所用的仪器基本上一样，实验中主要是对激发高压、偏置电压的调节，所以三部分可以共用一个界面。不同的实验内容，只要点击接线柱，完成导线的拆接就可切换。实验仪器包括直流电源、放电管、高压发生器、万用表、转向开关。仿真实验结构，见图 5 - 2 - 2。

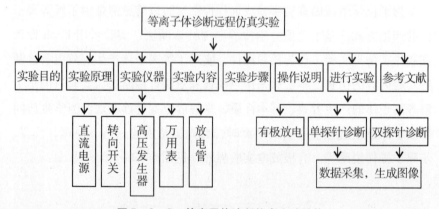

图 5 - 2 - 2　等离子体诊断仿真实验结构

（2）Flash 的特点和优点

Flash 影片是"准"流式文件，在观看大段的影片时，不必等到影片全部下载后才观看，而是边下载边观看，无需停止，减少了网络对仿真实验的影响。

Flash 采用基于矢量的图形格式，图片占用的空间很小，而且把图像无限放大也不失真。

Flash MX 提供了较强的绘图工具，利用它们可方便完成图像的旋转、变形、扭曲，使实验仪器的绘制成为可能。

ActionScript 是 Flash 的标准脚本语言，实现交互和动画，提供了标准模式和专家模式。标准模式可以让用户从基本动作列表框中选择基本动作，动作的格式已经给定，用户只需在框中填入参数而无需记动作的格式。

Flash 的变量可以不预先定义，支持自定义函数，支持函数的嵌套、调用等，为程序的修改提供了方便。

Flash 的组件包括图像（Graphic）、按钮（Button）和电影片段（Movie Clip），都存放在图库（Library）中，同一个 Flash 影片中的组件可以重复利用，只要修改图库中的组件，则所有影片中的该组件都同时被修改，还支持多层嵌套，一个组件内可以再嵌入其他组件，方便了实验设计。

（3）Flash 的框架结构

Flash 的时间轴就是进行动画效果设置、动画画面的顺序、长度以及图层安排的区域。图层是时间轴区域的纵向操作，放在不同层中的物件，图层交叠起来就形成了完整的动画画面。帧是时间轴上的一个个小方格，分为关键帧、空白帧和普通帧。关键帧中具有关键性的内容，即拥有组件、图形或动作；普通帧只能接在关键帧后面，不能加动作，内容和其前面最接近的同层关键帧相同，但不含关键帧的动作。仿真实验设计时，我们把实验仪器、按钮、布线、数字显示、数据处理放在不同的层，方便处理。在仿真实验中，一般在时间轴的第一帧对各变量进行初始化以及产生各种随机函数。刚进入实验界面那一帧，电压表、电流表开关设置为"关"，则将这些变量初始值设为零。

（4）Flash 的操作界面

以等离子体诊断仿真实验为例，刚进入实验界面，会弹出操作说明窗口，告知用户实验的操作方法。在实验过程中，用户还可以按帮助按钮调出电路图或操作说明。有极放电实验界面，见图 5-2-1，可调节各仪器旋钮、开关、档位等。调节激发电压（DH1718D-4）旋钮，放电管亮度随电压改变，同时显示有极放电的 $I-V$ 曲线图像，图像的红线随激发电压变化而移动，让用户知道放电管处于何种放电状态。

单探针的诊断实验界面见图 5-2-3，可调节激发高压（DH1718D-4）、偏置电压（DH1718D-3），电流表量程和换向开关等。当调节激发高压的时候会出现右边小图和中间的警告，告知放电管的放电状态。到正常辉光放电状态，中间的警告消失，然后就可以调节偏置电压了。如果偏置电压大于零而用户又想直接点击换向开关换向，即会出现左边的警告，提示用户应把偏置电压归零再换向。实验过程中，按一下空格键就能采集一组数据。用户采集了数据，数据采集桶就会显示填满状态，再按作图按钮可自动描出 $I-V$ 曲线。双探针诊断实验方法与单探针相同，实验界面见图 5-2-4，关键是接线不同。

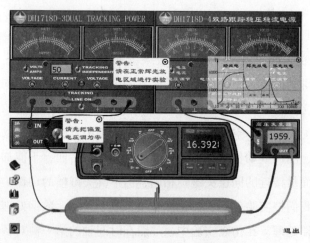

图 5-2-3　单探针诊断实验界面

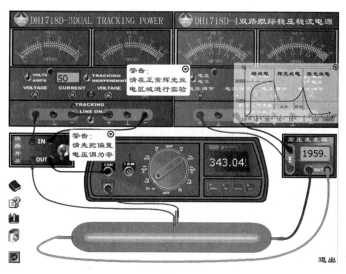

图 5－2－4　双探针诊断实验界面

（5）Flash 的数据处理

Flash 的时间轴就是进行动画效果设置、动画画面的顺序、长度以及图层安排的区域。图层是时间轴区域的纵向操作，放在不同层中的物件，图层交叠起来就形成了完整的动画画面。帧是时间轴上的一个个小方格，分为关键帧、空白帧和普通帧。关键帧中具有关键性的内容，即拥有组件、图形或动作；普通帧只能接在关键帧后面，不能加动作，内容和其前面最接近的同层关键帧相同，但不含关键帧的动作。仿真实验设计时为方便处理，我们把实验仪器、按钮、布线、数字显示、数据处理放在不同的层。在仿真实验中，一般在时间轴的第一帧对各变量进行初始化以及产生各种随机函数。刚进入实验界面那一帧，电压表、电流表开关设置为"关"，则将这些变量初始值设为零。

Flash 中有两种随机函数：random（number）和 Math. random（）。Math. random（）产生一个介于 0 到 1 之间的随机数，而 random（number）则产生一个 0 至给定 number 之间的随机整数。在实验中加入了随机函数，使各实验仪器的读数都有一定的随机变化，令仿真实验有较强的真实性，也避免了学生互相抄袭数据的现象。如在电流函数式中加入了 20 * Math. random（）使得电流计读数偏差 0～20 之间的某一数值。

实验过程中的数据都是通过动态文本显示的，在 flash 中，动态文本相当于一个变量，数组相当于一个堆栈。等离子体仿真实验的最大特点是能让用户按键采集实验数据，并把数据存储在两个空数组中。该功能的实现是在框架结构的"采集"一层放置一个空按钮，并以按下空格键为响应事件，调用 Flash 脚本语言中的 push 命令，每按一次空格键把对应的两个动态文本变量存进预先定义的两个空数组里，数组里的元素越来越多，达到数据存储的目的。再调用 duplacate movie clip 命令，将数组中的元素排列成一条 $I-V$ 曲线，见图 5-2-5。由 $I-V$ 曲线，套用公式可计算出等离子体的参数。

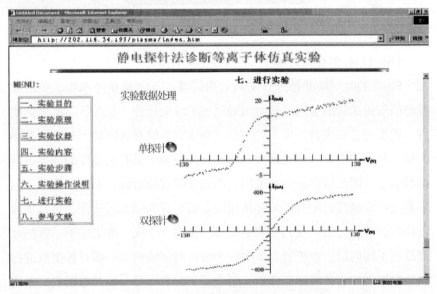

图 5-2-5 仿真实验生成的 $I-V$ 曲线

（6）Flash 仿真实验结论

本研究以静电探针法诊断等离子体远程仿真实验为例，探讨了基于 Flash 的实验仿真技术，为操作者提供了接近真实的操作界面，达到了真实仪器的各种功能和实验现象的仿真，方便快捷地采集了实验数据并自动生成图像，体现了实验的物理思想，实现了网上教学资源共享。目前，等离子体诊断远程仿真实验在华南师范大学现代物理技术重点实验室推广使用，受到师生的欢迎。

综上所述，仿真实验的优点是：生动形象，可增强教学的趣味性；不受时空限制，可增加教学的灵活性；提供自主探索，个别化教育的学习环境；提供的信息量大，实现软件资源共享；改善教学资源缺乏的教学现状，教育投资经济合算。但是其缺点也非常明显：主要是将事先准备好的资料编程上网，单向地传递给学习者。所谓互动也是一些已编排好的选择。学生没有对实验室的真实仪器进行操作，实验缺乏真实感，是一种"虚（拟操作）—虚（拟测量）"的模式。

二、远程控制实验

远程控制实验主要采用物联网技术，是仿真虚拟实验的延伸和扩展，是计算机网络应用于实验教学的一个发展方向，能给学生提供一种全新的实验模式。实验者通过网络直接对实验仪器进行实时控制，具有传统实验的真实感，即"仪器在实验室，操作在互联网"，有利于实现学校之间的仪器资源共享。

1. 解读远程控制实验

（1）远程控制实验

关于远程控制实验，根据本地端设备是否是真实设备，分为远程控制虚拟实验和远程控制真实实验。本节研究的是后者，其主要形式是：设备与学习者在地理位置上分离，服务器与实验设备之间通过串口、并口、USB 等接口或总线进行连接，学习者通过互联网与服务器通讯，对实验设备发出操作指令，完成相关的实验过程。同时，系统将真实的实验数据、图像反馈到用户端。学习者还可以通过网络摄像机对实验现场进行实时转播，便于学习者获取更多信息，使学习者有身临其境之感。

（2）远程控制实验的架构

远程控制实验弥补了仿真虚拟实验的不足，在实现软件共享的同时，更重要的是做到了实验硬件资源共享。远程控制实验是一种"虚拟仪器面板—硬件设备实体—真实实验场景"的实验教学模式，系统框图，见图 5 - 2 - 6。

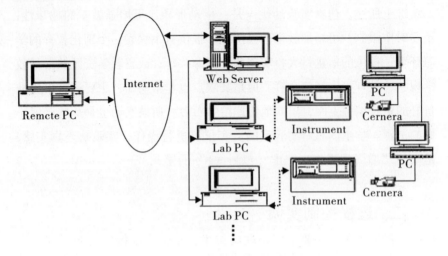

图 5 - 2 - 6 远程控制实验系统框图

远程控制实验中心整体架构由系统端、学习者端、资源端构成，其中资源端为提供实验的环境、设备以及软件资源，它可以分散到几个地方，而不一定集中在一个地方，只要有网络即可。学习者和资源通过云平台实现互联互通。学生通过互联网控制实验室的真实仪器，见到的是由摄像机反馈的实验现场实时视频图像，得到的是实验的真实客观数据，从而加强了实验操作的真实性。在控制中心，管理者可以对一些实验项目、学习者、资源进行管理，对数据进行查询、统计、分析，为大数据分析积累资料，从而为下一步的实验教学提供数据支撑。

2. 远程控制实验的发展

国内外研究者对于远程控制实验的研究，都始于远程仿真虚拟实验，随着远程控制技术的发展，开始进行远程控制实验的开发。

（1）国外远程控制实验的发展

国外远程实验室的构建起步于 20 世纪中叶。1940 年 9 月，数字计算机之父乔治·斯蒂比兹派研究人员在美国达特默斯大学召开的学术会议上公开演示遥控操作 M - 1 电磁式计算机。这次成功演示标志着人类社会已经实现了计算机远程控制。20世纪50年代，美国对基础通用遥控机械手的研究，为远程实验室的构建提供了自动化方面的技术支持。20世纪80年代，美国弗吉尼亚大学的William Wolf教授提出了合作实验室（Collaboratory）的概念，并称其为"无墙的研究中心"，目的是让分布于世界各地的科学家们可以相互共享资源（如设备、信息、数据和人才等），它为远程实验室的构建提供了计算机网络方面的技术支持。

远程控制与学生实验结合起步较晚。美国卡内基·梅隆大学是一所享誉世界的私立顶级研究型大学，该校拥有全美顶级计算机学院。1995年，卡内基·梅隆大学开发的"The Black Box"和"Martian Rescue"两个实验，是远程控制与学生实验结合最早的实验，早于以虚拟仪器产品著称的美国国家仪器公司极力推行的网络环境下仪器设备的远程控制计划。[①] 1999年3月3日，新加坡国立大学电机工程系的示波器实验建成，这是一个24小时开放的无人值守的实验，对1000多名电子工程系一年级本科生开放。至3月24日为止，180多人次操作了实验，1500多人点击了网页，得到很好的反响。美国的麻省理工学院的开放式实验课程在全世界做得最好。2001年至今，全部大学物理实验课程文字材料已上网，其中的iLab项目是远程控制实验。

自此，国外进入了远程实验室建设的全盛时期，在美国、欧洲、加拿大等发达国家和地区现已得到普及，应用领域也较国内广阔，涉及航空航天、药学等国内较少研究的学科。国外许多大学建立起远程控制实验教学平台，实现"仪器在实验室，操作在互联网"的实验模式，打破校内外仪器专用的壁垒，真正实现学校间实验软件、硬件的资源共享。

新加坡国立大学远程控制实验建立了包括实验选择、学习者身份认

---

① National Instruments Corporation. Academic solutions：Remote experiment control with LabVIEW［EB/OL］. http://www.ni.com/academic/remote.htm

证、实验时间限制等在内的较为完善的远程实验室结构体系。[1] 新加坡国立大学电子和计算机工程系已开发了五个远程控制实验（Frequency Modulation Experiment, Coupled Tank Experiment, 3D Oscilloscope Experiment, 2D Oscilloscope Experiment, Helicopter Experiment）。其中 Coupled Tank 实验，不到两年时间就有超过 5000 人在网上完成了这个实验，反响热烈。另外，英国的开放大学、敦提大学、都柏林圣三一学院，希腊的 Zenon 公司和葡萄牙的波尔图大学联合开发了 PEARL（Practical Experimentation by Accessible Remote Learning）系统，用于自然科学和工程学的远程实验，实现各个大学之间的仪器设备共享。[2]

（2）国内远程控制实验的发展

国内远程控制实验教学还处于起步阶段，但在国外成熟技术的借鉴下，国内的远程实验发展迅速。清华大学、华中理工大学、华南师范大学等院校已实现了校园网内远程控制实验教学。华中理工大学工程测试远程教学系统获得"99 SUN/CERNET JAVA"现代远程教学课件制作大赛一等奖。该校网站上的虚拟仪器工具软件（数字信号发生器，FFT 信号分析仪等）基本上都是用 Java 编的小程序。[3] 该网站提及将测试技术与计算机网络技术相结合，用一台工控机作为网络化监测仪器，监测实验室车床的振动、噪声信号，然后通过网络对外发送数据，学生可以在任何一台联网微机上观察、分析。华南师范大学现代物理技术实验室从 1999 年开始远程实验教学的实践研究，现已建成双宿主机模式远程实验教学系统和实时图像反馈系统，研制出一系列基于互联网的远程控制实验。[4]

---

① Ko C C, Chen B M, Chen ianping, et al. Develop - ment of a web - based laboratory for control experi - ments on a coupled tank apparatus ［J］. IEEE Transactions on Education, 2001, 44 (1)：76 - 86.

② Colwell C, Scanlon E, Cooper M. Using remote la - boratories to extend access to science and engineer - ing ［J］. Computers & Education, 2002, (38)：65 - 76.

③ http://sunsite. net. edu. cn.

④ 吴先球，刘朝晖，叶穗红，等. 网络环境下远程实验的技术探讨 ［J］. 实验技术与管理，2008，25 (6).

中山大学李潮锐等的《网络教育实验教学新模式》介绍了网络实验教学的模式及诸多构想，例如通过建立远程实验教学系统实现广州校区和珠海校区的实验室共享。① 西安交通大学康荣学博士设计了能够远程操作的小型多功能机电综合试验台。② 复旦大学、南京大学等高校也有建构远程实验的报道。③ 重庆大学电工电子教学基地、浙江大学电气工程学院、大连理工大学电子系等也开发了一些远程实验系统，但基本属于电工电子方面；④ 同济大学于2006年构建远程物理实验控制平台的设想，属于物理方面。⑤ 目前许多高校和科研中心已陆续建立远程实验系统，但应用领域较国外局限，且研究多基于具体一门课程，与具体学科联系紧密，因此系统多不易扩展。

由于远程控制实验教学还是一个新生事物，对于其教学模式和教学效果的研究还处于摸索阶段，目前国内尚无此类教育调查研究。远程控制实验教学虽有很多优点，但也存在不足之处。例如：学生与教师分离，遇到问题缺乏及时指导；它受网络传输速率影响，有时会有延迟现象；因一套实验系统只控制一台仪器，每次只能为一个学习者服务，所以学生要排队等候；实验系统的安全性问题等。怎样使远程控制实验教学符合教育规律，提高教学效果有待教育工作者探讨。

3. 远程控制实验的应用

（1）国外远程控制实验的应用

由于远程控制实验对网络传输速度、设备控制以及运维管理有较高

---

① 李潮锐，吴深尚. 网络教育实验教学新模式［J］. 中山大学学报论丛，2000（5）.

② 康荣学，贾海波，张优云. 基于Internet的远程实验研究［J］. 计算机工程与应用，2002（16）.

③ 刘铸，等. 远程控制在红外椭偏光谱实验上的应用［J］. 红外与毫米波学报，2002（S1）.

④ 潘娅. 远程电工电子实验系统软件平台的研究［D］. 重庆：重庆大学，2003；庞文尧，尹贵虎，蒋静坪. 基于高速局域网络的实时控制程序开发［J］. 电气自动化，2001，23（6）；顿爱波. 远程教学用虚拟电子实验室系统研究［D］. 大连：大连理工大学，2005.

⑤ 肖晔，马宁生. 远程物理实验控制平台的设计与开发［J］. 物理实验，2006，26（7）.

的要求，尽管发展不快，但国外高校已有典型的成功应用案例。例如，美国麻省理工学院建立的基于网络的实物远程实验室（MIT Lab），覆盖物理、电子等多个学科，可以与世界多个国家的用户通过网络远程连接进行实验；① 美国田纳西大学查塔努加分校的网上工程实验室提供了压力控制、液面控制、温度控制、速度控制等一系列远程实验；② 美国得克萨斯州立大学建立了控制倒立摆的远程实验室；③ 新加坡国立大学开发了远程示波器实验和压力容器实验。④

（2）国内远程控制实验的应用

在国内，上海交通大学电子信息学院研制的机器人远程控制系统，基于 C/S 模型实现对机器人的运动及产品加工。⑤ 浙江大学电工电子网络实验室是在远程实验室基础上建成的虚实结合的网络实验室，涵盖了电路原理、数字电子技术、模拟电子技术、微电子器件、微机原理等课程，是一个综合性远程实验室。⑥ 大连理工大学机械工程学院研制的远程控制快速成型加工系统，控制设备对象是数控加工机床。还有其他一些大学也在尝试应用远程控制技术开展实验教学。

远程控制实验的关键是让远程学习者能身临其境感受实验现场，并对实验结果或现场采集的环境数据能有一个清晰直观的认识，提高学生对远程实验和实践的兴趣，尽可能实现远程实验室"本地化"，让实验者"亲临现场"。为此，实验室要安置多个摄像头，将现场的实验场

① V. J. Harvard et al.. i Lab: A Scalable Architecture for Sharing Online Experiments [DB/OL]. http://www - mtl. mit. edu/ ~ alamo/pdf/2004/i Lab - ICEE2004. final. pdf, 2004 - 10 - 21.

② Henry J. Running Laboratory Experiments via the World Wide Web [J]. Asee Annual Conference Session, 1996, 36 (1): 34 - 43.

③ Swamy N, Kuljaca O, Lewis F L. Internet - based educational control systems lab using Net Meeting [J]. IEEE Transaction on Education, 2002, 45 (2): 145 - 151.

④ C. C. Ko, B. M. Chen, J. Chen, Y. Zhuang and K. C. Tan. Development of a web - based control experiment for a coupled tank apparatus [J]. IEEE Transactions on Education, 2001, 44 (1): 76 - 86.

⑤ 程建军. 基于 Lab WIEW 的远程中学物理实验系统的设计 [D]. 苏州：苏州大学，2009.

⑥ 杨凯. 基于虚实结合实验室的电路原理实验 [D]. 杭州：浙江大学，2013.

景、实验过程实时反馈到系统服务器。远程学习者通过浏览器访问系统服务器即可获取现场视频，切身感受实验过程，查看实验结果。连接机的摄像头拍摄实验现场直播视频，通过编码软件推送直播流至源服务器，源服务器分发数据流至各个边缘服务器；直播网页嵌入自己制作的播放器（每个播放器编码源于获取不同的边缘服务器），学习者访问直播页面，通过程序控制展示给客户不同的播放器，各个不同的播放器获取不同的边缘服务器数据流，从而达到用户流的分配至不同的边缘服务器，实现直播分发的需求。实验环境实时监控方案，见图5－2－7。①

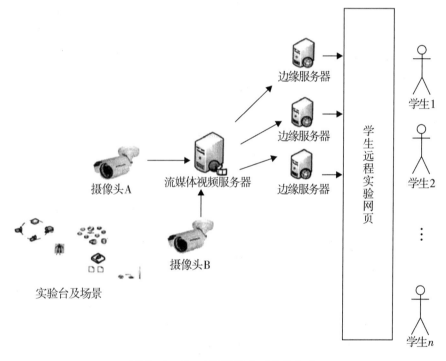

图5－2－7　实验环境实时监控方案

根据实验位置的不同，采取多摄像头的方案，如图5－2－7所示，为了监控高一米左右的实验台，将摄像头置到天花板附近；另一摄像头布置在实验台上，近距离监控实验。从实验结果可以看出，根据室内空

---

① 葛艳红. 基于物联网的教育机器人关键技术研究［D］. 武汉：武汉大学，2013.

间位置不同而布置的多个摄像头，能完整实时检测室内实验环境。摄像头布设在天花板附近，配合旋转云台，能完整监控实验室环境。通过调整焦距，能清晰地拍摄到实验台的场景。摄像头布设在实验台上，能监控实验的细节，清晰地拍摄到实验过程。在学习者界面上，通过页面按钮，切换两个摄像头的监控画面。两个摄像头的布置，有效地避免了单个摄像头视野死角及个别仪器遮挡的问题。

基于真实实验的远程控制实验在国内高校已经进入实际教学领域，因其具有真实性、开放性、交互性、共享性、可扩展性、可持续的特点，实验操作是在有物理干扰的真实环境中进行的，因此学习者能体验到实验过程中成功的喜悦或失败的教训，从而增强其科学探究的兴趣和能力，提高学习者的实践素养。在这一过程中，每个实验者既是资源的享用者，同时也是实验案例的提供者，但是囿于专业性较强，应用范围相对狭窄，加之资源、人员、技术的缺乏等诸多因素，要完全实现上述目标，还要继续深入地进行研究。

目前，基础教育领域的实验教学，多以虚拟仿真实验为主。基础教育远程控制实验的一个成功案例是宁波市学校装备管理与电化教育中心正在推广的"远程控制数码显微镜"，实现了对显微镜的远程控制。在学习者屏幕上有三个区域，分别对应显微镜实时视场区、二维虚拟显微镜区、实时摄像视频区。实验者可以用本地电脑通过鼠标调节二维虚拟显微镜，来操控远方的实际显微镜。通过物联网技术可以使远方显微镜的载物台在水平面上前后左右平移，以选择不同的切片或被观察物体；显微镜的镜头在上下移动，用于调焦；还可以旋转物镜盘，以选择不同倍率的物镜；显微镜的动作状态通过网络摄像头实时捕捉，并呈现于画面中。在观察切片的同时，实验者可实时调用存于"云"上的数字切片库，用于对比教学。实验者还可以通过在线交流，将实验过程与他人实时分享，接受老师和同学的点评或指导。

在中学实验教学中开展远程实验作为传统实验模式有益的补充，对建立开放性实验室、开拓多样化的中学实验教学模式、实现新课程标准下的三维目标都有一定的帮助。在本校没有条件开设远程控制实验时，可以与有条件研发远程实验系统的大学合作开设适合中学实验教学的远程实验。这样，远程实验的硬件和软件的研发和维护等技术性的问题就不用中学去解决，中学只需共享网络资源。远程实验全天候开放，学生可以随时上网做实验。通过协调，一套远程实验系统完全可供一所或多所学校的诸多学生使用，甚至还可以提高实验仪器（尤其是贵重仪器）的使用率，节约教学成本。但也应正视，在远程实验中，学生失去了到实验室真实动手做实验的锻炼机会。因此，培养学生的基础实验技能宜采用传统实验，在学生具备一定实验能力基础上再根据特定的教学目的开展远程实验。远程实验不能代替传统实验，只能作为传统实验的有益补充。

4．远程控制实验的优势

（1）注重趣味性与真实性相结合

兴趣是学生对所学内容的心理倾向，是和一定的情感相联系的。兴趣往往吸引学生去积极地追求新知，甚至与自己的前途联系在一起。即使是对某一学科开始有兴趣，哪怕是停留在表面上，但随着学习的不断深入，兴趣会越来越浓厚，并产生主动学习、独立思考的积极性。兴趣是学生自觉学习的强大动力，能否激发学生的学习兴趣，是远程控制实验成败的关键。

远程控制实验教学系统综合了视频、音频、图像、文字等多种媒体，实验结果能直接存储，操作简单，这些均有助于激发学生学习实验知识、探索物理规律的兴趣。身处异地的学生操作了真实的仪器，得到了真实客观的实验数据，观察到实验现场实时图像，增强了实验操作的真实性，使物理知识成为有血有肉的活知识，有助于提高学生的动手动脑能力，激励学生通过实验来探究规律的创新精神。

（2）注重实验设计性与操作性相结合

远程控制实验由于具有"虚拟仪器面板—硬件设备实体—真实实验场景"的实验教学模式，使得学生在实验中可根据需要自主选择实验内容，观察相应现象，记录数据，进行验证，达到良好的可设计性。在实验中，由于实验仪器的各种旋钮、按键等可操作部分可任意调节，实验数据可以随时观察，实现了良好的远程操作性。

（3）注重实验探索性和有效性相结合

传统的实验多是验证性的，学生只要按部就班，实验就能顺利完成。远程控制实验为学习者提供了丰富的信息资源，使学习者可以利用网络来探索实验过程，培养学生的科学探索精神。利用计算机技术，增加了信息处理的有效性，减少频谱资源的占用，降低信息传送的误码率，保证了教学的有效性，提高了实验质量。

（4）注重理论教学与实验相结合

目前很多学校的实验教学都不同程度地存在着理论教学与实验相分离的现象，尤其是一些演示实验，学生无法从各个角度全方位地观察到实验的过程。远程控制实验系统利用先进的计算机技术，可以将庞大的实验装置通过网络搬进课堂，克服了传统实验在空间、时间、地域等方面的限制，解决了目前理论教学与实验相分离的问题，为教学演示实验和远程教育开创了一种新的模式。

（5）注重学生主体性与独立性相结合

在远程控制实验教学中，师生之间借助于远程教育技术平台进行实时或非实时的交互。师生之间在超越时空的交流中，学生不再是教师可以任意注入知识的"容器"、任意描绘的"白板"，而是具有自主选择实验内容并监测实验结果的主人。在远程控制实验中，每个学生单独进行实验，培养了学生独立实验的能力。

5. 远程控制实验的思考

（1）媒体交互不能代替教师主导的发挥

实验教学的目的包括两方面：一方面，使学生巩固所学的理论知识，加深对现象和规律的理解，提高观察和分析的能力，培养动手解决实际问题的技能；另一方面，又是一种检查和考核学生的手段。在教学中，如何达到上述目的，如何最大限度地发挥实验课的作用，在很大程度上依赖于实验内容的设计、安排，以及教学方法的选择。远程控制实验容易被学生接受，激发了学生的求知欲，培养了学生的实验兴趣，在时间安排、资源共享等方面，有传统实验无法比拟的优点。

不可否认的是，在远程控制实验教学中，媒体的交互不能代替教师主导的发挥。这是因为在实验教学中，一是教师要教会学生掌握科学的观察方法。科学的观察方法是获取正确结论的保证，也是培养观察能力的关键。实验要求学生手做、眼观、耳听、脑思，教师应指导学生学会观察、观察什么。二是教师要培养学生良好的实验态度。实验态度既不等同于知识、理解目标，也不等同于技能、能力目标，而是实验目标的引发力和导向力。实验态度包括认真的学习态度、严谨的科学态度、实证的研究态度和积极的创造态度等。尽管实验态度不是实验内容，但却会对学生实验目标的达成产生重要影响。三是教师要培养学生良好的实验习惯。习惯是经过长时间培养逐渐形成的，一时不易改变的行为或倾向。例如正确的实验操作习惯，是一种有价值的意志性目标，不同于能力性目标。它需要教师指导，经过特定的实验重复而形成。

（2）多种实验模式的整合

远程控制实验作为一种崭新的实验方法和技术，满足了对传统实验、网上仿真或虚拟实验进行更新、补充及提高的迫切要求，给实验教学模式注入了生机和活力，为提高教学质量创造了良好的条件。在资源共享上，有助于改善教学资源缺乏的教学现状，能最大限度地远程调用实验室的各种资源。在时间安排上，实验的频率和实验的节奏由学生自己调节，学生有兴趣可以随时做，对未完成或有疑问的实验可重做，也可根据自己的情况，选做部分难度较大的实验。远程控制实验容易被学生接受，培养学生的实验兴趣，激发学生的求知欲。

远程控制实验教学虽有很多优点，但也存在不足之处，诸如媒体交互不能代替教师主导作用的发挥等，因此，要提高实验教学的质量，应与传统实验、网上仿真与虚拟实验模式进行整合。传统实验是仿真与虚拟实验、远程控制实验的知识基础，仿真与虚拟实验、远程控制实验则是传统实验的再发展。随着远程教育的发展，多种实验模式应在教学理论指导下进行整合，实现开放型、多层次的实验教学，远程控制实验作为其中的重要手段，具有很好的发展前景。

（3）提高实验效果从抓五大因素做起

要切实提高远程实验教学的效果，在建立起远程控制实验教学平台、实现"仪器在实验室，操作在互联网"的实验模式、真正实现学校间实验软件、硬件的资源共享的基础上，必须要意识到制约远程实验教学效果有五大因素，即兴趣、自觉程度、难易程度、实验思想和技能培养。提高远程实验效果要从抓五大因素做起，既不削弱传统实验教学的优势，又适应教学现代化的要求；既提高远程控制实验的教学效果，又避免因使用远程控制实验而冲淡实验思想，并体现实验技能的培养。

① 兴趣。兴趣是最好的老师，是人们从事任何活动的原始驱动力，是对认识对象的一种积极态度。如果个体对知识技能产生浓厚的兴趣，就能积极调动主观能动性，学习知识和掌握技能就会相对易和快。实验作为学生学习的对象，从内容的选取、设计和组织等方面应考虑激发学生的兴趣，培养学生求知欲和好奇心，启发学生积极思考、独立操作。这是远程控制实验教学被学生接受的前提。

② 自觉程度。自觉影响着学习行为，学生做实验的自觉程度直接影响着实验教学效果。在远程控制实验教学中，因为"师生分离"使得学生的主体地位凸显出来，学生拥有实验的自主权。在实验系统推送的学习资源和媒体交互中，通过有意识地培养学生实验的科学性、系统性和实验选择的多样性等，提高学生参与实验的自觉程度。

③ 难易程度。远程控制实验的知识和技能对学生来说大多数是陌生的。要使学生学会做实验，首先应了解学生已有的知识水平和认知能力。实验内容过难或过易都不能充分发挥其实验思想和技能培养的作用。若实验内容过难，超出学生的能力、经验和理解水平，学生就会有畏难情绪，这种情绪反复积累形成厌学倾向，成为继续学习的障碍。实验内容过易，达不到发展学生智力、培养技能的作用。因此，控制实验难易程度，才能提高实验效率。

④ 实验思想的培养。在远程控制实验教学中，要注重培养学生实验思想：从分析实验原理入手，明确实验目的、掌握实验操作要点、合

理使用实验仪器、正确运用计算公式、估计误差、得出结论，多角度地进行实验思想的培养。在实验进行中，鼓励学生用精细敏锐的观察力去及时捕捉实验现象；通过设计实验、研究假设、分析结果，培养分析能力；在研究原因、结果和形成概念的过程中，通过比较、判断、推理，培养逻辑思维能力，全方位地进行实验思想的培养。

⑤ 实验技能的培养。在远程控制实验教学中，要注重培养学生的实验技能：对仪器的操作命令能够及时准确地传送到实验室仪器，实验结果能及时从实验室仪器反馈到学生的计算机并显示出来，从而在异地完成真实远程控制实验。

6. 远程控制实验个案研究——等离子体参数测量远程控制实验教学

（1）等离子体参数测量远程控制实验硬件设计

等离子体参数测量远程实验系统的网络硬件结构，如图 5 - 2 - 8 所示，虚线右侧的计算机与实验仪器都在实验室内。学生在客户机上调节的实验参数，通过 Internet 和服务器送到实验机。实验机的串行口控制等离子体参数测量实验系统，控制放电管产生等离子体，在探针上加诊断偏压并采集微安电流信号。实验数据和摄像机捕获的视频图像实时反馈给异地的学生。

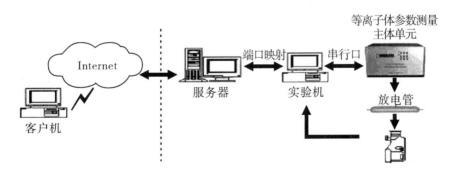

图 5 - 2 - 8　实验系统网络硬件结构

① 主体单元。实验装置主要由等离子体参数测量系统主体单元、放电管和计算机组成。系统主体单元由单片机主控单元、直流高压单

元、直流偏压单元、微电流采集单元四部分构成，见图 5-2-9、5-2-10。与计算机进行串口通信，既可由计算机完全控制，又可脱离计算机单独操作。

前面板   背面板

图 5-2-9 等离子体参数测量系统主体单元

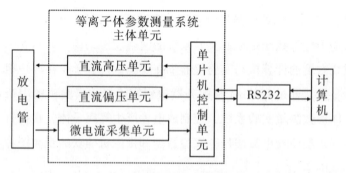

图 5-2-10 等离子体参数测量系统主体单元装置

其中，单片机主控单元，负责各功能模块的控制协调及键盘、LED显示等；微电流采集单元包括微安级信号的放大和 A/D 转换两部分。电压信号的输出，由 D/A 转换器、数字电位器以及放大电路组成，直流高压可调范围是 0~1.2 kV，偏压范围 ±135 V。单片机系统见图 5-2-11。

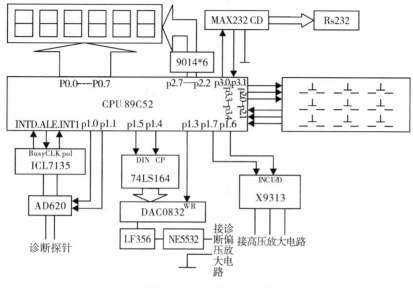

图 5-2-11　单片机系统

② 单片机主控单元。采用具有内部自带 8 K Flash Memory 的 89C52 作为中心处理器，选用 11.0592 MHz 的晶振，方便与计算机的 RS-232 通信。端口分配情况：P0 口的每一位输出驱动器能驱动 8 个 LSTTL 输入端，所以本系统选用 P0 口作为 LED 显示器的数据输出口；P2.7~P2.2 作为 LED 选位信号输出用；P2.1、P2.0 作为键盘信号线；P3.7~P3.4 作为键盘信号线；P3.3、P3.2 作为采集数据输入口；P3.1、P3.0 作为串行数据通信口；P1.0、P1.1 为选挡用的继电器控制信号输出口；P1.3、P1.4、P1.5 为 D/A 信号输出线；P1.6、P1.7 作为数字电位器控制信号输出口；剩下一个 I/O 口可作为单探针、双探针电路切换信号输出用。这样 32 个 I/O 口都能得到充分利用。

显示器为动态六位 LED，使用 6 个三极管（9014）作为各位 LED 的驱动器。

③ 微安电流采集。数据采集单元由放大倍数可控的 AD620 放大后送四位半 A/D 转换器 ICL7135 转成数字信号后输入 89C52 处理。AD620 是低价格、高精度仪器放大器，见图 5-2-12。它只需一个外接电阻 R_G，就能方便地进行各种增益（1~1000）的调整。该芯片具有体积

小、功耗低、精度高、噪声低和输入偏置电流低的特点。该电路是一个典型的仪表放大电路，前级采用差分放大可有效抑制共模信号。REF 为输出电压参考点。电路增益由外接电阻 R_G 的大小来控制。

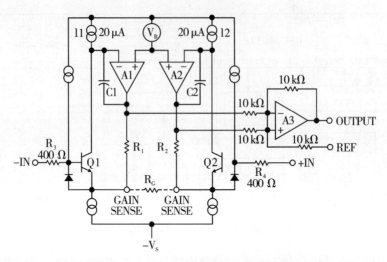

图 5-2-12　AD620 芯片内部原理图

其主要技术指标为：

● 仅需一个外接电阻即可得到 1~1000 范围内的任意增益；

● 极宽的电源工作范围（±2.3 V ~ ±18 V）；

● 比三片运放组成的电路性能高；

● 功耗低，最大电源电流仅为 1.3 mA；

● 最大输入失调电压 125 μV；

● 最大输入失调漂移 1 μV/℃；

● 最大输入偏置电流 20 nA；

● 最小共模抑制比（G = 10）为 93 dB；

● 频带宽度为 120 kHz（G = 100）；

● 输入噪声电压低 9nA/Hz$^{1/2}$（1 kHz）。

④ 直流偏压控制。直流偏压通过单片机的虚拟串行口将数据送串并转换器 74LS164 后，输入八位 D/A 转换器 DAC0832 后，并转换成模拟信号。模拟信号通过放大后直接作为等离子体实验的诊断电压用。输

出电压可通过 LF356 的外接微调电阻调零。

DAC0832 输出正负范围变化的电压后，加上放大电路，就可实现 ±135 V 诊断偏压输出。经测试，D/A 输出电压与显示的线性关系良好，见图 5-2-13。

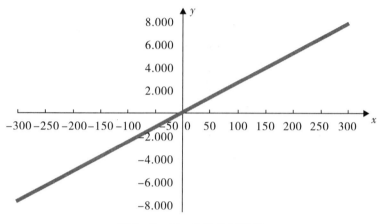

图 5-2-13　D/A 电压输出

x 轴为显示值，y 轴为 D/A 输出电压值（单位：V）

⑤ 直流高压输出调节。用于产生等离子体的直流高压是通过一个数字电位器来调节的，单片机收到升压或降压指令后把数字电位器的输出电阻值调到所需的数值，将数字电位器作为高压放大电路的调节器，高压的大小随着数字电位器输出电阻的大小而变化，见图 5-2-14。

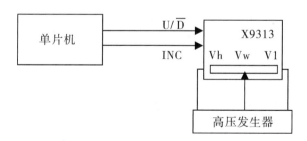

图 5-2-14　高压单元原理图

⑥ 放电管。如图 5-2-15 所示，本实验放电管是一根抽真空玻璃管，长 210 mm，直径 30 mm，真空度 0.1 托。根据帕邢定律，放电管内气压和管内径均非越大（或越小）越好，而是存在最佳值。对于直

流高压放电，以上设计参数经实验证明放电效果最好。

图 5 -2 -15 等离子体放电管

等离子体放电管应选择合适的金属作为探针，以减少接触电位和光电子发射对探针特性的影响，所以发射电极和诊断探针均采用钨丝。管子两端插入直径 1.2 mm 的钨丝作为发射电极，插入深度 20 mm，加直流高压，用于产生等离子体。诊断探针的插入不能显著干扰等离子体，探针电场渗透到等离子体内的距离要尽量小，因此探针尺寸应该比较小；也不应把诊断探针放置在电场梯度大的区域。本实验中，管子中间竖直插入两根对称的直径 0.8 mm 的钨丝作为诊断探针，插入深度 6 mm，即可用作双探针，又可只用一根作为单探针。

⑦ 主控计算机和服务器。主控计算机和服务器均采用多媒体 586 电脑，服务器安装 LINUX 平台，与主控计算机进行端口映射。

主控计算机与系统主体单元进行串行通信。采用最常见的 9 针串口线连接 PC 机和主体单元的 RS -232 接口，9 个针脚说明，见图 5 -2 -16。两个 RS -232 端口之间的连接为 DTE（Data Terminal Equipment）- DTE 的连接方式，接线图如图 5 -2 -17 所示。

针号	功能说明	缩写
1	数据载波检测	DCD
2	接收数据	RXD
3	发送数据	TXD
4	数据终端准备	DTR
5	信号地	GND
6	数据设备准备好	DSR
7	请求发送	RTS
8	清除发送	CTS
9	振铃指示	DELL

图 5 -2 -16 针脚说明

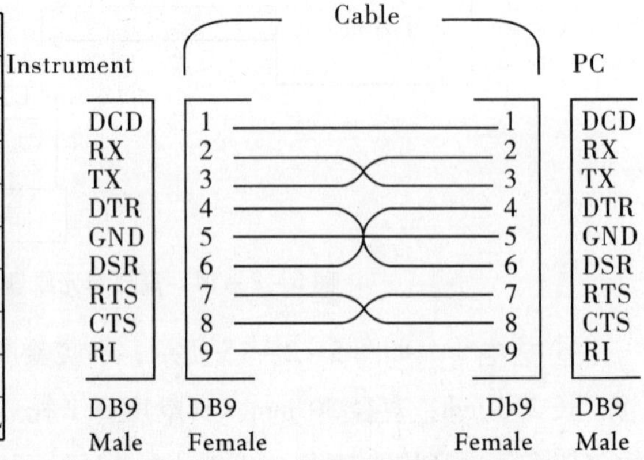

Cable

Instrument

		PC
DCD	1 — 1	DCD
RX	2 ⤬ 2	RX
TX	3 3	TX
DTR	4 ⤬ 4	DTR
GND	5 5	GND
DSR	6 6	DSR
RTS	7 ⤬ 7	RTS
CTS	8 8	CTS
RI	9 — 9	RI

DB9   DB9   Db9   DB9
Male   Female   Female   Male

图 5 -2 -17 RS -232 接线图

⑧ 视频系统的硬件。视频系统主要由天敏视频采集卡 SDK2000 和美电贝尔彩色摄像枪 BL500C 组成。该款视频采集卡显示分辨率 640 × 480，显示速率 30 帧/秒，采用 MEPG4 图像压缩算法，保证了图像数据流在网络上的实时传播。摄像枪 BL500C 的水平清晰度 480 线，有效像素 752 × 582，最低照度 0.1Lux，能够在微光背景下提供较清晰的图像，满足了观测放电管发光强度的要求。

（2）等离子体参数测量远程控制实验软件设计

① 远程控制实验的软件。软件设计采用双宿主机模式，结构如图 5－2－18 所示。学生用客户机通过服务器端口映射访问实验机，设置实验参数。实验机接收数据后去控制仪器，采集电流信号。实验结果和 I－V 曲线通过服务器送给客户机。实验机同时提供视频服务。

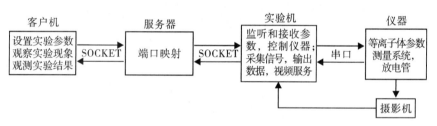

图 5－2－18 系统软件结构图

② LabVIEW 编程简介。LabVIEW 由美国 NI 公司推出，是实验室虚拟仪器软件开发平台laboratory virtual instrument engineering workbench 的缩写。凭借其简单直观的图形化编程方式、众多源码级的设备驱动程序、丰富实用的分析表达功能，为用户快速地构造自己的实验测试系统提供了良好的环境，成为仪器应用开发和计算机测量和自动化的最佳开发平台。

LabVIEW 支持的数据类型包括：数值型、文本型、布尔型和串和簇（相当于 C 语言中的结构），还支持顺序、循环、选择、事件等结构，具有错误处理功能。它提供了 TCP、UDP、ActiveX 等功能进行网络连接和进程通信，编程时摆脱传统语言中烦琐的底层命令函数，只需从功能模块（Functions Palette）中选用有关的函数图标，再用连线连接而成。

③ 用户身份认证。学生在做远程控制实验前，先进行用户身份认证，见图5-2-19。用户名和密码存为一个文本文件，放在实验机C盘。用 LabVIEW 编程读此文本文件，检查用户输入的用户名、密码是否存在，程序框图如图5-2-20所示。通过的话，就进入远程控制实验界面。

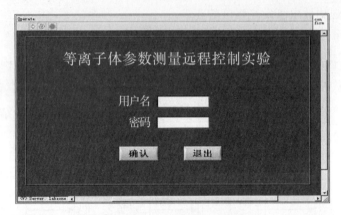

图5-2-19　身份认证界面

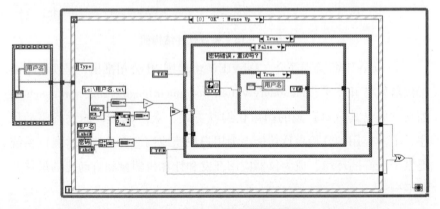

图5-2-20　身份认证程序框图

④ 实验主程序。实验主程序实现的功能有：设置实验参数，然后通过串行口控制等离子体参数测量仪器，读取采集的电流数据，见图5-2-21。

实验机主程序流程图，见图5-2-22。LabVIEW 程序框图，见图

5 - 2 -23。

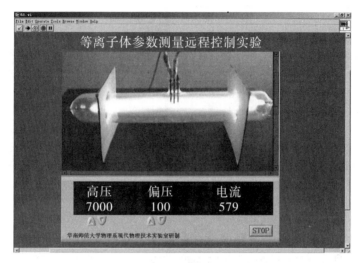

图 5 -2 -21　等离子体远程控制实验界面

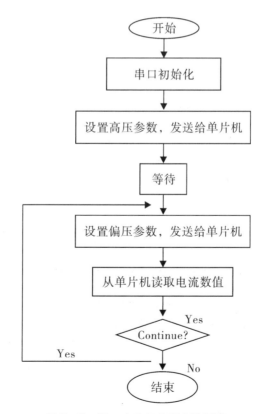

图 5 - 2 -22　实验机主程序流程图

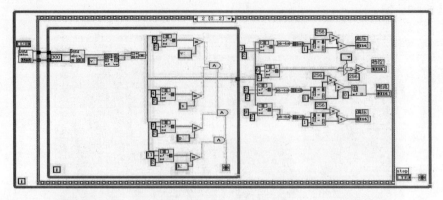

图 5 - 2 - 23　主程序框图

⑤ 串口通信。LabVIEW 中的 VISA（Virtual Instrumentation Software Architecture，译作虚拟仪器软件规范）作为仪器驱动程序的工业标准，是仪器编程的标准 I/O 应用程序接口（API）。它驻留于计算机系统中，是计算机与仪器之间的软件层连接，用于实现计算机与仪器的通信。VISA 本身不具有仪器编程能力，是调用低层驱动器的高层 API。它方便用户在不同平台、对不同类型的仪器（如 VXI 仪器、GPIB 仪器、RS－232 仪器等）进行开发、移植及升级测控系统。RS－232 是目前最常用的串行通信标准接口，它定义了串行口的电气特性（如电压值）、机械特性（如接头形状）及功能特性（如脚位信号）等。LabVIEW 中主要有以下五个串行通信节点，见表 5 - 2 - 1。

表 5 - 2 - 1　串行通信节点功能表

节点名称	图标及端口	功能
VISA Configure Serial Port. vi	VISA resource name ─── duplicate VISA resource name baud rate (9600) ─┐ data bits (8) ─┤ ─── error out parity (0:none) ─┤ error in (no error) ─┤ flow control (0:None) ─┘	用该节点可以设置串行口的波特率、数据位、停止位、奇偶校验及流量控制等参数

（续表）

节点名称	图标及端口	功能
VISA Write. vi	VISA resource name ⎯⎯ dup VISA resource name write buffer ("") ⎯⎯ return count error in (no error) ⎯⎯ error out	将需要送出的数据送至串行口的输出缓存
VISA Read. vi	VISA resource name ⎯⎯ dup VISA resource name byte count (0) ⎯⎯ read buffer error in (no error) ⎯⎯ return count error out	从串行口缓存中读出数据
VISA Serial Break. vi	VISA resource name ⎯⎯ duplicate VISA resource name error in (no error) ⎯⎯ error out	将端口中断一段时间
VISA Close	VISA resource name ⎯⎯ error in (no error) ⎯⎯ error out	关闭资源

串行口与单片机通信程序编写步骤为：

第一，VISA Configure Serial Port. vi 初始化串行口，单片机接在 COM1，故地址设为 ASRL1：INSTR，设置与单片机一致的传输速率，本实验为 9600 波特；

第二，VISA Read. vi 从串行口读取字符型数据，本实验用"v：""p:""h："分别代表电流、偏压、高压的分界符，通信源码为十六进制，见表 5 - 2 - 2；

第三，VISA Write. vi 将控制字符写到串行口，去控制调节仪器；

第四，VISA Close. vi 关闭资源。

表5 - 2 - 2　本实验串口通信命令举例

显示数值	电流600		诊断偏压950		高压3250	
通信源码	763A	5802	703A	B603	683A	B20C
换算字符	v：	600	p:	950	h：	3250

⑥ 网页发布。LabVIEW 网络编程有两种模式：

一是 C/S（Client/Server）模式。其典型运作过程为：服务器程序监听相应端口的输入，客户机程序发出一个请求，服务器接收并处理，然后把结果返回给客户机。客户机与实验机的通信利用 TCP/IP 协议实现，可准确传送控制命令和数据。

二是 B/S（Browser/Server）模式。LabVIEW 集成了 Remote Panels 技术，提供了网页发布功能，可将程序发布到动态网页。客户端只需安装免费插件 LabVIEW Run – Time Engine，就可用 IE 浏览器控制实验程序，是一种浏览服务器上程序的模式。

两种模式都可以实现远程控制，但是各有利弊。对于 C/S 模式，占用网络带宽少，但是要求客户机下载相应客户端程序，每次只允许一个客户连接服务器程序。对于 B/S 模式，不要求客户机下载客户端程序，不过占用的网络带宽较多，但允许多个客户机同时通过网络访问服务器程序。综合考虑，由于一个实验小组有两名学生相互分离但同时实验，适合采用 B/S 模式。

第一，配置 LabVIEW Web Server。在 LabVIEW 主菜单中选择 Tools > > Options，在随后弹出的对话框中选择 Web Server：Configuration 项，见图 5 – 2 – 24 所示。Web Server 的默认端口号为 80，为避免与其他程序冲突，本实验使用 8079 端口。

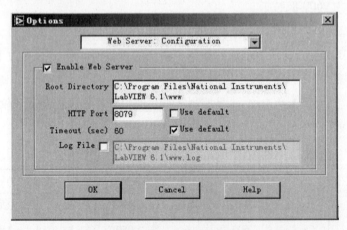

图 5 – 2 – 24　Web Server：Configuration 配置界面

第二，客户端访问权限设置。在下拉列表框中选择 Web Server：Browser Access，将页面切换，见图 5 – 2 – 25 所示。在这个页面可以设置允许或禁止访问的客户机及其访问权限。

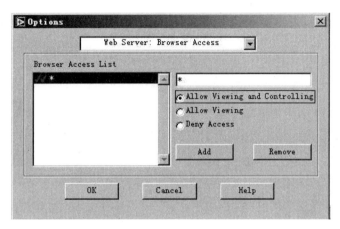

图5-2-25 Web Server：Browser Access 配置界面

第三，VIs 访问权限设置。在下拉列表框中选择 Web Server：Visible VIs，将页面切换，设置允许客户访问的 VIs，见图 5-2-26 所示。

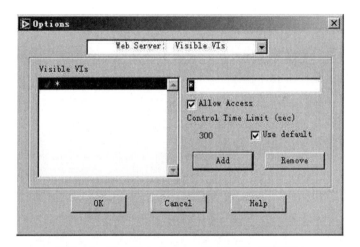

图5-2-26 Web Server：Visible VIs 配置界面

第四，动态网页发布。利用 LabVIEW 内嵌的 Web Publishing Tool 可以把服务器的程序发布到 Web 上，如图 5-2-27 所示。它允许用户输入一个 VI 名称，并自动生成一个 Html 文件。在 Internet 上，其地址格式为：http：//IPAddr：Port/VIName. htm。

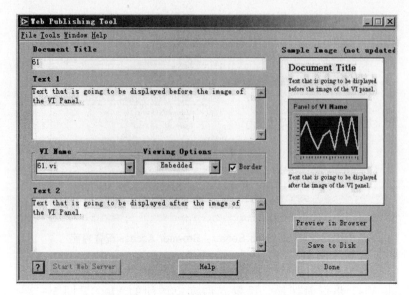

图 5 -2 -27　Web Publishing Tool 界面

⑦ 计算程序。LabVIEW 提供了一些数学运算节点，包括公式节点、估计、微积分、线性代数、曲线拟合、数理统计、最优化方法、寻根和数值节点等。根据静电探针诊断等离子体原理，用 LabVIEW 编写了单探针法和双探针法的计算程序，见图 5 -2 -28、图 5 -2 -29。

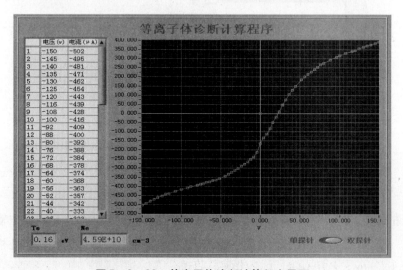

图 5 -2 -28　等离子体诊断计算程序界面

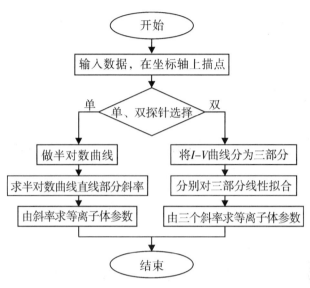

图5-2-29　等离子体诊断计算程序流程图

⑧视频图像的传输。第一，流媒体技术简介。本实验视频图像的传输采用流媒体技术。流媒体是将已有的普通的数字文件或由编码设备实时生成的文件生成连续的数据流，在网络上是以数据包的形式传输并支持压缩/解压缩编码。一般的流媒体文件都支持现今流行的底层网络传输协议。在客户端，用户不需要等待文件完全下载完毕，便可一边下载一边实时播放，从而实现视频直播和点播。它不仅可以在高速的局域网上使用，同样也支持以拨号方式连接的低带宽的网络。

压缩编码技术和流式传输技术是实现流媒体的关键技术。所谓压缩编码是指采用一定的编码方式，将文件的数据结构进行重组，一方面去掉一些重复或占而不用的空间，以达到减小文件尺寸的目的；另一方面，将文件分成压缩包，形成数据流，将原有的多媒体文件转化为具有流格式的流媒体。所谓流式传输技术是指把声音、影像或动画等信息通过音、视频服务器同用户计算机相连，进行实时传送，用户只需经过几秒或几十秒的启动延时即可观看的技术。

流式传输分为两种：实时流式传输和顺序流式传输。一般在基于IP网络的VOD系统中，使用流式传输媒体服务器，或应用如RTSP的实时协议，实现实时流式传输；如使用 HTTP 服务器，文件即通过顺序流发送。采用哪种传输形式依赖具体应用的需求，对于远程控制实验应采用实时流式传输。

第二，视频方案的选择。为了获得最佳的图像质量和最短的延迟时间，本实验尝试了三种常见的流式视频方案：Real 格式、WindowsMedia 格式和 JAVA 脚本语言的形式。

Real 和 WindowsMedia 流媒体技术各自提供了一个完全开放的网络视音频开发平台，其涵盖了创建交互式多媒体流应用程序的各个方面，为 Internet 和 Intranet 建立强大的端到端的视音频流传输和播放提供了解决方案。两者都推出了完善的制作和转换工具，能将各种视频类型从它们原来的文件格式流化，并且以流媒体的格式在网上进行传送，可实现点播和广播功能。采用 JAVA 脚本语言的形式，虽然在功能上不如 Real 和 WindowsMedia 技术强大，但是在延迟时间上最短，最符合远程控制实验实时性的要求。经过实践对比，在 100 M 的校园网环境下，Real 格式和 WindowsMedia 格式的延迟时间分别为二十多秒和四十多秒，而采用 JAVA 脚本语言的形式延迟只有两三秒。在图像质量上，三种方式差别不大。

第三，视频方案的实施。采用 JAVA 脚本语言的形式实现视频传输的软件有：WebcamXP、Inetcam 等。本实验采用 WebcamXP 软件，它不要求用户安装任何的插件或播放器，只需打开相应网页即可。用户浏览网页 http：//202. 116. 34. 195：8078/，可以观看实验现场视频图像。

LabVIEW 中的 Web Browser 控件，与 Internet Explorer 对象相对应，可在 VI 的前面板嵌入一个浏览器，浏览网页。用此控件编程实现打开动态网页，把视频网页嵌入实验界面。程序结构如图 5－2－30 所示。

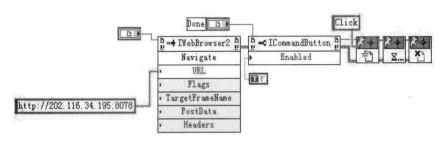

图 5-2-30　视频嵌入的程序结构

（3）等离子体参数测量远程控制实验教学过程

① 预习实验。当学生访问等离子体参数测量远程实验网站时，首先经浏览器观察到用 Dreamweaver 和 Flash 设计的主页，见图 5-2-31。网页上安排了实验的相关内容，如实验目的、原理、应用、内容、步骤、装置连线、使用说明等。学生先学习实验原理，熟悉实验内容和步骤，进行装置的连线练习，了解操作方法，再做仿真实验，然后做远程控制实验。

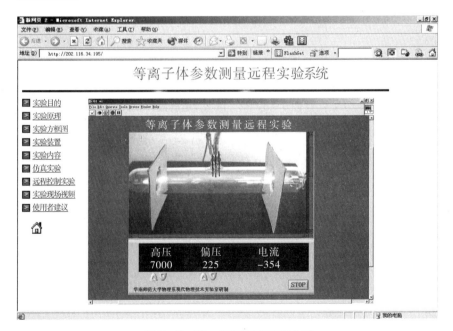

图 5-2-31　远程实验系统主页

②进行仿真实验。第一，了解仪器。进行仿真实验，会弹出一个操作说明的小窗口，告知用户各仪器的操作方法，初步了解、熟悉各个仪器、部件的功能。小窗口也可以被隐藏，但在实验过程中如还需调出参考，可以点击界面中"操作说明"按钮，见图5-2-32。

图5-2-32　仿真实验界面

第二，有极放电。本实验等离子体的产生是气体放电，所以要注意了解激发高压调到什么区域时才达到正常辉光放电，以后的单、双探针诊断实验都要确保在该激发区域进行。接线过程可以按"电路图"按钮弹出各实验内容的电路图，按"操作说明"按钮弹出操作说明，按图接线。调节高压时，可以观察有极放电 $I-V$ 曲线图像，见图5-2-33。

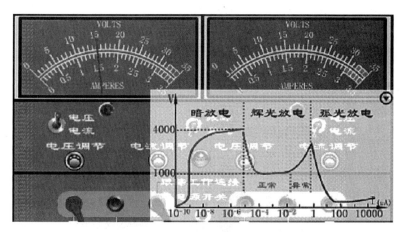

图5-2-33 有极放电 $I-V$ 曲线图像

第三，静电探针法诊断。等离子体辉光放电后，可进行单探针诊断。激发电压调至正常辉光放电区域，电流计选用μA档，开偏置电源，切换至电压跟踪工作状态，调节偏置电压，换向时记得先把偏置电压调零。按空格键采集数据，就能绘出单探针的 $I-V$ 曲线。将双探针诊断电路接好，操作方法与单探针相同，绘出双探针的 $I-V$ 曲线。

③ 远程控制实验。

第一，有极放电观察。打开远程控制实验的链接，输入用户名、密码，进入实验界面。因为本实验控制着真实仪器，所以一次只允许一个用户操作，其他用户只能观看视频图像。调节高压，同时观察等离子体放电管的发光状态。

激发高压从零开始增加，步进为250。当高压显示小于2000即3200 V以下时，尽管发射极之间电压较高，但放电管内不发光，说明还未到着火电压，见图5-2-34。

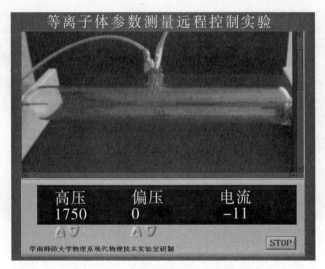

图5-2-34　未到着火电压的放电管

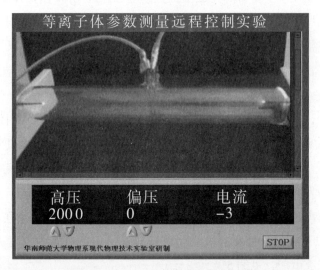

图5-2-35　开始汤生放电的放电管

当高压增加到2000即3200V时，放电管开始发光，虽然不太明亮但说明管内稀薄气体被击穿，达到了着火电压，开始汤生放电，见图5-2-35。继续增加高压，放电管越来越亮，进入电晕放电状态，见图5-2-36、图5-2-37。当高压加到4000即6500 V时，放电管中间出现较细亮带，见图5-2-38；随着高压增加，亮带变宽，见图5-2-

39，说明发光状态正在从电晕放电向辉光放电过渡。高压加到 6000 即 10 300 V 时，中间亮带较宽，发光稳定、明亮，说明已处于辉光放电状态，见图 5-2-40。继续加压到 7000 即 12 000 V，在这段过程中，亮带宽度、亮度并未明显加强，与高压 10 300 V 时变化不大，说明放电管已处于稳定辉光放电状态，见图 5-2-41。

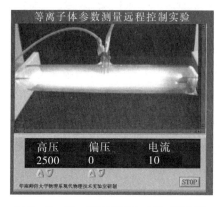

图 5-2-36　高压 2500（即 4100 V）的放电管

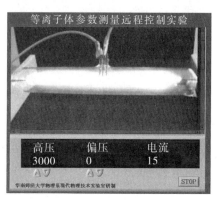

图 5-2-37　高压 3000（即 4900 V）的放电管

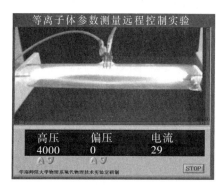

图 5-2-38　高压 4000（即 6500 V）的放电管

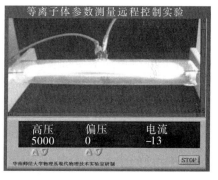

图 5-2-39　高压 5000（即 8300 V）的放电管

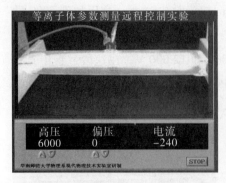
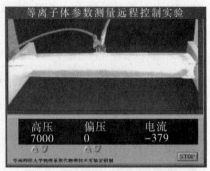

图 5 – 2 – 40　高压 6000（即 10 300 V）　　5 – 2 – 41　高压 7000（即 12 000 V）

　　　　　的放电管　　　　　　　　　　　　　　的放电管

　　由于本系统硬件原因，高压上限为 7000 即 12 000 V，不能使放电管进入弧光放电状态，但是能产生稳定的辉光放电，满足了等离子体参数测量的条件。

　　第二，等离子体参数测量。单探针与双探针的诊断方法相同，下面以双探针为例。

　　等离子体辉光放电后，从零开始由低到高等间隔调节诊断偏压，偏压最小步进为 25，即 1.3 V 且线性良好。对于本实验，步进可取 50（2.6 V）或 100（5.2 V）进行测量，记录不同电压及其对应的电流。

　　电流随电压的增加而增加，见图 5 – 2 – 42、图 5 – 2 – 43，偏压显示 200 对应的电流显示为 488，偏压显示 300 对应的电流显示为 718。电压增加 100，电流增加了 230。经定标测量，电流显示值为真实值的 776 倍且线性良好，单位 μA。因为等离子体参数计算是通过诊断偏压与电流曲线的线性拟合推导，所以可不用定标后的真实值，直接使用偏压、电流的显示值。

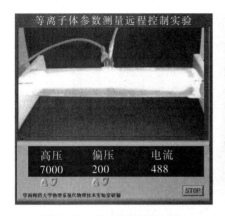
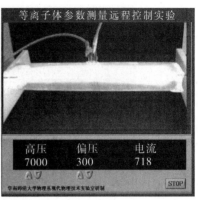

图 5 - 2 - 42　偏压显示 200　　　　图 5 - 2 - 43　偏压显示 300

在电流的增加幅度越来越小时，说明电流开始饱和，见图 5 - 2 - 44、图 5 - 2 - 45。电压增加 100，电流只增加了 48。此时停止电压增加，$I - V$ 曲线上半段数据已测完。偏压调零，反向加负压再做一遍。

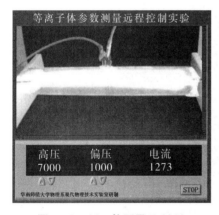
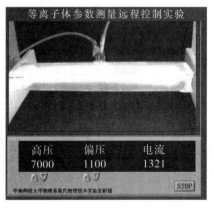

图 5 - 2 - 44　偏压显示 1000　　　　图 5 - 2 - 45　偏压显示 1100

为获得较好的实验结果，可多测几组数据，将实验数据代入计算程序，做出伏安特性曲线，得出电子温度、离子浓度等参数。

第三，单机版实验。本实验系统也可脱离计算机，在实验室中独立操作。如图 5 - 2 - 46 所示，为单机版等离子体参数测量系统前面板。

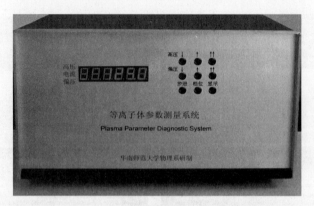

图 5 - 2 - 46　单机版等离子体参数测量系统

LED 显示的读法，见图 5 - 2 - 47，第一位为标识位，后五位为数值大小表示位。中间的一横段为负号，当数值为负时，该段亮。

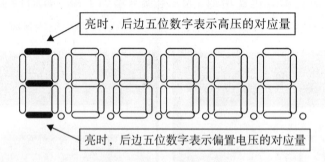

亮时，后边五位数字表示高压的对应量

亮时，后边五位数字表示偏置电压的对应量

图 5 - 2 - 47　LED 说明

本系统采用行列式键盘，按键的功能，见表 5 - 2 - 3。

表 5 - 2 - 3　行列式键盘功能

序号	功能		
第一排键盘	让高压下降 250	让高压上升 25	让高压上升 1000
第二排键盘	让偏置电压下降 一个步进值	让偏置电压上升 一个步进值	让偏置电压 上升 250
第三排键盘	设置偏压的步进值 （250 或 500）	闲置	显示模式的切换

进行实验时，学生按第一排的高压调节按钮，产生等离子体并观察

放电状态，实验效果与远程控制相同。产生辉光放电等离子体后，先按第三排的设置偏压的步进值按钮，选择步进 250 或 500。再按显示模式切换按钮，切换到偏压显示。调节偏压，每上升一个步进后，按显示切换按钮，切换到电流显示，观测电流值，见图 5 - 2 - 48。记录不同的偏压值及其对应的电流值，做出 $I - V$ 曲线并计算等离子体参数。

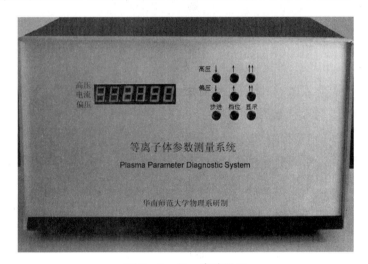

图 5 - 2 - 48 　电流显示

三、综合开放实验

1. 解读综合开放实验

随着现代教育技术的发展，国内外许多大学和研究机构都在进行实验教学新技术的研究。美国的麻省理工学院、卡内基·梅隆大学、田纳西州大学，新加坡国立大学，英国的开放大学等高校都实现了基于虚拟仪器和远程控制技术的新型实验。国内的西安交通大学、大连理工大学、复旦大学、南京大学、华中理工大学、华南师范大学等实施的开放式实验教学存在多种不同的形式，其中较为典型的有通过网络实现远程实验，通过教学管理系统实现实验项目的管理，以及实验室场地和时间的开放等。本书作者在上述研究的基础上，设计了综合开放实验教学系统，进行各种复杂的实验，以期达到理想实验教学的目的。

(1) 综合实验教学

综合实验是指实验内容涉及本课程的综合知识或与本课程相关课程的知识，综合实验不是几个验证性实验的简单"组合"，而是体现实验内容的复合性、实验方法的多元性、实验手段的多样性、人才培养的综合性。

综合实验教学既不同于基础性、验证性的实验，又有异于研究性的科学实验。它是一种以培养学生独立实验能力为中心的教学模式，相当于"模拟科学实验"，既能发挥验证性实验的作用，又有助于实现教师主导和学生主体的最佳结合。

以大学物理综合实验教学为例，它是以理论联系实际的教学方式，学习现代实验与测试及处理技术，强化学生对物理理论、物理原理、物理规律的掌握与应用，进一步培养学生综合实验素质，提高实验测试技术水平和实验能力的一门高级实验技术及方法的课程。通过综合实验课程，既使学生掌握现代物理测试方法、测试技术以及从事科研活动的基本方法等方面的知识，又同时使学生受到科学实验训练，培养学生良好的科学精神、科学素养、科学方法和实验能力，为今后的学习、研究和工作奠定良好的基础。

(2) 开放实验教学

开放实验教学，是与传统实验教学的封闭性相对应的，在本研究中有两重含义：一是指开放式的远程教育；二是在实验室中，实验器材组合的开放。

(3) 综合开放实验教学

综合开放实验教学是指基于网络，通过教学管理系统将仿真实验、虚拟实验、远程控制实验与本地的技术能动实验、传统实验等有机结合，实现实验硬件和软件资源的开放、教学方法开放、教学手段开放、管理手段开放以及实验教学评价的开放。通过本地实际操作与远程在线操作这些或真实的或虚拟的实验仪器和设备，进行各种复杂的实验，达到理想的实验教学的目的。

2. 综合开放实验教学系统的建构——以多普勒效应综合开放实验教学系统的建构为例

(1) 综合开放实验教学管理系统

综合开放实验网上教学管理系统针对不同身份用户分为三部分模块，实现不同功能。用户模块包括管理员模块、教师模块和学生模块三部分。综合开放实验教学管理系统结构，见图5-2-49。

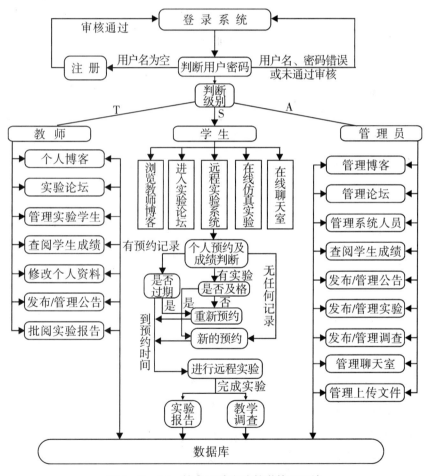

图5-2-49 综合开放实验教学管理系统

① 管理员模块。管理员模块包括公告管理、教师学生管理、实验

管理、文件管理、BBS 管理、实验博客管理、教学调查问卷管理、在线聊天室管理。管理员模块结构，见图 5 - 2 - 50。

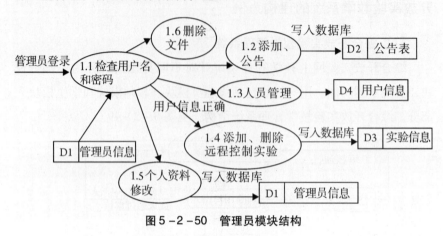

图 5 - 2 - 50 管理员模块结构

② 教师模块。教师模块包括实验博客、实验论坛、实验报告批阅、成绩查阅、在线答疑。教师模块结构，见图 5 - 2 - 51。

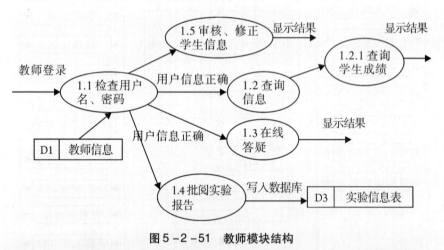

图 5 - 2 - 51 教师模块结构

③ 学生模块。学生模块包括实验预习、实验预约、进行远程实验、在线聊天、实验 BBS、实验博客、问卷提交、实验报告提交、成绩查询。学生模块结构，见图 5 - 2 - 52。

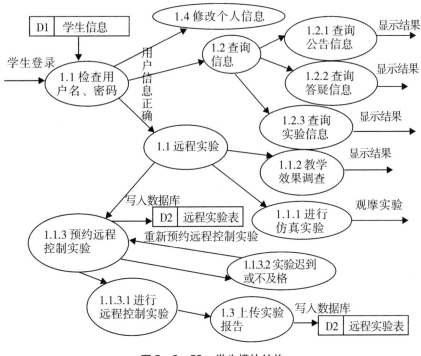

图 5 - 2 - 52　学生模块结构

（2）综合开放实验教学系统硬件设计

以多普勒效应综合开放实验教学系统为例，物理教学内容涵盖光学多普勒效应和超声多普勒效应两部分。从硬件结构角度可分为：本地实验的硬件和远程控制实验的硬件。在图 5 - 2 - 53 中，虚线右侧的计算机与实验仪器都在实验室内。学生在客户机上调节的实验参数，通过Internet 和服务器送到实验机。实验机与通用伺服控制器进行串行通信，进而控制机床上的可移动反射镜（光学部分）或导轨上的超声接收器（声学部分）的运动，DSO 数字存储示波器将采集到的多普勒拍频信号送给实验机。实验数据和摄像机捕获的视频图像实时反馈给异地的学者。

由图 5 - 2 - 53 可见，远程控制实验就是本地实验在网络上的扩展与延伸。从实验系统设计角度来说，也是由近及远，先做好本地实验，再发展成远程控制实验。

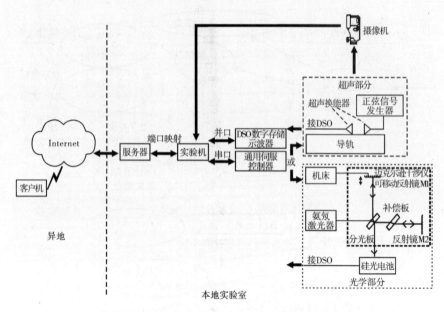

图 5 - 2 - 53　多普勒效应综合开放实验教学系统的硬件结构

① 关于超声多普勒效应实验的硬件设计。第一，超声多普勒效应本地实验硬件方案。超声多普勒效应实验硬件方案见图 5 - 2 - 54，实物图见图 5 - 2 - 55（除数字存储示波器外，其他仪器均为本书作者自制）。

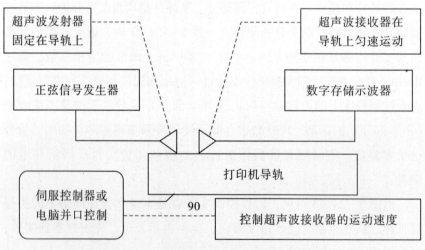

图 5 - 2 - 54　超声多普勒效应实验硬件方案

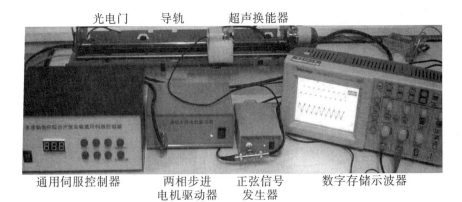

光电门 导轨 超声换能器

通用伺服控制器 两相步进 正弦信号 数字存储示波器
电机驱动器 发生器

图5-2-55 超声多普勒效应实验仪器

关于传动装置,本系统则采用步进电机和打印机导轨。步进电机较直流电动机振动更小且运动控制更精确;打印机导轨使用的是淘汰的针式打印机旧导轨,成本低廉、体积小巧。

第二,通用伺服控制器的设计。本实验系统的自制组件采用模块化设计。通用伺服控制器为其他仪器提供控制信号,功能有三个:脉冲输出接口通用,既可以控制超声实验的两相步进电机,又可以控制光学部分的五相步进电机;提供氦氖激光器电源,可由计算机远程控制激光的产生;与计算机进行串口通信,既可由计算机完全控制(为本地实验和远程控制实验使用),又可脱离计算机独立操作。

通用伺服控制器的前面板提供按键控制、数码管显示,可以设置并显示输出的脉冲信号(单位是Hz,已定标),还可以控制步进电机的启动停止和换向,见图5-2-56(a);在背面板上,输入信号接口有220V电源、两个光电门信号,输出信号有氦氖激光器电源、输出到电机驱动器的脉冲,以及串口、保险丝,见图5-2-56(b)。

(a)前面板 (b)背面板

图5-2-56 通用伺服控制器

通用伺服控制器采用具有内部自带 8K Flash Memory 的 89C52 作为中心处理器，如图 5 – 2 – 57 所示，选用 11.0592 MHz 的晶振，方便与计算机的 RS – 232 通讯。显示器为动态三位共阴 LED，使用三个三极管（9014）作为 LED 的驱动器。电路见图 5 – 2 – 58。

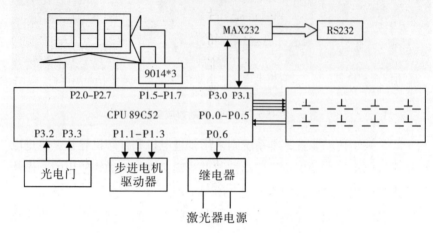

图 5 – 2 – 57　通用伺服控制器内部结构原理框图

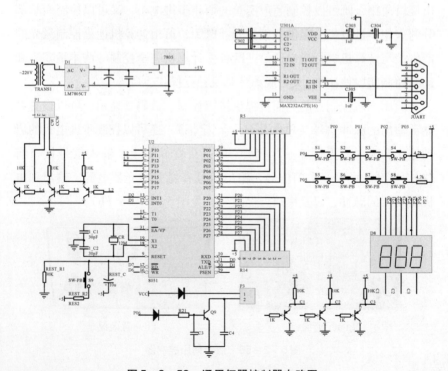

图 5 – 2 – 58　通用伺服控制器电路图

第三，基于 DDS 技术的正弦信号发生器设计。本研究设计了基于 DDS 芯片 AD9851 的 38 kHz 正弦信号发生器，它作为激励信号源，输出至超声换能器产生超声波。直接数字频率合成（DDS）技术是由一个高稳定度和高准确度的标准参考频率源，产生千百万个具有同一频率稳定度和准确度的信号技术。AD9851 芯片以一个精确的时钟源作为参考频率源，能产生一个相位和频率可编程的模拟正弦波，这个正弦波可直接作为频率源。由于 AD9851 自身没有信号幅度调节功能，本研究在外部增加了以单运放 AD817 为主的信号放大电路，以便产生适合本实验的信号。本实验输入 30 M 的参考时钟，通过内置的锁相环产生一个 6 倍频的系统时钟即 180 M，利用单片机向 DDS 芯片发送 32 位频率调整控制字，DDS 可以产生频率分辨率为 0.042 Hz、最高频率 72 MHz 的正弦信号。对于超声实验，本研究输出频率固定为 38 kHz，幅度 0.635 V。实物见图 5 - 2 - 59，电路见图 5 - 2 - 60。

 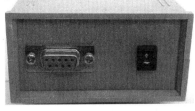

（a）前面板　　　　　　　（b）背面板

图 5 - 2 - 59　正弦信号发生器外观

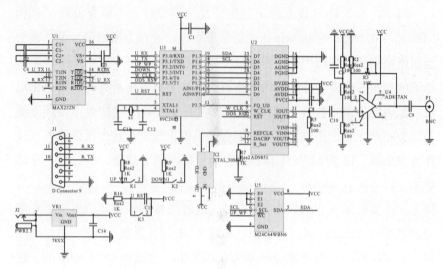

图 5-2-60　正弦信号发生器电路图

第四，导轨设计。在工业上，运动与控制的机械传动装置比较成熟，主要有三种：滚珠丝杆、直线轴承和滑杆。其中，以滚珠丝杆的精度最高，本文光学部分的机床采用的就是滚珠丝杆结构，见图 5-2-61；滑杆最为常见，打印机中的光杆导轨都是滑杆，光杆表面有一层镀层与含油轴套配合使用，见图 5-2-62。超声多普勒效应实验对运动精度要求不高，是 cm/s 数量级，滑杆就能满足要求。

图 5-2-61　机床上的光电门和滚珠丝杆

图5－2－62　打印机导轨

第五，光电门电路设计。本系统的光电门传感器的工作电压5 V，工作电流25 mA。发射源发出一个狭窄的红外光束，红外频率峰值是880 nm。超声实验的换能器和光学实验的可移动反射镜上均安装挡光片，通过光电门时就会遮挡红外光束。光束在发射源和探测器之间被阻，光电门将输出高电压平，经反相器74LS04给单片机P3.2口低电平；反之，没有被阻挡，则给单片机高电平，电路见图5－2－63。在光学实验的机床和超声实验的导轨两端各装一个光电门，信号输入单片机的外部中断口P3.2和P3.3，实现了运动的自动换向。

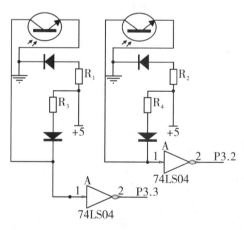

图5－2－63　光电门电路

第六，步进电机的选型。步进电机是数字控制电机，它将脉冲信号转变成角位移，即给一个脉冲信号，步进电机就转动一个角度，因此非常适合由单片机控制。步进电机区别于其他电机的最大特点是：它是通过输入脉冲信号来进行控制的，即电机的总转动角度由输入脉冲数决定，而电机的转速由脉冲信号频率决定。如果给步进电机发一个控制脉冲，它就转一步，再发一个脉冲，它会再转一步。两个脉冲的间隔越短，步进电机就转得越快。本系统中，调整通用伺服控制器发出的脉冲频率，就可以对步进电机进行调速。

步进电机主要是按相数来分类，有二相、三相、四相、五相步进电机等。二相步进电机每转最细可分割为400等分，五相则可分割为1000等分，所以表现出来的特性是五相步进电机精度高，两相步进电机速度快，光学多普勒效应实验精度要求高，应选用五相步进电机；超声多普勒效应实验精度要求不高，速度变化范围大些，应选用二相步进电机。本实验打印机导轨上使用的是爱普生针式打印机 LQ1600K 的两相六线式步进电机，型号 EM – 238 STEP – 42D125。

第七，两相步进电机驱动器设计。步进电机需要由专门的驱动电路驱动，驱动电路和步进电动机是一个有机的整体。步进电机的运行性能是电动机及其驱动电路两者配合所反映的综合效果。驱动电路的组成：由变频信号源、脉冲分配器和脉冲放大器三部分组成，如图 5 – 2 – 64 所示。变频信号源是一个脉冲信号发生器，脉冲的频率可以由几赫兹到几十千兹连续变化，本书的通用伺服控制器实现这一功能。脉冲分配器（也称环形分配器）是一个数字逻辑单元，接收一个单相的脉冲信号后根据运行指令把脉冲信号按一定的逻辑关系加到脉冲放大器上，使步进电机按选定的运行方式工作。它可以由双稳态触发器和门电路组成，也可由可编程逻辑器件组成。脉冲放大器要进行脉冲功率的放大。因为从脉冲分配器能够输出的电流很小（毫安级），而步进电动机工作时需要的电流较大（一般几安到几十安）。因此，必须进行功率放大。步进电机的每相绕组需要一套功率放大电路，即两相步进电机的脉冲放大器有两套相同的放大电路，五相的则有五套。

图图 5 – 2 – 64　驱动电路结构

由于超声多普勒实验对两相步进电机驱动器精度要求不高，只是"cm/s"数量级，所以本研究自制基于 L297 + L298 芯片的驱动电路。实物见图 5 - 2 - 65，电路见图 5 - 2 - 66。

（a）前面板　　　　　（b）背面板

图 5 - 2 - 65　两相步进电机驱动器

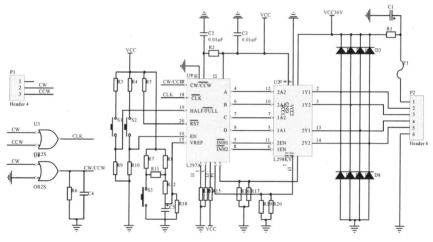

图 5 - 2 - 66　两相步进电机驱动电路

第八，PC 直接控制步进电机的电路设计。本系统超声多普勒效应实验既可以由计算机与通用伺服控制器串口通信控制步进电机，也可以直接用计算机并口出脉冲信号控制步进电机，电路见图 5 - 2 - 67。

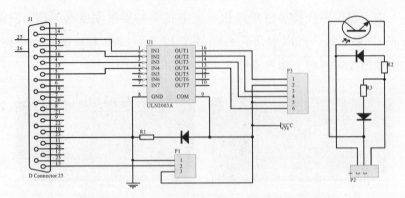

图 5 - 2 - 67　PC 并口直接控制步进电机电路图

　　计算机的并行接口共有 25 根接线，其中 2～9 脚为数据线，18～25 脚为地线，其余为控制线。本文使用 4 根数据线（2～5 脚）作为信号输出，按一定时序出脉冲信号。由于计算机的并行接口驱动能力有限，脉冲信号经功放芯片 ULN2003A 驱动送给步进电机。

　　通过计算机并口实现对步进电机的控制，方式简单。可通过软件编程控制输出脉冲的频率和数目。虽然在控制精度与稳定性方面与单片机控制仍存在着一定差距，但是软件控制的灵活性也使得其相对硬件控制显示了自身的优点。

　　第九，超声换能器的选型。超声换能器是一种既可以把电能转化为声能，又可以把声能转化为电能的传感器。它使用压电材料，利用压电效应，在电脉冲激励下可将电能转换为机械能，向外发送超声波；反之，当换能器处在接收状态时，它可将声能（机械能）转换为电能。本文使用的是电子市场上最常见的 38 kHz 超声换能器。本系统光学部分的机床也可以用来做超声多普勒效应实验，但光学和声学两部分由于导轨不同，所采用的换能器体积也不同，见图 5 - 2 - 68。

（a）打印机导轨上的超声换能器　　　　（b）机床上的超声换能器

图 5 - 2 - 68　超声换能器

第十，信号的取样与存储。本实验采用数字存储示波器进行信号的取样与存储。需求分析：根据采样定理，理论上设置采样频率为被采集信号最高频率成分的两倍就够了，实际上一般选用十倍，有时为了较好地还原波形，甚至更高一些。因超声多普勒效应实验信号是 38 kHz，所以要求示波器采样率在 380 kHz 以上，并且两列波的叠加又要求示波器有存储功能。

本系统用到的数字存储示波器共有两种，分别是用于脱离计算机、独立操作的泰克数字存储示波器 TDS1012 及用于本地智能控制实验和远程控制实验的并口虚拟数字存储示波器 DSO2102M。泰克数字存储示波器 TDS1012 带宽 100 MHz，采样率 1 GHz/s，双通道；虚拟数字存储示波器 DSO2102M 相当于一块并口采集卡，输出结果可直接在电脑上显示并提供 LabVIEW 编程二次开发功能，其带宽 40 MHz，采样率 100 MHz/s，最大存储深度 32 K，双通道。可见，两种示波器均能满足本实验要求。

第十一，视频系统设计。实验使用的视频系统主要由天敏视频采集卡 SDK2000 和美电贝尔彩色摄像枪 BL500C 组成。型号规格同之前介绍的远程控制实验视频系统，最低照度 0.1 Lux，能够在微光背景下提供较清晰的图像，满足了观察光学多普勒效应实验现象的要求。

② 激光多普勒效应实验的硬件设计。光学多普勒效应实验中，采用迈克尔逊干涉光路法产生光拍信号，明暗相间的环行干涉条纹易观察、好调节，硅光电池就放在环行条纹的中心点上采集光强信号。本研究将迈克尔逊干涉仪的可移动反射镜 M1 拆下来，固定在工业用的小机床（包括五相步进电机和传动装置）上，悬在迈克尔逊干涉仪上方且不与干涉仪有接触，最大限度地减小振动影响，硬件方案见图 5 - 2 - 69，实验仪器见图 5 - 2 - 70（除迈克尔逊干涉仪、氦氖激光器和数字存储示波器外，主要仪器均为自制）。

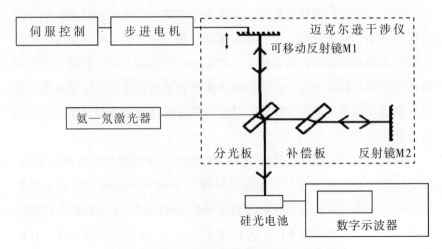

图5-2-69　激光多普勒效应实验硬件方案

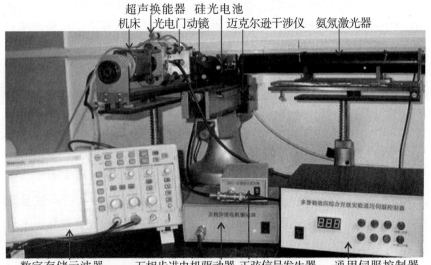

图5-2-70　激光多普勒效应实验仪器

在激光多普勒效应实验中,实验组件除了前面超声部分所提到的通用伺服控制器、数字存储示波器、光电门电路、机床、计算机等仪器外,本研究还设计了以下组件。

第一,五相步进电机与驱动器设计。根据前面的步进电机原理与选型比较,光学多普勒效应实验精度要求高,应选用五相步进电机。本实验机床采用日本东方五相步进电机，型号PK566BW（步距角0.72°，最大静止转矩0.83 N·m）。为提高精度，选用带细分功能的日本东方CFKII型五相步进电机驱动器的主板，见图5-2-71。接相应的外围电路，制成五相步进电机驱动器，见图5-2-72。CFKII型可将步进电机步距角0.72°最大细分至1/250，达到低速运转时的微振运行。

图5-2-71　CFKII型五相步进电机驱动器的主板

（a）前面板　　　　　　　　　　（b）背面板

图5-2-72　五相步进电机驱动器

　　第二，氦氖激光器的控制。氦氖激光管是一种特殊的气体放电光源，波长632.8 nm。与其他光源相比，它具有极好的单色性，高度的相干性和很强的方向性（发散角很小）。因为光能量高度集中，加之光振荡放大，所以亮度非常高。为了延长激光器使用寿命和节约用电，本系统的远程控制实验有远程控制氦氖激光器开关的功能。原理是通用伺服控制器的继电器控制激光器电源的通断，远程控制实验开始才加电射出激光，平常断电。

　　第三，硅光电池选型。硅光电池是一种直接把光能转换成电能的半导体器件。本实验采用紫蓝硅光电池。它是光电管和硅光电池的更新换代产品，具有宽光谱响应，其响应的光谱范围是 300 ~ 1100 nm，满足本实验的要求。如图 5 - 2 - 73 所示，它采用黑色陶瓷封装，中间为滤光平板玻璃窗口。

图 5 - 2 - 73　紫蓝硅光电池

（3）综合开放实验教学系统的软件设计

多普勒效应综合开放实验教学系统的软件包括：基于 ASP + IIS + MS SQL SERVER 的综合开放实验教学管理系统、基于 Flash 的远程仿真实验、基于流媒体技术的视频系统、基于 LabVIEW 的本地实验和远程控制实验的软件。具体结构，见图 5 - 2 - 74 所示。

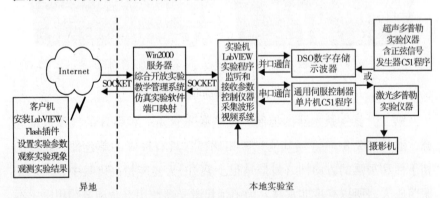

图 5 - 2 - 74　多普勒效应综合开放实验教学系统的软件结构

① 单片机控制程序设计。通用伺服控制器的单片机程序设计如下：

总体流程。通用伺服控制器以单片机 89C52 为核心，单片机的主要任务是控制电机的运行状态和完成人机交互工作，程序总体流程，见图 5-2-75 所示。

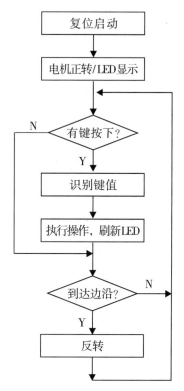

图5-2-75　通用伺服控制器单片机程序流程图

单片机通过检测光电门的反馈信号来确认滑块上动镜或可移动换能器是否运动到了边沿，当检测滑块运动到了边沿之后，单片机控制电机反转，让滑块朝着反方向运动，从而实现滑块的自动往返运动。同时，单片机通过扫描键盘获得用户输入的各种指令，从而控制电机的转动方向和转动速度。此外，单片机还要负责将这些数据在 LED 显示器上显示出来。

键盘分析。通用伺服控制器采用行列式键盘，8 个按键，需要 6 个 I/O 口，见图 5-2-76 所示。

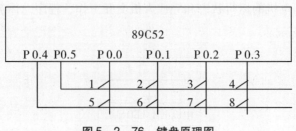

图 5 - 2 - 76 键盘原理图

各按键的功能, 见表 5 - 2 - 4 所示。

表 5 - 2 - 4 按键功能

键号	1	2	3	4
功能	百位加1	十位加1	个位加1	RUN/STOP
键号	5	6	7	8
功能	百位减1	十位减1	个位减1	DIRECTION

键盘分析程序的作用是分析用户从键盘输入的各种指令信息。每当键盘扫描程序扫描到有键按下之后, 进行延时去抖。如果不是抖动, 则扫描程序只进行一次, 键盘得到键值, 然后调用键盘分析程序对用户从键盘上的输入进行分析并执行相应操作。键盘分析程序如图 5 - 2 - 77 所示。

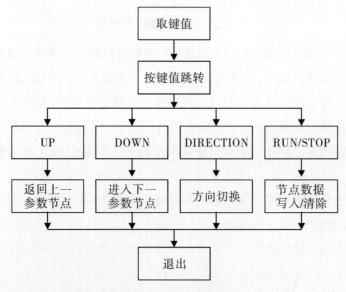

图 5 - 2 - 77 键盘分析

由于在构造数据结构的时候使用了面向对象的方法，键盘程序虽然复杂但条理清晰，分析完成之后借助当前节点指针即可完成操作。

LED 显示。LED 显示器有两种接口：静态显示接口和动态显示接口。本系统选用动态扫描式显示接口。动态扫描式显示也是单片机智能化仪表中最常用的显示方式。它分时轮流选通数码管的公共端和相应的字符码，使得各个数码管轮流工作，各个数码管虽然是分时轮流通电，但由于发光数码管具有余辉特性及人眼具有视觉暂留作用，所以适当选取扫描时间，看上去所有数码管是同时点亮的，并不觉察闪烁现象。在本系统选用定时/计数器 1 作为扫描显示的中断源，初值设置为 0xfc17，计数为最大值 0xffff 时溢出，执行动态显示程序。大概每 0.1 ms 对三位LED 显示器扫描一次。

在本设计中，要显示一个 16 进制数字，首先要把这个数转换为相应的字形，并以表格的形式存放在单片机的 ROM/EPROM 内。当 P2 口输出一个字形码时，P1 口将选通对应的 LED 位置，再加上驱动器让LED 工作，这样便构成一个动态扫描显示系统。

串口通信。为了更好地进行人机交互，单片机还要通过中断的方式从串口获取从 PC 发送过来的各种控制数据并做出响应的动作。串行口工作在方式 1，波特率由定时/计数器 2 产生，串行数据由 TXD 引脚发送，由 RXD 引脚接收。进行十位发送或接收，其中包括一位起始位"0"，八位数据位（先低位，再高位）和一位停止位"1"。起始位和停止位自动由串行口嵌入。

发送时，置"REN=0"禁止接收。CPU 执行一条写入 SBUF 指令，启动发送器。内部定时电路使发送允许 SEND 信号有效，它把起始位输出到 TXD，经过一位时间后，DATA 信号有效，它允许发送移位寄存器将数据依次送至 TXD 输出。当数据发送完毕后，将 TI 置 1。

接收时，置"REN=1"允许接收，串行口处于方式 1 接收状态，并以所选波特率的 16 倍速率采样 RXD 引脚，一旦发现 RXD 上有 1 到 0的跳变，便启动接收器。为了减少噪声干扰，将位时间平均分为 16 等分，并在 7、8、9 三个等分的时间采样 RXD，三次采样中两次以上相同的值作为该位数据被接收。当接收至停止位时，只有符合"RI = 0，且停止位为1"的条件时，接收到的八位数据才有效，被装入接收缓冲寄存器 SBUF，并由硬件置 RI 位。如果上面的条件不满足，则丢弃这帧信息。停止位过后，串行口将重新寻找 RXD 上"1"到"0"的跳变。程序流程见图 5 - 2 - 78。

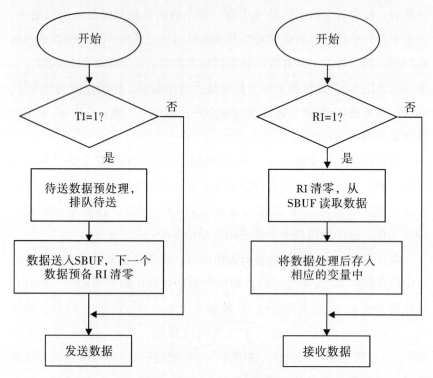

图 5 - 2 - 78 串行通信流程

波特率是串行口每秒传送的位数，又称传输率。本设计利用 89C52 的定时/计数器 2 产生波特率。定时/计数器 2 在 T2CON 的 RCLK = 1 与/或 TCLK = 1 就将定时计数器 2 设置为 16 位自动装入的波特率发生器，在这种工作方式中，串行口工作方式 1 的波特率为：

方式 1 的波特率 = (1/16) * T2 溢出率

T2 溢出率 = fosc/ $\{2 * [2^{16} - (RCAP2H, RCAP2L)]\}$

其中 fosc 为振荡频率 11.0952 MHz。本文设置波特率为 9600，可计算得出 RCAP2H = 0xdb，RCAP2L = 0xff。只要在 T2 计数溢出时，将 RCAP2H 和 RCAP2L 的数据装入 TH2 和 TL2 中，便能产生所需要的波特率。本文的数据帧格式见表 5 - 2 - 5 所示，此时状态是脉冲频率 215Hz，方向 ccw（反转），继电器断开。

表 5 - 2 - 5　串行通信数据格式

位　置	0	1	2	3	4	5	6	7	8	9
字　符	68	02	01	05	66	00	01	70	01	01
对应变量	h	百位	十位	个位	f	cw	ccw	p	00 停止 01 启动	继电器01 断开， 00 接通

　　正弦信号发生器的单片机程序设计为了产生高稳定度的38 kHz的超声信号，本系统使用 DDS（直接数字频率合成）的方法制作了一个 38 kHz 的信号源。由于本实验只需要固定频率 38 kHz 的信号，所以省去了显示和按键控制功能，使用一个 AT89C2051 单片机直接控制 DDS，芯片 AD9851 产生一个稳定的 38 kHz 本振信号。AT89C2051 的主要工作是串口通信和控制 AD9851。程序的主流程如图 5 - 2 - 79 所示。

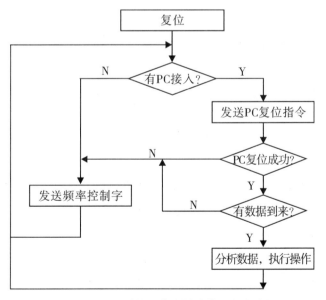

图 5 - 2 - 79　正弦信号发生器单片机程序流程图

AT89C2051 上电后进行初始化，然后大部分时间都是处于查询 PC 接入状态，在没有 PC 接入的时候，AT89C2051 总是在发送频率控制字，使 AD9851 输出一个一定频率的正弦信号。当 AT89C2051 在有 PC 接入并接收到 PC 传来的数据之后，即开始对数据进行分析。程序流程如图 5 - 2 - 80 所示。

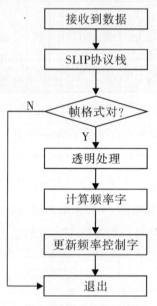

图 5 - 2 - 80　单片机数据分析程序流程图

② 基于 LabVIEW 的实验软件设计。

在实验编程技术方面，本书作者根据以往设计经验，总结出三种低成本、简单可靠的 LabVIEW 方案：

第一种：声卡作为采集卡，Line out 通道输出，Line in 通道采集，采样率 1 Hz ~ 44 kHz，LabVIEW 提供了丰富的声卡控制节点。

第二种：串口通信，使用 LabVIEW 中的 VISA 库。

第三种：并口通信，使用 In Port 和 Out Port 节点。

本系统程序设计采用了后两种方案。

③本地实验软件设计采用了以下方案。

第一，通用实验程序设计。

与硬件设计思想一样，本系统的 LabVIEW 程序设计也具有通用性，既可以用于超声多普勒效应实验，也可以用于光学多普勒效应实验。程序采用了模块化设计，主要分为三部分：通用伺服控制模块、数字存储示波器模块和倒计时模块。这三部分也可以独立出来，用于其他实验，具有很好的扩展性。

主要功能：通过串行口控制通用伺服控制器的输出参数，进而控制步进电机；从 DSO2100 数字存储示波器（相当于并口采集卡）读取实验结果并在虚拟面板上显示。

实验界面，见图 5 – 2 – 81；LabVIEW 程序流程，见图 5 – 2 – 82；程序框图，见图 5 – 2 – 83。

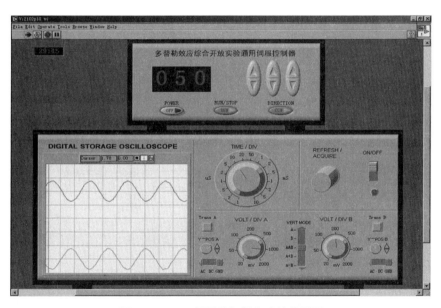

图 5 – 2 – 81　通用单机版实验软件界面

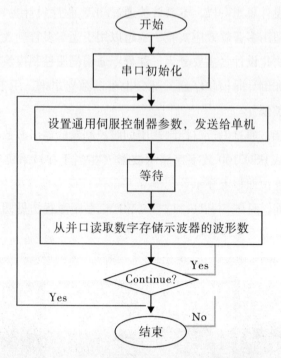

图 5 -2 -82　通用单机版实验主程序流程图

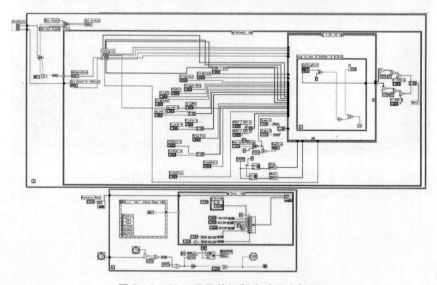

图 5 -2 -83　通用单机版实验程序框图

第二，基于并口控制的超声实验软件设计。

如前所述，步进电机也可以直接通过计算机并口控制，但是精确度不如单片机控制，只适合于本系统的超声实验部分。

并口的端口设置是由计算机设置程序自动配置的，初始化过程把并行端口配置成 LPT1（对配有一个并口的通用型微机而言），数据地址 0378H、状态地址 0379H、控制地址 037AH。

LabVIEW 内置两个可直接访问底层设备的节点，即 In Port. vi 和 Out Port. vi。它们可分别完成从设备的物理地址直接读取和输出数据的功能。本系统利用 Out Port. vi 节点对并口的数据地址 0378H 进行操作，采用四位时序控制步进电机，每一个脉冲使步进电机转过 0.9 度。时序轮换不断发脉冲，从而控制步进电机转动。实验界面，见图 5 - 2 - 84；程序流程，见图 5 - 2 - 85；程序框图，见图 5 - 2 - 86。

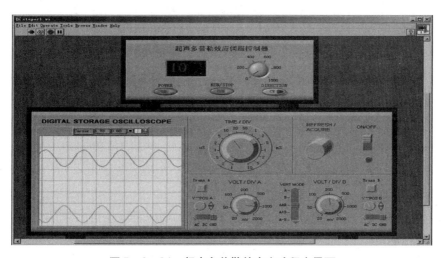

图 5 - 2 - 84　超声多普勒效应实验程序界面

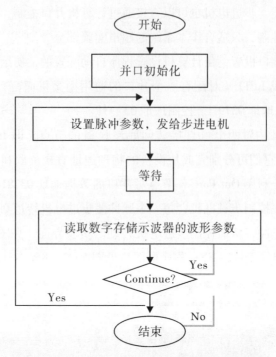

图 5 −2 −85　超声多普勒效应实验程序流程图

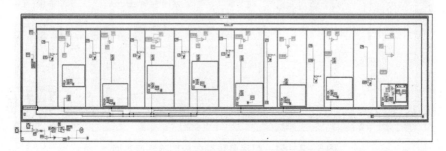

图 5 −2 −86　超声多普勒效应实验程序框图

　　远程控制实验软件设计采用了以下方案。

　　远程控制版实验的软件是单机版实验软件的延伸。本设计采用双宿主机模式，软件结构如图 5 −2 −87 所示。学生用客户机通过服务器端口映射访问实验机，设置实验参数。实验机接收数据后去控制仪器，采集波形。波形曲线通过服务器送给客户机。实验机同时提供视频服务。

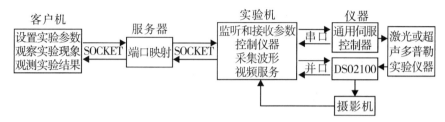

图 5 - 2 - 87　远程控制版实验的软件结构图

3. 综合开放实验教学系统的应用

（1）综合开放实验教学管理系统的使用

如前所述，本系统包含了三种不同身份的模块：管理员模块、教师模块和学生模块，各模块的功能不尽相同。限于篇幅，下面仅以学生模块为例进行介绍。

学生登录系统后，进入首页，左侧是学生模块的用户控制面板，右侧是当前最新的公告，见图 5 - 2 - 88。用户控制面板提供的功能有实验博客、实验论坛、远程实验（仿真实验和远程控制实验）的入口、提交实验报告、问卷调查、在线答疑和修改个人资料。

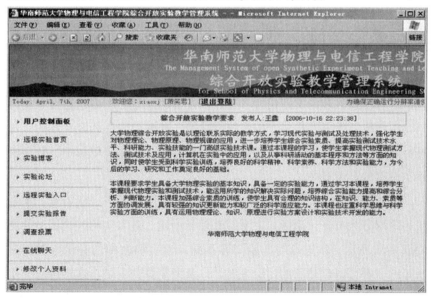

图 5 - 2 - 88　学生身份的系统首页

① 实验博客。从技术角度来看，博客是一种个人自助建站系统。本系统由于服务器空间限制，只为教师提供了建立博客的权限，学生可以浏览博客并做简短回复。博客首页如图 5-2-89 所示。

图 5-2-89　实验博客首页

在实验博客首页，学生可以按列表浏览各位教师的博客，也可以直接点击自己感兴趣的文章链接，还可以按博客文章的题名进行搜索。另外，本系统还为博客提供了一些统计功能，如两周内的博客文章的点击排行榜、回复排行榜、文章篇数和评论数目等，这些榜单和统计数字激励了博客的良性竞争。

② 实验论坛。学生点击进入实验论坛，见图 5-2-90 所示。本系统的论坛分为若干讨论区，由系统管理员创建。进入实验讨论区，如图 5-2-91 所示。本论坛与实验博客不同，学生和教师的身份与权限是平等的，都可以创建新的讨论主题，以及回复各个主题。这样可能会出现一些与实验教学无关的帖子，因此提供了回收站功能。回收站对教师

和学生是禁入的，只有管理员有删除帖子和误删恢复的权限。

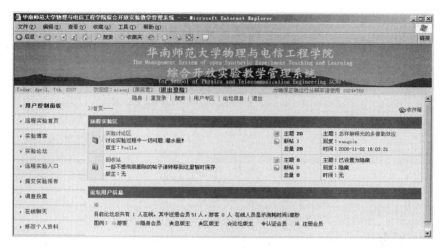

图5-2-90　实验论坛首页

图5-2-91　实验讨论区

③ 远程实验入口。远程实验入口提供了仿真实验入口、预约或进入远程控制实验、在线聊天、观看远程控制实验视频等功能，见图5 – 2 – 92。

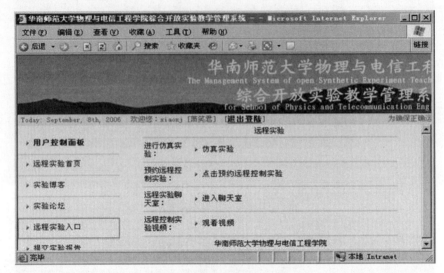

图 5 – 2 – 92　远程实验入口

预约远程控制实验界面，见图 5 – 2 – 93 所示。

选择实验	— 选择你预约的实验 ———— 实验耗时 ———	▼	(* 请不要一次性预约过多实验)
	— 选择你预约的实验 ———— 实验耗时 ———		
	实验一：超声多普勒效应测速实验———耗时：60分钟		
	实验二：激光多普勒效应测速实验———耗时：60分钟		

图 5 – 2 – 93　远程控制实验预约

预约完成后，会显示个人预约的远程控制实验列表，界面见图 5 – 2 – 94 所示。到指定的实验时间，学生再登录系统即可进行远程控制实验。允许迟到 10 分钟，体现了人性化的设计。如果超过 10 分钟，实验自动取消。

请您完成您预约的所有实验后再进行新的实验预约			
实验名称	实验耗时	实验时间（允许迟到10分钟）	实验操作状态
实验一：超声多普勒测速实验	60 分钟	2006-4-7 0:35:05	已完成实验
实验五：数字信号平均的网上实验	60 分钟	2006-4-7 13:39:08	▸ 重新预约

图 5 – 2 – 94　个人实验预约列表

④ 在线聊天。学生做在线仿真实验或远程控制实验时，与教师和其他同学分离。出现问题时，为了及时获得帮助，本系统提供了在线聊天的功能，见图 5 - 2 - 95 所示。每隔 30 秒，在线聊天自动刷新屏幕，显示的总是最新的对话内容。

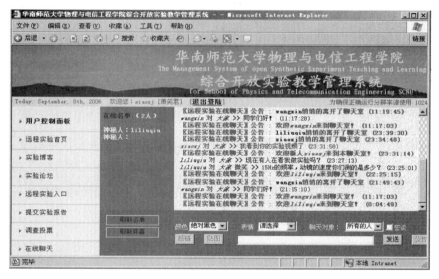

图 5 - 2 - 95　远程实验在线聊天

⑤ 提交实验报告。实验报告提交界面，见图 5 - 2 - 96 所示。对于已提交的实验报告，提供了查阅评语功能界面，见图 5 - 2 - 97 所示。

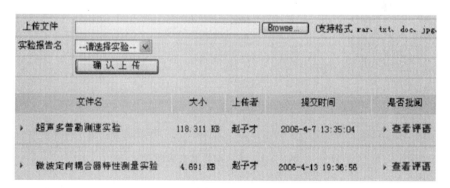

图 5 - 2 - 96　个人实验报告列表

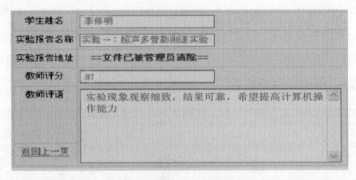

图 5 - 2 - 97　实验成绩

⑥ 问卷调查。为了评价本系统的教学效果，提供了调查投票功能，如图 5 - 2 - 98 所示，要求学生在做完本系统的各种类型实验后进行。问卷采用程度选项，学生根据问题与自己的符合情况，在五种可能性中选一种。教师和管理员登录，可以查看投票情况，系统提供每道题目各个选项的百分比统计。

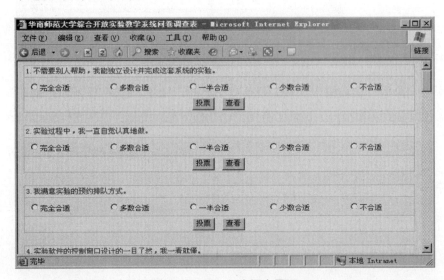

图 5 - 2 - 98　问卷调查界面

(2) 仿真实验

为了让学生在做远程控制实验和本地综合开放实验以前，更清楚地了解多普勒效应的原理和利用多普勒效应测速的方法，本研究用 Flash

设计和制作了光学与超声多普勒效应的仿真实验，见图 5 - 2 - 99 和图 5 - 2 - 100，可作为综合开放实验教学系统的预习课件。

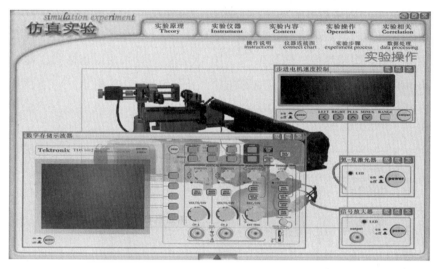

图 5 - 2 - 99   激光多普勒效应仿真实验

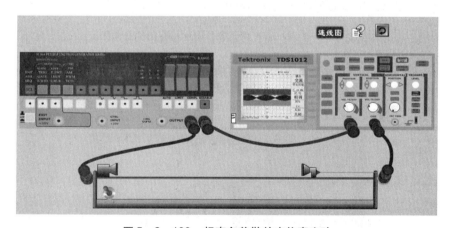

图 5 - 2 - 100   超声多普勒效应仿真实验

（3）远程控制实验

学生使用本系统学习了光学和声学多普勒效应的实验原理、实验装置、实验步骤等内容，先做仿真实验，再按照预约的时间进行远程控制实验。因本实验只控制着一套真实仪器，且本系统 LabVIEW 程序的 Remote Panels 设置权限为两人，所以一次只允许一个实验小组操作。但是教师和其他同学可以观看正在进行的实验视频，并使用在线聊天功能及时帮助实验操作者解决实验中的问题。

① 超声多普勒效应远程控制实验。实验开始，接收换能器靠近发射换能器。调节数字存储示波器，使 CH1 和 CH2 通道的正弦信号幅度相差不多。实验界面，见图 5-2-101 所示，网页采用嵌套格式，即将 Remote Panels 嵌入网页中，现场视频，见图 5-2-102 所示。

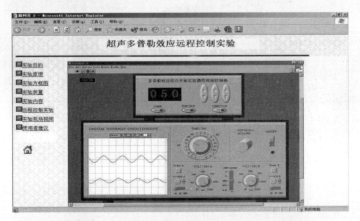

图 5-2-101　超声多普勒效应远程控制实验界面

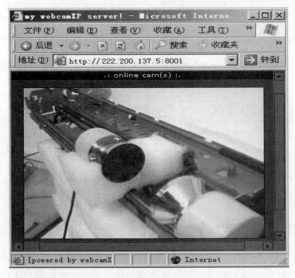

图 5-2-102　超声多普勒效应实验现场视频

　　设置通用伺服控制器的输出脉冲频率，如 50 Hz，观察接收换能器的运动状态。调节示波器周期旋钮至合适档位，当接收换能器运动到导轨中间位置且状态稳定时，按下数字存储示波器 ON/OFF 按钮，固定图像。选择"A＋B"即叠加合成拍，如图 5－2－103 所示。读出拍的周期，倒数得到拍频，利用超声多普勒效应公式计算出换能器的运动速度。改变输出脉冲频率（即改变接收换能器的运动速度），重复实验。测量多组数据，作出速度—拍频的线性拟合图像，进行误差分析。

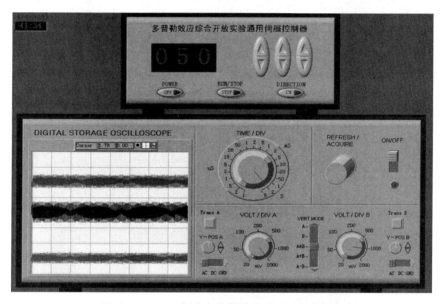

图 5－2－103　超声多普勒效应实验的拍的图像

　　② 激光多普勒效应远程控制实验。激光多普勒效应远程控制实验的界面与超声部分类似，嵌入的远程控制程序是通用的，见图 5－2－104 所示，实验现场视频，见图 5－2－105 所示。

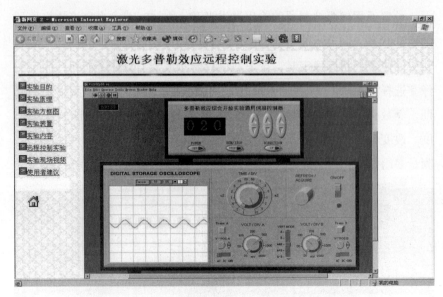

图 5 - 2 - 104　激光多普勒效应远程控制实验界面

图 5 - 2 - 105　激光多普勒效应实验现场视频

　　设置通用伺服控制器的输出脉冲频率，如 20 Hz，观察可移动反射镜的运动状态。当可移动反射镜运动状态稳定时，保存示波器上的光拍波形。通过观测拍的周期，带入光学多普勒效应公式计算出反射镜的运动速度。在 15 ~ 200 Hz 范围内（15 Hz 为本实验步进电机起跳频率；频率超过 200 Hz 引起的振动过大，难以测量）改变通用伺服控制器的输出脉冲频率，获得多组实验结果。作出速度—拍频的线性拟合图像，进行误差分析。

（4）**本地综合开放实验**

本地实验系统可以开设验证性实验，由于自制组件采用模块化设计，能够实现不同的搭配组合，也为开设综合性、设计性实验创造了条件。学生在综合设计性实验过程中参与到实验选题、准备实验资料、进行实验探索、完成实验评价，提高了科学思维与科学实验能力。

① 实验题目。在进行本地综合开放实验之前，利用综合开放实验教学管理系统的教学互动功能，发布综合设计性实验题目。根据多普勒效应综合开放实验教学的目标，确定本地综合开放实验的实验目的：

第一，设计验证多普勒效应或利用光学、声学多普勒效应测速的实验方案，理解多普勒效应原理及其测速方法。

第二，使用不同的仪器、采用不同方式进行实验，用发散思维"一题多解"的思想设计实验。

第三，熟悉单片机、计算机、网络、多媒体等技术在实验中的应用。

本系统的仿真实验和远程控制实验，都是将光学部分和声学部分各自独立设置的；而本地综合开放实验是运用光学与声学的多普勒效应实验原理的整合，强调培养学生的综合实验能力，实验方法由学生自由选择。为此，本系统综合设计性实验题目可以是：

第一，利用光学或声学多普勒效应原理测速。

第二，可移动反射镜和接收换能器的运动速度作为已知条件，设计验证多普勒效应的方案。

第三，在同一速度情况下，比较多普勒声学法和光学法测速的结果。

根据社会建构学派教学观点，知识是学生自己建构的，这种建构发生在与他人交流的环境中，是社会互动的结果。教师是主导，学生是主体，师生应协同合作，实现教师主导与学生主体的最佳结合，并以此增加学生的元认知体验。因此，本地综合开放实验要求学生参与到实验选题中来，鼓励学生选择自己感兴趣的问题，深入地进行研究。这些问题是教师拟定综合设计性实验题目的重要依据。实验选题源自学生，有助于激发学生的学习兴趣，最大限度地发挥学生的主观能动性。

② 实验准备。本地综合开放实验在整个系统中难度最大，教学之前要求学生认真学习多普勒效应实验的原理，了解本系统的实验仪器和实验内容，做过声学与光学多普勒效应的仿真实验和远程控制实验。只有打好基础，才能实现本系统教学的最优化。

因为实验方案由学生自己设计，有一定的探索性，教师可以利用教学管理系统的博客和论坛发布完成该设计性题目的资料清单，学生去检索和查阅资料。对于重要资料，教师要重点提示；还要及时了解学生占有资料的信息，教会学生使用资料。

③ 实验过程。学生根据本系统的实验仪器、实验准备资料和仿真实验、远程控制实验的经验，结合自己的兴趣，自由选择设计性题目。按照题目，两人一组设计方案并完成实验。教师要及时了解学生实验探索中遇到的问题，提示解决的方法。实验小组要发挥学生各自的认知特点，相互帮助，分工合作，共享集体智慧，逐步形成对实验内容的深刻理解和领悟，最终掌握技能并提升探索能力。教师在设计方案与进行实验中始终以"导演"的身份出现，通过观察，与学生面对面地交流，及时了解和掌握学生的实验情况，以此评价和修正实验教学。

④ 实验评价。基础教育新课程改革的评价体系对本系统有借鉴意义：以评价促进学生的发展，不以甄别和选拔为校内评价的主要目的，强调多元化、发展性的评价体系；教师和学生都是评价的主体；主张终结性评价和形成性评价并重……

在综合设计性实验过程中，要求教师要对学生遇到的困难和取得的进步进行记录，重视学生在实验过程中的表现。学生在完成实验后填写调查问卷，问卷中包含学生自我评价的题目。除了批阅实验报告，教师还要利用教学管理系统的信息反馈通道，如博客、论坛、在线聊天室等，获取学生关于实验的评价。

（5）技术能动实验

① 技术能动理念。本系统的技术能动实验借鉴于麻省理工学院的TEAL 项目。TEAL 是 Technology – Enabled Active Learning 的缩写，译为技术能动学习。它是一种侧重实验的教学形式，将讲座、模拟实验和小型动手实验结合在一起，形成了一种高效协作的学习模式。

TEAL 首先是在 Rensselaer 工艺学院的先驱项目"物理工作室"的基础上建立的，有一套高质量的二维和三维电磁学仿真实验课件，而且这些仿真实验课件是不断扩展、随时更新的。TEAL 教学有如下特征：

第一，合作学习：学生分成不同小组，在电脑上共同工作；

第二，电脑可接收小型实验的数据；

第三，学生可在电脑和因特网上观看影音齐备的媒体演示、做仿真实验；

第四，个人反馈系统促进学生与教师间的互动。

可见，本系统的很多设计思想和 TEAL 实验是相通的。

② 实验题目。为服务于声学与光学多普勒效应实验，本系统选择其中的部分硬件电路和软件编程作为技术能动实验的题目。如硬件题目示例如下：

设计单片机控制步进电机电路；

设计基于单片机和 DDS 技术的 38 kHz 正弦信号发生器电路；

设计 PC 并口直接控制两相步进电机电路。

软件题目示例如下：

编写基于 Java 的多普勒效应网上仿真实验程序；

编写单片机控制步进电机程序；

编写 PC 并口控制步进电机的程序；

编写 PC 与 DSO 数字存储示波器的并行通信程序；

编写实验结果误差分析程序。

③ 实验安排。技术能动实验不占用课堂教学时间，教师依据题目

难度和学生基础，要求学生组织成不同的团队，在一个月或更长的时限内完成。每个团队的硬件与软件题目至少各选一项，团队内部要分工明确，在学生时间和精力允许情况下鼓励多选。教师与学生要及时沟通，每周至少见面一次并利用教学管理系统的互动功能及时解决设计中的问题。

在技术能动实验之前，学生必须熟悉光学和声学多普勒效应实验原理，有仿真实验、远程控制实验和本地综合开放实验的经验。在此基础上，学生熟悉了本系统仪器的功能与作用，才能设计和实施技术能动实验。

技术能动实验的题目又可以拆分为一系列小实验，按照由易到难的顺序安排，例如硬件方面，先做 5 V 和 12 V 直流电源供电模块，后面的单片机出脉冲电路、正弦信号发射电路都使用前面的供电模块。不完成前面的实验难以进行下一个实验，学习过程犹如挑战过关游戏胜利后的兴奋，令人斗志高昂。

④ 技术能动实验分析。物理实验中的用电安全是重要的课题。在本系统技术能动实验中，用到的电源设计为 5 V 和 12 V 的直流电，人体并无感觉。即使学生接触到电路中的大电容放电，也只有指尖微弱的触电感觉，无任何危险，使教师在实验安全管理上减少许多压力。

本系统的技术能动实验不仅包含了多普勒效应的物理原理，还涵盖了程序设计、通信协议、模拟电路与数字电路中的重要概念和许多智能化控制技术。虽然知识覆盖面广，但是学生通过做中学，完成一系列实验后便会心领神会。

如图 5-2-106 所示，在本系统技术能动实验中，学生需利用电子元件和焊锡一个个组合出多普勒效应实验内容中所需的仪器，例如题目"设计单片机控制步进电机电路"需要设计直流供电模块、单片机出脉冲电路、串口通信模块、信号放大模块等，使学生从源头到结果对实验的过程有深刻的了解，与一般物理实验只是对实验结果的分析与报告的形式不同，教学设计中使学生参与仪器本身的制作过程，有助于培养动手能力和科学思维能力。这也是多普勒综合开放实验教学系统所追求的目标。

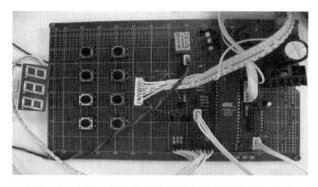

图 5 - 2 - 106　学生设计的单片机控制步进电机电路

第三节　大数据时代的课堂观察

　　课堂是教学行为最常发生的地方，而课堂观察是教师参与课程教学的日常行为，在开展课堂研究、促进教师专业发展以及教育决策与评价中具有不容忽视的重要作用。课堂观察方法与技术是教师捕获课堂实践性知识的重要途径，有效的课堂观察为教育研究提供真实的第一手资料，是教师进行教学行为改进、专业发展的起点，也是校本研修的基本功。

一、解读大数据时代课堂观察

1. 大数据时代课堂观察的基础

（1）教育观察研究的萌芽

　　大数据时代的课堂观察是在普通课堂观察的基础上发展起来的。普通的课堂观察是指研究者经过精心的组织与设计，带着明确的观察目的，以当前的事实为对象，凭借自身的感官（如眼、耳等）以及有关辅助工具（观察表、录音及录像设备等），直接或者间接地对课堂的运行状况进行记录、分析和研究，并在此基础上谋求学生课堂学习的改善，促进教师发展的一种教育科学研究方法。普通课堂观察源起于教育观察，是在教育观察的基础上发展起来的。

从古希腊（公元前800—前146年）至16世纪，在近代科学产生以前，在这一漫长的时期，教育观察研究的思想开始萌芽。这一时期人们还不能对自然界、社会和教育进行正确的剖析，主要是把自然界和人类社会当作一个整体，依靠不充分的观察和直觉基础上的思辨方法进行研究，具有明显的自发性和朴素性。

我国最早进行教育观察研究的是教育家孔子、孟子和墨子，此后，王充、董仲舒、韩愈和朱熹等人也运用了直觉观察研究的方法。他们在总结教育实践经验基础上，形成了我国古代丰富的教育理论。

国外最早进行教育观察研究的代表人物是古希腊的哲学家、教育家亚里士多德等。亚里士多德认为，科学研究是在观察事实的基础上运用归纳上升到一般原理，然后通过演绎推理回到观察的过程。无论自然科学的研究，还是社会科学的研究，观察法都是公认的必不可少的一种方法。近代德国社会学家马克斯·韦伯也指出，所有的社会研究始于观察且终于观察，无论从什么地方开始对任何一个社会机构进行研究，其必不可少的部分便是细致与长期的个体观察……通过这种观察，研究者能获得很多材料，并以此来验证自己的观点和思想。

（2）教育观察重理论概括

17—19世纪末、20世纪初，在近代科学产生以后，教育观察研究进入到在观察的基础上以分析为主的时期，此时期的代表人物是培根、笛卡儿和康德。这一时期的观察研究从经验层次上升到理论概括，把教育作为一个发展过程来研究，着重揭示现象之间的联系和发展。在此期间出现了一大批教育大师和优秀的教育理论著作。

（3）课堂观察研究的成熟

从20世纪初发展至今，教育观察研究（主要是课堂观察研究）历经了四个阶段：借鉴其他领域观察研究成果—研发使用课堂观察工具—课堂观察与其他研究方法综合运用—进入教育观察成熟时期，教育研究进入了科学的辩证法时代。

① 借鉴其他领域观察研究成果。观察法作为一种科学的研究方法，

首先在教育以外的其他学科领域中开始运用。观察研究在世界上引起轰动，始于西方科学管理的创建。科学管理的理论和方法，最初是由美国人泰罗（F. W. Tavlor，1856—1915 年）提出来的。他成功地运用了科学观察研究方法，此方法始自于观察"动作研究"。如以砌砖为例，把砌砖过程拍成电影，然后用慢镜头放映出来，看看哪些是有用的动作，哪些是无用的动作，从而有助于以后砌砖时去掉无用的动作：砌砖8 小时，弯腰 1000 次，砌砖动作 18 个，经研究把 18 个动作减为 5 个动作。为了减轻工人的劳动强度，提高工作效率，泰罗提出随着墙的高度搭脚手架，这样工人就不必弯腰，使得工效大大提高，由每天砌砖 960块增加到 2800 块。当时在美国，泰罗的"动作研究"风靡一时，甚至连洗衣服、吃苹果都要进行动作研究，比赛哪个快。

泰罗不仅通过观察研究动作、研究时间，还观察研究工具。如工人铲煤，用多大铁铲合适？铁铲负荷 5~40 磅。他发现第一流工人平均每铲负荷 21 磅左右，可以达到最大的工作量，于是做了 8~10 种规格不同的铁铲，试行 3 年后效果很好，每人每天平均铲煤的吨数增加了，劳务费用大大降低了，工人数量减少了 300 多人，一年可节约经费 7.5 万~8 万元，工人增加了收入。1910 年，美国机械工程协会通过决议，正式使用"科学管理"这个名词。1911 年泰罗发表管理学名著《科学管理原理》，对当时和后来的企业管理，对管理理论的发展，影响很大。此后，世界各国都对泰罗的科学管理理论持续进行了深入的研究。对于泰罗的科学管理理论，列宁有过精辟的论述："资本主义在这方面的最新发明——泰罗制，也同资本主义其他一切进步的东西一样，有两面性：一方面它是资产阶级剥削的最巧妙的残酷手段；另一方面它是一系列的最丰富的科学成就，即按科学来分析人在劳动中的机械动作，省去多余的笨拙的动作，制定最精确的工作方法，实行最完善的计算和监督制度等等。"列宁进一步指出："苏维埃共和国在这方面无论如何都要采用科学和技术上一切宝贵的成就。社会主义实现得如何，取决于我们苏维埃政权和苏维埃管理机构同资本主义最新的进步的东西结合的好坏。应该在俄国研究与传授泰罗制，有系统地试行这种制度，并且使它适应下来。"1935 年，苏联第二个五年计划执行期间把泰罗原理用于开展劳动竞赛，对于提高工作效率起到了一定的作用。20 世纪 60 年代，苏联为了加快发展现代工业，重新开展了对泰罗原理的研究，并在工业部门进行推广，直到 20 世纪 70 年代后期。第二次世界大战后，日本为了迅速恢复工业生产，在工业建制上统一规划，采用泰罗原理，使得日本的工业在短时间内获得振兴。

在此期间，教育领域研究者也开始研究和学习泰罗"科学管理"理念，提出课堂观察不仅观察教师的教与学，还要像泰罗那样，观察研究工具，课堂观察要从研发观察工具做起。

② 研发使用课堂观察工具。教育研究领域，在课堂教学研究中运用观察方法，是与其他学科领域广为应用此方法相伴而生的。20 世纪 50 年代，观察法开始在教育研究领域广泛使用。20 世纪 50 年代后期到 70 年代中期，受自然科学定量化、系统化、结构化的影响，研究者不断开发探索系统的观察记录体系，构建了众多的观察工具，其中较早且较为著名的有贝尔思（R. F. Bales）于 1950 年开发的"交互作用分析"的十二类编码的行为，以及 20 世纪 60 年代弗兰德斯（Flanders Ned A.）研发的"弗兰德斯互动分析系统"。

弗兰德斯先后就职于美国明尼苏达大学和密歇根大学，他先采用定性方法进行课堂观察及编码研究，再通过矩阵计算得出结论，并于 20 世纪 60 年代提出并不断修订弗兰德斯互动分析系统（Flanders Interaction Analysis System，FIAS）。1993 年，霍普金斯（David Hopkins）在《教师课堂研究指南》（*Teachers Guide Classroom Research*）中总结提出："互动分类分析的明显起点是'行为之镜'，这篇文章的发表（西蒙和博耶，1975）……这种完全依赖观察表、编码量表和项目清单的研究方法来自北美，但系统课堂观察在英国也有强大的传统力量……目前这类文选中大约有两百个有代表性的系统观察表，大多数是美国的，只有两个是英国的。因为这种方法中的'科学化'偏见，所以大多数编码量表来自美国就不令人奇怪了。"在这个阶段，由于观察工具的大量开发，课堂观察方法的专业性和技术性也获得了很大发展。在观察表和观察体系作为观察工具不断发展的同时，单向窗、录音机、摄像机、照相机设备也逐渐被用作课堂观察的辅助工具。由于课堂观察工具的发展，教育研究进入扩展研究时期。

③ 课堂观察与其他研究方法综合运用。20 世纪 20、30 年代以后，观察法已在诸多学科领域广泛应用，比如自然科学实验中的观察，行为主义心理学实验中行为的分解与观察以及社会学及人类学中对人类行为、风俗的参与观察等，这些研究方法被引进教育领域，并与教育观察法有机结合，从而促进了教育领域的变革。无论是美国心理学家、教育家托马斯，或是苏联教育实践家和教育理论家苏霍姆林斯基，心理学家赞可夫，还是我国的教育家陶行知、陈鹤琴等人的教育研究成果都是这一时期教育改革的硕果，都是运用教育观察法等多种研究方法的结晶。

20 世纪 70 年代中期开始，对教育环境中教学过程的观察深度和广度的不断扩展，使课堂观察的应用更为广泛。随着教育科学研究的发展，人们对定量方法的"科学性"开始怀疑，一种基于解释主义和自然主义的定性观察的方法又重新引起教育研究者的关注。定性观察法是一种开放的以文字记录为主的课堂观察方法。但就目前的情形来看，课堂观察的方法非常丰富，定量与定性的方法趋于结合，优势互补，不断地走向科学化发展道路。在工具发展阶段也有很多研究者在使用定性的参与观察，这种划分不过是说明课堂观察方法在不同的阶段体现出的主要发展趋势。

④ 课堂观察研究趋向成熟。近年来，科学技术的巨大进步引发了教学环境和教学方式的重大变革，科学的观察研究方法被迁移到教育领域，并辐射到课堂观察，且随着教育理论与教育实践的深度结合，敦促了课堂观察研究趋向成熟。仅以观察工具为例，国外有代表性的编码体系有上百种，其中较为著名同时也较为成熟的是弗兰德斯互动分析系统和 S—T 分析方法。仅就互动分析系统而言，又涌现出多种方案，诸如 FIAS、ITIAS、iFIAS、ARSIAS、TBAS 和 SIAS 等，改进了已有的关于课堂互动行为的分析系统的不足。它们充分考量了信息化课堂上学生的主体地位，综合考虑技术对于师生交互过程中的影响，同时在展现信息化

课堂中资源对于教学的辅助作用方面有了长足的长进。与此同时，一大批闪烁着智慧光芒的重要研究成果相继问世，这些成果无一不是建立在教育观察研究的基础上，同时又加速了课堂观察研究趋向成熟。

2. 大数据时代课堂观察的概念

大数据时代的课堂观察是指在一般课堂观察的基础上，借助大数据，以及录音笔、课堂教学录播设备、可穿戴设备等多种技术支持工具，对课堂教学全过程数据进行采集，为课堂观察提供数据基础，并在此基础上对不同类型的课堂教学过程数字化、可视化保存，实现基于数据分析与理性思考的全方位的课堂观察分析研究。

大数据时代的课堂观察，各类可视化分析工具通过在稀疏的教育大数据中过滤，可以挖掘出各类隐含的教育信息，捕获课堂教学行为的特点，探究其规律，帮助教师理解学生个人知识体系的构建过程。

大数据时代的课堂观察，对课堂行为进行全方位的观察、分析和研究。所谓全方位，是指不仅分析可直接感知的显性课堂教学行为，还通过开展与师生的深入对话、反思等途径，获取不易感知的隐性课堂教学行为，以此作为改进教学实践行为和教学效能的依据，提升教学质量。

3. 大数据时代的课堂观察特点

(1) 大数据时代的课堂观察是专业性的

大数据时代的课堂观察不是居高临下的行政活动，而是观察者与被观察者双方地位平等的学术研讨活动。严格来讲，领导或跨专业教师的听课不能算作完整的课堂观察。尽管在教育教学实践中提倡跨专业教师的听课观察，但跨专业的课堂观察者仅能从教育学、学习心理学、教学常规、教学技能等方面提出建议；仅能从教学共性的方面相互借鉴、取长补短，丰富知识面。真正的大数据课堂观察需要在专业教师或领导之间进行。大数据时代的课堂观察不是单向输入，不是为了完成"听课"任务，而是共同探讨，为了教师也是为了教师队伍的专业发展。课堂观察不是为了评价教学，面向过去，而是为了改进教学、追求内在价值，面向未来。

（2）大数据时代的课堂观察是发展性的

大数据时代的课堂观察是不断发展的，不仅仅是一种行为系统、一种研究方法，还是一种工作流程，更是一种团队合作。

大数据时代的课堂观察是一种行为系统。它由明确观察目的、选择观察对象、确定观察行为、记录观察情况、处理观察数据、呈现观察结果等一系列不同阶段的不同行为构成。

大数据时代的课堂观察是一种研究方法。它将研究问题具体化为观察点，将课堂中连续性事件拆解为一个个时间单元，将课堂中复杂性情境拆解为一个个空间单元，透过观察点对一个个单元进行定格、扫描、收集、描述与记录相关的信息，再对观察结果进行反思、分析、推论，以此改善教师的教学，促进学生的学习。

大数据时代的课堂观察是一种工作流程。它包括课前会议、课中观察与课后会议三个阶段。从课前会议的讨论与确定，课堂中的观察与记录，到课后会议的分析与反馈，构成了确定问题—收集信息—解决问题的工作流程。基于课堂观察，教师认识、理解、把握课堂教学事件，澄清教学实践的焦点问题，并在数据分析的基础上反思教学行为，寻求新的教学改进策略与方式。

大数据时代的课堂观察是一种团队合作。它由彼此分工明确又相互密切合作的团队进行。在课堂观察的整个过程中，每一个阶段都是教师之间多向互动的过程。教师借助于课堂观察共同体，探究、应对具体的课程、教学、学习、管理上的问题，开展自我反思和专业对话，在改进课堂教学的同时，促使该合作体的每一位成员都得到应有的发展。

（3）大数据时代的课堂观察是技术性的

大数据时代的课堂观察是一种科学的观察，不同于一般的观察。一般课堂观察是教师在实践中有意识或者无意识地习得的一种能力。大数据时代的课堂观察是在一般观察基础之上发展起来的一种特殊的技术，通过使用这种观察方法可以获得一般课堂观察无法达到的对事物洞察的深度和广度。

大数据时代的课堂观察是有技术含量的研究活动。课堂观察要掌握技巧，有目的、有重点、有分工、有合作地多角度进行课堂观察。必要时还需研发信息平台，使用录音、录像等多种设备和观察工具量表。例如，扬州市教育科学研究院朱雪梅进行的《"多元交互式"教学评价体系的建构与实践——基于地理教学观察的行动研究》中，仅数据采集与分析，就开发了二十多项地理教学观察工具量表，研发了网络版"课堂教学观察系统"信息平台，建立了具有"4大维度17项指标"的教学行为观察体系，通过网络平台采集数据。部分参与课题研究的学校开发了网络评价平台对学生的学业成绩进行动态评估，创建"测试命题规划表"使命题工作从经验走向科学。另外，该研究还利用 Moodle 平台与 Nvivo 等工具对教学过程及观察信息进行数理分析，为科学评价提供证据。

(4) 大数据时代的课堂观察是整体性的

课堂观察，从某种程度上讲是对课堂的精细化解构，观察者往往采集到的是自己观察范围内的相互独立的观察数据，如师生、频率、性质、持续时间、反应时间、强度、地点等一系列具体可感的可记录和可解释的师生活动与现象，很难观察到学生、教师头脑里的东西，所以这样的观察欠缺整体性。大数据时代的课堂观察就是要将定性与定量的方法结合起来，进行整体性的观察。在观察"碎片"之间建立有效联结，在碎片化之上浮现出新的、更有意义的层级，并将它们统整起来，规避"只见树木，不见森林"的问题。

(5) 大数据时代课堂观察是阶段性的

大数据时代的课堂观察是阶段性的，源于课堂教学是阶段性的。19世纪德国哲学家、心理学家、科学教育学的奠基人赫尔巴特把教学的过程分为四个阶段：明了，给出学生明确地讲授新知识；联想，使学生将新知识与旧知识联系起来；系统，指导学生在新旧知识的基础上作出概括和总结；方法，引导学生把所学知识用于实际（习题解答、书面作业等）。

大数据时代的课堂观察是阶段性的，因为学生成长是阶段性的。美国发展心理学家爱利克·埃里克森认为小学生处在人生的第四个阶段：6～11岁，勤勉与自卑。中学生、大学生处在第五个阶段：12～21岁，对身份与角色的困惑。

大数据时代的课堂观察是阶段性的，与教师专业成长是阶段性的相关。一位教师从参加教育工作到退休，要经历四个阶段。起步阶段，即教师参加工作的第一个五年；进入创造期阶段，即教师参加工作的第二个五年；出人才出成果阶段，即教师参加工作的第三个五年到退休前五年；进入总结期阶段，即教师退休前五年。

综上所述，因为课堂教学、学生的成长、教师的专业成长都是有阶段性的，所以大数据时代的课堂观察也应与此相适应，也必然是阶段性的。课堂观察要允许不同发展阶段、不同发展需求的教师针对课堂教学的不同阶段、不同成长阶段的学生采取不同的观察方式，不同成长阶段教师的经验也会在课堂观察过程中得到唤醒、反思和比较，并根据学科、年级、学生实际情况等自主设计观察量表。

4. 大数据时代课堂观察类型

课堂观察可分为定性观察和定量观察。作为两种重要的取向不同的课堂研究方法，定性观察和定量观察自身都有着相对的优势与局限。在实际的课堂观察实践中，单纯只采用其中的一种方法是很难全面、客观地说明问题的。因此，如何在实际的课堂教学评价中探索出能将两者有效结合的课堂观察方法显得尤为重要，对形成专业化的课堂教学观察模式有着极其深远的理论和实践意义。无论是定性课堂观察，还是定量课堂观察，又可以分为两种类型：一是参与式的课堂观察研究，研究者完全或部分参与到所观察的课堂活动中去，既是活动的参与者，又是观察者；二是独立的课堂观察研究，研究者尽可能与被研究对象或过程保持一定的距离，避免对所观察的对象或过程产生影响或干扰。许多常见的教研活动，如教师间相互观摩、听课等，都包含有课堂观察研究的成分。不过，一般的听课或访问，不一定带有课堂观察研究的动机，没有采用科学的资料记录方法，所得的只能是一些感受或印象，还不能算是科学的课堂观察研究。

大数据时代的课堂观察，尤其是定量观察，可以使一节完整的课堂观察被技术性地"全息再现"，但这并不意味着每一次的课堂观察都需要这样。在聚焦观察内容与观察工具、研究主题与观察内容之间的关系时，研究主题与观察内容比工具先行。观察工具只是实现的手段，观察者需要明晰观察内容、目的和待解决问题后，再对所需工具进行合理选择。

二、大数据时代课堂观察的意义

1. 课堂观察是有目的、有选择的认识过程

课堂观察研究是通过人的感官去认识被研究对象的性态或事件，从而获取被研究对象或过程的准确资料，所以说课堂观察是有目的的。如果观察者不知道在找寻什么，就达不到观察目的。一般来说，课堂观察研究适用于一些有明显的外在表现的对象或事件。如，研究课堂上师生之间的双方交流的情况，或学生在讨论过程中的活跃程度，或学生参与动手实验的程度，等等。课堂观察是选择性的，课堂观察与以往教师熟悉的听课或观课有所不同。课堂是错综复杂且变化多端的，要观察到课堂里发生的每一件事是不可能的，因此，课堂观察必须有选择地进行。

2. 课堂观察能对研究对象作较客观描述

在课程教学研究中，要确定学生对一种新教材的欢迎程度，首先要进行课堂观察，通过对学生在课堂上的表现进行观察。也可以向学生发问卷、进行访谈，还可以访问学生的家长等。对于这样的课题，访问、访谈和问卷调查也能获得一些直接反映学生态度的资料。如果研究的重点在于学生的态度，则必须要进行课堂观察。问卷、访问和访谈只能得到带有较强的主观性的信息，而课堂观察则可以对学生的行为表现做出相对来说比较客观的描述，通过对比与分析，从另一侧面看出学生的态度。从这一意义上来说，只要条件许可，进行课堂观察是有价值的。课

堂观察的局限是难于直接观察到涉及人的思想、心理等内在的东西。

3. 课堂观察是提高教师教学机智的基础

课堂观察是教师参与教学的日常行为，它在开展课堂研究，促进教师专业发展以及教育决策与评价中具有不容忽视的重要作用。俄国教育家乌申斯基认为，对于一位教师来说，无论如何都不能缺少教育教学机智。教学机智是教师素质的重要组成部分。机智就是对意想不到的情境，进行崭新而出乎意料的塑造的能力。教学机智是教师在教育理论的指导下，在观察的基础上，在长期实践中，将体验、感悟和经验有机结合从而凝成的一种超乎寻常的、出类拔萃的临场发挥能力。教学机智反映了教师对现场的敏锐的观察力、快速反应的能力和得体且合理的应对能力。具有教学机智的教师，可以把教学现场中出现的偶然因素转化为一种有利的教学时机，把教学引向高潮，推向深入。教学机智表现为临场的天赋，但这个天赋不是与生俱来的，是在长期观察的基础上，基于理论和实践两个层面上磨合而成的敏锐观察力和快速应对能力的集合。同时，教学机智又表现为对教育工作、教育对象的深刻理解。如果没有深刻的理解，即使表现出某种机智，也可能只是一种小聪明，不可能对教育教学工作起到牵一发而动全身的作用，而真正的教学机智正是要起到这种作用。真正的教学机智是在长期的课堂观察的基础上练就的。

4. 课堂观察有助于教育家研究成果问世

中外教育史上许多教育家的研究成果始自于课堂观察研究。他们观察自己的教育对象，并把观察结果记录下来，积累了教育科学研究的宝贵的第一手资料。如苏联教育家苏霍姆林斯基一生出版了很多著作，著作中大部分资料是靠长期的课堂观察积累的。他教文学课，从学前班一直教到十年级，为3700名学生做了观察记录。在苏霍姆林斯基领导的巴甫雷什中学里，形成了这样一个观念：就是相信一切孩子都能被教育好。这里没有"差生"的概念，只存在"学习困难学生"或"难教育学生"的说法。在教育实践中，对这类学生一般不单纯由某个教师去进行教育，往往是由整个教师集体的任务。为了研究道德教育问题，他仔细观察和研究"难教育学生"的行为表现，探究其心理状态。他能如数家珍般地说出巴甫雷什中学 178 名"难教育的学生"的曲折成长历程。苏霍姆林斯基的经验说明，课堂观察对于认识教育现象、收集研究的第一手材料起着重要的作用，是教育科学研究的最基本的方法。

三、大数据时代课堂观察的要求

1. 要有明确的观察目标

课堂观察研究有助于获得有关课堂实际发生的事件的第一手材料，了解事件的全过程，并参与事件的各方的相互作用。要使课堂观察研究获得成功，首要因素就是要有明确的目标。一般说来，课堂观察研究的对象或过程是司空见惯的，如果没有明确的目标和充分的准备，就会一无所得。有了明确的课堂观察目标，就知道要观察什么，为什么要观察。确定观察目标时要注意观察方法的特点和局限，要考虑是否有其他的途径也能达到相同的目的。决定进行课堂观察之后，还应先确定什么类型的行为可以反映出课堂观察研究的目的。如果课堂观察关注的是学生的有效学习，就要观察学生有效的学习机会，包括是否为学生的学习提供了多元化的课程，创设了良好的学习情境等，还要观察教师是否根据学习内容、学习对象的特征来设置学习情境。情境可以是具体的，也可以是抽象的；可以是逻辑性的，也可以是形象化的。总之，有了明确的观察目标后，课堂观察要注重观察教学细节，排除课堂的复杂性干扰，提高观察的敏锐性、深刻性。课堂观察要防止先入为主、光环效应，课堂观察要拒绝假话、套话，反对即兴点评、话语霸权等。

2. 观察对象要有典型性

观察对象的典型性涵盖面很广，既可以指人的行为表现、身心变化和各种刺激反应，也可以指事物的发展变化过程等，关键取决于观察目标的确定。如果进行的是一项有关某种新教学方法的实验研究，课堂观察研究的目的就应侧重在教师对新教法的适应程度上，那么课堂观察对象的典型应该是实验教师的课堂情况。假如新的教学方法的特点在于增强师生间的双边活动，活跃课堂的气氛，课堂观察时注意的重点就不应该放在教师讲课的逻辑性，或是否紧扣教材等，而是应将观察的对象锁定在那些能反映师生双边活动的各种行为表现上，诸如师生间的交流有多少种方式，交流的内容是什么，每次交流的时间多长，总共有多少次交流，学生在交流中处于什么地位，学生是否与教师平等，学生是否主动等。

3. 观察者要掌握观察技术

在大数据时代，课堂观察研究已发展到一个崭新的阶段。教育工作者需要广泛地运用照相机、闭路电视装置、磁带录像机、显微摄影机等现代技术手段来进行观察。除此之外，观察的方式、记录的手段和观察后资料的分析处理方法等也都属于观察技术，观察者要掌握。特别是观察后资料的分析处理方法，作为影响观察的方式与记录的手段，观察者要认真研究。如，某研究要求通过教师在课堂上的行为对教师进行分类，为此，应先通过观察，对教师在课堂上的行为进行定性分析，观察的目标应在教师行为的方式上。将其讲课归纳为一些基本的类型，如讲课、提问、演示、解题示范、个别答疑、辅导实验等。随后，通过进一步的分析，认为依据教师在课堂上的表现，可将教师分为几种类型，即讲授型、讨论型、活动型等。接着确定区分教师类型的标志，假定标志之一是看教师在课堂上各用多少时间讲课，用多少时间提问，多少时间让学生讨论、做练习、实验及其他活动等。这就要求有定量的资料，然后再作累加。此时观察的目标就是教师各种行为的次数和每一次的时间。

4. 观察者要掌握观察关键

大数据时代的课堂观察从传统的、主观的、经验式的观课，到数字化、标准化、可测量的课堂教学观察，代表着未来教学改革的方向。以往观察课堂教学只停留在关注教学过程以及学生课堂活动，大数据时代课堂观察理念要从"针对教学的观察"转向"为了教学的观察"。树立课堂观察即教学的观念，课堂观察是为了教与学的发展，高效教学是基于学生发展的教学。教学是否高效，不是教师的教学实施是否高效，而是学生的学习是否高效。观察者要通过课堂观察记录和数据分析，重点观察教师如何教会学生学习。

（1）教学目的是教会学生学习

20世纪30年代，我国伟大的人民教育家陶行知就主张"好的先生不是教书，不是教学生，乃是教学生学"，即教师不仅要传授给学生文化知识，更主要的是帮助学生学会永生适用的学习方法，以在未来的工作生活中能自主学习，自动提高。他还说："第一，先生的责任不在教，而在教学，而在教学生学。第二，教的法则必须根据学的法则。第三，先生不但要把他教的法则和学生学的法则联络，还须和自己的学问联络起来。"① 陶行知强调了先生的职责不只是"教"，最重要的"教"是为了不"教"。通过"教"提升学生"学"的能力最为重要，可使学生受益一生。

我国教育家叶圣陶指出：凡为教，目的在达到不需要教。他认为：教师当然须教，而尤宜致力于"导"。导者，多方设法使学生能逐渐自求得之，卒底于不待教师教授之谓也。在叶圣陶大量的教育教学专论和书简中，"教是为了达到不需要教"的思想一直贯穿其中。"教是为了达到不需要教"是其教育思想精髓，是其经过半个世纪的思考和实践，概括出来的至理箴言。"教是为了达到不需要教"这一思想是建立在我国传统的教育经验、国内外先进教育理论和叶圣陶先生自身的教育实践基础之上的。"教是为了达到不需要教"这一教育思想是对陶行知先生的"责任不在教，而在教学，在教学生学"这一教育主张的继承和发展。陶行知、叶圣陶的观点，就是他们教育实践经验的高度凝练，与其说与新课标不谋而合，不如说他们的理念站在世纪的前沿。因此，在课

---

① 陶行知. 陶行知教育文集 ［M］. 南京：江苏教育出版社，2001：37－38.

堂观察中，要认真观察分析教师是否教会学生学习。

（2）教会学生掌握预习的方法

① 课堂观察的重点。在课堂观察中，观察分析教师是否教会学生掌握预习的方法，可从六个方面观察：学生认真通读教材；根据学科特点进行预习；掌握预习基本方法是默读中的精读；掌握温故知新阅读教材；掌握阅读教材的技巧；认真写预习笔记。教师可以通过提问题的方式，检查预习效果，看学生是否动脑筋认真预习了。

② 课堂观察的内容。第一，观察学生是否认真通读教材。课前预习首先要通读教材，找出重点、难点；理解原理、概念、定理、公式；释难，利用工具书、参考资料，扫除障碍；归纳，归纳各部分的内在联系，厘清思路；摘句，利用知识卡片或笔记本摘抄佳句或重要内容资料，积累知识；质疑，从阅读中发现问题，提出问题，对不懂的或忘了的旧知识及时复习、查漏补缺或请教别人，再有疑难问题就记下来，上课时认真听教师讲解；小结，即对整篇教材作归纳性的小结，回忆一下教材的主要思路是什么，哪些是新知识，与新知识有关的旧知识是什么，还有哪些不明白的地方等；练习，做一些课后练习，检查预习效果。教师对学生的预习要给予具体指导：首先，教师给学生布置的预习提纲，要求学生重视。其次，当学生没有预习习惯时，要指导学生阅读每课书后的练习，预习从新课的练习开始，把做习题与阅读教材结合起来，在课文中寻找直接的或隐含的问题答案。

第二，观察学生是否根据学科特点进行预习。不同科目预习的任务有差别，如预习数理化等科目，重点应放在对概念、定理、定律等具体内容的理解上；预习语文、政治，应侧重于对文章结构方面的总体把握，通过对关键字、词和句子等的理解来掌握文章的基本思想；预习外语，应侧重于单词与词组的记忆，通过对语法规则及句子结构的学习来熟悉外国的语言习惯和文化习惯；预习地理，应注重对地形地势图的具体形象的分析；预习历史，应注意对事件发生年代及其政治、经济、文化背景的掌握等。

第三，观察学生预习的方法是否应用了默读中的精读方式。预习主要是通过阅读教材，达到对新知的了解、理解和掌握。指导学生阅读时采用默读方式，因为默读更能调动学生的多个感官，把读和看、读和思、读和忆等有机结合起来；默读有助于发展阅读者的内部言语，有助于提高阅读速度，有助于强化理解。预习时，要引导学生带着问题阅读教材。心理学研究表明，带着问题读一遍书比不带问题读五遍效果都高。带着问题读就得边读边思考，从书上找答案。自己设问，边读边想可以使预习效果提高一个层次，不但知其然，还知其所以然。

课前预习主要是精读教材。精读的基本方法：一是各个击破法。先集中力量去预习某个段落，攻下之后再及其他，目标小、战线短，见效快。二是纲目联结法。弄懂各部分的关系和纲目的联结点，研究这一节中的思路。三是突出重点法。把握教材的重点、难点和最深感受点。四是相互比照法。将这一节的特色和其他节的特色对照比较，可以更深刻地理解概念。五是循环阅读法。依据识记的规律，采取阅读—复习—再阅读—再复习的程序，学完一部分内容后，用少量时间复习一次，接着学习下一部分内容，结束后再复习一次，如此反复，直到学完内容为止。

第四，观察学生阅读教材时是否能做到温故知新。在阅读新知识时，引导学生遇到原有的知识已经遗忘或者模糊不清，就应立即回忆原有旧知识内容，对它们进行复习。搞清楚原有知识后，再转回阅读新教材。新旧教材往往是互相联系的，旧的不补，新的也掌握不好。因此一定要认真复习旧教材。

第五，观察学生是否掌握了阅读教材的技巧。是否掌握阅读技巧，直接影响到课前预习的效果。教师要指导学生掌握阅读技巧：一是全神贯注。默读需要全部心智活动投入其中，才能取得良好的效果。全神贯注是有效阅读最需要的心理品质，它来自目的任务的约束和意志力的训练。因此，应加强学生阅读的目的性和强化意志力的训练。二是积极思维。默读不需要考虑发音，有利于思维活动的进行，但这需要有效的引导才能成为现实。三是减少回跳。回跳是一种重复阅读活动，它是眼睛局限在刚读过的而又未准确理解的词句上，这不仅限制了速度，也使得在内容的理解上易支离破碎，因而减少回跳才能最大限度地发挥默读的优势，即加快阅读速度。

第六，观察学生是否认真写预习笔记。预习必须要写笔记。写预习笔记的作用：把学生置于学习的主体地位，诱发他们主动学习的内在动机，培养自学习惯，提高探索新知识的能力。让学生先接受新知识的文字信息，在头脑中有一个大致的印象。学生在预习的基础上听新课，学习效果好。

（3）教会学生掌握听课的方法

① 课堂观察的重点。在课堂观察中，观察分析教师是否教会了学生掌握听课的方法，是否指导学生认识课程结构，抓住关键环节，应从五个方面观察：学生抓导入，听出中心；抓新授，筛出重点、难点；抓过程，基本思路听清楚；抓结尾，基本规律要掌握；以听为主，多种感官协同作战。教师指导学生耳到、眼到、口到、手到、心到，多种感觉器官并用，多种身体部位参与，自然加强了大脑不同部位参与听课的主动性，大脑处理信息的能力也加强了，这对于提高学习质量毫无疑问是至关重要的。

② 课堂观察的内容。第一，观察导入，听出中心。教师的导入语设计很重要，无论是用开门见山法、以问质思法、承前启后法、高度概括法，还是用一分钟背诵法、三分钟讲演法等，寥寥数语，却是一堂课的"纲目"，起着承上启下的作用，概括了上节课的内容，引出本节课的课题。它往往要交代本节课讲的中心；它往往是书上没有的"珍品"，凝聚着老师的高度思想认识与思维方法，带有极强的启发性与引申意义。教师要指导学生一上课就要专心，不能松弛、懈怠，要认真听导入语，就会知道本节课的中心内容。

第二，观察新授，筛出重点、难点。课程的重点是什么，一般来说，基本概念、基本规律和基本思路都是重点。教师讲课时，都对教材进行了加工、提炼，重点和难点讲得是比较清楚的。如何捕捉教师讲课的重点和难点？教师要教给学生方法，教师讲重点和难点时往往有以下几个特点：提高声调；加重语气；放慢速度；板书用颜色笔标出；反复强调；将重点直接告诉同学。总之，凡是老师突出强调和反复强调的，都要加倍注意。要求学生听课时抓住重点，跟着老师一起动脑子。不但学知识、记结论，更重要的是学思路，学习老师的思维方式。这样，学生听得主动、积极，智力能得到较快发展。

第三，观察过程，基本思路听清楚。思路就是思考问题的步骤，就是思考问题的方法。思路是分析问题、解决问题的思维过程。学生听课，要集中注意力听老师分析问题、讲解知识的方法和思路。边听边思考就可以由被动学习转化为积极主动地学习。教师应该指导学生在听课时学会听"门道"，认真捕捉要点，即基本概念、基本规律和基本思路，适当做笔记，这样方能提高听课质量。

第四，观察结尾，基本规律要掌握。指导学生认真听教师每一节课的结束语。结束语是一节课的"小结"；它是一节课知识的高度的概括；它是对这节课的基本概念、基本规律、重点、难点的归纳；它对学生进一步理解本节课内容，掌握知识要领，领会知识的实质，有着不容忽视的作用；它还是对复习环节的重要提示。教师往往会在课堂上用较多的时间来讲规律性的知识，并且在结尾进行强化。

第五，观察是否以听为主，多种感官协同作战。指导学生在听清楚、听明白、听完整的基础上，将听和看、听和说、听和记、听和想、听和答、听和联结合起来。一"听"，注意听教师的讲授，听同学的提问，听大家的讨论，听同学的不同见解，听教师答疑。要听知识的来龙去脉，弄清问题的关键和实质。旧知识要耐心听，新知识要细心听，要跟着教师的思路走。听完一节课，要求概念、原理要明确，重点、难点要清楚。二"看"，认真看教材，看必要的参考资料，看教师的表情、手势，看教师的板书。对实验现象要看得准，看得快。三"说"，复述教师讲的重点，背诵一下重要的概念、定理，大声朗诵老师指定的段落，大胆提问，大胆回答教师的提问。四"记"，记课堂笔记是听课的基本功。边听边记是一种很好的学习方法。记的内容包括：记纲要，掌握知识结构；记疑难，有待扫清障碍；记补充，有利知识扩展；记教师讲课的重点、难点；记教师的板书、记教师所画的图表，它往往是带有规律性的东西；记教师提出的观点和推导过程；记教师讲课的思路和思维方法；记灵感，灵感是听课过程中自己头脑迸发出的思维火花；记学习困难的地方。如果学生不会记笔记，教师要具体指导，先让学生学习抄教师的板书，以后再独立记。五"想"，要指导学生，善于从个别想到一般，从现象想到本质，从特殊性想到规律性，要多问几个为什么，对问题要能够举一反三。六"答"，要指导学生，教师提问时要积极思考，敢于回答，锻炼自己的思维能力。七"联"，要指导学生学会联想，新旧知识相结合。听课能做到七分旧、三分新，听起新课感到亲切，不生疏。新旧联系便于理解，也便于记忆，因为把新知识纳入自己旧知识的体系，让新知识建构在自己的智力背景之中，易于掌握。

（4）教会学生掌握复习的方法

① 课堂观察的重点。在课堂观察中，观察分析教师是否教会学生掌握复习的方法，可以从五个方面观察：是否指导学生掌握记忆知识的方法，诸如"过电影"的方法？是否指导学生掌握全方位查漏补缺的方法？是否指导学生正确使用错题本，发挥错题本作用？是否指导学生复习时避熟就生，层层筛选的方法以及是否指导学生以课本为本，适当过量复习等方法？

② 课堂观察的内容。第一，观察学生记忆知识时是否运用"过电影"的方法。一是"过电影"的地点和时间。可随每个人的情况而定。一般来说：可选择下课后在走廊休息的片刻；可选择在课桌上伏案时；可选择在林荫道上散步时；可选择在一个十分幽静的环境里；可选择睡觉前；可选择起床后。把一节课学的知识回忆一遍，并围绕一条主线把这些知识串起来，这种方法所用的时间不多，但效率很高。二是"过电影"因记忆材料的长短有别。如果记的材料较短，记了几遍后合卷"过电影"。回想不出来，就可开卷看一下，然后继续"过电影"，直到记住为止。如果记的材料较长，应该分成几部分来完成。三是"过电影"的时机。应在记忆材料熟悉能基本背诵后，闭上眼睛试着背诵，在脑子里"过电影"。"过电影"的方法，可数倍地提高记忆力。以一个人每天上六节课计算，每节课后用两分钟来"过电影"回忆，中午和

晚上休息时再分别以几分钟回忆所学内容，便可产生长久的记忆。

第二，观察学生是否全方位查漏补缺。一是指导学生认识缺漏的含义。复习的一个重要任务是查漏补缺。所谓缺漏，指的是学过的内容有些被遗忘了，有些没有真正理解，有些没有真正掌握，或者在过去的作业、考试中曾发生过的错误。二是学生掌握查漏补缺的基本方法。教师要指导学生运用提问法、资料法、目录法和网络法等。提问法，即给学生提几个问题，出几道习题，看看漏洞是在什么地方。资料法，即翻阅过去的作业、试卷和"错题集"，这是查缺漏的好办法。目录法，即对照课本目录，逐章逐节回忆知识的梗概，像在自己脑中放录像一样，凡模糊不清的即为缺陷。缺漏查出来了，再分析原因。网络法，即补缺漏，要像补网那样，联系相关知识补成完整的知识网络。

第三，发挥错题本作用。教师要让学生充分认识到理解吃透一道自己的错题，比做正确十道新题效果还好。为此，要充分发挥错题本的作用。错题本的使用要细分为五步：一是标记错题出处及做题时间；二是誊抄题目；三是分析原因，出错部分标红；四是至少六天翻看一次；五是复习时先做错题本上的原题。长此以往，学生就能避免犯低级错误。所谓低级错误是指重复出现同样的过错，即在以往的考试中曾经出现过的错题，在再次考试时又做错。聪明的学生不是不犯错误，而是善于察觉或接受别人的指正，立即改正错误，并且以后不再犯同样的错误。正确使用错题本，也是许多优秀教师打造学霸班的秘笈。

第四，避熟就生，层层筛选。一是学会筛选。记忆由两部分组成，既要记又要忆，就要学会筛选。筛选知识犹如筛米，把知识记几遍以后，忆一下，像过筛子一样把没记住的留在筛子上再记几遍直至记住为止。二是筛选知识要"避熟就生"。跳开熟悉的内容，集中精力复习掌握得不好的内容。既可节省时间，又可节省精力，提高复习效率。三是将知识点分为三类。A 类是已经熟练掌握了的；B 类是初步掌握但不熟悉，易出错误的；C 类是没有掌握的。复习的时候以 B 类为主，适当涉及 C 类，A 类就不用管了。这样筛选后再复习可以节约时间，提高复习效率。

第五，以课本为本，适当过量复习。一是紧扣课本复习。指导学生在复习阶段，要紧扣课本，认真对待书本上的基本内容、重要例题和习题，同时还应把握教材的深度和广度，注意知识的全面性，稳扎稳打。一定要"以新课标为纲，以课本为本"。复习一定要把课本吃透，把课本中的重点、难点牢牢掌握住，这是根本。二是及时复习，"先密后疏"。根据德国心理学家艾宾浩斯"遗忘曲线"所提示的规律，即遗忘的进程是"先快后慢"，指导学生及时复习、趁热打铁。在复习的频次上要"先密后疏"，就是说学习后的一段时间复习的次数多些，以后逐渐减少复习的次数。三是适当过量复习。对于基础性的知识，可以让学生适当过量复习，过量的"标准"若是10遍能够刚刚记住，而12遍就很熟练了，那就学习12遍，直至能熟练掌握即可。四是循环复习。复习的具体方法是：在学习某一门知识的过程中，采取学习—复习—再复习的办法，即：第一部分内容学完后，立即进行第一次复习；第二部分内容学完后，马上复习这部分内容，并对第一部分内容进行第二次复习……如此继续下去，直到学完全部内容。五是复习的时间安排。指导学生最好做到：每课有回忆；每天有复习；每周有小结；每章有总结；期中及期末进行大复习。六是理解是复习的基础。古人说：学源于思，即学问是从思考中得来的。思考是理解的根；理解是复习的基础。如对定义、定理、公式的复习，应做到：弄清来龙去脉；沟通相互关系；掌握推证过程；了解相关、相似、相对概念的异同；明确知识的性质、价值和用途。七是对复习效果进行自我监测。指导学生，复习时要善于抓住重点。抓住重点，主要是抓住如下内容：基本概念、基本定理、公式；基本例题；基本规律；基本结构和体系；基本疑点。也就是说，基本概念要牢记；基本公式要熟练；基本例题要吃透；基本规律要理解；基本体系要形成网络；基本疑点要攻克。抓重点还应抓自己解题的弱点。在广泛接触各种题目的过程中，将自己不会的或没有碰到过的或解答有困难的全部挑出来，认真而详细地记在"难题本"上，并做出答案。这样通过做一道重点题，抓住精髓，就等于解决了很多相关的问题。

四、大数据时代课堂观察的步骤

大数据时代课堂观察，在具体运用的过程中包括观察前、观察中和观察后三个基本阶段，而每个阶段又包括一些具体步骤。

1. 课堂观察前：做好三方面的准备

课堂观察前的准备工作是观察课堂活动的重要组成部分，是提高观课活动实效性的一个非常重要的环节。在正式进入课堂观察之前，课堂观察者要"有备而来"，这样才可以全身心地投入课堂观察之中，全方位地收集课堂信息，提高课堂观察与课后分析的针对性。

（1）思想上对课堂观察有全面的认识

课堂观察与课后评析质量的高低，与课堂观察者的业务素质和态度直接相关。进入课堂的观察者是带着各自的经验的，这些经验会影响观察者认识和判断师生行为背后的内容。在课堂观察之前，要在思想上对课堂观察有全面、整体的认识，以新课程理念指导课堂观察。课堂观察要有明确的目标，只有目标明确，才能做到有的放矢，使课堂观察活动针对性更强，收获更大。课堂观察者不能以旁观者自居，而应与学习者一起参与到课堂教学中来，推动自己的研究与成长。课堂观察者要审视自己对课堂的认识程度，以减少对课堂行为的误解。课堂观察者还要反思自己的教学观念，梳理自己对教学的看法，期望课堂上发生什么，不期望出现什么样的情况等。课堂观察者要制定客观合理的听课标准或指标，这样不仅可以为课堂观察提供基本的方向和指南，还可以为之后的评价提供客观可靠的依据。

（2）业务上对课堂观察有充分的准备

课堂观察与课后评析质量的高低，与课堂观察者的课前业务准备有着重要的关系。课堂观察前应做的准备包括：掌握观察要领；了解教材结构和学科教改信息；了解上课教师的情况；了解学生的现有状况等。

①掌握观察要领，一节课成功与否，不仅仅在于教师讲了多少，更在于学生学会了多少。所以观课应从单一听教师的"讲"变为同时观

学生的"学"，做到既听又观，听观结合，注重观察。有人把听课又说成观课，这是有一定道理的。

②了解教材结构和学科教改信息，观察者不管是否与上课教师从事同一学科的教学，课堂观察前都有必要完成以下准备工作：翻阅该课程的课程标准、教科书，细读教师的教案设计和教学参考，了解这堂课所教的内容在整个教材体系中所占的地位，知识与知识的联系及结构等。

③了解上课教师的情况。在进入课堂之前，课堂观察者应该适当了解上课教师的有关情况，如教师的教龄、文化程度、职称职务、业务水平、教学经历等。而且，课堂观察者也要尽可能地去了解教师在课前的准备情况。通过分析教师的教学设计，能够解读出隐藏在教师背后的教育观念。

④了解学生的现状。了解学生的特点，能在一定程度上减少听课过程中误判的发生。不同学习能力的学生，在课堂上的接受情况也是有区别的；来自不同家庭背景、不同区域的学生，其学习习惯也会有差异。观课者需要事先了解学生现有的学习水平、学习态度和学习能力，以及学生对将要学习的知识的准备情况。而且，还要了解学生所在班级的类型、特点和水平。

（3）课堂观察必备的物质资料

课堂观察与课后评析质量的高低，与课堂观察者的课前物质准备有着重要的关系。除了要携带课堂观察专用的笔记本和笔，并填好观课需要记录的基本信息外，课堂观察者一般还要自行准备教科书、参考书、纸张等，特别是跨学科、跨年级的同校教师听课，准备工作更要做细。如果准备使用一些定量方法来观察课堂教学，则一定要准备好量表、计时器等。假如需要一些仪器，如录音机、采访机、摄像机等，则要事先进行检查调试，以免课上不能正常运行，甚至因为出现故障而影响听课效果。观课之前的物质准备有的时候还会因科目及其内容而异。

做好课堂观察必备物质资料准备后，课堂观察者就不再是纯粹的学习者或评判者，不能以他者的眼光来衡量授课教师课堂教学的得与失，而是兼做一个"操作者"，试着站在授课者的立场去打量课堂中发生的一切。

　　课堂观察前做好准备，有助于课堂观察者提高自己的教学设计能力。经过事先充分的"课前准备"，在观课过程中，就会有意识地将自己的教学设计与上课教师的教学实况进行比较，从中找出自己设想中不完善的地方，看到其中有所欠缺甚至遗漏的部分。观课者如果能经常地以这种方式进行观课，其教学设计能力就会得到加强，对于处于起步阶段的新教师来说更是如此。

　　充分的课前准备，能够帮助观课者紧跟上课教师的思维活动，细致地观察教学过程的每个环节、每个细节，能够更加充分地认识上课教师的成功经验，而对于上课教师的不足或失误之处，也往往能够一目了然。有了充分的课前准备，课堂观察者在课后评析的时候，因为占有了充实、客观的材料，说理就能够更为充分、准确，见解也可能更加深刻、精练，从而发言会更具有说服力，提高课堂观察与课后评析的针对性。而观察者也要注意与上课者在课前与课后的交流、讨论。这种交流、讨论会把教研的气氛推向高潮，真正实现课堂观察的目的，有助于教师教学相长。

2. 课堂观察中：做好两方面观察记录

（1）按观察任务确定观察位置

　　课堂观察的实施过程包括进入课堂情境以及在课堂情境中依照事先选定的记录方式进行观察和记录。观察者要在上课开始前进入现场，并选择有利的观察位置。通常情况下，要按观察任务来确定观察位置，以确保能收集到真实的信息，但是要注意观察者位置的选择要以不分散学生的注意力和不干扰教师正常的课堂走动为宜。

（2）做好两个方面观察记录

　　课堂观察的科学性、可靠性关系到研究的信度和效度问题，以及针对教学行为改进的课堂观察报告的质量。课堂上，观察者要高度集中注意力，全身心地投入，不仅要观察，还要记录。

　　课堂观察者一是重点观察教师对教材的钻研、重点的处理、难点的突破、教法学法的设计、教学基本功的展示。二是重点观察学生的学，要观察学生的课堂表现、参与学习的情绪、学习的习惯。总而言之，要观察教师主导和学生主体的最佳结合。课堂观察者要围绕着以上两个方面重点观察的内容做记录：记录师生的语言和表情，记下每个教学环节和教学方法，通常需要记录行为发生的时间、出现的频率、师生言语或非言语活动的内容和形式，或者详尽的关于观察对象其他行为的文字描述以及观察者的现场感受和理解，以便从课堂情境中收集到更多有用的详尽的资料。

3. 课堂观察后：从三方面分析与解释

课堂观察结束后，应尽快从三个方面对所收集的资料进行整理和分析。

（1）从教学目标上分析与解释

教学目标是教学活动中师生的内在动因，教学目标越具体明确，教学活动的自觉性和积极性越高，效率越高，反之亦然。在分析教师确定的教学目标时，观察者还要注意分析教师课外的功夫，看教师的教学基本功和课前备课情况，这种思考对自己也会有很大帮助。

（2）从处理教材上分析与解释

评析教师一节课上的好与坏不仅要看教学目标的制定和落实，还要看教师对教材的组织和处理。在分析总结教师对教材的处理上，要注意比较、研究，并相互取长补短。每个教师在长期教学活动中都可能形成自己独特的教学风格，不同的教师会有不同的教法。课堂观察者要善于进行比较、研究，准确地评价各种教材处理方法的长处和短处，并结合自己教学实际，吸收他人有益经验，改进自己的教学。

（3）从教学程序上分析与解释

教学目标要在教学程序中完成，教学目标能不能实现要看教师教学程序的设计和运作。观察者通过对所记录的课堂教学程序进行系统分析，揭示课堂行为之间的相互关系，了解被观察行为的意义。一般说来，课堂观察者对熟悉的教师，由于对其班级情况有所了解，可着重就其课堂上对学生学习习惯的培养做跟踪式的动态分析；对一般的研究课，就着重看其在研究方向上的达成度；对于名家的课，宜着重领略其教学风格及其相应的学术思想在课堂的体现。观课者应详尽地记录课堂的教学过程，同时记下自己的主观感受和零星评析。

五、大数据时代定性课堂观察

1. 解读定性课堂教学观察

(1) 定性课堂教学观察概念

定性课堂教学观察是指研究者依据观察纲要，在课堂现场灵活地收集课堂事件细节的信息材料，通过描述性和评价性的文字将现场感受和领悟尽量详细地记录下来，以非数字的形式呈现课堂观察的内容，包括书面语言，用录音设备记录的口头语言，以及用其他工艺学手段记录的影像、照片等，观察后根据回忆加以追溯性的补充、完善，并进行定性的分析。

(2) 定性课堂教学观察的优势

① 定性课堂观察具有开放性、自由性的特点。定性课堂观察时，观察者的视角较少受到限制，完整的文字描述能够基本呈现出课堂全貌，且记录的是较大的事件的片段，呈现的是一段课堂情境的现实。定性课堂观察使课堂行为回归情境本身，使观察者利用个人经验就可以更好地理解、诠释课堂，也能避免以往的听评课后很多教师对课堂的很多情境回忆不起来、凭零碎记忆开展评课的现象。定性课堂观察能更好地在课堂观察后进行总结和评价，从而形成课堂观察评价报告。

② 定性课堂观察能整体把握课堂教学全貌。定性课堂观察时，可以充分而整体地观察课堂教学全貌，包括观察对象采取行动的原因、态度、努力程序、行动决策依据等。定性课堂观察除了能充分而整体地描述观察的情境外，还能保留事件的自然顺序、逻辑关系，甚至能够发现一些事先没有预料到的事件，有助于观察者对观察对象有一个比较全面的把握。

③定性课堂观察行为简便易行。定性课堂观察时，观察者在运用描述体系和叙述体系记录笔记，观察者本身就是观察的工具。教师在观察前不必学习复杂的编码系统或行为事件的操作性定义，只对自己的观察点进行定性的、整体的描述即可。同时，用专业的语言进行描述和评价是一线教师最为熟悉和欢迎的方式，这就使得课堂观察的行为更加简单易行。通过这种方式的观察，观察者能整体把握课堂的真实感受；能体现观察者对课堂现象的理解、思考和深层次分析；能灵活地抓住个别有价值的细节并记录。更符合对课堂教学行为进行整体全面评价的需要。

④观察者以学习者的身份来观察。从定性分析角度来看，定性课堂教学观察着眼于综合观察教师的教学设计、课堂文化等要素，为被观察者提供全景式的改进性建议。课堂观察者首先应以学习者的身份来听课观察，观察要做到"五心"：诚心、虚心、专心、细心、公心；要尽量客观真实地呈现课堂的本来面貌；观察者必须了解与自己相关的影响观察的误差来源，尽可能地减少自己的主观偏见对观察的不良影响。如观察者自身的理论水平、受教育程度和经验，以及本人的兴趣、价值取向和教育观念，对学生各方面的固定印象等，这些方面都可能使观察陷入偏差。

⑤资料收集与资料分析的过程同时进行。从定性分析时间上来说，定性课堂观察的资料收集的过程与资料分析的过程是同时进行的，也就是说观察者在记录资料的同时作出自己的分析与解释，并随时决定或调整资料收集的方向和程度。随着资料的积累，其中的主题已经逐渐呈现，观察者可以渐渐地完成资料收集工作而专注于资料的综合分析和解释。如果观察者把资料的分析工作完全放到资料收集完成以后，在分析资料时发现资料的缺失和漏洞等问题，就可能很难再回到现场去进一步收集，而且收集的资料可能由于没有及时围绕主题而致使有效性降低。

有学者认为，尽量地贴近现实去诠释其背后的意义，从另一个角度来说也许更为科学和客观，更能反映事物的真实面貌。因此，定性课堂观察的运用越来越为人们所重视。

（3）定性课堂教学观察的局限

① 定性课堂观察多针对小样本。相对于定量观察可应用于较大样本的特点来说，定性观察往往只能针对小样本的课堂行为进行观察，而且常常需要较长的时间。来自校外的观察者，一般难以获得进行长期观察的机会，而且偶然的一次观察很难说明课堂教学的具体问题，这就使定性课堂观察结果的科学性和真实性有了一定的损失。

② 定性课堂观察的主观性较强。定性观察产生大量的文字资料，资料分析主要是对大量的原始文字资料进行归纳、概括、推论，资料的处理也较为烦琐、耗时、不经济，而且所记录的很多材料由于受到环境等因素的影响可能与研究主题不相关。即使收集到的材料基本与主题相关，但由于定性课堂观察的主观性较强，记录的水平与观察者个人的经验、描述能力和相关的理论水平有很大的关系。不同的观察者对同一事物的观察记录很难达到较高的一致性，很有可能出现众说纷纭的现象，这就使定性课堂观察结果的效度很难具有客观性和科学性。定性观察在精确性方面不及定量观察，所以，在研制定性课堂教学观察表时，要尽量周密、细致、科学、严谨，突出重点，抓住关键。

③ 定性课堂观察多对现象进行研究。定性课堂观察一般针对小样本，其目的不是试图通过对样本的研究而找到一个可以推广的普遍规律，而是对现象进行深入和细致的研究，再现其本质，从而为处于类似情境的课堂教学提供一种参照，通过认同而得到推广。

（4）定性课堂教学观察的趋势

① 更新定性课堂教学观察的观念。我国素有定性研究的传统，一线教师也早已习惯了对课堂、对学生的定性评价，但应当清楚的是，传统中的听评课与课堂观察还是有些区别的。听评课的主观性、随意性还是比较大的；课堂观察从认证、甄别、选拔转向促进教师、学生、课程共同发展。定性课堂教学观察除了传统的检查和筛选以外，更重要的是具有反馈调节、展示激励、反思总结、记录成长、积极导向等作用。对于一线教师来说，既需要观察别人的教学，进行模仿、进行分析，从而改善自己的教学行为；也需要观察自己的教学，进行分析、进行反思，

提高自己的教学水平。教师课堂观察能力基本上要从"不会听课—能听课—课堂观察与分析"逐步提高。教师课堂观察的能力越高，则自己的教学水平、理念提高得越快。

② 借鉴国外定性课堂观察研究方法。教师们一直以来采用的定性研究方法并不完全等同于国外的定性研究，而多是基于思辨的、个人经验的探究。目前国外基于解释主义方法论的定性研究方兴未艾。这种研究被界定为收集人们的感受、见解、经历等资料的一种方法。定性调查收集资料的方法有观察法、访谈法、抽样法和文献法等。研究中多采用目的抽样，在分析定性资料时，无论观察或访谈，都要在描述的基础上进行内容分析，先按研究目的对资料进行编码、分类，然后对经过编码、分类的资料作出原因、后果、关系的解释。研究报告越来越倾向采用简单易懂口语陈述的语言风格，以投影仪的形式向人们展示研究成果，使得定性研究人员的思考更具启迪性，在课堂观察中广为应用。本节中介绍的美国心理学家和教育家托马斯对一个 6 岁男孩课堂上的捣乱行为进行的研究就是国外常用的定性课堂观察法。教师应当借鉴国外定性课堂观察研究方法，在充分掌握原始资料的基础上得出有根有据的结论，并通过一定的检测手段逐步筛除不合理的假设和理论，使结果的解释贴近被研究者，贴近教育真实情况，从而真正起到促进教师专业发展的目的。

2. 定性课堂观察内容

(1) 观察分析组织教学

组织教学是一门艺术，也是一个教师必须具备的才能。课堂教学要有效进行，教师必须对教材、学生以及教学活动进行有效的组织，这样，学生才能由分散的个体变成有效的学习集体，教学活动才能系统、有序地进行。课堂教学观察者不妨从教学目的、教学组织、师生关系、教学效果等方面认真观察分析。

① 教学目的：正确、准确。观察、分析组织教学必须从教学目的入手，好课的教学目的正确并且准确。教学目的正确是指教师的讲授符

合教育方针的要求，符合新课标的要求，不能搞教学的自由化。教学目的准确是指教学目的具体可行，不能大而空，每一节课都要力求实现：知识与技能、过程与方法、情感态度与价值观三维一体的教学目的。

② 教学组织：序、量、度科学。观察分析组织教学要看序、量、度是否科学。"序"是指教学程序和课程结构，好课应该是课堂气氛的营造要适宜，讲究一定的秩序规则、张弛有度、结构合理，避免在课堂中出现形式化和浮躁化倾向。"量"是指课堂教学容量和课堂延伸量，课堂延伸量包括规定延伸量和自由延伸量。规定延伸量指的是布置给学生的作业量，规定延伸量越小越好，自由延伸量越大越好。"度"是指教学的深难度和学生掌握知识的程度，好课应该是面向全体学生，体现差异，因材施教，全面提高学生素质。

③ 师生关系：教师主导与学生主体最佳结合。观察分析组织教学的关键是师生关系。一节课成功与否，不只在于教师事先精心设计好的每一句教学语言是否精彩，更在于师生双向交流过程中教师主导与学生主体能否完美结合，即教师带领引导学生学习，学生成为学习的主人。具体体现在四个方面：教师提出探索目标，激励学生学习动机，师生心理同步；教师质疑设问，学生独立思考，使各类学生思维都呈现积极状态；教师精讲，学生动脑、动手、动口，使学生对知识能自求得知；教师鼓励创造，学生积极探究，把学习与创造结合起来。

④ 教学效果：教会学生学习。观察分析组织教学要看一节课的教学效果。一节好课取得的教学效果，一是指学生思想上有提高，知识上有长进，能力上有发展，听、说、读、思、行得到有效训练。二是看师生在这一节课上所花费的时间和精力。好课应该是师生花费最小限度的时间精力，去取得最大限度的教学效果。通俗地说，好课应是教师教得轻松，学生学得愉快、学得兴趣盎然、学得全面发展。一节好课最重要的是教会学生学，使学生徜徉于知识的海洋。

（2）观察分析课堂导入

常言道，良好的开头是成功的一半。教学实践也证明了这一点。教师课堂导入得好，就能吸引住学生，唤起学生的求知欲望，燃起学生的智慧火花，使学生积极思维，勇于探索，主动去获取知识。反之，学生很难马上进入角色，学习不会积极主动，教学就达不到预期效果。因此，在课堂观察时，一定要重视观察分析教师课堂教学的导入。

观察分析教师课堂导入情况，首先观察是否符合导入原则，诸如是否符合教学的目的性和必要性；是否符合教学内容本身的科学性；是否从学生的实际出发；是否从课型的需要出发；导语是否短小精练；导入形式是否多种多样……

观察教师课堂导入，接着观察采用哪种导入方法，诸如采用的是温故导入法、目的导入法、作用导入法、衔接导入法、直接导入法、设疑导入法、切入导入法，还是运用了引趣导入法、激情导入法、摘录导入法、故事导入法、歌曲导入法……无论采用哪种导入法，关键在于能否用精彩的几句话一下子调动起学生渴求新知的强烈的欲望。

（3）观察分析课堂提问

课堂教学提问，是在课堂教学过程中，根据教学目的、内容、要求设置问题进行教学回答的一种形式，它是课堂教学中经常采用的一种形式，也是影响课堂教学的重要因素之一。通过提问，可以检查学生对已经学过的知识、技能的掌握情况，可以开阔学生的思路，启发学生思维，帮助学生掌握学习重点，突破难点；可以发挥教师的主导作用，及时调节教学进程，使教学沿着预先设计好的路子进行；可以活跃课堂气氛，增进师生之间的感情，促进课堂教学和谐发展。因此，在课堂观察时，一定要重视观察分析教师课堂教学的提问。

观察分析教师课堂提问，首先看是否贯彻了启发式教学原则，即《论语·述而》中所说的"不愤不启，不悱不发，举一隅不以三隅反，则不复也"。南宋教育家朱熹解释道："愤者，心求通而未得之意；悱者，口欲言而未能之貌；启，开其意；发，达其辞。"

观察分析教师课堂提问，接着看是否做到了优选问题，问在关键处；选准时机，问在该问处；掌握分寸，问在难易适中处；注意对象，问在学生需要处。

（4）观察分析课堂讲授

观察分析教师课堂讲授，首先看是否体现了少而精的教学原则，即《学记》中所讲的："其言也，约而达；微而藏；罕譬而喻。"意思是说，教师的讲授语言要简约而通达；精微而妥善；举例子不多但能说明问题。观察分析教师课堂讲授，重点观察教学语言是否做到准、精、美、活，富有特色。

语言是教师教学的重要工具。教师的语言修养，在某种程度上比专业知识还重要。苏联教育实践家和教育理论家苏霍姆林斯基在《给教师的一百条建议》一书中指出：教师的语言修养在极大程度上决定着学生在课堂上的脑力劳动的效率。我们深信，高度的语言修养是合理地利用时间的重要条件。教学语言既是科学，又是艺术。教师的语言表达能力直接影响着教学效果，教师言语的感染力能陶冶学生的性格与情操，富有情感的语言能"以声传情，以音动心"。教师的语言必须符合规范：准，是指发音准、语体准和达意准；精，是指精确、精练和精彩；美，是意境，也是效果，美的语言要力求通俗、生动、幽默、风趣；活，是指教师讲授善于穿插、恰当变位、适当留空。这里适当留空是指教师讲课的平均语速是每分钟200字，当讲到重点、难点、关键处，速度要放慢至原来的一半或三分之一，给予学生一边听一边思索的机会。教师的语言要富有特色：或者擅长形象描绘，绘声绘色，让学生听了情思并涌，沉浸在美的享受之中；或者讲起课来从容不迫，风趣幽默，让学生听了兴趣盎然，于轻松愉快之中不知不觉学到了知识；或者口才虽不出众，但条理清楚，逻辑严谨，以理服人。总之，教师的语言表达能力不是天生的，但也非朝夕可得，需要千锤百炼。

（5）观察分析板书设计

板书是教学中应用的一种主要的教学媒体，板书艺术则是教学艺术的有机组成部分。苏联教育家加里宁认为，教育事业不仅是科学事业，而且是艺术事业。成功的教学是高度的科学性和精湛的艺术性的有机结合的结果。随着现代教学媒体的大量涌现，板书不仅没有退出教学课堂的舞台，其不可替代的特点与优势日益彰显，但显现形式却随着技术的发展更为丰富。

课堂教学观察者要认真观察分析教师板书设计是否做到了端正、符合规范。教师的板书要字迹清楚，笔画端正，书写规范。要有正板书、副板书之分。正板书的设计要突出教材的重点、难点和关键，要具有六个特点：①计划性，是指板书要服从并服务于课堂教学，设计板书要从教学目标出发，从教学需要出发，要针对学生的心理特点和实际水平。②精练性，是指板书设计要遵循简约化原则，板书的内容少而精。③概括性，是指板书的内容是段落章节的高度凝练，有助于学生把握所教内容的层次，全面理解并系统掌握所学知识。④科学性，是指板书内容的精练和概括必须正确，有助于引导学生积极思维，以便更好地完成教学任务。⑤逻辑性，是指板书的内容符合学生认识问题的规律，板书的内容尽量和学生思维活动结果相一致。⑥连续性，是指板书的内容与上一节课下一节课的有机联系，好的板书像一根红线一以贯之。

（6）观察教学媒体使用

课堂教学观察者要认真观察分析教师教学媒体使用是否能做到熟练运用。教师制作 PPT 经常出现以下四个误区：一是把 PPT 当作发言稿来撰写。二是字体颜色与背景颜色混为一体。三是塞满了各种图表与曲线。四是习惯使用标准模板。教师制作 PPT 追求的应是简洁美：一是 PPT 设计技巧，应打造教师个性化模板。二是文本方式，画面中的文本要简洁明快，文本内容不超过画面的 70%。三是黑体字的显示效果比宋体字要好。四是适当使用放映中的铅笔工具；图像的引入要有助于信息传达；合理利用图库资源。

（7）观察分析教学方法

教学方法是教学过程中教师和学生为了实现共同的教学目标，完成共同的教学任务，在教学过程中运用的方式与手段的总称。教学方法的分类就是把多种多样的教学方法，按照一定的规则或标准，将它们归属为一个有内在联系的体系。观察分析教学方法时，主要观察课堂教学常用的几种教学方法。

① 观察课堂讲授法的运用。教学方法讲授法是教师通过简明、生

动的口头语言向学生传授知识，发展学生智力的方法。它是通过叙述、描绘、解释、推论来传递信息、传授知识、阐明概念、论证定律和公式，引导学生分析和认识问题。

运用讲授法的基本要求是：一是讲授既要重视内容的科学性和思想性，同时又要应尽可能地与学生的认知基础发生联系。二是讲授应注意培养学生的学科思维。三是讲授应具有启发性。四是讲授要讲究语言艺术。语言要生动形象、富有感染力，清晰、准确、简练，条理清楚、通俗易懂，尽可能使音量、语速适度，语调要抑扬顿挫，适应学生的心理节奏。

讲授法的优点是教师容易控制教学进程，能够使学生在较短时间内获得大量系统的科学知识。但如果运用不好，学生学习的主动性、积极性不易发挥，就会出现教师满堂灌、学生被动听的局面。

② 观察课堂讨论法的运用。课堂讨论法是在教师的指导下，学生以全班或小组为单位，围绕教材的中心问题，各抒己见，通过讨论或辩论活动，获得知识或巩固知识的一种教学方法。优点在于，由于全体学生都参加活动，可以培养合作精神，激发学生的学习兴趣，提高学生学习的独立性。该方法一般在高年级学生或成人教学中采用。

运用讨论法的基本要求有：一是讨论的问题要具有吸引力。讨论前教师应提出讨论题和讨论的具体要求，指导学生收集阅读有关资料或进行调查研究，认真写好发言提纲。二是讨论时，要善于启发引导学生自由发表意见。讨论要围绕中心，联系实际，让每个学生都有发言机会。三是讨论结束时，教师应进行小结，概括讨论的情况，使学生获得正确的观点和系统的知识。

③ 观察自学辅导法的运用。自学辅导法的目的：以学生为主体，充分拓展学生的视野，培养学生的学习习惯和自主学习能力，提高学生的综合素质。自学辅导法有多种变式：学生学习，教师辅导；学生学得不对，教师加以指导；学生遇到了困难，教师帮助解决。不过，这种方法在一个教材单位内执行起来比较充实；而对活的教材，学生不会自己收集，不会参考，常把重要的教材内容遗漏。另外，自学辅导法注重学

生自主性，教师一般能做到学生学习，教师辅导。容易出现的问题是学生不学习，教师就停止，教师与学生，依然是两方面的活动，不能成为共同的活动。

④ 观察演示法的运用。演示法是教师在课堂上通过展示各种实物、直观教具或进行示范性实验，让学生通过观察获得感性认识的教学方法。演示法是一种辅助性教学方法，要和讲授法、谈话法等教学方法结合使用。运用演示法的基本要求是：目的要明确；现象要明显且容易观察；尽量排除次要因素或减少次要因素的影响。

⑤ 观察任务驱动法的运用。任务驱动法是教师给学生布置探究性的学习任务，学生通过阅读教科书或参考书，以获得知识、对知识体系进行整理，再选出代表进行讲解，最后由教师进行总结。

任务驱动教学法可以小组为单位进行，也可以个人为单位进行，它要求教师布置任务具体，其他学生要积极提问，以达到共同学习的目的。任务驱动教学法可以让学生在完成"任务"的过程中，培养分析问题、解决问题的能力，培养学生独立探索及合作精神。

⑥ 观察如何使用设计教学法。设计教学法是有计划、有目的地开展教学的一种方法，完全以学生为本位。这种教学法，对于学生个性可以充分地发展，但在集体活动中，学生的个性发展会受到一定的限制，尤其是在时间和课目的分配上，还不够完整配套；在现有的课堂教学中，尤其是乡村学校尚不能被充分地利用。

上述的六种教学方法——课堂讲授法、课堂讨论法、自学辅导法、直观演示法、任务驱动法、设计教学法，都有一定的教学过程。比较起来，任务驱动法、设计教学法、自学辅导法是近年来大力提倡的方法。然而由于乡村环境和教师能力的限制，运用起来，也有相当困难。因此，观察者在观察教师教学法的运用时，不能定为一尊，要灵活运用而不能固守一法。因为教学方法没有绝对完善的，也没有绝不可采用的。

（8）观察学习习惯培养情况

我国古代教育家孔子说：少成若天性，习惯如自然。这句话的意思是说，孩子小时候养成的行为习惯像自动化一样的巩固，不需要任何意志的努力就能够做到。我国魏晋南北朝时期家庭教育专家颜之推说"人生幼小，精神专利，长成以后，思虑散逸，固须早教，勿失机也"。这句话的意思是说，孩子在小时候，思想单纯，感受敏锐，容易接受教育，长大以后，思想复杂，感觉迟钝，不容易接受教育。所以，必须抓紧早期教育的大好时机，千万不要错过这个时机。好习惯，益终生，因此，在课堂观察中，不妨借鉴优秀教师的做法，从以下十个方面观察学习习惯的培养。

① 学会倾听的习惯。上课不做小动作，不做与学习无关事；认真倾听同学发言；认真倾听教师讲解，按要求认真练习。

② 善于思考的习惯。上课专心听讲，认真思考，积极发言；善于发现，大胆发表自己的见解，不懂的问题主动向教师请教；课前预习知识，不明白的问题提前做好标记。

③ 敢于提问的习惯。勤于思考，敢于质疑，敢于发表自己独特见解的习惯，不怕说错；发言时，讲普通话，声音要洪亮。

④ 与人合作的习惯。主动和同学、教师合作，学会表达自己的观点和见解，共同解决问题；与同学交流时，要尊重别人的意见和观点。

⑤ 自主读书的习惯。养成边读边想、写读书笔记的习惯；乐于读书，和书交朋友；爱护书籍，不在公用书籍上乱写乱画。

⑥ 认真书写的习惯。写字时注意力集中，笔画顺序规范，写字姿势规范。

⑦ 自评互评的习惯。在学习过程中，要逐渐让学生成为评价的主体，学会激励性的评价，既会评价自己，又会评价别人。

⑧ 收集资料的习惯。通过查阅图书、上网浏览、实地考察、调查等渠道主动收集与学习相关的材料，拓宽自己的知识面；对收集的各种资料能进行分析、归类、整合。

⑨ 动手操作的习惯。能独立完成教科书上所要求的各类操作实验，操作步骤正确。

⑩ 按时完成作业的习惯。能复习巩固当天所学的知识，认真完成并细心检查作业；注意运用所学知识解决实际问题，培养自己的各种能力。

(9) 观察分析教态和体态语言

在课堂教学中，除了有声语言外，还有无声的语言，即教态和体态语言。教师的教态和体态语言是课堂教学语言的重要组成部分。良好的教态和体态语言体现教师的人格修养、气质和整体素质。教学信息和知识除了靠教师有声语言传递外，还要通过教态和体态语言辅助完成。

① 观察分析教师教态。教态是指教师在教学时的衣着打扮、仪表风度、行为举止和感情态度等方面的表现。教态是教师在学生心目中的整体形象，包括教师的仪容、风度、神色、情绪、表情等。教态可以说是一种直观神奇的教育力量。19 世纪 60 年代俄国民主主义教育家，俄罗斯国民学校和教育科学的奠基人乌申斯基指出，教态对儿童心灵是一束非常有益的阳光，且这束阳光是没有任何东西能代替的。教师的教态良好，能引起学生愉快的心情，并形成积极与教师相配合的态度。

课堂观察者在观察教师的教态时，一是观察教师是否做到了仪表大方、衣着整洁、举止典雅，这样才能引起学生的尊重与好感；二是观察教师是否做到了感情真挚，态度诚恳，在教学中教师能否紧扣教材内容，以鲜明真挚的感情来感染学生，促使学生产生相应的情绪体验，激发他们浓厚的学习兴趣。从某种意义上来说，教态就是写在脸上的师德。

② 观察分析教师体态语言。教师体态语言指的是伴随课堂语言教学的姿势、动作、手势和表情等来表达某种意思的一种无声语言。教师体态语言运用频率很高，方式很多，直接影响着教学的效果，是教学艺术性的重要体现。行为科学研究揭示，几乎一切无声的语言，即体态语言都可以用来作为人际间沟通的手段，都可以用来为教学服务。教师如果在课堂上准确、熟练地运用体态语言来辅助教学，可以收到意想不到的效果。美国心理学家、哈佛医院儿童心理咨询部主任罗伯特·布鲁克斯认为，体态语言对于教师帮助学生保持长时间注意力以便于完成任务而言，不失为一种强有力的措施。优秀教师在教学实践中总结出课堂教学中教师常用的体态语言分类，课堂观察者不妨以此为依据，从以下五个方面观察教师的体态语言。

第一，身姿体态语。教师的身势和姿态会给学生留下深刻印象，好的印象会产生磁铁般的吸引力。因而教师要做到站姿端庄、大方、稳健、挺直、精神饱满。点头或摇头时，幅度不宜过大，频率不宜过快，要与说话内容节奏协调，切忌摇头晃脑、探头探脑。讲课累了时，可以将重心移向一条腿，稍作休息。身体切不要后仰或歪斜，更不要摇摇晃晃。讲课时，不要下意识地抖动双腿，也不要将双手撑在讲桌上或俯身在讲桌上。

第二，手势体态语。以手势帮助说话是教师在课堂上必不可少的讲解手段。教师常用的手势体态语大致分为：一是指示性体态语。教师运用事物或图画进行教学时，常结合手势语帮助提问。二是演示性体态语。此类手势语演示出教学内容，帮助学生理解。三是指挥性体态语。此类手势语的特征在于指挥学生活动，用来在教师的指挥下演示教学。四是象形性手势。这类手势用来描摹人、物的形和貌。教师在使用这些手势语时，要目的明确，克服随意性。手势的速度、频度、幅度均要适度。

第三，表情体态语。表情是心灵的屏幕，它把师生双方复杂的内心活动像镜子一样地反映出来。教师在教学中的表情可以大致分为：一是常规性表情。要求教师做到和蔼、亲切、热情、开朗，面带微笑。教师的微笑能使学生产生良好的心理态势，创造和谐的学习气氛，对学生不仅是一种鼓舞，还是一种督促，从而使教学活动顺利进行。二是变化性表情。是指随教学内容而产生的喜、怒、哀、乐，随教学情境与学生发生的情感共鸣。这种表情可以使课堂效果丰富生动而充满活力和吸引力。教师的表情变化要适度，不能过分夸张，以免有哗众取宠之嫌。

第四，目光体态语。眼睛为心灵之窗，教学的高层次是心灵的交流与和谐。教师在讲课时要经常以亲切的目光环视全体学生，使每个学生都能感受到教师在关心着他，期待着他，从而起到稳定课堂教学秩序和组织好教学的积极作用。教师的目光要使学生感到亲切中有严肃、肯定中有期待、否定中有鼓励、容忍中有警告。

第五，空间距离体态语。教师在课堂上与学生间距离的变化，也会产生不同的效果。教师讲课应以站在讲桌后为主，根据教学活动的需要，可以适当调节与学生的距离。例如，走下讲台，到学生中去进行辅导、检查和帮助；走近后排学生，使他们精力集中并感受到教师的关怀；貌似不经意地走向做小动作的学生，给予暗示性批评。

课堂中的教态和体态语言是教师必备的技能和素质，课堂教学观察者要重视上述内容的观察。

（10）观察分析结课

结课，是一节课上完了以后的体现。科学成功的结课，不仅可以对教学内容起到梳理概括、画龙点睛和提炼升华的作用，而且能延伸拓展课堂教学内容，使学生保持旺盛的求知欲望和浓厚的学习兴趣，从而取得"课虽尽而趣未穷、思未尽"的效果，因此，课堂教学观察者要认真观察分析结课。不妨借鉴阎承利在《教学最优化艺术》中总结的结课的五条原则：

① 水到渠成，过渡自然。好课的做法一般是在下课前两三分钟结束讲课，然后带领学生回顾一下当堂所学的内容，布置课下作业。

② 照应开头，结构完整。写文章，一般要注意首尾照应，结构完整，课堂教学也应该如此。结课时要照应开头，以给学生一个完整的印象。

③ 语言精练，干净利索。结课时语言一定要少而精，要紧扣当堂的教学重点，干净利落地结束全课，不拖泥带水，否则会给人以淹没主题的感觉。

④ 梳理归纳，画龙点睛。这里的归纳总结，不是对课堂讲授内容的机械重复，原样照搬，而是画龙点睛，提炼升华，或揭示课堂讲授的中心，或归纳所讲知识网络结构，使学生对课堂所学知识有一个既清晰完整又主题鲜明的认识。

⑤ 内外沟通，存疑开拓。在学校教育中，课堂教学只是教学的主要场所和形式，课堂教学结课时，不能只局限于课堂本身，要注意课内与课外的沟通，基础课程与拓展课程、特色课程的沟通，还要注意给学生留有思考的余地。

有学者认为，课堂教学是一种遗憾的艺术，不可能尽善尽美。课堂观察者应在课后与主讲教师分析得失、相互借鉴、校正弥补、扬长避短、积累经验，使以后的课上得更精彩。

3. 定性课堂观察方法

定性课堂观察基于解释主义的方法论而提出，该方法论强调对事件和行为进行整体而深入的了解，一方面要求对事件和行为进行详尽而真实的描述；另一方面要求对特定情境中事件和行为背后的社会意义进行解释，对行为和事件进行解释时要尽量贴近和再现当事人的视角与主观意识，而不是把重点放在验证假设、提出建议和预测上。定性观察以非数字的形式呈现观察的内容，包括书面语言，用录音设备记录的口头语言，用其他工艺学手段记录的影像、照片等。要充分发挥定性课堂观察的优势，重要的是掌握观察技术，做好观察记录，为此需要事先设计好用于描述或记录所观察的过程或事件的表格。由于观察的着重点不同，所采用的记录方法与表格也有所不同。定性课堂观察的方法主要有以下八种。

(1) 日记记录

日记记录是许多教师经常采用的一种课堂观察记录方式。一本小小的笔记本记录着发生在课堂教学中的点点滴滴，记录着学生的成长轨迹……如儿童文学作家杨红樱在担任成都市人民北路小学班主任期间就是用日记方式记录了她任教的班级的女生、男生的成长历程。2000 年，由作家出版社出版的《女生日记》是杨红樱创作的一部著名的儿童读物。《女生日记》以日记的形式真实而生动地描绘了六年级女生冉冬阳从小女孩成长为少女时生理、心理的微妙变化。2004 年，由作家出版社出版的《男生日记》是杨红樱继《女生日记》后，出版的又一部儿童力作。这是一段从小男生成长为男子汉的心路历程。沿用了《女生日记》的日记体形式，以轻松幽默的笔调，真实地记述了六年级男生吴缅小学毕业后，他的精彩难忘的暑假生活。充分表现了当代少年儿童成长的快乐和烦恼，成功地塑造了有个性、有责任心、有冒险精神的少年形象，特别突出了吴缅作为当代少年儿童最可贵的创造力和幽默感的特质。教师要掌握日记记录的方法，像杨红樱一样破解童心。

（2）轶事记录

轶事记录是指设立主题，记录观察者认为有价值、有意义的任何可表现人物个性或某方面发展的行为情景。

美国心理学家和教育家托马斯在 1968 年对一个 6 岁男孩课堂上的捣乱行为进行研究。

托马斯在观察前先将捣乱行为分为九种，并分别作出了具体的操作定义：

① 粗鲁活动。包括离开位置、站起来、走动、跑动、蹦跳、摇动椅子等。

② 跪。跪在椅子上、坐在脚上、横躺在课桌上。

③ 侵犯他人。投掷、推撞、拧、拍、戳及用东西打其他同学。

④ 扰乱别人。抢夺他人的东西，破坏其他同学的所有物等。

⑤ 说话。同其他同学讲话、喊叫教师、唱歌等。

⑥ 叫嚷。哭闹、尖叫、咳嗽、吹口哨等。

⑦ 噪声。发出咯咯声、撕纸、鼓掌、敲击书桌等。

⑧ 转方向。把头和身子转向同学，向别人显示东西等。

⑨ 做其他事。如玩弄东西、解自己的鞋带等。

托马斯将这九种捣乱行为代码排列成表格，每当观察到某种行为出现时，就在该种行为的代码上画一圆圈。观察的时间为 20 分钟，每 10 秒为一个间隔。

托马斯运用轶事记录法，其目的在于改进教师对待学生的方法。

（3）连续记录

连续记录由日记记录和轶事记录发展而来，也是观察课堂教学的一种有效手段。连续记录是用笔记的方法在现场做连续记录，也可以运用录音机、录像机、微型摄影机等将观察到的情况拍摄下来，然后再转记在笔记本上。如，观察课堂上师生间的相互作用时，使用的相互作用记录表就属于连续记录法。如对课堂上、讨论会上，师生之间的相互作用进行记录与分析时，一般要先行对被观察的相互作用进行定性的分类，据以设计记录表格和记录方法。连续记录持续的时间相对较短，如 10

分钟、20 分钟。

常用的记录方法是，先将课堂上教师与学生间的相互作用分为三大类十种具体表现。

① 教师向学生讲话类。具体表现有：接受或澄清学生的意见；表扬或鼓励；补充或扩展学生的意见；提问；讲授；提示或提要求；批评或制止学生的不当言行。

② 学生的讲话类。具体表现有：回答教师的问题；自发谈话，包括向教师发问及同学间的交谈。

③ 无相互作用，或无法判断类。具体表现有：安静或混乱。

观察时，按时间顺序，把师生间相互作用的类型填在预先设计好的表，见表 5 - 3 - 1。每次间隔的时间为若干秒。

表 5 - 3 - 1　课堂上师生间对话记录表

1. 10	21. 4	41. 5	61. 8	81. 5	101. 4
2. 5	22. 8	42. 5	62. 2	82. 4	102. 8
3. 5	23. 2	43. 5	63. 4	83. 8	103. 5
4. 5	24. 4	44. 10	64. 4	84. 2	104. 5
5. 4	25. 9	45. 4	65. 8	85. 5	105. 5
6. 4	26. 9	46. 8	66. 2	86. 5	106. 5
7. 10	27. 5	47. 1	67. 4	87. 5	107. 5
8. 4	28. 4	48. 5	68. 5	88. 5	108. 5
9. 9	29. 5	49. 5	69. 5	89. 4	109. 10
10. 9	30. 5	50. 5	70. 4	90. 4	
11. 9	31. 4	51. 4	71. 9	91. 4	
12. 9	32. 9	52. 8	72. 9	92. 9	
13. 9	33. 4	53. 8	73. 9	93. 9	
14. 4	34. 9	54. 8	74. 4	94. 9	
15. 4	35. 10	55. 8	75. 5	95. 4	
16. 9	36. 9	56. 8	76. 5	96. 9	
17. 9	37. 4	57. 8	77. 5	97. 2	
18. 4	38. 9	58. 8	78. 4	98. 4	
19. 8	39. 4	59. 3	79. 4	99. 8	
20. 2	40. 8	60. 4	80. 2	100. 7	

表5-3-2　课堂上师生间对话类型汇总表示例

	1	*2*	*3*	*4*	*5*	*6*	*7*	*8*	*9*	*10*	
1					*1*						
2		*E*		*4*	*3*				*J*		
3				*1*							
4				*5*	*2*			*11*	*9*	*1*	
5				*8*	*19*		*1*			*2*	
6					*F*						
7				*1*			*G*				
8	*1*	*6*	*1*		*2*		*1*	*G*			
9	*H*	*1*		*1*	*1*	*I*		*K*	*10*	*1*	
10				*2*	*1*				*1*		总计
合计	*1*	*7*	*1*	*28*	*29*	*0*	*1*	*17*	*20*	*4*	*108*
%	*0.1*	*6.5*	*0.1*	*25.9*	*26.9*	*0*	*0.1*	*15.7*	*18.5*	*3.7*	

从表5-3-1可以看出，所记录的只是一些外显的行为，这些行为的含义，则必须通过定性的分析加以确定。为此可将记录结果汇总到另一表，见表5-3-2。这一表的纵向表示先发生的相互作用的类型，横向表示后发生的相互作用的类型。如前面的类型是3，后面的类型是4，则在纵3横4的方格中记下一个标记，最后进行统计。由于每次记录的时间间隔都是恒定的，就可以用这样的表对相互作用的时间与类型做出分析。落在里框E内的是教师扩展学生的谈话，通过重复或强调来引起学生注意的次数或时间。F、G、H、I、J、K等每个区域都反映师生间相互作用的一种方式以及在课堂上所发生的次数或占用的时间。

连续记录可以对课堂上教育教学过程做详细的记录和分析，但有时失之过繁，就导致出现各种比较简化的表格，这里不一一列举。

（4）取样记录

取样记录包括时间取样记录和事件取样记录。时间取样记录是指在统一确定的时间内，按一定时段观察预先确定好的行为而做的记录。事件取样记录是注重观察某些特定行为或事件的完整过程而做的记录。课堂教学有效性提问的记录就属于取样记录。可以具体分为"问题的类型""教师挑选学生回答问题的方式""学生回答问题的方式"以及"学生回答问题的类型"四个维度。

在课堂观察的记录过程中,最难记录的维度是教师提问的类型,即"问题类型"维度。现将问题划分为"常规管理性问题""记忆型问题""推理性问题""创造性问题"及"批判性问题"五种。首先界定问题的类型:①常规管理性问题,是指与教学无关,监控课堂教学秩序的问题。②记忆型问题,是指一般对应的"四何问题"① 中的是何问题,如复习旧知识的提问,讲解一些概念性的知识。③推理性问题,是指学生根据已学知识推断出问题的答案,可以对应"四何问题"中的"为何"类问题。④创造性问题,是指提出新创意的问题,也包括在没有参阅教辅资料时一题多解的能力。一般发生在一节课开始时或一节课即将结束时,在小组合作学习中,小组互评,可能出现创造性答案,有助于促进学生发散性思维。⑤批判性问题,是指对以前观点、经验的质疑(分析、批判)。课堂教学有效性提问就是针对上述五类问题的提问,详情见表5-3-3。

表5-3-3 课堂教学有效性提问记录表

问题类型	定义	有唯一正确答案	答案来源	思维特点
常规管理型问题	与教学无关,监控课堂秩序的问题			
记忆性问题	一般对应"四何问题"中的是何问题,如复习旧知识的提问,讲解一些概念性知识等	是	教材	聚合性思维

---

① 四何问题:优选问题,问在关键处;选准时机,问在该问处;掌握分寸,问在难易适中处;注意对象,问在学生需要处。

（续表）

问题类型	定义	有唯一正确答案	答案来源	思维特点
推理性问题	学生根据已学知识推断出问题的答案，可以对应"四何问题"中的"为何"类问题	是	教材 + 一定的分析	聚合性思维
创造性问题	有时该类问题的回答是非创造性的，比如学生根据已学知识创造性的回答。一般发生在一节课开始前或一节课即将结束后。在小组合作学习中，小组互评，可能是创造性答案，有助于促进学生发散性思维	否	教材 + 创造性思维的综合分析	运用发散性思维提出多样的解决方案
批判性问题	对以前观点、经验的质疑（分析，判断）	否	教材 + 质疑	批判性思维

美国心理学家海伦·大卫在对幼儿园游戏课儿童争执的研究中运用了取样记录的方法。他选择儿童每天游戏课时，观察他们发生争执的情况，观察了4个月。每次争执从开始发生到结束，按事先拟好的记录表格详细填写。

表格中项目包括：

① 每次争执参加者的姓名、年龄、性别；

② 争执持续时间；

③ 争执发生时儿童在干什么；

④ 争什么：争夺所有权，或妨碍活动等；

⑤ 每个参与者的角色：是争吵爆发者、主要侵犯者、报复者、反对者或被动接受者等；

⑥ 伴随争吵的特殊语言和动作；

⑦ 结局如何：是被迫让步、自愿让步、和解、由旁观的儿童干预解决、由教师干涉解决；

⑧ 后果：高高兴兴或愤怒不满。研究者经过 58 小时的观察，共记录了 200 例争执事件。经过对记录的分析整理，获得了幼儿园游戏课儿童争执发生的原因、频率、发生的年龄和性别差异以及终止争执的有效条件等较全面、有价值的资料。

取样记录适宜对课堂上教育教学过程典型事件做详细的记录和分析。

（5）频率记录

频率记录是指研究者将规定好要观察的研究对象的项目预先打印在纸上，凡出现了某种现象，就在这个现象的框上画一个"√"号。参与程度的记录就属于频率记录。

研究者常常希望通过观察了解学生参与某项活动的程度，进一步促进课堂教学改革。此时先要确定表示参与程度的标志是什么，如观察一组学生的课堂讨论，可以用小组中学生的发言次数来表示学生参与讨论的程度。这时可设计一个如表 5-3-4 所示的记录表。每发言一次画一个"√"表示。

表 5-3-4　讨论发言记录表示例

参加者	发言次数
刘××	√√√
王××	

（续表）

参加者	发言次数
武××	√√√
张××	√√
史××	√√√√
何××	√
栗××	√

从表5-3-4可看出，在讨论中平均每人发言2次。发言最多的是史××，共4次。发言最少的是王××，完全没有发言。

频率记录适合观察了解学生参与某项活动的程度，进一步促进课堂教学改革。

（6）田野笔记

田野笔记是田野工作者的文字记忆，泛指田野调查过程中的原始材料，包括心得、笔记和完整的观察记录等。田野工作者的所有研究结论都要依据自己的田野笔记。

田野笔记是由田野调查法演变而来的。田野调查法又称田野工作法，是人类学最基本的一种研究方法。田野工作法最初是指深入现存的原始民族地区进行研究的一种方法。随着人类学转向都市研究，田野工作法被用来泛指研究者深入被研究对象的实际生活领域，研究其日常生活的自然行为模式的一种调查研究方法。一般研究者若作为田野工作者进入他人的世界，则要直接研究他们的生活，了解他们如何工作和行动，以及体验他们的感受。近年来，人类学中的田野调查法的思想也逐渐被教育研究者普遍接受。

课堂观察田野笔记是一种定性课堂观察的基本记录方式。要求观察者记录在课堂中所观察到的师生的行为和事件，听到的师生的话语，以透视课堂中的环境、师生及活动；还要求记录观察者个人较为主观的想法、推测、情感、预感、印象等，并且在记录的基础上有方法处理的建议和分析思路，以方便观察结束后做进一步的分析研究。在记录中客观的描述和主观的印象不能混淆，要清楚地区别开来。客观描述要详细具体，避免使用抽象、笼统和有偏见的文字，主观感受也要公平公正，不带任何偏见。

课堂观察田野笔记一般适用于开放式观察，即观察者拥有比较宽泛的观察主题。课堂观察田野笔记的记录方式可以采用纯文字的直接叙述，也可以采用表格形式记录，表格形式更便于进行课堂观察后的后续研究。

表格式的课堂观察田野笔记通常采用叙兹曼和斯特劳斯提出的现场观察记录格式，把记录分为四个部分：①实地笔记。用来记录观察者看到和听到的事实性内容，记录要"忠于"现场的实际情况，要尽量做到客观求实。②个人笔记（或直观感受）。用来记录观察者个人在实地观察时的感受和想法，不应过分渲染。③方法笔记。用来记录观察者所使用的具体方法及其作用。④理论笔记（或分析与思考）。用来记录观察者对观察资料进行的初步分析、反映和理解。表格形式记录与纯文字的直接叙述相比较，表格式的课堂观察田野笔记更加清晰明了，通过四个栏目的分别记录，可以使观察者理清自己的思路，分清哪些是现场观察到的客观行为事件，哪些是自己当时的主观想法和感受。

无论采用哪种记录方式，田野笔记的描述都要尽可能详细。由于课堂现场具有瞬息万变的特点，在现场作出详实的田野笔记并不现实。有经验的观察者往往在课堂观察时在现场先记录下能够代表一个事件或者课堂过程的短句或关键词，使用各种符号或速记方式进行记录，待课堂观察结束后，尽快参照这些短句、关键词或者符号重组回忆，详细写下在现场看到、听到或者体验到的人、事、物，同时记下想法、反思和情感等。许多课堂观察田野笔记案例都是在课堂观察后的当天晚上对田野笔记进行的重新整理。

在课堂观察田野笔记的记录过程中，特别要注意对外显行为的记录，不要仅限于形容词或概括性的语言。例如，记录课堂上实现了"教师主导和学生主体最佳结合"这种较为概括的说法是不够的，同时还应该描述通过哪些话语、活动、事件等实现了教师主导和学生主体最佳结合。田野笔记不能只是记录事件表象，还要透过表象去揭露背后的本质，探究事件发生的原因。只有通过表象看到背后的本质，才能达到课堂观察的目的。

课堂观察田野笔记的优点：观察者本身同时也是观察工具，这就使得观察记录的过程较为简单，没有太多外在的需要，记录结果能帮助观察者较为清楚地回忆起所观察到的课堂中的一些细节。长期的课堂观察田野笔记记录能提供关于观察对象发展的持续而真实的"画面"，并为后续研究提供大量宝贵的第一手资料，有助于摸索多个相似问题的解决办法以及教育规律，而且还能够为个案研究提供有用的素材。

课堂观察田野笔记的缺点：由于观察者本身就是观察工具，所以课堂观察受观察者本人的理论素养、理解水平以及文字水平等的影响较大，主观性强，不同的观察者对同一节课所记录的田野笔记是不可能相同的。同时，课堂观察田野笔记往往需要在长期的观察中进行记录，而一般观察者较难获得长期观察某位教师上课的机会。

（7）图式记录

图式记录是指用位置图、环境图等形式直接呈现相关信息，是一种更为直观的记录方式，通常有教室布置图、教师提问记录图、教师走动路线图、学生座位编排图等形式。

座位编排是学校班级管理中不可忽视的事情。它不仅与教室的总体布置有着紧密的联系，而且作为课堂环境的重要因素，对学生的态度、行为、学习、课堂交往以及身心健康发展都有着极其独特的影响。目前，中小学学生座位编排图基本是三类。

第一类是行列式，又称"秧田式"。这是最常见、最普遍的一种座位编排方式，可以说是伴随着班级授课制而产生的。在这种方式下，所有学生面向教师，使教师易于观察与控制全班学生的课堂行为，较充分地发挥主控作用，减少学生间的相互干扰，减少纪律问题，从而使学生能够更加专心致志地学习；也易于教师向全体学生进行系统的知识讲授。

第二类是圆桌式、会议式、小组式编排法。这几种编排方法也是比较常见的座位编排方式。按照这几种座位模式，教师可以根据需要将课桌椅布置成面对面或围成一个或几个圆圈，让学生在一起学习讨论。这种编排方式特别适合于各种课堂讨论，它可以显著增加学生之间、师生之间的言语和非语言交流，最大限度地促进课堂中的社会交往活动，同时也利于师生之间形成平等融洽的人际关系，但这种方式对学生专心致志地学习和独立思考能力的提高不利。

第三类是 U 形排列法。又称"马蹄形排列法"。它是将课桌排列成 U 形，教师居于 U 形开口处，这种排列方式兼有秧田式和圆形排列法的某些特点，既可以充分增进师生之间的交流，有助于问题讨论和实验演示，同时又可以突出教师对课堂的控制，发挥教师的主导作用，其不足之处是所需空间较多，不适合大班教学。

对于很多家长来说，孩子在班级里的座位，是大家非常关心的。经常有家长因为孩子的座位问题找教师沟通，都希望让孩子坐在前排、中间的位置。为了学生身心健康发展的需要，许多班级每周都会轮换一次座位，让每个孩子都有机会坐到中间的位置。班主任通常采用的座位编排策略有：学生整体流动策略；优秀同桌的帮带策略；化整为零，瓦解不良团体；面向全体，合理分组。对教师来说，对每一个学生、每一个位置都要一视同仁。一个座位，成就一份美好的祝愿。

图式记录包括两个主要方面：一是图式实录，二是教学评点。而在记录本上的体现，左边是图式实录，右边是评点。观察者对教师针对个别学生的提问进行观察时，可以同时画出回答问题的学生的位置，这样可以考察教师提问学生的位置有没有较为固定的倾向，也可以结合回答问题的学生的背景情况来考察教师提问与学生本身的特点有无相关等。

(8) 工艺学记录

工艺学记录，除了使用传统的录音带、录像带、照片等形式对所需研究的行为事件做现场的永久性记录外，还可使用录音笔、课堂教学录播设备、可穿戴设备等将不同类型的课堂教学过程作数字化、可视化保存。这种记录方式为观察研究提供了永久性的记录，便于反复、细致地研究现场，对一些微观的问题做更深层次的研究，同时还能为其他记录方式提供检查其可靠性的依据。

工艺学记录与图式记录一样，往往是作为辅助手段而使用的，这两种记录方式所产生的信息，既可以转化为量化资料，也可以转化为定性资料。

观察记录方法多种多样，除本节介绍的八种记录方法外，还有许多其他的记录方法，不再赘述。由于研究的对象和目的不同，在进行一项新的研究时，最好能根据研究的特点专门设计记录的工具，而不是简单的模仿或照搬。上面所列举的记录方法也都有局限性，都无法直接记录诸如动机、态度、心理压力等非外显的东西，这也是定性观察研究的局限之一。因此研究者一般很少单独使用定性观察研究收集资料，而是将定性课堂观察研究与其他研究方法结合起来，建立多元化的、交互共建的循环跟进式行动研究路径，以提高教育研究的质量。

4. 定性课堂观察评价

课程改革的最终目的就是要促进学生的全面发展，而促进学生全面发展的最重要的阵地就是课堂。在课堂教学中怎样做才能实现这一关系到祖国未来的课堂教学改革的目的呢？那就是要使教师的每一节课尽可能多的成为"好课"。定性课堂观察评价所探讨的好课的标准适应了课堂教学改革的需要，可以有效地保证课堂教学沿着促进学生全面发展的轨道运行。

（1）定性课堂观察评价特点

定性课堂观察是一门科学，也是一门技术。是科学就有规律可循，是技术就有要领可供操作时参考。课堂评价标准反映了课堂观察的规律和技术。课堂观察是学校教研活动的重要组成部分，许多学校已经将"领导和教师随时进教室观课，对其教学情况进行评价"纳入学校教学管理常规。随着新课程改革的推进，需要建立与之相适应的具有发展性教学评价理念的评价制度，以此促进新课改的实施，并促进课堂教学体系的完善。

定性课堂观察标准具有不确定性。首先，这是由课堂的特点决定的，课堂错综复杂且变化多端，课堂教学过程具有动态性、即时性、非连续性和社会性。其次，这是因为课堂教学评价标准无不显示了时代的烙印。① 近年来，以学习者为中心的有效性课堂教学评价观占主导。当前的教学改革，好课标准发生了巨大变化，更倾向于如何教会学生学会学习。再次，因为课堂教学评价标准会受到评课人思想意识的影响。现实教学中，同是一节课，仁者见仁，智者见智，不同人甚至还会意见相左，其原因就是对一节课的评价，不同的人不同的思想意识决定了对同一事物会有不一样的看法与感受。最后，因为课堂教学评价标准学科之间也并不统一。每一个学科都有每一个学科的特点，因此不同学科就有不同的标准，这也是极其正常的。

定性课堂观察评价标准具有发展性。对课堂教学的评价是随着时代在进步的，每当一种新的标准出来后，都要有一个逐步完善的过程，有一个逐渐被多数人认可的过程，并且在发展中还会逐步趋同。因此，课堂教学评价标准具有逐渐发展性。

定性课堂观察评价标准具有深远影响性。课堂教学评价标准具有导向作用、激励作用、向心作用等，潜移默化地影响着教师的专业成长。如果课堂教学实践是教师成长的原动力，那么课堂教学评价标准就是教师成长的促进剂。科学的合理的评课标准，直接为教师的课堂教学提出了具体的可操作的要求。它将促使教师师德水平的提升，教育观念的更新，知识结构的调整，教育智慧的生成，教学能力的增强，教学行为的改善，教学经验的积累。

定性课堂观察评价是一种价值判断活动。课堂教学评价是提高课堂教学质量的关键环节，是促进教师专业发展、保障育人目标顺利实现的重要手段。如何合理建构课堂教学评价框架以有效发挥评价的导向、激励和改进功能，促成教学质量的提高，已成为推动基础教育课程改革走向新阶段的现实课题。课堂教学评价体系是一个多角度、多维度的教学管理体系中的重要组成部分，由此决定了教育工作者评价和认识教学活

---

① 么加利，张新立，译. Gary D. Borich. 教师观察力的培养：通向高效率教学之路 [M]. 北京：中国轻工业出版社，2006.

动过程必定是仁者见仁、智者见智。

（2）定性课堂观察评价框架

中国教育科学研究院研究员郝志军认为，教学本质观是课堂教学评价的立论依据，现代课堂教学具有三个本质特征：活动—实践性，是指课堂教学是在教师指导下的学生以发展为目标、以学习为主要方式的实践活动过程。交往—社会性，是指教学是人与人之间交往互动的社会性过程。文化—价值性，是指教学是历史文化与价值体的传承延续过程。教学关系是课堂教学评价的基本维度，由教师、学生、课程和课堂文化之间的互动构成六种教学关系：学生与课程的创生关系、教师与课程的调适关系、学生与课堂文化的创生关系、教师与课堂文化的调适关系、教师与学生的导学关系、教师和学生互动构成的导学关系。基于以上对课堂教学本质特征和教学关系的分析，郝志军尝试性地建构了一个由"六关系维度、十三指标要素"（6·13）构成的课堂教学评价框架，旨在构建一个超越具体学科特征和教师个体因素的课堂教学质量评价标准。"6·13"课堂教学评价框架，详见表5-3-5。

表5-3-5　课堂教学评价框架表

本质特征	关系维度	指标要素	表现描述
活动—实践性	教师·课程	目标确定	明确、具体、可测
		内容设计	主题、结构、呈现
		技术运用	关联性、新颖性、多样性
	学生·课程	学习方式	自主、合作、质疑、探究
		学习效果	学会、学好
社会—交往性	教师·学生	提问应答	启发性、挑战性、全体性
		活动引导	任务、责任、路径、时效
		评价反馈	客观、及时、正向
	学生·学生	合作研讨	团结、互助、共享

（续表）

本质特征	关系维度	指标要素	表现描述
文化 —价值性	教师·课堂文化	气氛营造	活跃、轻松、和谐
		秩序调节	规范、灵活、机智
	学生·课堂文化	学习状态	有动力、有精力、有活力
		学习体验	感情、愉悦

（3）定性课堂观察评价一堂好课的标准

华东师范大学叶澜教授在谈到"新基础教育"的一堂好课的标准时强调道，在一堂课中，学生的学习是有意义的：初步的意义是他学到了新的知识；再进一步是锻炼了他的能力；再往前发展是在这个过程中有良好的积极的情感体验，使他产生更进一步学习的强烈需求；再发展一步，在这个过程中他越来越会主动地投入学习中去。叶澜教授认为一堂好课有一些可供参考的基本要求，即可以去努力做到"五实"：扎实、充实、丰实、平实和真实。[①] 一堂好课应是一堂有意义的课。对学生来说，至少要学到东西，再进一步锻炼了能力，进而发展到有良好的、积极的情感体验，产生进一步学习的强烈需求。有意义的课，也就是一堂扎实的课，不是仅仅表面热闹的课。

一堂好课应是一堂有效率的课。一是对面上来说，对全班多少学生有效率；二是效率的高低，没有效率就不算是好课。有效率的课，也就是充实的课、有内容的课。

一堂好课应该是生成性的课。一堂课不完全是预设的结果，而是在课堂中有教师和学生的真实情感、智慧的交流，这个过程既有资源的生成，又有过程状态的生成。这样的课可以称为丰实的课，内容丰富，多方活跃，给人以启发。

一堂好课应该是常态下的课。课堂的价值在于通过师生碰撞，相互讨论，生成许多新的东西。这样的课可以称为平实的课。要淡化公开

---

① 叶澜. 扎实充实丰实平实真实："什么样的课算一堂好课" [J]. 基础教育月刊, 2004（7）.

课，多上研讨课。不管谁在听课，教师都要做到旁若无人，心中只有学生。

一堂好课应该是有待完善的课。一堂好课不可能十全十美，它应该是真实的、不粉饰的、值得反思的、可以重建的课。只要是真实的，就是有缺憾的。有缺憾恰恰是真实的指标。

"五实"并不是一个完善的评价标准，但是教师在追求"五实"的过程中提高了专业化水平，心胸也博大起来了，同时享受到教学作为一个创造过程的全部欢乐和智慧。

（4）定性课堂教学评价标准多元化

在一节好课的网上讨论中，列出了一节好课的标准的 58 个观点，这里仅遴选几种，以作分享。

顾明远教授认为世上有四种老师：深入浅出（轻负高效）型、深入深出（重负高效）型、浅入浅出（轻负低效）型、浅入深出（重负低效）型。一般来说，深入浅出型教师执教的课是好课。

郑金州教授将"好课"的标准概括为"十化"：课堂教学的生活化；学生学习的主动化；师生互动的有效化；学科教学的整合化；教学过程的动态化；教学资源的优化；教学内容的结构化；教学策略的综合化；教学对象的个别化；教学评价的多元化。

出国留学网专题频道一节好课的评价标准栏目刊登了《一节好课的评价标准》：精神面貌：手握钢枪上战场；求知欲望：追根究底探"黄泉"；教学方式：自主互动求实效；教学效率：张弛有度分劳逸；知识容量：科学合理有梯度；能力训练：立竿见影搞反馈；目标达成：当堂检测要灵活；延展带动：余音绕梁怕下课；师生关系：融洽和谐春满园；课堂情景：胜似联欢喜洋洋。

综上所述，定性评价一节好课标准的多种观点，来自研究者对一节好课评价标准深思熟虑后的凝练的概括，表明了我国学者对定性评价一节好课标准趋向差别化、多元化。定性衡量一节好课的标准是多方面的，关键的不是哪一种概括更正确，而是研究者的概括不再千篇一律了，这本身就是进步。

5. 定性课堂观察的实施

(1) 普及定性课堂观察常识

课堂观察作为教师的一项专业活动，有别于一般的观察。学校应该本着全体教师共同发展的思想，普及定性课堂观察常识。定性课堂观察是观察者依据粗线条的观察纲要，在课堂现场对观察对象做详尽的多方面的记录，并在观察后根据回忆加以必要的追溯性的补充与完善。观察结果的呈现形式是非数字化的，主要是在观察的过程中采用归纳、资料分析等多种方法。

普及定性课堂观察常识要分为课堂观察前、观察中和观察后三部分。比如课堂观察前，一是要让观察者明确本次课堂观察的目的和任务目标。定性课堂观察是有目的的研究活动，而非随意式地走马观花。观察者只有清楚观察的目的，才能收集到更确切有效的资料，才能确保观察的有效性。二是选择合适的观察对象，确立恰当的观察视角。在确定观察点时，观察者要考虑自己是否熟悉观察内容、观察工具和记录方式等。三是准备携带的观察工具摄像机等。要根据观察点的特性，选择合适的工具做好观察的准备工作。

普及定性课堂观察常识要由点及面，层层深入，步步推进，使课堂观察成为每一位普通教师常用的聚焦课堂、研究课堂、创新课堂，追求课堂教学的高效和质量的方法之一，成为"大众化"的校本教研活动。在日常的听课、评课活动中运用这种方法，使课堂观察成为"常态化"的活动。

(2) 编制学生学业成绩观察表

观察者采用定性观察收集课堂教学信息时，一般需经过编码、分类、整理、解释等步骤。为了方便观察者对大量的记录信息进行简化和梳理，可通过图表等方式呈现与观察目的相关的信息，让人们较为清楚地了解观察情境中发生的事情。因此，观察者要学会编制观察表。

课堂观察中，不仅要观察教师的"教"，更重要的是观察学生的"学"。因为课堂观察的起点和归宿都是指向学生课堂学习的改善，所以，编制学生学业成绩观察表至关重要，直接关系到观察的成败。学生学业成绩观察表包括学生学习探究行为观察表、各单元学习测评表、研究性学习评价表、档案袋评价表、模块学业成绩综合评定表、模块学分认定书、学生毕业水平评定表等。

（3）编制课堂教学行为观察表

课堂教学行为观察表包括课堂教学田野式观察记录表、各学科专业表达行为观察表、师生交往行为观察表、课堂提问及回答行为观察表、教学媒体应用行为观察表、课堂教学学生习得性评价表、课堂教学自我反思评价表、课堂观察后的同行研讨记录表、课堂教学综合评价表等。

编制课堂教学行为观察表和编制学生学业成绩观察表一样，是一项系统而复杂的工作，观察表制订得科学与否、质量高低，直接影响着观察效果的质量。观察表的制定需要根据课程特点、教师水平、学生基础、教学实际等方面综合设计，观察表的制定要周密、细致、科学、严谨，突出重点，抓住关键。观察表同时需要在实践中进一步探索、完善和优化。

（4）定性课堂观察的基本要求

观察者要整体把握对课堂的真实感受；能体现观察者对课堂现象的理解、思考和深层次分析；能灵活地抓住个别有价值的细节；能简便、自由地记录；注意选择观察角度。如观察"学习状态与学习效果"时，观察者应靠近学生就座，特别是选择"优生"与"学困生"相对集中的位置观察；如观察"教师的提问方式"和"学生的应答方式"时，几位观察者可以坐在一起观察，便于观察时能相互协调。如果观察维度主要是教师的教学，为减少对课堂教学的影响，应选择在教室中学生座位后边就座开展观察。

课堂教学观察者应以学习者的身份来听课观察，课堂教学评价必须准确。准确性是课堂教学评价的灵魂，没有灵魂，教师的课堂教学评价就没有了生命力。教师的课堂教学观察评价应该客观地指出教师的长处和存在的缺点，要尽量客观真实地呈现课堂的本来面貌。观察者必须了解与自己相关的影响观察的误差来源，尽可能地减少自己的主观偏见对观察的不良影响。正如香港大学程介明先生所言，观课文化是学校专业精神的集中表现，把学生放在第一位，虚心地互相观摩、批评，是每一位专业教师应该做到的。

课堂教学观察不仅仅是一种方法或技术，更是一门艺术。教师课堂观察能力的培养，并非一朝一夕的事，它需要教育理论的支撑，它植根于深厚的教学功底、良好的语言素养和正确的教学理念。教师需要在课堂教学观察中成长，在成长中反思，在反思中增强研究意识，促进自身专业发展。

六、大数据时代定量课堂观察

1. 解读定量课堂观察

《教育信息化十年发展规划（2011—2020 年)》中提到，教育信息化建设的核心是学习方式和教学模式的创新。课堂教学是目的性和意识性都极强的一种系统活动。通过定量课堂观察能够有效地了解学生掌握知识、习得技能、发展智力、形成态度和相应的品质的状况。定量课堂观察不仅是教育科学研究中收集资料的手段之一，也是一种独立的教育科学研究方法。从传统的、主观的、经验式的听评课，到数字化、标准化、可测量的课堂教学观察，改变的不仅仅是课堂，不仅仅是教师，更是教育的生态、国家的未来。

（1）定量课堂观察的概念

定量课堂观察是指观察者以结构化的方式收集资料，并且以数字化的方式呈现资料。以结构化的方式收集资料是指观察前要准备好一套定量的结构化的记录量表，要有一定的分类体系或具体的观察工具，要明确地规定需要观察的行为或事件的类别、观察的对象以及观察的事件单位等，以便对预先设置的分类行为进行观察记录。以数字化的方式呈现资料是指观察记录的结果大多都是一些规范的数据。定量课堂教学观察这种方式在西方也被称为结构观察或者系统观察（Systematic Observation）。

在定量课堂教学观察中，观察者通过运用时间抽样和事件行为抽样的方法对课堂教学进行解构分解，根据分解的类别和因素设计观察工具（量表），从而收集到属于较少进行价值判断的事实性的量化资料，又经过统计分析的量化处理，以期得出科学客观的结论，特别是关于课堂教学的各种因素之间的相互关系等的一些结论。

（2）定量课堂观察方法

定量课堂观察的记录方式统称为分类体系（Category Systems），因为对事件行为和场景的结构分解其实就是对要素的分类。分类体系的特点：预先设置行为的类目，然后对在特定的时间段内出现的类目中的行为做记录。无论哪一种类型的课堂观察方法，最终都要落实到记录信息的具体方式上，从某种意义上来说，定量课堂教学观察方法实标上就是记录信息的具体方法。目前，课堂教学观察的工具超过百种，不论何种观察系统，其目的在于运用一套代码系统，记录在课堂教学中的师生口语互动情形，以分析教学行为，进而帮助教师改进教学行为，从而提高教学效率。定量课堂教学观察主要有三种记录方式：编码体系、记号体系或项目清单、等级量表。收集的资料类型有频率记数、事件发生的百分比或者等级量表的分数等。基于 COP 所采用的定量课堂教学观察方法可以划分为编码体系分析方法以及记号体系分析方法两类。S－T 分析方法是一种典型的编码体系分析方法，简单有效，易学易用，而且很具有代表性。除了 S－T，剩余的有效性提问、教师解答方式、教师的提问以及对话深度都属于记号体系分析方法。

（3）定量课堂观察的优势

① 定量课堂观察可获得真实可靠的资料。定量课堂观察可以探索课堂中正在进行的行为，并且可以获得真实可靠的第一手资料。它强调低推理、少判断，即在记录时，观察者利用相同的标准对课堂行为和事件进行归类。只要标准明确，记录正确，使用观察系统就不受观察者个人偏见的影响。也就是说观察技术是客观的，比起定性研究，不同观察者之间较容易达到较高的一致性，因此收集到的材料，也更具有真实性和可靠性。

② 定量课堂观察以数字呈现研究成果，说服力强。定量课堂观察注重科学、客观、系统的方法与程序，使研究有理有据。定量课堂教学观察收集到的所有材料可运用统计学的方法分析，以数字呈现研究成果，得出的量化研究结果说服力较强，使复杂的教育现象变得简约而凸显，能够帮助观察者发现复杂教育现象当中的逻辑关系，理清思路，找出重点。

③ 定量课堂观察行为简便易行。定量课堂观察相对于定性观察方法来说，尽管研究的样本可稍大，但观察的工具可以反复使用，并可以通过电脑和数据分析软件实现，使资料分析的过程较简单、快捷、客观，观察者稍加培训即可掌握。

(4) 定量课堂观察的局限

① 观察视角较为单一，难以概括课堂教学全貌。定量课堂观察在观察前提出问题，具体设计指标系统，控制性较强。它只着眼于可观察可测的因素，较少考虑课堂教学的背景因素；只对预定的类目进行观察、记录，反映问题难以全面；观察视角较为单一，难以发现观察指标系统以外的而又与研究问题密切相关的重要问题，而且也很难收集到观察对象主观意识方面的东西。因此，观察者观察到的教育现象尽管比较细致，但不全面，难以概括出课堂教学的全貌。比如在运用美国教学研究专家弗兰德斯的互动分类分析体系时，由于观察者必须每三秒就做一次记录，整个记录过程比较紧张，很难有多余的时间和精力去观察其他的内容，所以观察者除了能记录所要求的编码行为外，至于课程的内容、师生间的一些非语言互动等信息都可能被忽视了。

② 实际操作中很难做到完全的科学和客观。定量课堂观察实际操作中的科学性和客观性无法完全保证。尽管定量观察强调科学性和客观性，但实际操作中很难做到完全的科学和客观。比如在运用弗兰德斯互动分类分析体系时，观察者需要在容易混淆的类别间不断进行主观判断，这样很容易由于主观的因素导致记录的客观性有偏差。而且，等级量表中的数字，也完全是基于主观判断上的量化，也不是完全客观的。

③ 多数量表本身的科学性值得商榷。定量课堂观察量表本身的科

学性值得探讨。有很多因素会影响观察的信度和效度，比如观察量表本身的科学性、观察者之间的一致性程度，由于观察者的进入而引起的被观察者的一些非常态反应等。虽然不少公用的观察量表的精确性，或者说信度和效度在不断地修订和改进，但多数观察表本身的科学性是值得商榷的。

（5）定性与定量课堂观察综合运用

定量课堂教学观察方法使研究有理有据，通过前后若干次的观察数据的比较，归纳出被观察者的教学行为的特点；定性课堂教学观察着眼于综合观察教师的教学设计、课堂文化等要素，为被观察者提供全景式的改进性建议。正由于定量和定性的方法各有其优缺点，所以它们之间正好优势互补、完全有可能相互结合。定量和定性的课堂观察方法相结合，通过"中西医"结合诊断，有助于对教师课堂行为从细节到整体的把握，从而收集到既深入又广泛、既细致又整体的资料，有效地发现课堂教学中的问题，让教师高效率地进行改进，提升其专业的发展。这种综合形式不只在课堂观察中所独有，而是整个教育科研的趋势所在。

如何应用定性研究与定量研究相融合的理念来进行课堂观察呢？从选择课堂观察方法的角度，两种方法的结合可以在课堂观察的整个过程中进行。有的学者提出了"拿来主义""锦上添花"和"自力更生"三个循序渐进的阶段来进行课堂观察。

"拿来主义"，即在课堂观察之前，观察者和被观察者集中一段时间进行有效的商讨，确定课堂观察的目的、重点、量表选择等相关事项，广泛搜索国内外关于课堂观察相关研究的文献，从定性研究和定量研究的角度分别找到符合我国教育现状的工具和方法，直接应用到实际的课堂教学评价当中。

"锦上添花"，即在运用已有的观察工具比较熟练的情况下，能根据实际教学的需要把目前已有的一些量表、方法从定量和定性两个方面进行一定的完善和加工，力求使其更加贴近课堂教学评价的需求。

"自力更生"，即在对课堂观察的相关理论和方法深谙于心的情况下，逐渐产生了自己的思考，能够运用一定的教育教学理论进行支持，根据实际的教学需要独立编制出能够有效评价课堂教学效果的工具来，这是课堂观察的比较高的层次。

我们认为在综合运用定性研究与定量研究相融合的理念来进行课堂观察时，不妨尝试"先有自己的"—"再学别人的"—"经过实践检验"。

"先有自己的"是指在课堂观察之前，观察者和被观察者集中一段时间进行有效的商讨，在运用已有的观察工具比较熟练的情况下，根据实际教学的需要把既有的一些量表、方法从定量和定性两个方面进行完善和加工，力求使其更加贴近课堂教学评价的需要和要求。在此基础上，研究出第一套课堂观察方案。

"再学别人的"是指在第一套课堂观察方案的基础上，广泛阅读国内外关于课堂观察相关研究的文献，从定性研究和定量研究的角度分别找到符合我国教育现状的工具和方法，改进第一套课堂教学观察方案，编制出第二套课堂观察方案，直接应用到实际的课堂教学观察中。

"经过实践检验"是指在课堂教学中运用第二套课堂观察方案后，进行反思。逐渐产生了自己的思考，能够运用一定的教育教学理论进行支持，根据实际的教学需要调整观察方案，编制出能够有效评价课堂教学效果的工具来，形成第三套课堂观察方案。

需要注意的是，无论采用哪一种观察工具和方法，观察者进入现场之后，要按照一定的观察技术要求，根据课前会议制订的观察量表和观察要点，选择恰当的观察位置、观察角度，迅速进入观察状态，通过不同的记录方式，采用录音、摄像、笔录等技术手段，在技术层面将定量和定性方法充分结合起来，记录观察典型行为，做好课堂实录，记下自己的思考。在观察结束之后，观察者和被观察者应针对上课的情况进行研讨、分析、总结，在平等对话的基础上达成共识，制订后续行动跟进方案。

总之，无论是以怎样的方式结合，都应当立足于思考用哪些方法可以收集到解决问题所需要的资料，而不是为了方法而方法。采用属于不同研究范式的方法——定性观察与定量观察相结合的方法来进行课堂观察是非常重要的，这有利于达成研究目的，反映教育教学的真实情况，从而更有效地指导教育教学实践，促进教师专业发展，促使当前的课堂观察更加专业化。

2. 弗兰德斯互动分析系统

20 世纪 60 年代，美国教育家弗兰德斯（Ned. Flanders）提出的弗兰德斯互动分析系统（FIAS），记录和分析课堂中师生互动事件，是学习过程中重要的信息反馈工具。FIAS 是一种结构性的定量的课堂行为分析技术。弗兰德斯认为，研究者不可能也没必要把课堂中所发生的一切都记录下来，进行课堂观察时应该有所选择。由于教学活动主要以语言方式进行，语言行为是课堂中主要的教学行为，占所有教学行为的80% 左右。因此，弗兰德斯认为课堂语言行为提供了整个课堂行为的充足样本，它在很大程度上代表或决定了整节课的教学行为。此外，由于师生语言行为是明确表达出来的，便于观察者做客观记录，因此，弗兰德斯将课堂观察的重点放在师生语言行为上。

FIAS 的要素是教室情境中师生双方的对话。该方法利用一套编码系统把师生语言互动的情形记录下来，并据此做具体分析。FIAS 的使用方法包括三个部分：①一套描述课堂互动行为的编码系统。②一套关于观察和记录编码的标准。③一个用于显示数据、进行分析、实现研究目的的分析矩阵表格。

（1）FIAS 编码系统

FIAS 把课堂中师生语言互动的情况分为教师语言、学生语言和无效语言三大类共十个类别，其中第一至第七类别均是记录教师对学生说话的情况；第八类别和第九类别是记录学生对教师说话的情况；在课堂上，除了教师与学生的对话外，还有第十个类别，即记录课堂中可能出现的沉寂状态，一般包括安静或混乱两种，见表 5-3-6。

表 5-3-6　FIAS 编码系统

行为分类		具体行为	编码
教师语言	间接影响	表达感情：教师用没有威胁的方式接纳或澄清学生的感受	1
		表扬或鼓励：教师赞赏或鼓励学生合适的行为	2
		接纳或利用学生的观点：教师澄清、充实或发展学生的观点	3
		提问：教师就内容或程序向学生提问，并希望学生回答	4
		讲授：教师就内容或程序提供有关事实或观点，发表自己的见解	5
		命令：教师以语言直接指使学生做出某些行为	6
	直接影响	批评学生或为权威辩护：教师以权威的方式改变学生行为的语言	7
学生语言		应答：学生为了回应教师而做出的讲话	8
		主动发言：学生自发、主动地讲话	9
无效语言		停顿、短暂的沉默以及混乱	10

（2）FIAS 记录标准

FIAS 要求在课堂观察中，每三秒钟对课堂教学录像采样一次，并对每个三秒钟的课堂语言活动都要按编码系统规定的意义赋予一个编码符号，作为观察的记录。这样，如果一节课按照 45 分钟计算，则大约要记录 900 个编码。这些符号将代表课堂上按时间顺序发生的一系列事件，这些事件按先后顺序连接成一个时间序列，就可以获得以时间为序的较为精确的课堂信息。研究者可以通过对这些编码的分析，对课堂中的教学结构、行为模式、互动质量等做出较为精确的评价。

（3）FIAS 分析矩阵

在获得课堂的基本编码数据之后，FIAS 要求首先要依据这些数据形成 FIAS 的分析矩阵。一般分析矩阵都是对称矩阵，分析矩阵中的行与列分别代表了编码系统所确定的十种行为。在形成分析矩阵时，每次要从数据序列中依次取相邻的两个数作为序列对，然后以分析矩阵中的前一个数据为行数，后一个数据为列数，将所对应的单元格中的计数增加一次。例如：数据序列为4，5，6，2，3，6，9，首先要依次将两个相邻的行为数据组成一个序列对，如：4－5，5－6，6－2，2－3，3－6，6－9。其中，"4－5"表示在第4行第5列的单元格中计数1次；"5－6"表示在第5行第6列的单元格中计数1次。依此类推，就可以得到整节课的FIAS的分析矩阵，如表5－3－7所示。

表5－3－7　FIAS 的分析矩阵

项目		教师							学生		无效	总计
		(1)	(2)	(3)	(4)	(5)	(6)	(7)	(8)	(9)	(10)	
教师	(1)	2	0	0	2	0	1	0	1	0	0	6
	(2)	0	0	0	3	1	4	0	0	0	1	9
	(3)	0	1	3	7	3	1	0	3	0	0	18
	(4)	1	2	0	64	12	16	0	42	8	6	151
	(5)	0	1	0	17	69	12	0	0	0	0	99
	(6)	1	1	1	18	9	54	0	14	11	6	115
	(7)	0	0	0	0	0	0	0	0	0	0	0
学生	(8)	0	2	13	29	3	14	0	92	0	1	154
	(9)	0	1	0	8	0	10	0	0	278	1	298
无效	(10)	2	1	1	3	2	3	0	2	1	36	51
总计		6	9	18	151	99	115	0	154	298	51	901

一般来说，研究者可以通过分析矩阵计算师生语言行为比例，描绘课堂上教师和学生语言的比率变化情况，以及得出诊断处方等。

从分析矩阵中，可以计算出每一类语言行为的频数及其在总的语言行为中所占的比例和结构。具体包括：教师语言行为的频数及其在总的语言行为中所占的百分比；学生语言行为的频数及其在总的语言行为中所占的百分比；教师间接语言行为与直接语言行为之比；学生的被动发言和主动发言之比；积极强化（第1~3类）与消极强化（第6类和第7类）之比等。

从分析矩阵中，可以描绘出：一节课的基本轮廓和总体特征；课堂的动力，总的课堂气氛以及学生的参与程度；是"以教师为中心"，还是"以学生为中心"？是以指导性教学为主，还是以非指导性教学为主？学生是被限制的还是自由的？课堂气氛是沉闷的还是活跃的？学生的学习是被动的还是主动的？

从分析矩阵中，不但可以得到各个类别的总量信息，还可以得到某个类别中更加特殊的行为数据，例如，"5-5"单元格中的数据代表教师的连续讲授，"8-8"和"9-9"代表学生的连续语言行为。对这些特殊行为进行重新归类还会获得全新的信息，例如，"1-3"行与"1-3"列相交区域的数据反映了教师与学生之间情感气氛融洽与否，表现了课堂积极整合的程度。

FIAS得出的分析矩阵既是一份课堂互动质量评价的清单，也可以通过其得到该课的课堂流程图，从而形成一张诊断课堂互动质量的处方，如图5-3-1所示。

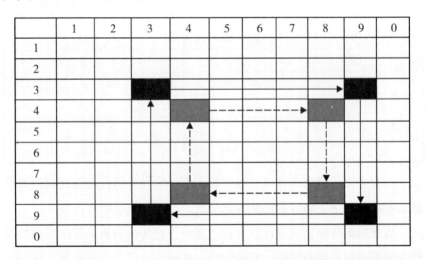

注：

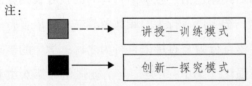

图5-3-1　FIAS的课堂流程图

使用FIAS分析矩阵对课堂互动质量进行诊断的方法如下：首先，找出FIAS的分析矩阵中第3行或第4行中最大的一个数A；其次，找出该行中次大数 B，再次，从大数 B 所在的列中找出最大数 C，再从最大数 C 所在的行中找出最大数 D；最后，看 D 所在的列中的最大数（或次大数）是否是 A。如果所形成的封闭矩形框落在"4 – 4""4 – 8""8 – 8""8 – 4"所形成的区间内，则所诊断的课堂教学为典型的讲授—训练模式（Drill Pattern），师生互动回应流由"教师提问—学生回答教师的问题—教师再提问……"等几个环节构成。如果所形成的封闭矩形框落在"3 – 3""3 – 9""9 – 9""9 – 3"所形成的区间内，则所诊断的课堂教学为创新—探究模式（Creative Inquiry Pattern），师生的互动回应流由"教师接受学生的观点，并以此发展课程教学—学生主动发表自己的观点—教师再次接受学生的观点……"等几个环节构成。运用这种诊断方法，可以对课堂上的师生互动质量进行深入的诊断和分析。

除了分析矩阵外，还可以描绘整节课教师和学生语言的比率变化情况，观察根据时间的推移，课堂中互动行为的变化情况。通过师生语言行为比率随时间变化的情况，可以获得课堂中师生互动水平变化的宏观趋势。

（4）FIAS 分析优势

FIAS 是诸多课堂信息采样分析系统中影响最大的一个。其分类体现了师生语言的互动性，而且它对每类语言行为都下了操作性定义，便于观察者对课堂语言行为进行甄别、归类。FIAS 以量化的方式，从课堂中的语言行为出发，精确记录并分析了课堂的全过程，对课堂教学中师生言语交互行为进行统计、分析处理，提高了研究的客观性和科学性，对教师进行教学改进、提高教学质量有着重要的意义。

FIAS 在记录方式上，用"编码"客观地记录了课堂内所发生的事件及其序列，这些"编码"基本上反映了课堂教学的原貌，为随后进行的评价奠定了扎实的基础，克服了传统课堂教学评价的主观性，大大提高了评价的客观性和科学性。

FIAS 在处理方法上，把复杂的课堂教学现象转化为相对简单的数学问题，采用分析矩阵和曲线分析的方法，得出一定的数学结论；然后把数学结论还原为教学结论，及时反馈教师在教学中存在的问题，提出改进方案，具有较强的诊断性。

（5）FIAS 分析局限

FIAS 使用观察量表仅是对教师和学生的言语行为进行量化，没有考虑基于信息技术的教学媒体对课堂教学产生的重大影响。FIAS 只反映课堂内师生的语言行为，而像教师的体态语言、教学内容、板书等影响课堂教学质量的重要因素没有得以体现，忽略了许多有价值的信息，由此得出的评价结论难免不够全面。

信息技术作为现代课堂教学中一个不可忽视的要素，在教学过程中与教师和学生都会产生丰富的交互活动，但是 FIAS 无法反映出这一类的互动。由于 FIAS 只重视教师在课堂教学中的行为表现（共有七个类别），忽视学生在课堂教学中的行为表现（共有两个类别），因而使用 FIAS 研究者无法真实全面地了解课堂中学生的学习行为。

FIAS 对评价者有较高的要求，评价者不仅需要记住每类语言行为的操作定义和编码，而且还要有较强的鉴别能力以及对时间的敏感性，因而只有经过专门培训的人员才能胜任。

（6）对 FIAS 的改进

近年来，科学技术的巨大进步引发了教学环境和教学方式的重大变革。课堂教学环境从多媒体教室向 1∶1 数字化课堂转变，教学内容传递方式以及教学互动行为已经产生较大改变，将 FIAS 直接应用于 1∶1 数字化课堂视频录像分析会存在以下问题：

一是在编码体系中，FIAS 对技术应用的分类层次较浅，仅停留在教师操纵技术、学生操纵技术以及技术作用于学生的观察，这种对技术的笼统分类，一方面容易引导教师为了应用技术而应用技术，忽略了关键问题是如何恰当地应用技术；另一方面难以区分课堂中技术支持教学互动行为的应用层次。例如，将技术作为资源演示工具还是作为具有高互动性的探究、创作工具等。

二是在分析方法中，FIAS 并没有对同时发生的多类教学互动行为进行编码，而是选择一类主要行为进行编码与分析，这种单一维度的编码方式，难以分析交叉重叠的互动行为，容易忽略技术支持下的深层次互动行为的发生。例如，教师边讲授边展示资源或分享评价作品等，使分析结果在一定程度上易偏向于研究者的原假设，无法真实、全面地反映技术在教学中的应用情况。为了能够真实反映 1∶1 数字化课堂环境下的教学互动行为，提高分析结果的可信度，需要在具体分析 1∶1 数字化课堂教学互动形式的基础上，对 ITIAS 编码体系以及分析方法进行改进。

针对运用 FIAS 分析矩阵观察课堂教学时存在的问题，不断有研究者对 FIAS 提出改进和修订。

1970 年，美国匹兹堡大学教授迪尔茨（R. Dilts）在布卢姆认知目标分类理论的基础上，提出了匹兹堡认知动词表（Pittsburgh cognitive verb list），把学生的认知活动从低到高分为九个层次。虽然，克服了 FIAS 只强调外部言语行为，忽视学生内部认知活动的不足，提出了从认知层面对交互进行分析的新视角，但同样也忽视了媒体技术在课堂教学交互过程中的重要作用。

2003 年，顾泠沅等探索出"行动教育"模式，从另一种角度理解 FIAS，并用频次统计的方法来判断教学中的主导者。同年，周新丽在其硕士学位论文中对 FIAS 进行了修订，增加了一个第 11 号编码：媒体（信息技术工具使用行为）。

2004 年，顾小清和王炜从新课改的实施理念和信息技术应用的角度出发，对 FIAS 作了进一步的改进，提出了基于信息技术的互动分析编码系统（Information Techno – Based Interaction Analysis System, ITIAS），增加了人与技术之间的互动，能够比较准确地反映多媒体教室课堂教学的真实情形。

2009 年，Carol McDonald Connor 提出了 ISI（The Individualizing Student Instruction）课堂观察和编码系统，旨在从学生个体角度详细描述课堂环境。除了关注个体的交互行为外，它还特别重视环境因素、教师教学组织管理、师生本身认知水平三方面因素对课堂教学交互的影响。认为教师的关怀与响应、课堂管理、组织与纪律、交流和情绪气氛营造，教师掌握的学科领域、其他资格和经验、同样学生自身的知识与认知水平都会对教学交互产生影响。

2012 年，方海光针对数字化课堂教学环境，对已有的编码系统 FIAS 和 ITIAS 作了进一步优化和改进，形成了支持数字化课堂的改进型弗兰德斯互动分析系统 iFIAS（Improved FIAS），见表 5 - 3 - 8。

表 5 - 3 - 8　改进型弗兰德斯互动分析系统 iFIAS

教师语言	间接影响	1. 教师接受情感 2. 教师表扬或鼓励 3. 教师采纳学生观点	
	直接影响	4. 教师提问 5. 教师讲授 6. 教师指令 7. 教师批评或维护教师权威	4.1　提问开放性问题 4.2　提问封闭性问题
学生语言		8. 学生被动应答 9. 学生主动说话 10. 学生与同伴讨论	9.1　学生主动应答 9.2　学生主动提问
沉寂技术		11. 无助于教学的混乱 12. 有益于教学的沉寂 13. 教师操纵技术 14. 学生操纵技术	

2015 年，李红美结合教学应答系统在教学一线的实践，试图构建基于教学应答系统的课堂互动双编码分析模型 ARSIAS（Audience Response System - Based Interaction Analysis System），而穆肃则设计了基于教学活动的课堂教学行为分析系统 TBAS（Teaching Behavior Analysis System）。

2016 年，伍文臣、饶敏、胡小勇对弗兰德斯编码系统（FIAS）进行改进，构建了"以学为中心的课堂互动分析编码系统（SIAS）"，对以学为中心的信息化课堂互动分析具有引导作用和研究价值。通过文献分析，将国内外学者对弗兰德斯互动分析系统的改进总结如下，见表 5 - 3 - 9。

表 5-3-9　研究者对弗兰德斯互动分析系统的改进

研究者	分析方法	调整部分	优点	不足
弗兰德斯	FIAS		1. 量化统计和分析课堂师生言语交互行为； 2. 教师可依据量化的数据对教学进行分析和反思	1. 忽视学生行为表现； 2. 无法反映信息技术因素
迪尔茨 （R. Dilts）		提出了匹兹堡认知动词表（Pittsburgh cognitive verb list），把学生的认知活动从低到高分为九个层次	克服了 FIAS 只强调外部言语行为，忽视学生内部认知活动的不足，提出了从认知层面对交互进行分析的新视角	忽视了媒体技术在课堂教学交互过程中的重要作用
顾小清 王　炜	ITIAS	1. 细分"沉寂"为无助的混乱、学生思考、学生做练习； 2. 增加了"技术"编码； 3. 原来的 10 类扩充到 18 类，其中"技术"编码 3 个，教师行为编码由原来的 7 个变为 8 个，学生行为编码由原来的 2 个扩充到 4 个	在 FIAS 基础上增加了学生语言和技术的类别	1. 教师和学生操作何种技术和设备，如何操作没有详细界定； 2. 存在行为交叉、归类模糊的问题

（续表）

研究者	分析方法	调整部分	优点	不足
方海光	iFIAS	1. 细分"提问"为"提问开放式问题"和"提出封闭式问题"； 2. 增加"学生与同伴讨论"，并将原编码"学生主动说话"细分为"学生主动应答"及"学生主动提问"； 3. 增加技术编码，包括"教师操纵技术"和"学生操纵技术"； 4. iFIAS 把总编码数由 18 类减少为 14 类	细分了沉寂和学生编码，并体现了技术对教学互动的影响	对师生"操纵技术"进行孤立分析，不能揭示技术对整个课堂的作用
李红美	ARSIAS	1. 将技术的应用分别融入教师讲解、学生应答、教师间接影响等环节中，避免了孤立统计技术教育应用的表象； 2. 将信息技术的教育应用具体化； 3. 修改后的编码共 18 类，其中教师 11 个，学生 5 个，沉寂 2 个	充分考虑了沟通过程中的语言或行为的多义性和复杂性	1. 以教师行为为主，忽视学生的行为表现； 2. 缺乏学生使用技术的编码

（续表）

研究者	分析方法	调整部分	优点	不足
穆 肃	TBAS	1. 在原编码中添加教师使用传统媒体和计算机多媒体的情况； 2. 列出教师使用设备基本操控和课堂监督控制的情况； 3. 修改后的编码共15个，其中教师编码8个，学生编码6个（使用媒体3个），无意义活动1个	将信息技术和设备融合到教师活动与学生活动中	1. 忽视信息化课堂上学生的主体地位； 2. 有意义思考和无意义沉寂笼统归为一类
伍文臣 饶 敏 胡小勇	SIAS	从原来的10类编码扩充到18类编码，其中教师行为编码7个（1～7），学生行为编码7个（8～14），沉寂2个，技术2个（17～18）	体现了信息化课堂上学生的主体地位，综合考虑了技术对于师生交互过程中的影响，同时展现出了信息化课堂中资源对于教学的辅助作用	样本太小，需要再深入研究，才能达成具有普适性的结论

　　通过表5－3－9，可看出前五种分析方法，在改进已有的关于课堂互动行为的分析系统上虽各有优势，但也存在不足：一是重在教师言语行为分析，而忽视学生的主体地位；二是忽视技术要素；三是缺乏对学生行为的定量研究。最后一种分析方法SIAS虽然在编码系统上做了较大的改进，试图解决上述三方面的问题，但因样本太小，三轮问卷，有效样本均未超过15份，需要再深入研究，才能达成具有普适性的结论。

　　总之，教师在运用FIAS等已有的编码系统时，不能被其所束缚，可以从自己研究的需要出发，有所侧重地对FIAS等编码系统加以运用，即内容的侧重服从研究者的要求。这样就可以摆脱 FIAS 等编码系统本身的一些局限，使其尽可能为教学研究服务。

3. S-T 分析方法

S-T 分析方法是 Student、Teacher 首字母缩写，S-T 分析方法就是学生—教师（Student - Teacher，S-T）的分析方法，是一种典型的编码体系分析方法，简单有效，很具有代表性。S-T 分析方法是由日本学者首先提出的，后被许多国家的研究者采纳并用以进行本土化的研究。

（1）S-T 分析方法的基本思想

S-T 分析方法是一种能够直观表现教师教学性格的课堂观察方法，它可以用于对教学过程进行定量和定性的分析与评价，判断教师课堂教学性格，获取具有共识的客观的信息。

S-T 分析方法的基本思想是将教学行为的主体简单地分为学生（S）行为和教师（T）行为两类。根据 S 行为和 T 行为发生的比重以及相互之间的关系判断课堂教学模式的类型。S-T 分析方法将教学模式分为练习型、讲授型、对话型和混合型四种。

通过对教学过程中教师（T）行为和学生（S）行为进行两个维度的编码，描述课堂的基本结构与实时发生的事件来观察、分析课堂教学的质量与特征。S-T 分析方法中的行为类别仅有教师（T）行为和学生（S）行为两类，能够大大降低对教学活动进行分类记述的模糊性，提高对教学活动进行分类的客观性和可靠性，有利于教师逐步把握和使用这一方法完善教学，实现自身的专业发展。

（2）行为类别定义

S-T 分析方法将教学中的行为仅分为教师（T）行为和学生（S）行为两类，并将教师视觉、听觉的信息传递行为定义为 T 行为，除此之外的所有行为都定义为 S 行为。

在一般的教学过程中，T 行为主要有：教师的讲话行为（听觉的）、教师的板书行为（视觉的）、演示多媒体材料或实验步骤行为（视觉的）等。这些行为具体表现为解说、示范、板书、利用多种媒体进行展示、提问与点名、评价与反馈等。S行为包括T行为以外的所有行为，多发生在以下场合：学生的发言、学生的思考、学生的计算、学生记笔记、学生做实验或完成作业、课堂中的沉默与混乱等。

（3）数据收集方法

教学过程是一种特殊的认识过程，也是一个促进学生身心发展的过程。通过对教学过程的实际观察和课堂教学过程录像资料的观看，以一定的时间间隔，对观察内容进行采样，并根据采样样本点的行为类别，以相应的符号S或T记入到规定的表格中，由此即构成了S-T数据序列，简称S-T数据。进行数据收集时具体分为以下三个步骤。

第一步，设定采样间隔。

S-T分析方法采用定时采样法进行采样记录。所谓定时采样法，是指按照一定的时间间隔进行采样。采样间隔时间越短，采集到的样本数据就越多，就能更好地反映整体的实际情况，但是会加大采样工作本身的工作量；相反，采样间隔时间越长，采集到的样本数据就越少，有可能不能很好地反映整体的实际情况，但采样工作会相对轻松。

通常情况下，45分钟的课堂教学选取的采样间隔是30秒，也就是说，每半分钟进行一次采样记录即可。如果课堂时间不足45分钟，那么采样间隔就要相应缩短。例如，当课堂时间在30分钟左右时，采样间隔通常为10秒；当课堂时间在15分钟左右时，采样间隔通常为5秒。

第二步，记录S-T数据。

确定好采样间隔后，就可以收集课堂观察数据了。在观察的过程中，每到采样的间隔时刻就选取一个样本。若该时刻为教师行为，则记为T，否则记为S，大小写不限。教师视觉的听觉的信息传递行为为T行为，而除此之外的所有行为都为S行为。也就是说，T行为是一个很严格的行为，而S行为则是相对宽泛的行为。这就意味着，只有当出现明确的教师传递信息行为时才能记作T行为，否则全部记作S行为。在进行数据采样时可能会遇到这样的情况：在采样时，全班学生都在做实验、写作业或进行讨论等，而教师正在对某一个学生进行个别辅导，这时教师虽然也有语言行为，但是这个行为仅仅涉及个别学生（私人对话），而不是教室内的每个人（公共对话），因此这时也应记作 S 行为；有时还会遇到在采样时教师和学生同时在说话，这时也记作 S 行为。

在课堂现场进行采样时，观察者可借助手机、秒表、笔记本电脑等计时设备进行定时采样。可以将采样数据填入课前打印好的表格中，或者在笔记本电脑上直接填入 Excel 表格中，表 5-3-10 显示的是以 10 秒为采样间隔记录的 10 分钟的 S-T 数据。通常情况下，一行表格记录 1 分钟的数据，以便于直观地看到每个数据是在哪个时刻发生的。

表 5-3-10　采样记录表

时间/分	A	B	C	D	E	F
1	T	S	T	T	S	T
2	T	T	T	T	T	T
3	T	T	T	T	T	T
4	T	T	S	S	T	T
5	S	S	T	T	S	T
6	S	S	T	S	T	T
7	T	S	S	S	S	S
8	T	T	S	T	T	S
9	S	T	T	T	T	S
10	T	T	S	S	T	T

如果通过观看视频案例进行课堂观察，教师可以通过播放器的时间轴轻松地确定采样时间。例如，采样间隔是 10 秒，视频在 0 分 20 秒时暂停，学生正在向授课教师问好，此时为 S 行为，记在第一行单元格的第二列中。又如，当 1 分 10 秒暂停时，授课教师正在进行课堂引入，举出实际例子，此时为 T 行为，记在第二行单元格的第一列中。

如果教师设定的采样间隔为 5 秒，教学视频长度为 10 分钟，那么 1 分钟就会产生 12 个数据，S-T 数据序列就会由 10 行 12 列数据组成，见表 5-3-11 所示。

表5－3－11　以5秒间隔对10分钟教学采样得到的数据表

时间/秒	A	B	C	D	E	F	G	H	I	J	K	L
1	T	S	S	T	T	T	S	S	S	S	S	S
2	S	S	S	T	T	T	S	S	S	S	S	T
3	S	S	S	T	T	T	S	T	T	S	S	T
4	T	T	S	T	T	T	S	T	T	S	S	T
5	T	T	S	T	T	T	S	T	T	S	S	T
6	T	T	S	T	S	S	S	T	T	S	S	S
7	T	T	S	T	S	S	S	T	T	S	S	S
8	S	S	T	S	T	S	S	S	S	S	T	S
9	S	S	S	S	S	S	S	T	T	T	T	S
10	S	S	T	T	T	T	T	S	T	T	T	S

第三步，进行信度检验。

信度检验，即计算信度系数其数值越大，表明测量的可信度越高。戴维利斯（DeVellis）认为，信度系数在0.60～0.65时，最好不采纳；信度系数在0.65～0.70时，为最小可接受值；信度系数在0.70～0.80时，表明数据相当好；信度系数在0.80～0.90时，表明数据非常好。在进行S－T分析时，如果信度系数在0.70以上，则表示数据可以接受；如果信度系数小于0.70，则需要几位观察者讨论协商，直至信度系数达到0.70以上。

下面简单介绍运用SPSS软件进行信度检验的方法。

通常由2～3人对课堂录像进行采样编码，以3人为例，首先，录入3个人的数据，见图5－3－2所示。

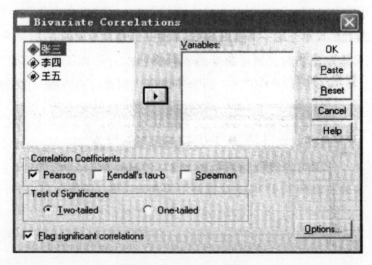

图 5 - 3 - 2 录入数据

其次，在"Analyze"菜单下的"Correlate"中选择"Bivariate"命令，打开图 5 - 3 - 3 所示的"Bivariate Correlations"对话框，在其左侧变量列表中选择"张三""李四"和"王五"变量，并将其添加到"Variables"框中。

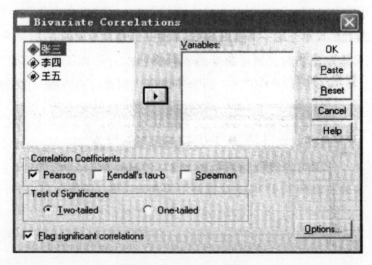

图 5 - 3 - 3 添加变量

最后，单击对话框中的"OK"按钮，结果如表 5 - 3 - 12 所示。

5 – 3 – 12　信度检验结果

项　目		张三	李四	王五
张三	Pearson Correlation	1	.889**	.653**
	Sig.（2 – tailed.）		.000	.005
	N	17	17	17
李四	Pearson Correlation	.889**	1	.764**
	Sig.（2 – tailed.）	.000		.000
	N	17	17	17
王五	Pearson Correlation	.653**	.764**	1
	Sig.（2 – tailed.）	.005	.000	
	N	17	17	17

** Correlation is significant at the 0.01 level（2 – tailed）.

结果表明：三人编码的信度达到了可以接受的程度，但张三与王五的编码差距较大，需要三人小组就具体编码进行协商，达成一致，修改编码结果。

在没有 SPSS 软件或信度要求不是特别高的情况下，也可以将信度检验简化为计算一致性系数。一致性系数是指不同研究者的相同编码数除以编码总数。例如，两个人共同观察一节课，都获得了 240 个数据，其中有 210 个数据完全相同，则他们的一致性系数为：210/240 = 0.875，表明这两份数据的一致性系数为 0.875，属于非常好的数据信度，可以进行下一步的数据分析。

如果教师以手工的方式制作 S – T 数据，可将观察的结果填入图5 – 3 – 4 的数据记录卡片中。

S－T 数据记录卡片　　　　　　　　No：

学校	X 中学
教师	A 教师
时间	2018 年 1 月 8 日 星期一
学科	数学（初中二年级）
教材	菱形的定义与性质
采样间隔	15 秒

	0	1	2	3	4	5	6	7	8	9
0	T	T	T	T	T	T	T	T	T	T
1	T	T	T	T	S	T	S	S	S	S
2	T	T	S	T	T	T	S	T	T	T
3	T	T	T	T	S	S	T	S	S	T
4	T	T	T	T						
5										

备注：案例总长度为 11 分钟，共 44 个数据。

图 5－3－4　S－T 数据记录卡片

（4）教学模式分析

S－T 分析方法可以用两种不同的方式表示教学模式：一种是以 S 行为和 T 行为随时间变化的 S－T 图的方式表示教学模式；另一种是以 Rt－Ch 图的方式表示教学模式，并突出表现教学性格或教学类型。

第一步，S－T 图的绘制。

获得 S－T 数据后，可以手绘或使用专业软件绘制出以 S 行为、T 行为随时间变化的 S－T 图。手绘 S－T 图通常需要在专用的绘图用纸上绘制，一般可使用坐标纸进行描绘。纵轴为 S，横轴为 T，分别表示 S 行为和 T 行为的时间，单位为分钟，原点为教学的起始时刻。以采样间隔 30 秒为例，假设采集到的前四个数据分别是 T、S、T、T，也就是说第 30 秒是 T 行为，第 1 分钟是 S 行为，第 1 分 30 秒是 T 行为，第 2 分

钟是 T 行为。教学开始第 0 秒为原点，第 30 秒为 T 行为，所以在 T 轴
上从原点起画 30 秒的横线；第 1 分钟是 S 行为，所以从第 30 秒起画 30
秒的竖线；第 1 分 30 秒是 T 行为，再接着画 30 秒的横线；第 2 分钟是
T 行为，再接着画 30 秒的横线；将实测得到的 S 和 T 数据依次在 S 轴、
T 轴上予以表示，直至教学结束时刻止，即可绘制好 S－T 图，具体可
参见图 5－3－5 所示。

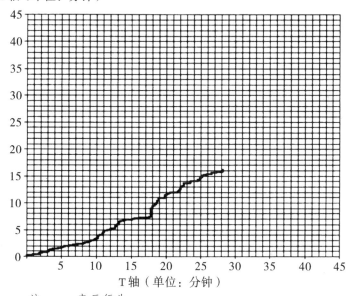

图 5－3－5　S－T 教学分析图

S－T 图的绘制，也可以使用专业软件绘制出以 S 行为、T 行为随
时间变化的 S－T 图。只需将存在 Excel 表中的 S－T 数据导入软件即可
获得。

第二步，S－T 图的解读。

S－T 图表示的是课堂中师生行为随时间变化的曲线。若曲线偏向
于 T 轴，则说明此节课的教师行为较多；若偏向 S 轴，则说明此节课的
学生行为较多；曲线中的转折越多，说明师生行为的转换次数越多，反
映出师生之间的交互也就越多。

若横轴出现较大断层，如图 5 - 3 - 6A 所示，则说明教师行为大量连续出现，反映出课堂中以教师大段讲授等行为为主，教师给予学生思考、学习的机会较少、时间较短，是典型的讲授型教学模式，不利于学生自主探究学习精神和能力的培养；若纵轴出现较大断层，如图 5 - 3 - 6B 所示，则说明学生行为大量连续出现，反映出课堂中以学生动手实践、思考讨论、自主练习等行为为主，教师在学生自主探究学习过程中给予的引导或指导较少，是典型的练习型教学模式。

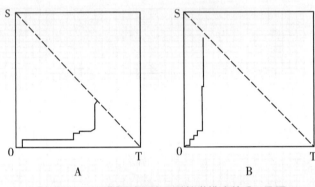

图 5 - 3 - 6　讲授型和练习型教学模式的 S - T 图

从图 5 - 3 - 5 中可以看出，本节课师生之间的转换次数频繁、师生交互较多，基本没有出现教学行为的断层，教师对学生的引导合时合理，对课堂的收放较为自如。

第三步，Rt - Ch 图的绘制。

S - T 分析法可以直观地表示教师教学性格，而教学性格就是由 Rt - Ch 图表现出来的。Rt 和 Ch 分别表示教学过程中的 T 行为占有率和行为转换率，它对教学模式的描述和教学过程的分析具有重要的意义。

获得 S - T 数据后，还需要计算出两个量：Rt 教师行为占有率、Ch 师生行为转换率。Rt - Ch 图就是分别将计算出的 Rt 和 Ch 数据描绘在以横轴为 Rt、纵轴为 Ch 的平面上。显然，一节课的教学在 Rt - Ch 图中对应一个点，图 5 - 3 - 7 的三角形阴影区域为（Rt，Ch）点存在的逻辑范围。在 Rt - Ch 图中，横轴 Rt 表示了教师的讲授和演示行为占总行为数的比例，纵轴 Ch 表示了教学中师生活动的交换程度。

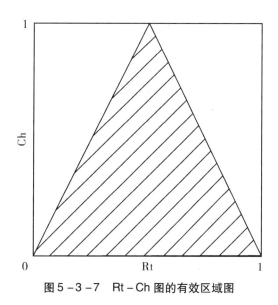

图 5 – 3 – 7　Rt – Ch 图的有效区域图

第四步，Rt – Ch 图的解读。

如何界定一节课的教学类型呢？需要通过计算。T 行为占有率 Rt 的计算方法为：设教学过程中所有行为的采样总数为 N，其中 T 行为数为 Nt，则有 Rt = Nt/N。Rt 的取值范围为 0～1，Rt 值越大，T 行为在总采样行为数中的比例越大，即教师在教学过程中的活动比例比较大。

行为转换率 Ch 的计算方法为：T 行为与 S 行为间的转换次数与总的行为采样数之比。研究者称相同行为的连续为一个"连"，用字母 g 表示，Ch =（g - 1）/N。例如：设采样到的 S – T 数据序列为：TTSSTSSTTT，则该数据中有 5 个连，g = 5，即：TT SS T SS TTT，Ch =（g - 1）/N =（5 - 1）/10 = 0.4。

得到（Rt，Ch）点后，Rt – Ch 图就分别将计算出的 Rt 和 Ch 数据描绘在横轴为 Rt、纵轴为 Ch 的平面上的图形。Rt – Ch 图可以区分四种不同的教学模式：①以学生活动为主，且师生活动交换程度较低的练习型教学模式；②以教师活动为主，且师生活动交换程度较低的讲授型教学模式；③师生活动比例相当，且师生活动交互程度较高的对话型教学模式；④师生活动比例相当，但师生活动交互程度较低的混合型教学模式，见图 5 – 3 – 8 所示。

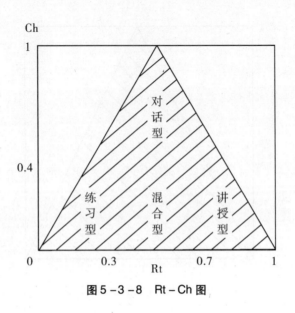

图 5 - 3 - 8 　 Rt - Ch 图

　　显然，一节课的教学在 Rt - Ch 图中对应一个点，图 5 - 3 - 8 的阴影部分为（Rt，Ch）点存在的逻辑范围。在 Rt - Ch 图中，横轴 Rt 表示教师的讲授和演示行为占总行为数的比例，纵轴 Ch 表示教学中师生活动的交换程度。由此，可以区分四种不同的教学模式。表 5 - 3 - 13 展示在教学过程为 50 分钟，且采样间隔为 30 秒的条件下，使用 Rt 和 Ch 值区分教学模式的临界值。

表 5 - 3 - 13 　 教学模式及其标准条件

教学模式	标准条件
练习型	Rt≤0.3
讲授型	Rt≥0.7
对话型	Ch≥0.4
混合型	0.3 < Rt < 0.7, Ch < 0.4

　　Rt - Ch 图可以有效地区分四种教学模式，因此，它也是一种描述教师教学性格的方法。S - T 分析方法在实际的教科研中有着广泛应用。例如，观察者可以针对自己或某一位教师的不同知识点的教学录像进行观察和抽样，然后综合利用 S - T 分析方法的 Rt - Ch 图、课堂观察笔记

及记号体系进行对比分析研究，就能够看出被观察教师的教学风格和特点，并且有可能依据这些数据和观察结果给被观察的教师提出更科学、更全面的教学改进建议。

(5) S－T分析优势

S－T分析方法易于学习和利用，按照一定的时间间隔记录教师或学生的行为，研究信度较高。由于S－T分析方法只有两种编码，且界定十分清晰，不容易混淆，所以大大降低了编码的模糊性，提高了研究的客观性和可靠性，研究效度较高。

(6) S－T分析局限

由于S－T分析方法只将课堂行为分为教师行为和学生行为两类，所获得的信息比较粗略，且研究者在使用这种方式时并不知道教师行为和学生行为的具体意义，往往会忽略课堂中的许多关键事件，因此S－T分析方法一般只用于区别四种教学模式和教学过程的概况研究。如果想获得更精细、更具诊断性的教学分析结果，达到较好的研究效果，还需要将S－T分析方法与其他方法配合使用。

随着数字技术的发展和普及，从案例分析进一步扩展到大型课堂教学录像数据库的研究与管理，成为课堂教学录像研究发展的新方向，这也为S－T分析方法在教育教学中的应用奠定了坚实的基础，开辟了广阔的空间。

4. 记号体系分析方法

(1) 记号体系分析方法概念

记号体系也叫项目清单，是指预先列出一些需要观察并且有可能发生的行为，在课堂上每一种事件或行为发生时做记号。这种表的作用是核查所要观察的行为有无发生，通过对要观察行为的频次计数，让观察者体会到一个时间段内课堂活动或学生表现的特点。一般只记录主导活动，很多活动同时发生且分不出主次时，可以如实记下两个或更多的活动。记号体系分析方法作为课堂观察方法与技术的一种，有着自己独特的魅力。

（2）**记号体系观察表的设计**

在进行记号体系分析之前，首先必须要确定观察的行为是什么，对于研究有何意义等。因此，观察者在使用记号体系分析方法进行课堂观察之前，要预先设想一些需要观察且有可能发生的行为，并将这些计划观察的行为列入一张事先编制好的记号体系观察表中。例如，如果观察者想要聚焦课堂中的对话行为，那么就需要事先考虑课堂中都有哪些对话行为，如何界定这些对话行为，把计划观察的行为界定清楚后，就可以把这些内容列入记号体系观察表中。在设计记号体系观察表时，需要注意以下几点。

一是记号体系观察表中的内容必须是可观察、可记录、可解释的。观察只是对行为的一种快照，很难观察学生、教师头脑里的东西，只能观察那些能观察到的东西，如人物（行为的主体）、频率（行为发生的程度）、性质（行为的表现性）、持续时间（行为持续的时间长度）、反应时间（学生接收指示与做出要求的行为所间隔的时间）、强度（行为的强度和力度）、地点（行为在哪里发生）等。这些观察的内容还必须是可记录和解释的，否则就失去了课堂观察的意义。

二是要注重记号体系观察表的效度。记号体系观察表中的观察指标必须比较全面地揭示所要观察的内容。这就要求观察框架在逻辑上是合理的，所选择的观察指标既要有代表性，又不能相互涵盖。

三是要注重记号体系观察表的实用性。所选择的观察指标要简洁，便于速记、反思，具有很强的可操作性。以聚焦课堂对话方式为例，某校教师根据顾泠沅教授曾使用的问答量表，结合多年的课堂教学研究，制定了课堂对话方式观察表，见表5-3-14。该观察表共包含三个维度，分别是教师挑选回答问题的方式、学生回答的方式、教师回应的方式。

表5-3-14　课堂对话方式记号体系观察表

观察维度		记号记录	频次	比例/%
教师挑选 回答问题 的方式	提问前先点名			
	让学生齐答或自由答			
	叫举手者答			
	叫未举手者答			
	鼓励学生提出问题			
学生回答 的方式	集体齐答			
	讨论后汇报			
	个别回答			
	自由答			
	无人回答			
教师回应 的方式	肯定回应			
	否定回应			
	无回应			
	打断回答或教师代答			
	重复学生回答并解释			

（3）记号体系观察表的使用

记号体系分析方法是一种聚焦式观察，即观察者确定观察焦点，也就是某个具体问题，并针对这一焦点问题进行的一种观察。记号体系分析方法中的数据收集工具即是记号体系观察表，观察表中的内容是根据观察焦点预先设想的需要观察并有可能发生的行为。记号体系观察表通常由观察行为、记号记录、频次总数和比例等部分构成。

在进行课堂观察时，观察者需要以记号体系观察表为记录工具，将聚焦点集中在记号体系观察表中所列出的行为上，而关于记号体系观察表以外的课堂行为则不必关注。观察者可以采用"正"字记号法或其他计数方法，每当表中的事件或行为发生时就做一个记号。以表5-3-14为例，每当授课教师提出一个问题，观察者就需要根据表中的三个维度对对话方式进行判断，假如教师是在提问前就点名指定学生回答，观察者就需要在"提问前先点名"所在行的"记号记录"表格中记录一次；假如教师是在提问后根据学生的举手情况选择举手的学生回答，观察者就需要在"叫举手者答"所在行的"记号记录"表格中记录一次。对教师挑选回答问题的方式记录之后，就可以按照相同的方法对学生回答的方式及教师回应的方式进行记录。需要注意的是，课堂中每发生一次对话，记号体系观察表中的三个维度应分别增加一个记号，不能出现一个或两个维度上没有记录记号，或是在一个维度上记录多个记号的情况。当观察结束后，观察者可以统计每个维度记录的记号总数，如果数量不相等，则说明记号在记录过程中出现了问题，此时的数据是无效的；如果数量相等，则说明数据有效。

确定好记号体系观察表后，需要对观察表中的观察行为进行详细界定，即规定何种情况应该判定为何种行为。如果是多位教师同时进行课堂观察，还需要对观察教师进行简单的培训并展开一定的讨论，使观察教师能对观察表中的行为得到共性的认识，以提高课堂观察的信度。通常在经过两三次记号体系的观察实践后，观察教师就能对观察行为形成较为稳定的、统一的认识。

课堂观察结束后，观察者需要统计出每个观察维度的记号数量，即每种行为发生的频次，再计算出每种行为在其所属上一级维度中所占的比例。运用频次和比例就可以进一步分析课堂中的教学行为的特点和反映出的问题。

国内外教育研究者已经开发了大量的记号体系观察表，可供课堂观察者直接使用。本节重点介绍五种常用的记号体系分析方法：问题类型分析方法、课堂有效性提问分析方法、课堂对话方式分析方法、师生对话深度分析方法和目标学生的非投入行为分析方法。当观察焦点超出这五种方法的观察范围时，也可以自行设计记号体系观察表。需要注意的是，所设计的记号体系观察表中的内容都必须是可观察、可记录、可解释的，而且要尽可能确保记号体系观察表的效度和实用性。

(4) 常用的记号体系分析方法

一般来说，记号体系都有严格的教育研究背景和理论支撑，因此要根据不同的研究问题来确定使用不同的记号体系分析。到目前为止，国内外教育研究者已经开发了大量的记号体系观察表，其逻辑上的严密性和科学性都经过了实践检验，可供课堂观察者直接使用。下面就对五种常用的记号体系分析方法逐一进行介绍。

① 问题类型分析方法。问题类型分析方法，即对课堂中教师所提问题的类型进行记录与分析的一种聚焦式课堂观察方法。迄今为止，大多数教育家都认为问题解决是最有意义和最重要的学习与思维活动，几乎所有的教学活动都与各种形式的问题相关。在创新教育与课程改革的背景下，问题即课题，教学即研究，成果即成长，对问题的教学研究具备强大的生命力，引起了研究者们的多方关注。有学者认为，课堂中的问题是指在一定情境中某种未知的实体，而问题解决是复杂的认知过程。通过一系列精心设计的类型丰富、质量优良的有效教学问题来贯穿教学过程，培养学生解决问题的认知能力与高级思维能力，是一种有价值的教学模式。教学问题的设计能够为学生预先构建聚焦教学思考的框架，使教学进程朝预先设计的方向发展，培养学生思维技能的持续发展。

麦卡锡（McCarthy，1996）在 4MAT 模式中将问题分为四种类型，即是何类问题、为何类问题、如何类问题及若何类问题，简称"四何"问题，见表 5 - 3 - 15。

表 5 - 3 - 15　麦卡锡对问题类型的划分

问题类型	解释	举例
是何类问题	指向事实性问题，如定义性问题等；该类问题的解决意味着事实性知识的获取	苹果树是什么种类的植物？它的外形是什么样的？（果树，圆形）
为何类问题	指向原理、法则、逻辑等问题，如推理性问题等；该类问题的解决意味着原理性知识的获取	为什么苹果成熟后会从树上掉在地面上？（万有引力定律）

问题类型	解释	举例
如何类问题	指向表示方法、途径与状态的问题，如技能与流程性问题等；该类问题的解决意味着策略性知识的获取	怎样才能知道一个苹果的重量？（弹簧秤或天平称重量/质量的使用方法）
若何类问题	指向条件发生变化、可能产生新结果的问题，如假设性问题等；该类问题的解决意味着创造性知识的获取	假如在没有大秤或起重机，而只有船和石头的情况下，怎样才能知道一头大象的重量呢？（曹冲称象的创造性，解决方法等）

一是何类问题。通常是指以"What，Who，When，Where"为引导，且指向一些表示事实性内容的问题。这类问题主要涉及事实性知识的回忆与再现，或者是通过说明、解说、转述来阐明某种事实性的意义，该类问题的解决意味着学生事实性知识的获取。

二是为何类问题。通常是指以 Why 为引导，且指向一些表示目的、理由、原理、法则、定律和逻辑推理的问题。这类问题侧重于探寻事物之间，以及事物内部各部分之间的原理和逻辑关系，以便对时间、行为、观点、结果等进行合理的解释和推理。该类问题的解决意味着原理性知识的获取。例如，为什么苹果成熟后会从树上掉到地面上？

三是如何类问题。通常是指以 How 为引导，且指向一些表示方法、途径与状态的问题。这类问题主要侧重于关注各类过程与活动中事关技能、流程性的知识解答，通常蕴含于人们的技能与实践流程之中。该类问题的解决意味着策略性知识的获取。例如，怎样才能知道一个苹果的重量？

四是若何类问题。通常是以"What...if..."为引导，且指向一些表示条件发生变化、可能产生新结果的问题。这类问题侧重于要求学生推断或思考如果原有问题或事件的各种要素和属性发生了相应变化时，会产生什么样的新问题和新结果。若何类问题复杂多变，易于产生思维迁移，通过解决若何类问题，易于使学生获得创造性的知识。该类问题的解决意味着创造性知识的获取。例如，在没有大秤或起重机，而只有船和石头的情况下，怎样才能知道一头大象的重量呢？

教师在进行教学设计时，应围绕所讲的知识点设计不同的问题，引发学生的思考，然而很多教师往往是根据自己的经验进行问题设计，并没有考虑自己所设计的问题是否合理，是否符合所讲课型。事实上，课堂中的问题设计是大有学问的。

教师在备课时如何设计问题，除了参见本节课堂观察教学分析中课堂提问的原则和最优化提问的方法外，课堂小组活动要设计精细、分工明确；课堂问题设计要梯度合理，逐步引导学生进入较高的思维层次；课堂中师生的行为时间分配合理，能够突出学生在课上的主体地位。在问题类型方面，应调整"四何"问题的比例，适当减少是何类问题，增加为何类、如何类和若何类问题，以提高学生的思维能力。在设计课堂对话方面，应适当增加个别提问的次数，关注全班学生，尤其是学困生，让每个学生都有自我展示的机会。

② 课堂有效性提问分析方法。大数据时代的课堂中，教学互动形式越来越丰富，人与媒体、资源之间的互动越来越受关注。课堂上注重学生参与学习的过程和亲身体验，强调学生是教学活动的主体，以学生为中心的课堂形式的交流是全方位、多层次的。互动行为既有师生互动、生生互动，更包括师生和媒体、资源的互动。在多种互动方式中，课堂有效性提问仍不失为最佳的方式之一。提问是教师在教学中经常使用的方式，是实现师生互动的重要手段，是师生交往、互动和对话的重要外显形式。怎样提问，可以从一个侧面反映教师的教学观念、教学技能和教学智慧。课堂有效性提问是课堂教学活动中的重要环节之一。有效的课堂提问对教学质量及学生素质的提升具有重要的影响。课堂提问可以激发学生的思维，推动课堂走向预期的教学目的，也可以检测课堂教学效果，是提高课堂有效性的策略。

一是问题目的明确，形式多样。课堂提问主要目的是为了激发学生的思维能力，因此，课堂提问的次数不一定要多，但是一定要有明确的目标。问题的形式也要多样化，用来活跃课堂气氛，判断性问题可以用，但要少用。实践证明，只有问题目的明确，形式多样，才会活跃课堂气氛，活跃学生思维，课堂效果也会明显提高。

二是教师善于倾听，注重互动。教师要克服传统教学思想的影响，避免将课堂变成教师一个人的舞台，要善于做一名倾听者。学生只有在教师的倾听中才能建立足够的心理安全感，才能愿意将心思投入问题的思考中。对于教学内容，教师要给学生表达自己想法的机会，要从学生的角度思考问题。对于学生与教师理解的偏差，要与学生进行探讨，形成互动，不要急于公布答案。

三是避开直接提问，问题要有趣。中小学课堂教学蕴含着丰富的信息，如果提问过于简单，会忽略各科教材中的内涵，忽略学生综合能力的提高。教师在提问过程中要充分挖掘各科教材的丰富内涵，使问题更加有趣，提问方式更加生动，以提高学生的学科素养和分析能力。

四是激发学生提问，引导探索。课堂提问的最高境界不是教师提问的效果，而是激发学生质疑，让学生形成不断提问的意识，敢于提出自己的疑问和观点，并不断地进行探索，从而取得进步。只有引导学生从参与探索、发现、提问、解决问题的过程中，才能更好地发挥出课堂提问的效果。

③ 课堂对话方式分析方法。

课堂对话方式分析方法是对课堂中师生基于问题的对话方式进行记录与分析的一种聚焦式课堂观察方法。一直以来，课堂教学中师生言语对话的分析较多采用弗兰德斯互动分析系统。但弗兰德斯互动分析系统关于一些行为的定义模糊，因此针对不同的课型，后续不少学者对弗兰德斯互动分析系统重在教师言语行为分析，而忽视学生的主体地位等不足进行了改良。

课堂对话方式分析方法不关注师生对话的内容，只关注对话的方式，具体包括三个维度：

一是教师挑选问题的方式。教师挑选回答问题的方式包括五个观察维度，即提问前先点名、让学生齐答或自由答、叫举手者答、叫未举手者答、鼓励学生提出问题。

二是学生回答的方式。学生回答的方式包括五个观察维度，即集体齐答、讨论后汇报、个别回答、自由答、无人回答。

三是教师回应的方式。教师回应方式包括五个观察维度，即肯定回应、否定回应、无回应、打断回答或教师代答、重复学生回答并解释。

④ 师生对话深度分析方法。

教学交互是课堂研究的一大焦点，课堂教学是在互动中完成的，而对话是互动的重要载体。对话是师生间交流思想的重要方式，高质量的对话是有效学习不可或缺的因素。师生对话深度分析方法关注的是师生对话内容的层级。课堂上师生对话有质量高低之分：有的对话是机械的，停留在浅表层面，没有体现师生的智慧；有的对话则直指师生情感，并且关乎学科本质，激活了学生的思维。后一种对话称为"深度对话"，开展深度对话的基本要求是：

一是师生对话应规避某些问题。师生对话应规避的问题是指学生几乎不用思考，就能"异口同声"地给出所谓的答案的问题。诸如："这个问题，你们懂了吗？""这样做，可不可以？""你们喜欢吗？"不要在课堂上出现这类无效问题、肤浅对话。

二是教师要站在学生本位的角度。教师要通过体现学科本质的教学活动，使学生在学习过程中产生积极的情感，能对学科核心问题有深入思考，继而在课堂中进行碰撞交融，最终促进学生学习力的提升。

⑤ 目标学生的非投入行为分析方法。

课堂教学过程就是教学内容、教师教的活动与学生学的活动三者之间的一个多向互动过程。所谓非投入行为，是指学生没有真正地参与课堂学习活动时表现出来的一些行为。目标学生的非投入行为包括五类：一类是管理或活动转换：分发东西、翻找书桌的东西、在讲台桌前等待、举手等；二类是社交：传纸条、打手势、挤眉弄眼、交头接耳、谈笑喧哗等；三类是训诫：老师训诫学生、学生被处罚、学生看同学挨批评等；四类是无事做：发呆、打瞌睡、无目的地游走、玩弄东西、做与课业无关的事情、凝视窗外等；五类是离开教室：上洗手间、未经允许即自行离开教室等。

改善目标学生非投入行为的具体做法如下：

一是教师应致力于教学活动的生动活泼和教学内容的丰富。课堂上的投入时间是指"教师进行和课业有关的教学活动，且学生专心注意"的时间，可见延长投入时间，实为师生共同的责任。故教师不要只要求目标学生必须集中注意，教师本身也应致力于教学活动的生动活泼和教学内容的丰富，以吸引学生的注意力，并使之愿意专心倾听，这才是师生之间应共同努力的理想教学情境。

二是延长目标学生课上的投入时间。使目标学生认识到对正在进行的教学活动予以注视、倾听、提出问题、适当表达意见、做作业等，都属于投入行为，从而自觉地延长投入时间。一般来说，学校给予每班每节课的时间都一样，但是在教师的规划与运用下，每班学生真正投入课业的时间因人而异，大不相同，而这对学生在课堂上的学习成效影响甚巨。研究表明，学生在课堂上投入课业的时间越长，学业成绩就越佳，时间越短则相反，所以，增加目标学生在课堂的投入时间，就是在增加学生专心于课堂活动的时间，一般情况下就能显著提高教学效果。

三是加强目标学生常规管理的举措。常规管理贵在制度细、要求严、坚持恒。在有助于学生身心健康发展的前提下，必要时对于目标学生要强行纳"规"。

一要上课前要求学生把当堂课必须用到的教材教辅等依照顺序放好。二要建立上课时的惯例，与学生约定好上课的教室规矩，并逐渐建立师生之间的默契。三要教学时首先呈现授课大纲，让学生知道正要学习的课程内容大纲。四要整堂课都应不断创设师生的互动，设计一些活动让教师与学生，或学生之间能产生多一点的互动。五要纠正目标学生小错误时不要打扰到全班，教师可以用暗示或肢体语言提醒他。六要让学生知道教师晓得他们在做什么，目标学生就不易出现"非投入行为"。七要表扬目标学生时，应说出学生受赞赏的具体行为。八要培养目标学生对作业负责的态度，选择适合目标学生的程度与能力的适当作业让学生完成。如果学生可以如期完成该要完成的作业，教师可以给予目标学生一些小小的奖励。

总之，教师的课上得精彩，不仅能吸引学生的注意力，而且目标学生的非投入行为就会降低。也就是说，从加强目标学生对课业的注意力，避免分散其注意力，以及减少非课业的活动时间等方面入手，就可以延长目标学生对课业的投入时间，相对地其出现违规行为的机会便自然减少。

（5）记号体系方法的数据收集

在运用麦卡锡"四何"理论进行课堂观察时，观察者需要以记号体系观察表为记录工具，将焦点集中在记号体系观察表中所列出的行为上。观察者可以采用"正"字记号法或其他计数方法，每当观察表中的事件或行为发生时就在相应行的"记号记录"表格中做一个记号。例如，在进行"问题类型"记号体系分析时，就需要采用表 5 - 3 - 16 进行数据收集。课堂观察前，观察者可以打印好表格，或者在观察记录纸上画出表格。课堂观察时，每当授课教师提出一个问题，观察者就需要判断这个问题的类型。例如，当教师提出"为什么 $\angle BCD$ 和 $\angle ACE$ 相等"的问题时，该问题是让学生探寻两个角相等的原因，是"为何类问题"，观察者就需要在"为何类问题"这一行的"记号记录"表格中做一个记号；当教师提出"考虑三角形外角和的时候是考虑 6 个角还是考虑 3 个角"的问题时，该问题属于"是何类问题"，观察者就需要在"是何类问题"这一行的"记号记录"表格中做一个记号。

表 5 - 3 - 16　问题类型观察表

问题类型	记号记录	频次	比例/%
是何类问题			
为何类问题			
如何类问题			
若何类问题			
问题总数			

例如，当进行"课堂对话方式"记号体系分析时，就需要采用表 5

－3－17进行数据收集。每当授课教师提出一个问题，观察者就需要根据表中的三个维度对对话方式进行判断。例如，如果教师在提问前就点名指定学生回答，观察者就需要在"提问前先点名"所在行的"记号记录"表格中记录一次，并按照相同的方法对学生回答的方式及教师回应的方式进行记录。需要注意的是，由于表5－3－17中的三个维度是课堂中教师提出的每一个问题都会涉及的行为，因此课堂中每发生一次对话，三个维度应分别增加一个记号，不能出现一个或两个维度上没有记号，或是在一个维度上记录多个记号的情况。对于刚刚开始学习使用记号体系分析方法的观察者而言，像"课堂对话方式"这样有多个观察维度的记号体系观察表，需要有2~3人同时进行观察，每个观察者可以只观察其中的1~2个维度。

表5－3－17　课堂对话方式观察表

观察维度		记号记录	频次	比例/%
教师挑选回答问题的方式	提问前先点名			
	让学生齐答或自由答			
	叫举手者答			
	叫未举手者答			
	鼓励学生提出问题			
学生回答的方式	集体齐答			
	讨论后汇报			
	个别回答			
	自由答			
	无人回答			
教师回应的方式	肯定回应			
	否定回应			
	无回应			
	打断回答或教师代答			
	重复学生回答并解释			

（6）记号体系方法的数据分析

记号体系分析方法只是在每一种要观察的事件或行为发生时做个记

号，因此课堂观察结束后，观察者只需要统计出每个观察维度的记号数量，即每种行为发生的频次，再计算出每种行为在其所属上一级维度中所占的比例，就可以运用频次和比例进一步分析教学行为的特点和反映出的问题。

通常情况下，在进行记号体系分析方法的数据分析时，除了要对观察维度的整体数据进行分析外，还需要重点关注所占比例最高和最低的维度，以发现教师的教学特点和存在的教学问题。为了能更直观清晰地呈现记号体系分析的结果，了解各个观察维度所占的比重，还可以将观察数据以条形图、饼图等更为直观的形式呈现出来。

（7）记号体系分析方法的优势

记号体系分析方法易学易用，尤其是当记号体系观察表中行为的操作性定义既清晰又不互相交叉时，记号体系分析方法很容易通过简单训练就可以直接应用。同时，记号体系分析方法中的多种信息可以直接从记号体系观察表中得到，各类行为的频次和比例也很容易通过计算产生。这些数据结果直接明了，不需要太复杂的学习就可以轻松加以解读，观察者结合自己的经验，可以较容易地从数据中发现问题。因此，记号体系分析方法对信息的分析与加工是较为经济实用的。

（8）记号体系分析方法的局限

记号体系分析方法具有很多优点，但每一种课堂观察方法在拥有各自优势的同时也有各自的局限。对于记号体系分析方法来说，观察者只能记录事先选择好的有限数量的事件。如果记号清单所列观察对象过多，则观察者很难获得成功，特别是对于刚刚接触记号体系分析方法的观察者来说，经验还比较少，记号体系观察表中观察的事件量不宜过多，否则很可能会导致观察失败。由于记号体系分析方法记录的是行为发生的频次，因此观察者所收集到的资料不能提供具体的人际互动、连续性的行为和事件的本质，即记号体系只记录事件的发生而不记录事件的具体内容，观察者无法通过记号体系分析方法的数据结果了解到事件的实际情况，从而可能会对某些研究的深入开展产生影响。因此，在真正实施课堂观察时，需要综合使用多种课堂观察方法来进行交错式的研究。

七、大数据时代课堂观察的实施

课堂教学本身是多方面的、复杂的、综合而整体的，所以观察课堂教学 现象所需要的方法也应当是多样而综合、互相补充和完善的。事实上，在一个较为完整的课堂观察研究中，也很少有只用一种单一的手段就可以达到研究目的的，往往要多种方法综合使用、相互补充。如果定量观察和定性观察有效结合可以很好地解决这一问题，这两者的结合就是开展课堂教学 评价研究的重要方法之一，是走向专业化听评课的一种有效途径。例如，崔允漷教授及其团队构建的课堂观察框架中，综合运用定量和定性两种研究方法，主要从学生学习、教师教学、课程性质、课堂文化四个方面对教学交互过程 进行分析。并在此基础上细化为学生对知识、技能的理解和运用、教师反馈方式、教师对课堂教学的监控、课堂教学资源的整合、教师任务布置有效性 等，不仅关注交互的数量与频率，也注重对交互内容分析，但操作起来比较 复杂。综合运用定量和定性相结合的方法，可从确定目标、建立指标体系、建立标准和计量体系等方面来构建课堂教学质量评价方案。下面以成都市棕北中学试行的课堂教学质量评价方案为例，简要介绍课堂教学质量评价方案的制订。

1. 确定评价目标

确定评价目标有两层含义：第一是确定评价的目的，第二是确定评价所依据的目标。

(1) 确定评价的目的

课堂教学是整个教学工作的中心环节，要提高教学质量，必须上好每一节课。制定课堂教学评价标准目的：一是帮助教师明确课堂教学的全部任务，促使教师采取最佳的教学方法，确保课堂的教学效果，教会学生学会学习；二是通过评价对教师的教学工作区分等级，评选优秀。

(2) 确定评价所依据的目标

课堂教学质量评价依据的目标，首先应该是教育方针规定的总目标

——培养德智体美全面发展的社会主义建设者和接班人。其次是根据课堂教学任务，实现知识与技能、过程与方法、情感态度与价值观的三维目标。教师在教学中，既要充分发挥自己的主导作用，又要符合学生的心理和生理特点，充分发挥学生的主体作用。课堂教学过程是一个复杂过程，因此制订评价方案也要考虑到各种因素。

2. 建立指标体系

（1）确定要素

①要素确定的方法。本方案主要采取了因素分解、理论推演和经验总结的方法。以教育理论为依据，结合各科教师的经验，并参照全国各地教育行政部门或研究机构确定的评价要素及要素体系，进行了因素的分解。

②确定要素的原则。一是要素与目标的一致性原则。要素是为实现目标服务的，所以要素的选择必须与评价目标保持一致。本方案制订的评价目标中指出"为使教师明确课堂教学的全部任务"，因此确定的要素中包括知识的传授、能力的培养和学生学习动机的激发。评价目标中指出"为促使教师采取最佳教学方法，确保课堂教学效果"，因而评价要素中提出了一节课教学目的的制订、教学程序的安排、教学方法的选择、教学时间的利用和教学效果的考查。

二是要素必须有明确的定义。每个要素的内涵要明确，外延要合理。这样才能使授课教师和评价人员在执行和评价某项要素时，有统一的认识。为此对确定的每个要素都需要加以明确的解释。

三是并列要素的独立性原则。并列的要素之间，尽量不要存在互相包含的现象，否则，评价时给的分数就会出现重叠。

四是评价要素要反映各科教学的共性。本方案制订的"课堂教学质量评价表"是对各科教学通用的，所以要素必须反映各科教学的共性，但也要使各科教学的特点和在各类不同程度学生中的教学有可反映的机会。

五是评价要素的确定要符合可行性原则。确定的评价要素应尽可能使用操作化的语言加以定义，并且可通过实际进行观测。

③要素的名称及内容。本方案确定的要素共七项：教学目的、教学结构、知识的传授、关键能力的培养、学习动机的激发、教学有效时间（t）、教学效果（q）。下面分项加以说明。

教学目的。教学目的是一堂课的灵魂，关于评价教学目的的要素有三点要求：教学目的要正确，符合新课程标准的要求；制订的教学目的要明确具体，切实可行；要符合学生实际。

教学结构。教学结构是指一节课中各教学环节的安排。关于评价教学结构要素有三点要求：一节课的教学进程、步骤要明确；各环节的衔接要自然；知识容量和密度要合理（包括讲授和练习）。

知识的传授。此项要素是课堂教学质量评价的重要因素。关于评价知识的传授要素有四点要求：传授的知识应是正确无误的、系统连贯的知识；传授知识要突出重点难点，抓住关键；传授知识的语言要准、精、美、活，富有特色；教学方法得当，循循善诱。

关键能力的培养。关键能力的培养是课堂教学的重要任务。对于评价关键能力的培养的要素有四点要求：认知能力培养（包括观察力、注意力、记忆力、想象力）；合作能力培养（各科自定）；创新能力培养（各科自定）；职业能力培养（各科自定）。

学习动机的激发。学习动机是直接推动学生进行学习的一种内部动力，它表现为学习的意向、愿望或兴趣等形式，对学习起着推动作用，它决定着学生学习的方向和进程，影响着学生学习的效果。教师重视对学生学习动机的激发，才能使学生成为学习的主体。评价本项要素有五点要求：学生明确学习目的和意义；重视激发学生的学习兴趣；营造氛围，创设问题的情境；及时反馈、正确进行课堂评价；采取了符合学生心理、生理特征的激发学习动机的方法。

教学有效时间（t）。它等于一节课时间减去浪费的时间和拖课的时间。为确保教学效果，必须充分利用一节课的时间。

教学效果（q）。评价一节课必须注重教学效果。教学效果与 $\bar{X}$ 相关。$\bar{X}$ 是指根据本节课应传授的知识和应培养的能力进行课后小测验的全班成绩的算术平均分的分值。$q = \bar{X} \times$ 权重。为使重点学校和一般学校相比合理，也可将 $\bar{X}$ 改用标准分 Z（$Z = \dfrac{X - \bar{X}}{S}$），其中 S 为标准差。S 的计算，可先对有代表性的学校进行测验，求出 $\bar{X}$。

$$S = \frac{\sqrt{\sum (X - \bar{X})^2}}{N}$$

（2）给要素分配权重

①分配权重的方法说明。本方案确定了评价一节课的要素，但每个要素在总量中所具有的重要程度却不一样，因此要进行加权。权重分配的方法有经验加权法和数学加权法，这里选用的是数学加权法中的模糊综合评价法。这是用一定的数学手段调节凭经验的定性权数，使之趋于精确化，具体做法如下：设 $P1$ 表示教学目的；$P2$ 表示教学结构；$P3$ 表示知识传授；$P4$ 表示关键能力的培养；$P5$ 表示学习动机激发；$P6$ 表示教学有效时间（t）；$P7$ 表示教学效果。

表 5 – 3 – 18 中约定用"1"表示重要程度相等，用"3"表示稍重要，用"5"表示重要，用"7"表示很重要，用"1/3"表示稍不重要，用"1/5"表示不重要，用"1/7"表示很不重要。

本方案将要素的每两项的重要程度进行比较，凭经验给出分值，形成一个矩阵后，用求和法计算横行的和，得出 $V1$、$V2$、$V3$、$V4$、$V5$、$V6$、$V7$，然后归一，先求出 $\sum V$，再用 $\sum V$ 分别除 Vi（$i = 1$、2、3、4、5、6、7），即可得出 $W1$、$W2$、$W3$、$W4$、$W5$、$W6$、$W7$。用整数表示，就将所得 Wi（1、2、3、4、5、6、7）的值分别乘 100。所得 Wi' 的值（1、2、3、4、5、6、7）即为各项的权数。

②权重分配表。权重分配和各要素的自重权数分配分别见表 5 – 3 – 18 和表 5 – 3 – 19。

表 5 – 3 – 18　权重分配表

	$P1$	$P2$	$P3$	$P4$	$P5$	$P6$	$P7$	用求和法得	归一得 $\sum V = 99.99$	用 $Wi \times 100$ 得
$P1$	1	1	$\frac{1}{5}$	$\frac{1}{7}$	$\frac{1}{3}$	3	$\frac{1}{7}$	$V1 = 5.81$	$W1 = 0.06$	$W1' = 6$
$P2$	1	1	$\frac{1}{5}$	$\frac{1}{7}$	$\frac{1}{3}$	3	$\frac{1}{7}$	$V2 = 5.81$	$W2 = 0.06$	$W2' = 6$
$P3$	5	5	1	$\frac{1}{3}$	3	3	$\frac{1}{5}$	$V4 = 17.53$	$W4 = 0.17$	$W3' = 17$
$P4$	7	7	3	1	3	5	$\frac{1}{3}$	$V3 = 26.33$	$W3 = 0.26$	$W4' = 26$
$P5$	3	3	$\frac{1}{3}$	$\frac{1}{3}$	1	3	$\frac{1}{3}$	$V5 = 10.99$	$W5 = 0.11$	$W5' = 11$
$P6$	$\frac{1}{3}$	$\frac{1}{3}$	$\frac{1}{3}$	$\frac{1}{5}$	$\frac{1}{3}$	1	$\frac{1}{5}$	$V6 = 2.52$	$W6 = 0.03$	$W6' = 3$
$P7$	7	7	5	3	3	5	1	$V7 = 31$	$W7 = 0.31$	$W7' = 31$

表 5 – 3 – 19　各要素的自重权数分配表

序号	要素名称	自重权数
1	教学目的	6
2	教学结构	6
3	知识传授	17
4	关键能力培养	26
5	学习动机激发	11
6	教学有效时间（t）	3
7	教学效果（q）	31

3. 建立标准和计量体系

（1）具体标准和计量方法

本方案把各要素的评价标准分为四个等级，用符号 A、B、C、D 表示，对各等级给予等距加重权数；A 级的加重权数为 1；B 级的加重权数为0.75；C级的加重权数为0.50；D级的加重权数为0.25。然后，定出各等级的程度，即标准强度：A级为全部符合要求；B级为75%符合要求；C级为50%符合要求；D级为25%符合要求。各等级的得分等于自重权数乘加重权数。

（2）课堂教学质量评价表

评课计量方法：评价者首先对各要素的执行情况根据符合要求的程度定出等级，查出表上的得分，填入对应的评价给分栏的空格中，然后将1至6要素的得分相加，再将（q）求出。总分 Q =（1~6项要素之和）+ q。

最后，绘出课堂教学质量评价表，见附表5-3-20。

（3）课程等级评价表

首先将课划分为优秀课、良好课、一般课、较差课、差课等五个等级，再给予分值，最后绘出课程等级评价表，见表5-3-20。

表5-3-20 课程等级评价表

课的类别	分数/分
优秀课	100~86
良好课	85~70
一般课	69~50
较差课	49~30
差　课	29~0

〔附〕课堂教学质量评价表（见下页）

附：

课堂教学质量评价表

评价科目：　　　　班级：　　　　时间：

教师：

序号	评价要素	要素的内容和评价	自重权数	A	加重权数	得分	B	加重权数	得分	C	加重权数	得分	D	加重权数	得分	评价得分
				等级标准、加重权数、评价得分												
1	教学目的	a. 要正确，符合课程标准要求 b. 要明确、具体 c. 要符合学生实际	6	全部符合要求	1	6	75%符合要求	0.75	4.5	50%符合要求	0.5	3	25%符合要求	0.25	1.5	
2	教学结构	a. 教学进程步骤要明确 b. 各环节衔接要自然 c. 知识容量和密度合理	6	//	1	6	//	0.75	4.5	//	0.5	3	//	0.25	1.5	
3	知识传授	a. 讲授知识正确无误、系统、连贯 b. 重点突出，难点突破，抓住关键 c. 语言精美活，富有特色 d. 板书工整、规范 e. 教学方法得当，循循善诱	17	//	1	17	//	0.75	12.75	//	0.5	8.5	//	0.25	4.25	

（续表）

序号	评价要素	要素的内容和评价	自重权数	等级标准、加重权数、评价得分												评价得分
				A	加重权数	得分	B	加重权数	得分	C	加重权数	得分	D	加重权数	得分	
4	关键能力培养	a. 认知能力培养（包括观察力、注意力、记忆力、想象力） b. 合作能力培养 c. 创新能力培养 d. 职业能力培养	26	//	1	26	//	0.75	19.5	//	0.5	13	//	0.25	6.5	
5	学习动机激发	a. 使学生明确学习目的 b. 教学内容与方法新颖 c. 营造氛围，创设问题情境 d. 正确评价，适当表扬与鼓励	11	//	1	11	//	0.75	8.25	//	0.5	5.5	//	0.25	2.75	
6	教学有效时间（t）	$t=$一节课时间－（浪费的时间＋拖课的时间）	3	$t=45$ 分钟	1	3	$40\leq t<45$	0.75	2.25	$35\leq t<40$	0.5	1.5	$t<35$	0.25	0.75	

(续表)

序号	评价要素	要素的内容和评价	自重权数	等级标准、加重权数、评价得分								评价得分
				A		B		C		D		
				加重权数	得分	加重权数	得分	加重权数	得分	加重权数	得分	
7	教学效果（q）	教学效果是指根据本节课应传授的知识和培养的能力进行的课后小测验的全班学生的算术平均分乘以权重	31	$\overline{X}$ 表示全班学生测验的算术平均分 $q = \overline{X} \times 31\%$								
合计 [$Q = 1$项 $+ 2$项 $+ 3$项 $+ 4$项 $+ 5$项 $+ 6$项 $+ (q)$]												